초기 기독교 역사와 복음서 해석

초기 기독교 역사와 복음서 해석

2022년 7월 30일 처음 찍음

지은이 | 김득중
펴낸이 | 김영호
펴낸곳 | 도서출판 동연
등 록 | 제1-1383호(1992년 6월 12일)
주 소 | 서울시 마포구 월드컵로 163-3
전 화 | (02) 335-2630
팩 스 | (02) 335-2640
이메일 | yh4321@gmail.com
블로그 | https://blog.naver.com/dong-yeon-press

ISBN 978-89-6447-787-8 93230

History of the Earliest Christian Church

초기 기독교 역사와
복음서 해석

김득중 지음

동연

머 리 말

AD 1세기 100년 동안의 팔레스틴 유대 나라 역사는 신약성경을 읽는 기독교인들에게, 특히 신약성경을 연구하는 신학도들에게 아주 중요하다. 예수가 태어나고 자라서 공생애 활동을 벌이던 시기였고, 그가 십자가에 달려 죽은 이후 그를 추종하던 유대인 제자들에 의해 초기 기독교가 형성되고 시작된 시기였다. 또 대표적인 유대교의 랍비였던 바울이 기독교로 개종하여 기독교 복음을 소아시아 전역에 그리고 당시 세계를 지배하던 가이사의 도성 로마에까지 전파하던 시기였으며, 기독교의 경전인 신약성경의 대부분, 특히 바울의 주요 서신들과 정경에 포함된 네 개의 복음서들이 기록된 시기이기도 했다. 신약성경과 초기 기독교를 제대로 이해하기 위해서라도 1세기 100년 동안의 팔레스틴 유대 나라 역사에 대한 이해는 아주 중요하다고 말할 수 있다.

그럼에도 불구하고 대부분의 기독교인들에게 1세기 유대 나라의 역사는 잘 알려지지 않았을 뿐만 아니라, 그나마 알려진 것들도 제1세기 중엽에 기록된 바울의 서신들과 제1세기 말경에 기록된 복음서와 사도행전을 통해서 아주 단편적으로 전해진 것이 전부이다. 그러나 바울의 서신이나 복음서들 자체는 그 당시 독자들, 그 당시 기독교인들의 신앙을 지도하기 위해 기록된 신앙적인 문서들이지, 역사적 사실들을 정확히 전해주려고 했던 역사적인 기록들은 결코 아니다. 따라서 예수가 출현하게 된 동기와 배경, 그의 십자가 죽음 이후 그를 따르던 제자들에 의해 새로운 신앙 공동체인 초기 기독교가 구성되어 발전하게 된 과정, 그 과정에서 유대교 안에서 생성된 초기 기독교와 유대교 당국과의 관계, 당시 팔레스틴을 정치적으로 지배하고 있던 로마 당국과의 관계가 어떠했는지에 대해 제대로 알기에는 많은 한계가 있을 수밖에 없다.

평생 복음서 및 신약성경을 연구하며 가르쳐왔던 필자로서는 1세기 "초기 기독교 역사"에 대한 좋은 안내서가 필요하고, 이 연구가 중요하다는 생각을 해 온 지 오래되었다. 우리말로 읽을 수 있는 참고서가 별로 없기 때문이다. 은퇴하여 한가한 시간을 보내는 가운데 지난 1~2년 동안 코로나 팬데믹 속에서 자의 반 타의 반으로 집에 머무르는 시간적 여유가 많아지게 되면서 드디어 『초기 기독교 역사와 복음서 해석』의 집필에 착수할 수 있는 기회를 얻게 되었다.

이 책은 3부로 구성되어 있다. 제1부에서는 초대교회가 어떻게 시작되어 어떻게 발전했는지 그리고 그런 과정에서 신앙과 신학이 어떻게 형성되고 발전하게 되었는지에 대한 **초기 기독교 성장의 역사**를 다루었다. 2부에서는 초대교회가 발전하는 가운데 유대교와의 종교적인 관계 그리고 로마와의 정치적인 관계는 어떠하였는지에 대한 일종의 **초기 기독교 배경의 역사**를 다루어 보았다. 3부에서는 1세기 말경에 기록된 복음서들의 몇몇 본문들에 대한 해석을 통해 **그 당시 초기 기독교인들의 신앙적 경향과 신학적 관심**이 어떠했었는지를 소개해 보고자 하였다.

이 책이 신약성경을 읽고 연구하는 평신도와 신학생들 그리고 목회자들에게 조금이나마 도움이 될 수 있기를 기대해 본다.

2022년 5월
인왕산 기슭 홍제동 서재에서
전 감신대학교 총장 김득중

차 례

History of the Earliest Christian Church

초대교회 발전사

1부

1장 | 초대교회의 발전 과정
— 유대적 기독교로부터 세계적 기독교로

1. 유대인들로 시작된 유대적 기독교
(the Jewish Christianity)

초기 기독교는 처음에 예수를 믿고 따르던 일부 '유대교인들'을 중심으로 시작되고 발전되었다. 초기 기독교를 '팔레스틴 유대적 기독교'(the Palestine Jewish Christianity)라고 부르는 이유 가운데 하나가 거기에 있다.[1] 예수가 십자가에 달려 죽고 부활 승천한 뒤에 곧바로 예수의 열두 제자들과 예수를 따르던 여인들 그리고 예수의 모친과 예수의 형제들이 예루살렘 성내의 한 다락방에 모여 마음을 합하여 기도에 힘썼다고 했는데(행 1:14), 아마도 이것이 초기 기독교의 첫 모임이요 출발점이라고 생각된다. 그런데 이때 다락방에 모였던 사람들은 모두 예수와 마찬가지로 모두 다 유대인들, 곧 유대교인

---

1 '팔레스틴 유대 기독교'란 말은 본토 유대인 출신 기독교인들로 구성된 공동체를 가리키며, 헬라 지역 디아스포라 출신 기독교인들로 구성된 '헬라적 디아스포라 유대 기독교'와 구분되어 사용된다.

들이었다.

이들이 다른 유대인들과 달리 예수를 메시아로 믿고 추종하는 모임을 별도로 갖고 있긴 했지만, 외형적으로는 다른 유대인들과 아무런 차이도 찾아보기가 어려웠다. 이들의 예배 장소도 여전히 예루살렘 성전이었다. 그래서 이들은 다른 유대인들과 똑같이 열심히 성전 예배에 참석하고 있었다. 이들은 "날마다 한마음으로 성전에 모이기를 힘쓰고 집에서는 떡을 떼며 기쁨과 순전한 마음으로 음식을 같이 먹었고 하나님을 찬양하며 모든 사람에게 호감을 샀다"(행 2:46-47)고 했다. 유대인들의 기도 시간인 "제9시 기도 시간에 베드로와 요한은 기도하러 성전에 올라갔고"(행 3:1), 사도들이 백성들을 향해 생명의 말씀을 가르친 곳도 역시 예루살렘 성전이었다(행 5:17-20, 42). 이런 모든 본문 증거들은 초대 교인들이 다른 모든 유대인들과 똑같이 예루살렘 성전을 하나님이 거하시는 곳으로, 하나님이 거하시는 곳을 예배드리는 곳으로 생각하고 있었음을 보여주고 있다.

초대 교인들이 계속 성전 예배에 참석하고 있었다는 사실은 그들의 신앙이 얼마나 정통적인 유대교 신앙을 그대로 따르고 있는지를 잘 보여주고 있을 뿐만 아니라 예루살렘 교회 교인들이 여전히 유대교에 대해 얼마나 충성하고 있는지를 보여주는 증거라고 말하지 않을 수 없다. 실제로 그들은 율법을 철저히 지키는 태도를 견지하고 있었다. 마태복음 5:17-18에서 엿볼 수 있듯이 그들에게 있어서 예수는 율법을 폐하러 온 분이 아니라 완성하러 온 분이기 때문에 율법의 일점일획이라고 없어져서는 안 되고 다 이루어져야 한다고 믿고 있었다.

예루살렘 초대교회 교인들 중에는 "모세의 관례대로 할례를 받지 않으면 구원을 얻을 수 없다"(행 15:1)고 그래서 이방인들에게도 할례를 주고 모세의 율법을 지키도록 명하는 것이 옳다고 주장하는 사람들이 있었다(행 15:5). 심지어 바울까지도 디모데를 자신의 전도 여행에 동참시키려고 했을 때 유대인들을 의식해서 이방인인 디모데에게 할례를 베풀었을 정도였다(행 16:3).

그뿐만 아니라 우리는 갈라디아서 2:11-14을 통해서 예루살렘 초대교회 교인들 중에는 이방인과 더불어 함께 식사할 수 없다는 율법 조항까지 고집하는 사람들이 있었음을 알 수 있다. 그래서 베드로와 바나바가 안디옥에서 이방인들과 함께 식사하다가 야고보가 보낸 예루살렘 교인들이 오는 것을 보고 식사 자리를 떠났던 일에 대해 그들이 위선을 행했다고 비난하는 이야기를 읽게 된다. 더구나 예루살렘 교회의 지도자였던 야고보는 선교 여행 도중 예루살렘으로 돌아와 자신을 만난 바울에게 모세의 율법대로 살고 있다는 것을 증명해 보이기 위해, 나실인의 서약을 한 네 사람의 머리를 깎아주는 성결 예식을 성전에서 행하라고 요구하기도 했다(행 21:17-26). 예루살렘 초기 기독교가 얼마나 율법에 열심이었는지(zealous for the law)를 보여주는 증거가 아닐 수 없다(행 21:20).

이런 것은 예루살렘 초대교회 교인들 대부분이 유대교인 출신이었을 뿐만 아니라 그들 중에 제사장들과 바리새인들(행 6:7; 행 15:5)도 많이 있었기 때문이었을지도 모른다. 아마도 이런 사람들은 자신들이 제사장이요 바리새인이라는 사실과 초대 교인이 된다는 사실 사이에 별다른 괴리감을 느끼지 못했을 수도 있다. 그리고 바로 이런 점들이 예루살렘 초대교회가 유대교에 얼마나 깊이 연관되어 있는가를 잘 보여주는 또 다른 증거라고 볼 수 있을 것이다.

이런 증거들을 놓고 볼 때 예수의 제자들이었던 유대인들과 그 이후에 그들을 따라 예수를 믿게 된 유대인들은 자신들이 비록 예수를 믿고 받아들였지만, 그것이 지금까지 믿고 추종했던 유대교의 신앙을 버리는 것이라고는 생각하지 않았을 것으로 보인다. 실제로 그런 생각이 지배적이었기 때문에 유대교 종교 지도자들 가운데서도 제사장들과 바리새인들의 다수가 예수에 대한 믿음에 동조했을 것으로 보인다. 그리고 예루살렘 초대 교인들이 그토록 성전 예배에 집착했던 이유 가운데 하나는 마음속으로 여전히 신명기적 제사 제도의 효율성을 여전히 믿고 있었기 때문이었을 것이다. 비록 헬라파 유대 기독교인을 대표하는 스데반이 성전과 성전의 제사 제도에 대해 비판적인 태도를 보였고 그래서 유대 당국자들이 그런 스데반을 박해하기는 했지만, 그들이 열두 사도들을 박해하지는 않았다는 사실은 성전에 대한 비판적인 견해가 기독교인들 가운데 일부의 헬라파 교인들에게서만 볼 수 있는 것으로 인정했기 때문이었을 것으로 생각된다. 이런 점들 때문에 우리는 예루살렘의 초대교회가 유대교와 큰 차이를 보이지 않는 신앙 공동체였음을 알 수 있다. 제임스 던(James D.G. Dunn)은 다음과 같이 결론짓고 있다.

> "최초의 기독교는 유대교와 분리된 별개의 어떤 것으로 보이지는 않았다. 제1세기 유대교 내의 다른 종파들과 같은 하나의 종파였다. … 그들의 종교는 유대인들의 종교였다."[2]

그리고 다른 곳에서 최초의 기독교는 '유대교 내의 메시아적 비밀

---

2 James D.G. Dunn, *Jesus, Paul and the Law*(London: SPCK, 1990), 131.

집회 혹은 종말론적 종파'(a small messianic conventicle or escha-tological sect)였다고 말하기도 했다.3

그러나 초기 기독교와 유대교 간에는 한 가지 중요한 차이, 두 종교를 똑같은 종교로 볼 수 없게 만드는 결정적인 차이가 있었다. 초기 기독교인들은 예수를 메시아로, 그리스도로 믿고 따르는 사람들이었다. 그러나 그 당시 대부분의 유대인들은 "(갈릴리) 나사렛에서 무슨 선한 것이 나겠느냐?"(요 1:46), "그리스도가 어찌 갈릴리에서 나오겠느냐?"(요 7:41)고 생각하면서 "갈릴리에서는 선지자가 나오지 못하느니라"(요 7:52)고 말하는 사람들이었다. 그래서 그들로서는 갈릴리 나사렛 출신의 예수를 메시아로 믿을 수가 없었을 것이다. 고향 사람들 역시 예수에 대해서는 "이 사람이 마리아의 아들 목수가 아니냐? 야고보와 요셉과 유다와 시몬의 형제가 아니냐? 그 누이들이 우리와 함께 여기 있지 아니하냐?"(막 6:3)고 말하면서 예수를 배척하기까지 했었다.

그러나 안드레가 예수를 만난 뒤에 자기의 형제 시몬 베드로에게 "우리가 메시아를 만났다"(요 1:41)고 증언했고, 그 베드로가 예수의 부름을 받고 그를 따른 후에 가이사랴 빌립보에서 예수를 향해 "당신은 그리스도(=메시아)이십니다"(막 8:29)라고 고백했다. 따라서 "예수는 그리스도 곧 메시아이다"란 고백은 예수를 믿고 따르는 유대인과 예수를 믿지 않는 유대인을 갈라놓는 아주 분명한 시금석인 셈이다. 기독교인들에게 있어서는 그 고백이 참 신앙의 시금석이었고, 믿지 않는 유대인들의 입장에서는 이단의 시금석이었던 셈이다.4 그러

---

3 James D.G. Dunn, *Unity and Diversity in the New Testament*, 237.
4 *Ibid.*, 44-45.

나 이들은 기독교인이 된 이후에도 자신들이 유대교와 구별된 새로운 종교의 신봉자라고 생각하지 않은 채, 계속 유대인으로 생각하고 행동하며 믿었다. 특히 다음과 같은 두 가지 점에서 그런 점이 잘 드러나고 있다.

1) 율법에 집착하며 율법을 고수하려는 경향

초기 유대인 출신 기독교인들은 다른 유대인들과 똑같이 율법을 중요시하며 고수하려고 했다. 가령 마태복음 5:17-19에 보면 "내가 율법이나 선지자를 폐하러 온 줄로 생각하지 말라. 폐하러 온 것이 아니요 완전하게 하려 함이라. 진실로 너희에게 이르노니 천지가 없어지기 전에는 율법의 일점일획도 결코 없어지지 아니하고 다 이루리라. 그러므로 누구든지 이 계명 중의 지극히 작은 것 하나라도 버리고 또 그같이 사람을 가르치는 자는 천국에서 지극히 작다 일컬음을 받을 것이요, 누구든지 이를 행하며 가르치는 자는 천국에서 크다 일컬음을 받으리라"는 예수의 말씀이 소개되어 있다.[5] "무엇이든지 남에게 대접을 받고자 하는 대로 너희도 남을 대접하라"는 예수의 교훈을 소개하면서도 "이것이 율법이요 선지자니라"(마 7:12)라고 규정하고 있고, 예수가 말씀한 가장 큰 계명인 '하나님 사랑과 이웃 사랑'의 요구를 가리켜서도 "이 두 계명이 온 율법과 선지자의 강령이니라"(마 22:40)고 규정하고 있다. 예수의 교훈이 처음 모세를 통하여 주어진 율법과 관련성이 있고, 그것의 충실한 실현이라고 생각했던 것으로

---

5 이 말씀은 복음서들 중에서도 오직 마태복음에만 나오는데, 잘 알려진 바와 같이 마태복음은 유대 기독교 공동체의 산물이다.

보인다.6

이런 경향은 "어떤 믿는 사람들이 일어나 말하되 이방인에게 할례를 행하고 모세의 율법을 지키라 명하는 것이 마땅하다"(행 15:5)고 주장하고 있는 사실과 예루살렘 교회의 지도자인 야고보가 자기를 방문한 바울에게 그가 율법을 지키며 율법대로 살고 있다는 것을 보여주기 위해 서원한 네 사람을 데리고 성전에서 결례를 행할 것을 요구했고 바울이 그대로 따랐다는 사실(행 22:20-26)에서도 잘 드러나 있다. 그뿐만 아니라 베드로가 안디옥에 들렀을 때 이방 사람들과 함께 음식을 먹고 있다가 야고보가 보낸 사람들이 오는 것을 보고는 할례받은 사람들이 두려워서, 즉 그들의 눈에 유대인의 식사 규정을 어겼다는 인상을 주지 않기 위해서 자리를 떠나 물러난 일 때문에 바울로부터 위선이란 비난을 받은 사실에서도 초기 유대 기독교가 유대교의 정결 예법에 얼마나 집착하고 있었는지를 알 수 있다.

율법에 집착하며 율법을 고수하려는 유대 기독교인들의 경향은 유대 기독교의 또 다른 산물로 생각되는 야고보서 가운데서도 찾아볼 수 있다. 야고보서 2:10-12에 보면 "누구든지 온 율법을 지키다가 그 하나를 범하면 모두 범한 자가 되나니… 너희는 자유의 율법대로 심판받을 자처럼 말도 하고 행하기도 하라"(약 2:10-12)고 가르치고 있고, 야고보서 4:11-12에서는 "형제들아 서로 비방하지 말라. 형제를 비방하는 자나 형제를 판단하는 자는 곧 율법을 비방하고 율법을 판단하는 것이라. 네가 만일 율법을 판단하면 율법의 준행자가 아니요

---

6 그러나 모세 율법의 계속적 타당성을 고수하는 이런 유대 기독교의 주장은 "그리스도가 오심으로 율법은 끝장났다"고 말하는(롬 10:4) 이방 기독교의 대표자인 바울의 주장과 상반된다. 바울은 같은 맥락에(Christ is the end of the law)서 믿는 사람들을 향해서 "너희가 이제는 더 이상 율법 아래 있지 않고 은혜 아래 있다"고 가르치고 있다(롬 6:14).

재판관이로다"라고 말하면서 율법 준수의 필요성을, 율법이 행동의 기준이 됨을 강조하고 있다. 바로 이런 점에서 야고보서는 "가장 유대적인 문서이며, 가장 비기독교적인 문서"[7]라는 평을 받고 있기도 하다.

2) 이방인들에 대한 배타적인 경향

초기 유대 기독교인들은 예수의 공생애 활동이 오직 이스라엘 백성들만을 위한 사역이라고 생각했었다. 물론 이런 생각은 이스라엘 백성들의 선민의식과 그로 인한 민족적 우월성에서 나온 것임에 틀림없어 보인다. 이런 생각 때문에 대부분이 유대인 출신이었던 초기 유대 기독교인들도 이방인들에 대해서는 배타적인 경향을 보였고, 이것이 결국 이방인 선교에 대한 부정적인 견해로 이어졌다. 이런 경향은 다음과 같이 예수의 말씀을 강조하고 있는 점에서도 드러나고 있다. 마태복음 10:5-6에 보면 예수는 열두 사도를 택하여 전도 파송을 하면서 "이방인의 길로도 가지 말고 사마리아인의 고을에도 들어가지 말고, 오히려 이스라엘 집의 잃어버린 양에게로 가라"고 명하신 것으로 기록되어 있다. 물론 이 말씀은 오직 마태복음에서만 나온다.[8] 그리고 마태복음 15:24-26에서는 예수가 도움을 요청하는 가나안 여인을 향해서 "나는 오직 이스라엘 집의 잃은 양을 위해서만

---

7 James D.G. Dunn, *Unity and Diversity in the New Testament: An Inquiry into the Character of Earliest Christianity*(London: SCM Press, 1977), 251.

8 S.G.F. 브랜든(S.G.F. Brandon)은 이 예수의 말씀을 마태복음 저자에 의한 첨가문으로 보고 있다. 예수의 교훈을 전해준 본래의 전승 가운데 실제로 복음을 오직 이스라엘에게만 전하라는 분명한 명령이 있었다면, 이방인들에 대한 전도가 시작되거나 계속되었다고 보기 어렵기 때문이란 이유에서다. Cf. *The Christian Church and the Fall of Jerusalem*, 35.

보냄을 받았다"라고, "자녀의 떡을 취하여 개에게 던져줌이 옳지 않다"라고 말씀하신다. 예수의 공생애 활동이 오로지 이스라엘 백성만을 위한 것이라고 생각했던 셈이다.

그리고 복음서에서 가장 유대 기독교적 문서 중 하나로 생각되고 있는 마태복음에 보면, 오직 마태복음에서만 다음과 같은 예수의 말씀이 전해지고 있다.

"거룩한 것을 개에게 주지 말며, 너희 진주를 돼지 앞에 던지지 말라. 그들이 그것을 발로 밟고 돌이켜 너희를 찢어 상하게 할까 염려하라"(마 7:6).

여기서 언급된 '개와 돼지'는 일반적으로 이방인을 가리킨다고 여겨진다. 이와 함께 예수가 딸을 고쳐 달라고 요청하는 이방 여인 곧 수로보니게 여인을 향해서 "나는 이스라엘 집의 잃어버린 양 외에는 다른 데로 보내심을 받지 아니하였노라… 자녀의 떡을 취하여 개들에게 던짐이 마땅치 아니하니라"(마 15:24-26)고 말한 점 등에서 우리는 초기 유대 기독교가 이방인들에 대해서 얼마나 배타적인 태도를 보였었는지를 잘 알 수 있게 된다.

예수의 사역만 아니라 열두 사도들의 사역도 이스라엘 백성들만을 위한 것이라는 말씀들도 있다. 예수는 열두 사도를 향해서 "내가 진정으로 너희에게 말한다. 너희가 이스라엘의 도시를 다 다니기 전에 인자가 올 것이다"(마 10:23); "내가 진정으로 너희에게 말한다. 새 세상에서 인자가 영광스런 자기의 보좌에 앉을 때에 나를 따른 너희도 열두 보좌에 앉아 이스라엘 열두 지파를 심판할 것이라"(마

19:28)고 말씀하신다. 이런 예수의 말씀들이 다른 복음서들에는 나오지 않고 오직 유대 기독교의 산물로 생각되는 마태복음에서만 나오는 것 자체가 유대 기독교인들의 견해를 잘 반영하고 있다. 그리고 이런 점에서 초기 유대 기독교인들이 그 당시 믿지 않는 다른 유대인들처럼 얼마나 민족주의적인 관점에 사로잡혀 있었는지를 잘 보여주는 것으로 생각된다. 결국 초기 기독교는 유대인들에 의한(by the Jews), 유대인들을 위한(for the Jews), 유대인들의(of the Jews) 신앙 공동체였던 셈이다. 유대 기독교의 특징이라고 언급된 '율법을 고수하려는 경향'과 '이방인을 배척하는 경향'은 유대교의 특징과 다를 바가 없었다. 따라서 유대교의 중심지인 예루살렘에서 유대인 교인들에 의해서 시작된 초기 기독교의 신앙이 처음부터 유대인들의 민족 종교인 유대교의 틀을 크게 벗어날 수 없었고 그래서 **유대적**일 수밖에 없었을 것이라고 생각된다.

2. 디아스포라 유대인들로 구성된 헬라적 유대 기독교

초기 기독교가 유대교의 중심지인 예루살렘에서 유대적 기독교로 시작되었다고 말하지만, 우리가 성경에서 만나는 유대 기독교가 하나의 모습만을 갖고 있던(monolithic) 형태로만 존재했던 것은 결코 아니다. 예루살렘에서 시작된 초기 팔레스틴 유대 기독교는 시간이 흐르면서 형태와 그 내용에 있어 적지 않은 변화를 겪을 수밖에 없었기 때문이다. 첫 번째로 직면하게 된 변화는 이방 지역에서 살던 디아스포라 유대인들 가운데서 예수를 믿는 사람들이 늘어나기 시작했고, 초대교회 안에서 그들의 존재가 무시할 수 없을 정도로 커져 버린 것이다. 그들은 이미 헬라 문화에 젖어 있던 이방 지역에서 이방인들의 틈에서 살던 사람이라서 본토박이 유대인들과는 여러모로 생각이 달랐다. 이런 디아스포라 유대 기독교인들의 숫자가 늘어나면서 초대교회 안에는 최초로 중요한 변화가 일어나게 되었다. 그 증거를 우리는 사도행전 6장의 기록 가운데서 찾아볼 수 있다.

우리는 사도행전 6장의 기록을 통해 예루살렘 초대교회 안에서 처음으로 히브리파 교인들과 헬라파 교인들 간의 불평(행 6:1)과 갈등이 생겼다는 사실을 알게 된다. 히브리파 기독교인들은 팔레스틴 본토박이 유대인 출신으로서 아람어(혹은 히브리어)를 사용하는 사람들이었고, 헬라파 기독교인들은 디아스포라로서 헬라 문화권에 널리 퍼져서 살았던 사람들이기에 헬라어로만 말할 수 있고 또 그러기를 좋아했던 사람들이었다. 이 두 부류 기독교인들은 서로 언어적 소통이 자유롭지 못해서 예루살렘 안에서도 따로 떨어져서 살아야 했다. 특히 헬라파 교인들은 예루살렘 성내의 특정 구역의 거의 게토(ghetto)와 같은 환경 속에서 살고 있었던 것으로 보인다. 그랬기 때문에 헬라파 과부들이 본토 출신 사도들이 주도하는 과부들에 대한 구제금 배급에서 쉽게 제외되거나 차별을 받을 수 있었고, 결과적으로 그것이 불평과 갈등의 요인이 되었던 것으로 보인다.[9]

이런 불평과 갈등 때문에 열두 사도들이 헬라파 교인 중 지도자로서 '일곱 사람들'을 따로 세우게 되었다고 기록되어 있다. 이로 인해서 결국 초대교회 안에서는 열두 사도들이 히브리말을 사용하는 본토 유대인 출신 교인들의 지도자로, 일곱 지도자들은 헬라 말을 사용

---

9 Cf. James D.G. Dunn, *Unity and Diversity in the New Testament*, 269.

하는 디아스포라 유대인 출신 교인들의 지도자로 역할 분담을 하게 되었다. 그리고 이것은 또한 초대교회가 새로이 헬라적 유대 기독교의 형태로 발전하면서 이방적 기독교로 확장되는 중요한 계기가 되기도 했다.

더구나 우리는 새로이 지도자로 등장한 '일곱 사람들' 중 스데반의 설교(행 7장)와 빌립의 행적(행 8장)을 통해 이들이 신학적으로도 열두 사도들과 아주 중요한 차이가 있음을 알 수 있다. 먼저 스데반은 하나님을 거룩한 땅 성지, 특히 예루살렘 성전에만 계신 분이 아니라 이방 땅(메소포타미아, 애굽, 미디안 땅 등, cf. 행 7:2, 9, 20, 29)에도 계신 분이라고, 예루살렘 성전은 이스라엘 백성들이 광야에서 아론을 통해 만들었던 금송아지처럼 '손으로 만든 것' 곧 우상과 같은 것(7:41-49)이라고 설교함으로써 반 성전적이며 반 지역적인 관점을 드러내고 있다. 제임스 던(James D.G. Dunn)은 스데반의 이런 설교를 가리켜 예루살렘 동료 기독교인들이 갖고 있던 "편협한 제의적 민족주의에 대한 예리한 비판"(a sharp-edged criticism of the narrow nationalism)이라고[10] 평가하면서, 한편으로 "교회사에 나타난 최초의 신앙고백적 분열"(the first confessional schism in church history)[11]이라고 지적한다.

사마리아 지역에 들어가 복음을 전파하고, 에티오피아 여왕 간다게의 내시를 개종시킨 빌립의 활동들에서는 기존의 열두 사도들에게서 볼 수도, 쉽게 기대할 수도 없었던 탈 유대적·친 이방적인 경향이 강하게 드러나고 있음을 보게 된다. 이런 경향은 다른 유대인들로

---

10 *Ibid.*, 272.
11 *Ibid.*, 268.

부터는 기대할 수 없는, 아니 오히려 분노를 일으킬만한 것이었기에 결국 유대 당국으로부터 박해를 당하게 되었다(행 8:1). 이런 성향을 보인 '일곱 사람들'이 지도자였던 만큼 헬라파 디아스포라 유대 기독교는 열두 제자들로 대표되는 예루살렘의 첫 히브리파 팔레스틴 유대 기독교와는 분명히 차이를 보이는 유대 기독교라고 말하지 않을 수 없다.

스데반의 순교와 함께 유대 당국으로부터 예루살렘 교회가 크게 박해를 받기 시작하여 온 교회가 모두 유대와 사마리아 지역으로 흩어질 때 '열두 사도들'만은 박해에서 제외되었다는 기록(행 8:1)의 의미가 무엇일까? 정작 대표 지도자로서 박해받았어야 할 사도들은 제외하고, 스데반 등 다른 사람들을 박해했다는 것은 무얼 뜻하는 것일까? 열두 제자들의 유대 기독교와 일곱 지도자들의 유대 기독교 사이에 분명한 차이가 있다는 것이다. 열두 사도들이 주도했던 히브리파 팔레스틴 유대 기독교는 유대적이고 보수적인 관점을 그대로 유지하고 있어서 유대 당국자들에게 별로 거부감을 주지 않았기에 박해의 대상이 되지 않았다. 하지만 교회 안에서 새로 임명되어 등장한 이른바 '헬라파 디아스포라 유대 기독교인들'의 지도자들은 하나님의 성전 및 이방인 선교 등에 대해 전통적인 유대인들로서 쉽게 받아들이기 어려운 아주 진보적인 관점을 드러내고 있었다. 박해의 이유가 여기에 있었다고 보아야 마땅하다.[12]

예루살렘에서 주로 히브리말을 사용하는 팔레스틴 본토 출신 유

---

12 James D.G. Dunn은 열두 사도들과 일곱 지도자들 간의 신앙적 차이를 가리켜 "교회사에 나타난 최초의 신앙고백적 분열"(the first confessional schism in church history)이라고 말한다. Cf. *Unity and Diversity in the New Testament*, 269.

대인들로 시작된 초기 기독교는 점차 헬라 말을 사용하는 디아스포라 유대인 출신 기독교인들을 포함하는 공동체로 발전하기 시작했다. 그래서 학자들은 맨 처음 예루살렘에 등장한 유대 기독교 자체를 크게 둘로 구분하여, 팔레스틴에만 거주하던 유대인 출신 기독교인들로 구성된 팔레스틴 유대 기독교(the Palestinian Jewish Christianity)와 이미 이방 땅 여러 곳에 흩어져 살던 디아스포라 유대인 출신 기독교인들로 구성된 헬라적 디아스포라 유대 기독교(the Hellenistic Diaspora Jewish Christianity)로 나누기도 했다. 초대교회가 유대 땅 예루살렘 중심으로부터 헬라 지역 디아스포라 중심으로 점차 발전하면서, 초대교회 안에서는 서서히 탈 유대교적 혹은 탈 예루살렘적인 경향이 나타나기 시작했고, 이것이 이후 바울에 의해 이방 기독교로 발전해 나가는 초석이 된 셈이다.

3. 베드로의 유대 기독교와 야고보의 유대 기독교

베드로는 예수의 십자가 죽음과 부활 승천 직후인 AD 30년경부터 헤롯 왕의 박해를 받아 투옥되었다가 천사의 도움으로 풀려나온 뒤(행 12:1-11) 다른 곳으로(행 12:17) 떠났던 42년경까지 예루살렘 초대교회를 이끌었던 핵심 지도자였다.13 그래서 사도행전 1장부터 12장까지는 마치 베드로 행전처럼 읽힌다. 그런데 사도행전 15장에 기록된 예루살렘의 첫 사도 회의에서 우리는 주의 형제 야고보가 갑

---

13 베드로가 헤롯 왕의 박해를 피해 예루살렘을 떠나 '다른 곳으로' 떠났기 때문에, 예루살렘 교회의 지도권이 베드로로부터 주의 형제 야고보로 넘어가게 되었던 것으로 보인다.

자기 예루살렘 초대교회의 수장이 되어 사회권을 행사하고 있는 것을 보게 된다.[14] 그러니까 예루살렘의 유대 기독교는 한동안 베드로의 주도 아래 있다가 야고보의 지도권 아래로 넘어간 셈이다.[15]

그런데 베드로가 중심이 된 유대 기독교는 나중에 야고보가 주도하던 예루살렘의 유대 기독교와 그 내용, 즉 신앙적 경향에 있어서 상당히 달랐던 것으로 알려져 있다. 그래서 그 둘이 또 서로 구별되고 있기도 하다. 타이센(Gerd Theissen)은 "바울의 (이방) 기독교에서도 좌익 바울주의와 우익 바울주의로 구분되어야 하듯이, 유대 기독교에서도 야고보가 주도하던 좌익적 유대 기독교와 베드로가 주도하던 우익적 유대 기독교가 구분되어야 한다"고 주장한 바 있다.[16] 바울이 "할례받은 자들을 위한 사도직을 베드로에게 주신 분이 할례받지 않은 자들을 위한 사도직을 내게 주셨다"(갈 2:9)라고 말한 사실에서 알 수 있듯이, 베드로는 분명히 '할례받은 자들' 곧 '유대인들'을 위한 사도였고, 예수의 부활 승천 이후 예루살렘에서 유대 기독교를 대표하는 가장 중요한 지도자로 활동해 온 것이 사실이기도 하다. 그러나 이것이 베드로의 모습 전부가 아니라는 점을 기억할 필요가

---

14 사도행전에서 야고보가 이처럼 갑자기 예루살렘 교회의 지도자로 등장한 사실에 대하여 아무런 설명이 없기 때문에 S.G.F. 브랜든(S.G.F. Brandon)은 베드로부터 야고보로 지도권이 이렇게 갑자기 넘어가게 된 것을 가리켜 "예상치 못한 변화"라고 말한다. Cf. *The Fall of Jerusalem and the Christian Church*(London: SPCK Press), 1981, 5.

15 Eusebius의 『교회사』(Hist. eccl. II, XXiii, 1)에 의하면, 야고보가 62년에 대제사장 아나누스(Ananus)에 의해 죽임을 당한 이후에는 사도들, 제자들 그리고 '주님의 가족들'이 만장일치로 '주님의 사촌'인 시므온(Symeon)에게 예루살렘 교회의 지도권을 넘겨주기로 결정한 것으로 알려져 있다. Cf. S.G.F, Brandon, *Jesus and the Zealots*, 165-166, 4.

16 게르트 타이센, 박찬웅·민경식 옮김, 『기독교의 탄생: 예수 운동에서 종교로』(*Die Religion der ersten Christen: Eine Theorie des Urchristentums*)(서울: 대한기독교서회, 2009), 459-471.

있다.

우리는 사도행전에서 10장 이전의 베드로와 10장 이후의 베드로가 더 이상 똑같은 인물이 아니라는 사실에 주목해야 한다. 10장 이전의 베드로는 분명히 이스라엘 사람들(행 2;22; 3:12), 즉 유대인들과 예루살렘에 사는 모든 사람들(행 2:14)을 향해 "형제들"(행 2:29)이라고 칭하면서 "날마다 성전에 있든지 집에 있든지 예수는 그리스도라고 가르치기와 전도하기를 그치지 않았던"(행 5:42) 할례받은 자들의 사도였다. 베드로는 환상 가운데서 하늘로부터 큰 보자기 같은 것이 내려오고 그 안에는 네 발 가진 짐승들과 땅에 기어 다니는 것들과 공중의 새들이 모두 들어 있는 것을 보았을 때, 이어서 "일어나 그것들을 잡아먹으라"라는 하늘 음성을 들었을 때 "주님, 결코 그럴 수 없습니다. 저는 그런 속된 것이나 깨끗하지 않은 것은 먹은 일이 없습니다"(행 10:14)라고 말한 사람이다. 유대교 율법이 요구하는 음식 법을 고집하는 그런 사람이었다.

그러나 베드로는 곧바로 "하나님께서 깨끗하게 하신 것을 속되게 여기지 말라"(행 10:15)는 하늘의 음성을 들었고, 이어 성령의 말씀(행 10:19)에 따라 이방인 고넬료의 집을 찾아가서 "유대인으로서 이방인과 교제하며 가까이하는 것이 위법인 줄은 너희가 알거니와 하나님께서 내게 지시하사 아무도 속되다 하거나 깨끗하지 않다 하지 말라"(행 10:28)고 했다고 말한다. 그리고 이어서 "하나님은 사람의 외모를 보지 아니하시고 각 나라 중 하나님을 경외하며 의를 행하는 사람은 다 받으시는 분"이라고 설교한다. 여기서부터 우리는 달라진 베드로의 모습을 보게 된다. 베드로는 이제 더 이상 '유대인들을 위한 사도'나 '할례받은 사람들을 위한 사도'가 아니라 이방인 백부장에게 복음을 전해 그와 그 가정을 개종시키는 사람이 되었다.

우리가 비록 사도행전 10장의 내용을 가리켜 일반적으로는 그냥 '고넬료의 회심 혹은 개종(conversion)'의 이야기라고들 부르지만, 사실상 이 이야기를 통해서 드러나고 있는 '베드로 자신의 회심과 개종'에도 많은 관심을 기울일 필요가 있다.[17] 이방인 백부장 고넬료가 그의 온 집안 식구와 함께 개종한 것은 물론 놀라운 일이다. 그러나 베드로가 "그 순간까지 그의 인생을 완전히 지배하던 전통적이며 깊이 뿌리내리고 있던 확신으로부터 개종"[18]한 사실 역시 그에 못지않게 놀라운 일이 아닐 수 없다. 베드로의 이와 같은 회심과 개종 이후부터 베드로의 모습은 더 이상 예루살렘에서 복음을 전하는 '유대인들을 위한 사도'가 아니라 이방인들에게 열린 마음을 갖고 그들에게 복음을 전하는 사람으로 바뀌었음을 보게 된다. 베드로는 빌립과 함께 사마리아로 내려가 사마리아 사람들 모두가 성령을 받게 해달라고 기도한 후에 그들에게 손을 얹어 성령을 받게 해주었다(행 8:14-17). 그리고 그 후에 베드로는 예루살렘 밖으로 나가 지중해 연안을 따라 여행하며 말씀을 전파하고, 병을 고쳐주기도 했다. 룻다에서는 중풍병자 애니아를 고쳐주었고(행 9:32-35), 욥바에서는 이미 죽은 여제자 다비다를 다시 살려주었으며(행 9:36-42), 그런 활동의 결과로 그 지역에 살고 있던 많은 사람들이 주를 믿게 되었다(행 9:35, 42). 여기에서 분명히 이방인 지역을 여행하며 이방인들에게 복음을 전

---

17 Justo L. Gonzalez, *Acts: The Gospel of the Spirit*, 134. James D. G. Dunn도 그의 사도행전 주석에서 사도행전 10:1-48의 제목을 "The Conversion of Peter and the Acceptance of Cornelius"라고 붙이고 있고, 특히 사도행전 10:1-29의 소제목을 "The Conversion of Peter"라고 붙였다.
18 Cf. "a conversion from traditional and deeply rooted conviction which had completely governed his life till that moment(10:14-15, 28)"(Dunn, *Acts*, 132).

파하는 베드로의 달라진 모습을 볼 수 있다.

거기서 한발 더 나아가 베드로는 예루살렘 사도 회의에서 공식적인 발언을 통해 이렇게 강조한다.

"여러분이 아시는 대로 하나님께서 일찍이 여러분들 가운데서 나를 택하셔서 내가 말하는 복음의 말씀을 이방 사람들도 듣고 믿게 하셨습니다. 그리고 사람의 마음속을 아시는 하나님께서는 성령을 우리에게 주신 것처럼 그들(=이방인들)에게도 주셔서 그들을 인정해주셨습니다. 하나님은 우리와 그들 사이에 아무 차별을 두시지 않고 그들의 믿음을 보시어 그들의 마음을 깨끗하게 하셨습니다… 우리가 구원을 얻은 것도 주 예수의 은혜로 된 것이요, 그들이 구원을 얻은 것도 주 예수의 은혜로 된 것임을 우리는 믿습니다"(행 15:7-11).

이런 점들은 모두 베드로가 과거와 달리 얼마나 이방인 친화적인 태도(Peter's fraternizing with Gentiles)로 바뀌었는가를 잘 보여주고 있다. 그러나 베드로의 이런 모습은 많은 예루살렘 기독교인들에게 있어 너무나도 자유주의적(too liberal)인 것[19]으로 여겼으리라 생각된다.

이러한 베드로의 친 이방적(pro-Gentiles)이고 진보적인 신학적 경향[20]은 철저한 율법 준수를 고집하는 야고보의 친 유대교적(pro-

---

19 F.F. Bruce, *Peter, Stephen, James & John: Studies in Non-Pauline Christianity*(Grand Rapids: Eerdmans, 1994), 99.

20 C. K. Barrett은 초기 기독교가 3단계를 거쳐 이방 기독교로 발전되었다고 말한다. 처음에는 스데반을 중심으로 한 헬라파 지도자들부터 시작하여 베드로를 거친 후 바울에 의해 이방 기독교 발전이 이루어졌으며, 그렇기에 "이 과정의 기념비"(a monument of this process)로써 사도행전을 이해할 수 있다고 주장한다. Cf. "Acts

Jewish)이고 보수적인 신학적 경향과는 많은 차이가 있다. 사도행전 21장에서 바울이 선교 여행 도중 예루살렘에 돌아와 야고보를 방문했을 때 야고보가 바울에게 요구한 일에서 그 차이의 단면을 분명히 엿볼 수 있다. 야고보는 선교 여행 중 예루살렘을 찾아와 자기를 방문한 바울에게 "형제여 그대도 보는 바에 유대인 중에 믿는 자 수만 명이 있으니 다 율법에 열성을 가진 자라. 네가 이방에 있는 모든 유대인을 가르치되 모세를 배반하고 아들들에게 할례를 행하지 말고 또 관습을 지키지 말라 한다 함을 그들이 들었도다"(행 21:20-21)라고 말하면서, 그런 오해를 풀기 위해서 "우리가 말하는 이대로 하라. 서원한 네 사람이 우리에게 있으니 그들을 데리고 함께 결례를 행하고 그들을 위하여 비용을 내어 머리를 깎게 하라. 그러면 모든 사람이 그대에 대하여 들은 것이 사실이 아니고 그대도 율법을 지켜 행하는 줄로 알 것이라"(행 21:23-24)고 말했다. 우리는 이런 기록에서 야고보가 얼마나 보수적인 유대적 관점을 가진 유대 기독교 지도자인지 그리고 **할례자의 사도**로 알려진 또 다른 유대 기독교 지도자인 베드로[21]와 얼마나 다른지를 알 수 있다. 그리고 아울러 초대 유대 기독교 안에도 다양한 신학적 형태가 있었음을 확인할 수 있다.

---

and the Pauline Corpus," *The Expository Times 88*(1976-77), 4-5.

21 야고보나 베드로가 모두 유대 기독교를 대표하는 지도자로 알려져 있는데, F.F. Bruce 는 야고보와 베드로가 각각 초대교회의 지도자로 활동하던 지역이 서로 달랐음을 추론할 수 있다고 말한다: "In the light of other indications, it may be inferred that even at this early date James was leader of one group in the Jerusalem church as Peter was leader of another." Cf. *Peter, Stephen, James & John: Studies in Non-Pauline Christianity*(Michigan: Wm Eerdmans, 1994), 89.

4. 유대 기독교의 메시아 신앙

초대교회 유대인 출신 기독교인들은 처음에 예수를 믿지 않는 주변의 유대인들과 비교했을 때 종교적인 관점과 신앙생활에 있어서 별로 큰 차이를 보이지 않았다. 다른 유대인들과 똑같이 그들의 신앙 및 생활의 중심지는 예루살렘 성전이었다. 성전 예배 혹은 회당 예배에 똑같이 참석했고, 정해진 기도 시간에 똑같이 기도했고, 율법과 유대 관습에 따라 행동하며 생활하는 점에서도 큰 차이는 없었다. 그러나 아주 분명한 차이가 한 가지 있었다. 바로 그들의 메시아 사상이었다. 초기 유대인 출신 기독교인들은 예수를 메시아로 믿고 고백했으나 주변 다른 유대인들은 예수를 메시아로 받아들이지 않았다. 예수의 고향 사람들 눈에도 예수는 '마리아의 아들 목수'일 뿐이었고 (막 6:3),[22] 다른 유대인들도 "갈릴리에서는 그리스도가 나올 수 없다"(요 7:41)는 생각에서 예수를 메시아로 받아들이지 않았다.

따라서 "예수는 메시아"(Jesus is the Messiah)라고 신앙고백 하는 것은 예수를 메시아로 믿고 받아들이는 유대인 출신 기독교인과 예수를 메시아로 받아들이지 않는 유대인들을 구분하는 가장 분명한 차이점이라고 말할 수 있다. 그렇기에 초기 유대인 출신 기독교인들의 입장으로 볼 때 예수를 메시아로 고백하는 것은 자신들의 정체성 여부를 확인할 수 있는 아주 중요한 '시금석'(the test formula)이라고도 말할 수 있다. 기독교인들에게 있어서는 참된 신앙의 시금석이었고, 유대교인들의 입장에서는 이단의 시금석이었기 때문이다.[23]

---

22 마가복음 6:3에서는 예수를 '목수'라고 했지만, 평행 구절인 마태복음 13:55에서는 '목수의 아들'이라고 언급되어 있다.
23 James D.G. Dunn, *Unity and Diversity in the New Testament*, 44.

이렇게 초대 유대 기독교인들이 예수를 메시아로 고백하고 받아들였지만, 유대 기독교인들의 메시아 개념은 여전히 유대교인들의 메시아 개념과 크게 다르지 않았고, 본질적으로 이스라엘의 민족적 운명과 연관된 것으로 생각되었다. 그 메시아 개념의 핵심은 메시아가 오셔서 이스라엘을 모든 종살이와 억압으로부터 구원할 것으로 기대하고 믿는 것이었다.

그런데 예수가 십자가에 못 박혀 죽었다는 사실은, 초대 유대 기독교인들이 예수를 메시아로 믿고 전파하는 데 있어서 자신들에게는 물론이고 최초 선교의 대상이었던 다른 유대인들에게도 큰 걸림돌이 되었다. 유대인으로서는 십자가에 처형된 자를 도저히 하나님이 보내신 메시아라고 믿을 수 없었기 때문이다. 유대인이 어떻게 십자가에 처형된 자를 하나님의 메시아로 믿을 수 있단 말인가? 모세의 율법에 "나무에 달린 자는 하나님께 저주를 받았음이라"(신 21:23; 갈 3:13)고 기록되어 있고 그래서 바울 자신도 "십자가에 달리신 그리스도가 유대 사람들에게는 걸림돌(σκάνδαλον)이 되고 있다"(고전 1:23)고 인정한 바 있다. 예수 시대의 유대인들에게는 고난을 당하고 죽는 메시아 개념이 전혀 없었기 때문이다. 그래서 제임스 던(James D.G. Dunn)도 "십자가에 못 박힌 그리스도"란 말 자체가 유대인들에게는 **모순되는 용어**(a contradiction in term)라고 지적하기도 했다.[24] 결국 예수의 십자가 죽음 자체가 많은 유대인들에게 그가 메시아가 아니라는 증거로 생각될 수밖에 없었다.

예수 처형 이후에도 예수를 믿고 따르던 제자들 가운데 이런 생각이 여전히 남아 있었다는 사실을 성경의 증언들 속에서 쉽게 찾아볼

---

24 *Ibid.*, 42.

수 있다. 예수가 십자가에 처형된 직후 "예수는 그리스도(=메시아)"라고 고백하며(막 8:29) 따랐던 베드로까지도 지금까지의 생활에서 돌아서서 "나는 고기나 잡으러 가겠다"(요 21:3)고 말하고는 자기 본래의 고기잡이 직업으로 다시 복귀한 바 있다. 예수를 메시아로 고백하고 따랐던 지금까지의 생활을 포기한 셈이다. 다른 한편으로 예수가 십자가에 처형된 후 예루살렘을 떠나 엠마오로 가던 글로바가 곁에서 동행하던 부활하신 예수를 알아보지 못한 채, 그에게 "우리는 이 사람이 이스라엘을 구속할 자라고 바랐노라"(눅 24:20)고 말했던 사실도 예수가 십자가에 못 박혀 죽은 사실에 대한 제자들의 실망감과 좌절감을 반영하고 있다. 십자가가 그들에게도 역시 걸림돌이 되었던 것으로 보인다. 의기소침해진 제자들이 제각기 흩어지기 시작했고, 예수를 따르던 그들의 운동은 이전에 나타났던 거짓 메시아들의 경우와 마찬가지로 다시 사라질 운명에 처하게 되었다. 이런 상황에서 예수를 메시아라고 믿고 고백한 초대 유대 기독교인들의 입장에서는 예수가 그의 십자가 죽음에도 불구하고 여전히 메시아라는 사실을 믿도록 입증해야만 하는 중요한 과제 앞에 직면하게 되었다.

물론 유대인들의 관점에서 볼 때 예수의 십자가 죽음을 명예로운 죽음이라고 생각할 수도 있었을 것이다. 예수가 이스라엘을 억압하던 로마인들의 손에 죽음을 당했다는 것은 일종의 순교로 생각될 수 있을 것이고 따라서 예수도 과거에 조상들이 전해 준 신앙을 위해 목숨을 바쳤던 민족 영웅들의 반열에 들어갈 수 있는 것으로 생각될 수도 있기 때문이다. 그럼에도 예수의 십자가 죽음은 그를 믿고 따르던 추종자들에게 여전히 '걸림돌'이 될 수밖에 없었다. 그들은 예수가 메시아로서 이스라엘을 로마의 억압과 압제로부터 구원할 것이라고 믿었기 때문이다.

그러나 초기 기독교인들은 이 걸림돌을 넘어설 수가 있었다. 십자가에 대한 새로운 해석을 통해 그들이 새로운 신앙에 이를 수 있게 되었기 때문이다. 예수가 비록 십자가에 달려 죽었지만, 그로 인해 중단되었던 메시아 역할을 이루기 위해서 다시 오실 것이란 믿음 때문이었다. 이런 믿음은 하나님께서 예수를 그의 죽음으로부터 부활시켰다는 그들의 확신 때문에 가능했다. 하나님께서 예수를 다시 살리셨다면 분명히 예수는 그의 메시아 과업을 완성하기 위해서 다시 오실 것이라고 믿었다. 이런 믿음은 예수의 부활 승천 이후에 예루살렘에서 있었던 베드로의 오순절 설교에서부터 잘 드러나 있다. 베드로는 유대인들을 향해 "하나님께서 그(=예수)를 사망의 고통에서 풀어 살리셨으니 이는 그가 사망에 매여 있을 수 없었음이라"(행 2:24)고 말한 뒤에 "이스라엘 온 집은 확실히 알지니 너희가 십자가에 못 박은 이 예수를 하나님이 주와 그리스도(=메시아)가 되게 하셨느니라"(행 2:36)고 말한다. 그리고는 다시 예루살렘 성전 솔로몬 행각에서 이스라엘 백성들을 향해 "너희가 그를 넘겨주고 빌라도가 놓아주기로 결의한 것을 너희가 그 앞에서 거부하였으니 너희가 거룩하고 의로운 이를 거부하고 도리어 살인한 사람을 놓아주기를 구하여 생명의 주를 죽였도다. 그러나 하나님이 죽은 자 가운데서 그를 살리셨으니 우리가 이 일에 증인이라… 하나님이 모든 선지자의 입을 통하여 자기의 그리스도께서 고난을 받으실 일을 미리 알게 하신 것을 이와 같이 이루셨느니라. 그러므로 너희가 회개하고 돌이켜 너희 죄 없이 함을 받으라. 이같이 하면 새롭게 되는 날이 주 앞으로부터 이를 것이요, 또 주께서 너희를 위하여 예정하신 그리스도를 보내시리라"(행 3:13-20)고 말한다.

하나님께서 십자가에 죽은 그리스도를 다시 살리시고 그의 과업을 이루기 위해 다시 보내신다는 이런 사상은 그 당시 결코 낯선 것이 아니었다. 자기가 죽인 세례 요한이 죽은 자 가운데서 다시 살아났다(John the Baptist redivivus)고 믿은 헤롯왕(막 6:14-16)이나 엘리야가 다시 올 것이라(Elijah redivivus)고 믿은 사람들의 모습에서 볼 수 있듯이, 그 당시 예언자적 인물이 죽음으로부터 다시 돌아와 종말론적 사명을 완성한다는 사상은 이미 존재하고 있었다. 그래서 초기 유대 기독교인들은 예수가 십자가에 못 박혀 죽음으로써 메시아적 과업을 다 이루지 못했지만, 하나님이 그를 다시 살리셔서 그의 과업을 이루게 하셨다고 믿었던 것이다. 그래서 유대 기독교인들이 가졌던 메시아 사상의 독특성은 그들이 부활하신 예수에게서 다시 살아 돌아온 메시아(a Messiah redivivus)를 생각해냈다는 점이라고 브랜든(Brandon)은 말한다.[25]

초기 기독교인들이 예수의 십자가 죽음을 이처럼 다시 해석하기 시작함으로써 예수의 십자가 죽음은 이제 더 이상 그가 메시아라는 사실에 '걸림돌'이 되지 못했다. 왜냐하면 예수의 고난은 이미 성경에 이미 예언된 바 있기 때문이다. 이런 그들의 믿음은 부활하신 예수가 엠마오로 가는 두 제자에게 한 말씀에서도 잘 드러나고 있다.

"미련하고 선지자들이 말한 모든 것을 마음에 더디 믿는 자들이여, 그리스도가 이런 고난을 받고 자기의 영광에 들어가야 할 것이 아니냐? 하시고 이에 모세와 모든 선지자의 글로 시작하여 모든 성경에

---

25 S.G.F. Brandon, *Jesus and the Zealots*(New York: Charles Scribner's Sons: 1967), 181.

쓴 바, 자기에 관한 것을 자세히 설명하시니라"(눅 24:25-27).

이런 교훈이 특히 '부활하신 주님'으로부터 주어졌다는 것이 중요하다. 이렇게 해서 결국 초기 기독교인들은 예수가 비록 십자가에 달려 죽었지만, 그는 분명히 메시아라는 신앙(faith in the Messiahship of the crucified Jesus)을 견지할 수 있게 되었다. 예수가 처음 오셨을 때는 "이스라엘을 구속할 수 있는", "말과 일에 능하신 선지자"(눅 24:19)였다. 그러나 백성들이 무지와 죄 때문에 그가 메시아 되심을 깨닫지 못했고, 결국 그가 "성경에 기록된 대로" 죽으셨다. 그러나 여호와 하나님께서 그가 하신 구원의 약속을 이루시기 원하셨고, 회개한 이스라엘에 "나라를 회복시키기 위해" 그를 권능과 영광 가운데 다시 돌려보내 주셨다. 이처럼 예수의 메시아적 소명과 십자가 죽음의 의미가 모두 이스라엘의 운명과 연관되어 해석되고 있다. 브랜든 (S.G.F. Brandon)은 바로 이것이 '예루살렘 교회의 복음'의 특징이라고 말하면서 여기에는 이방인에 대한 관심이 보이지 않으며, 바로 그 점에서 그들에게 예수는 역시 '이스라엘의 메시아'에 지나지 않을 뿐이라고 말한다.[26]

이처럼 유대 기독교의 메시아 사상은 너무나도 뚜렷하게 민족주의적이며 정치적인 의미를 갖고 있었기에 만일 초대교회가 예수를 메시아로 믿는 신앙에만 머물렀다면, 아마도 독특한 메시아 사상을 가진 '유대적 메시아주의의 한 형태'(a form of Jewish Messianism)[27]로 끝나버렸을지도 모른다. 그런데 유대 기독교인 출신이었지만 헬

---

26 Brandon, *Jesus and the Zealots*, 182.
27 James D.G.F. Dunn, *Unity and Diversity*, 239.

라 문화권에서 자라면서 교육을 받았던 길리기아 다소 출신 바울이 나중에 이방인의 사도가 되어 복음을 전할 때, 그는 헬라적이며 이방적인 환경 가운데 사는 이방인들에게 좀 더 쉽게 이해될 수 있게끔 예수를 민족주의적이며 정치적인 의미를 가진 메시아로 전파하는 대신에[28] 예수를 주님(the Lord)으로 혹은 하나님의 아들(the Son of God)로 전파함으로써 초대교회가 점차로 이방 세계에 적합한 세계적인 교회(global church)로 발전해 나갈 수 있는 길을 열어놓았다. 따라서 우리가 초기 기독교의 모습을 올바로 바라보기 위해서는 베드로와 야고보가 중심이 되었던 예루살렘 유대 기독교만 바라볼 것이 아니라 이방인의 사도로서 '무할례자의 복음'을 선포하며 기독교 세계화의 길로 들어섰던 바울의 이방 기독교에도 눈을 돌려보아야 한다. 그래야만 초대교회의 다양성과 함께 그 참모습을 전체적으로 잘 볼 수 있게 될 것이다.

5. 이방 기독교(the Gentile Christianity)의 출현

1) 이방 기독교의 발단

최초의 기독교는 예루살렘을 중심으로 갈릴리 출신의 제자들에

---

28 바울이 이방인들을 상대로 선교 활동을 하던 당시에는 유대인들이 생각하는 것과 같은 본래의 메시아적 의미와 상관없이 이미 관례적으로 예수와 그리스도(=메시아)가 거의 같은 의미로 사용되었다. 그래서 바울 자신에게 있어서도 메시아를 가리키는 "그리스도"(Christos)가 거의 예수 개인의 고유명사처럼 사용되었다. Cf. S.G.F. Brandon, *The Fall of Jerusalem and the Christian Church*(London: SPCK Press, 1981), 79.

의해 시작된 **유대적** 종교에 지나지 않았다. 이것을 달리 유대적 기독교(the Jewish Christianity)라고도 말할 수 있을 것이다. 이 최초의 기독교는 처음에 유대교(Judaism)와 크게 다르지 않은 모습을 보여주었고, 1세기 유대교 내의 다른 여러 종파 중 하나처럼 여겨지기도 했다. 비록 최초의 기독교인들이 예수에 대해 다른 유대인들과는 다른 독특하고도 특별한 믿음을 갖고 있었지만, 그들의 종교는 여전히 유대인들의 종교였었다. 본인들도, 주변의 다른 사람들도 모두 그렇게 생각했다. 이런 기독교가 나중에 바울에 이르러 비로소 유대교와는 다른 새로운 종교의 모습을 갖추게 되었고, 이방 기독교(the Gentile Christianity) 또는 세계적 종교(Global religion)로 바뀌게 되었다.

물론 초대교회에서 공식적으로 이방인에 대한 선교가 시작된 것은 바울의 개종 이후 안디옥 교회가 성령의 지시에 따라 바나바와 바울을 전도자로 파송한 데서부터였다고 보아야 할 것이다. 그러나 그보다 훨씬 전에 예루살렘 교회 안에서 유대 기독교인들과 함께 예배드리던 디아스포라 출신, 헬라파 유대 기독교인들이 있었다는 사실도 기억해야 한다. 예루살렘 초기 기독교 안에는 두 종류의 유대인들이 있었다. 하나는 팔레스틴 본토 출신으로 히브리말을 사용하는 사람들이었고, 다른 하나는 디아스포라 출신으로 헬라 말을 사용하는 사람들이었다(행 6:1). 이 두 종류 기독교인들 간의 갈등 때문에[29] 예루살렘 사도들은 디아스포라 출신들 가운데서 '일곱 사람'을 세워 그들의 지도자로 세웠다. 그런데 이들은 본래 이방 땅인 헬라 문화권

---

[29] 사도행전에서는 '구제금 분배 문제'로 인한 갈등만을 언급하고 있지만, 실제로는 '언어 소통의 문제'가 더 근본적인 문제였을 것으로 생각된다.

에서 살던 사람들이었기에 신학적으로 예루살렘 사도들과 적지 않은 차이를 드러내고 있었다. 예를 들면 스데반의 설교에서 나타나고 있는 반 성전적 사상 그리고 빌립의 활동에서 볼 수 있다. 이들의 이방인 선교에 대한 태도는 예루살렘 사도들과는 아주 다른 것이었고, 이 때문에 유대인들의 박해를 받기도 했다(행 8:1).[30] 그러나 스데반과 빌립의 반 성전적·탈 유대적·반 유대적 사상과 빌립의 이방 지향적인 선교 사상은 바울의 이방 기독교 사상의 발판이 되었다. 이때 예루살렘에서 쫓겨난 헬라파 사람들이 "이방인 선교의 진짜 창설자"(the real founders of the mission to the Gentiles)[31]였고, 바로 이런 점 때문에 스데반과 빌립을 바울의 선구자라고 부르게 되었다.[32] 예루살렘 초대교회 한구석에서 존재하던 헬라적 디아스포라 유대 기독교가 바울의 헬라적 이방 기독교의 출현을 가능하게 해 준 밑거름이 되어주었다고 할 수 있다.[33]

그 밖에도 이방인 백부장 고넬료의 집을 찾아가 예수를 전파하여 개종시키는 등 이방인 선교에 나섰던 베드로의 역할도 무시할 수 없

---

30 이때의 박해가 헬라파 지도자들을 상대로 한 것이었고, 예루살렘 "사도들은 예외"(행 8:1)였다는 사실에서도 예루살렘 사도들과 일곱 지도자들 간의 차이가 어떤 것인지를 잘 알 수 있다.

31 Martin Hengel, *Between Jesus and Paul: A Study of the Earliest History of Christianity* (London: SCM Press, 1983),13.

32 F.Scott Spencer는 빌립을 가리켜 "선구자적이며 개척자적인 선교사", "마치 세례 요한이 예수와의 관계에서 선구자 역할을 했듯이 빌립은 이방인의 사도인 바울의 그리고 최초로 이방인 고넬료를 개종시킨 베드로의 선구자 역할을 했던 인물이라고 말할 수 있다"고 했다. Cf. *The Portrait of Philip in Acts: A Study of Role and Relation* (JSOT Press: Sheffield, 1992), 272-273.

33 Martin Hengel은 F. Hahn의 표현을 따라서 초대교회가 다음과 같이 네 단계로 발전했다고 지적한다: 1) Jesus, 2) Palestinian Jewish Christianity(=the earliest community), 3) Hellenistic Jewish Christianity, 4) Hellenistic Gentile Christianity. Cf. *Between Jesus and Paul*, 35.

을 것이다. 물론 '이방인의 사도'로 부름을 받아 이방인 선교에 앞장을 섰던 바울이 가장 큰 역할을 했던 것은 사실이지만, 그렇다고 이방 기독교의 급속한 성장의 배경에는 바울과 바나바만 있었던 것은 아니었다. 바나바와 함께 전도 여행에 나섰던 '마가라 하는 요한'(요한 마가)도 있었고 또 바울의 선교 여행에 동행했던 실라(행 15:40; 16:25, 38)도 있었다. 그리고 바울의 동역자(롬 16:3)인 '브리길라와 아굴라 부부'(행 18:18, 26)와 같은 자비량 선교사들도 많이 있었다. 이런 사람들의 활발한 선교 활동을 통해 루스드라에서 "많은 사람들이 제자가 되었고"(행 14:21), 빌립보에서도 믿음의 '형제들'이 생겨났으며(행 16:40), 데살로니가에서는 "경건한 헬라인의 큰 무리와 적지 않은 귀부인도 권함을 받고 바울과 실라를 따랐다"(행 17:4). 베레아에서도 믿는 사람이 많이 생겼고, 헬라의 귀부인과 남자가 적지 않았다(행 17:12). 헬라 문화의 중심지인 아테네에서도 믿는 사람들이 생겼고, 그중에는 "아레오바고 관리 디오누시오와 다마리라는 여자와 또 다른 사람들도 있었다"(행 17:34). 그리고 바울이 고린도에서 '하나님의 경외하는 자' 디도 유스도의 집에 머무를 때 "수많은 고린도 사람도 듣고 믿어 세례를 받아"(행18:8), 바울이 "이 성 중에 내 백성이 많다"(행 18:10)고 말할 정도였다.

이방 기독교가 이렇게 갑자기 크게 발전하게 된 요인에는 물론 바울을 비롯한 이방인 선교사들의 헌신적인 선교 활동이 크게 작용했겠지만, 그 이외에 시대적인 요인도 있었다. 유대교로부터 기독교로 개종하는 유대인 출신 기독교인들의 숫자는 시간이 지날수록 줄어든 반면에 이방인 출신 기독교인들의 숫자는 점점 불어나게 되었고, 점차 초기 기독교는 유대교적인 특징을 탈피하면서 비유대적·

세계적 종교로 발전하기 시작했다. 예루살렘에서 시작된 유대적 기독교가 모세 율법에 고착된 유대 종교, 로마에 대항해 싸웠던 유대 민족주의에 기원을 둔 유대적인 종교였다면, 바울이 로마 세계에 전파한 기독교는 로마 세계에 개방된 세계적인 종교였다. 더구나 당시 로마 세계는 유대인들의 민족주의적인 특징이 드러나는 유대적 기독교보다는 유대적 특징으로부터 벗어난 바울의 기독교를 더 선호할 수밖에 없었다. 한 마디로 새로운 시대가 유대적인 기독교의 편이 되기보다는 세계적인 이방적 기독교의 편이 될 수밖에 없었던 것이다.

2) 이방 기독교의 구성원들

초기 기독교가 맨 처음 주로 유대인 출신 기독교인들로 시작되었지만, 시간이 흘러가면서 유대인 개종자의 숫자는 줄어드는 반면에 이방인 개종자들의 숫자는 점점 늘어나기 시작했다. 그런데 성경에서 언급되고 있는 이방인들 가운데는 두 종류의 사람들이 있었다. 첫째는 이방인들 가운데 이미 유대교에 관심을 갖고 유대교 신앙에 호의적인 반응을 보이며 회당 예배에도 자주 참석하는 부류의 사람들이다. 이런 사람들을 가리켜 '하나님을 경외하는 자'(φοβούμενος τὸν θεὸν, God-fearer)라고 불렀다.[34] 로마의 백부장이었던 고넬료가 바로 여기에 해당하는 사람이었다. 사도행전 10:2에 보면 "그가 경건하여 온 집안과 더불어 **하나님을 경외하며**… 하나님께 항상 기도하였다"(cf. 행 10:22)고 전한다. 바울이 비시디아 안디옥 회당을 찾아 설

---

34 때때로 이들을 "the half-proselyte"라고 부르기도 하지만, 이 명칭은 부적절한 것으로 비판받고 있기도 하다. Cf. G.F. Moore. *Judaism*, 1, 326-7, 339.

교할 때 "이스라엘 사람들과 **하나님을 경외하는 사람들**아, 들으라"(행 13:16)고 말한 것을 보더라도 이런 사람들이 이미 유대인들의 회당 안에 많이 있었음을 알 수 있다. 바울이 그의 이방 선교 여행 가운데 찾아가는 곳마다 늘 유대인의 회당을 먼저 찾은 것도 아마 이런 사람들을 염두에 두었기 때문일 수 있다.[35]

그러나 '하나님을 경외하는 자들'은 유대교인이 아니었다. 그들은 아직 유대교로 개종하지 않은 사람들이다. 그 당시 이방인들 가운데는 이처럼 마음으로는 유대교 신앙을 받아들였지만, 유대교로 완전히 개종하지는 않은 사람들이 있었다. 유대교로 개종할 경우에 짊어져야 할 부담들, 곧 모세의 율법을 지키기 위해서 할례를 받아야 하고 안식일을 지켜야 하는 등의 현실적인 어려움이 너무 컸기 때문에 유대교로 완전히 개종하지는 않은 채 그냥 회당 예배에만 참석하는 이방인들이 적지 않았다. 바로 이런 사람들을 가리켜 바로 '하나님을 경외하는 자들'이라고 했다. 바울이 두아디라 시에서 만났던 자색 옷감 장수인 루디아도 **하나님을 경외하는 자**였다(행 16:14). 그리고 바울이 고린도에서 유대 사람들의 반대를 받고는 옷에서 먼지를 털며 "너희 피가 너희 머리로 돌아갈 것이요 나는 깨끗하니 이후에는 이방인에게로 가리라"(행 18:6)는 말을 남기고 곧바로 디도 유스도라는 사람의 집에 들어갔는데, 이 사람도 **하나님을 경외하는 자**라고 했다(행 18:7).[36] 또한 빌립이 예루살렘에서 가사로 내려가는 광야 길에

---

35 요한복음 12:20에서 명절에 예배하러 올라온 사람 중 헬라인 몇 사람들과 사도행전 8:27에서 예배드리러 예루살렘에 왔던 에티오피아 여왕 간다게의 내시도 이런 부류의 사람들이었을 것이다.

36 비록 고넬료의 경우에 "φοβούμενος τὸν θεὸν"(a fearer of God, 행 10:2)란 용어를 사용한 것과 달리 디도 유스도에 대해서는 "σεβομένου τὸν θεόν"(a worshiper of God)이란 용어를 사용했지만, 그 의미에서는 차이가 없어 보인다(cf. 요 12:20; 행

서 만나 성경을 해설해 주고 마지막에 세례까지 주었던 에티오피아 내시(행 8:27)도 예배하러 예루살렘을 찾았던 사람이었음을 감안할 때 '하나님을 경외하는 자'였음에 틀림없어 보인다.[37]

그러나 둘째로 성경이 말하는 이방인 중에는 이처럼 '하나님을 경외하는 자'들 이외에 완전히 다른 종교의 신봉자들인 이교도들(pagans)도 있었다. 그런데 이런 이방인들 가운데서도 초대교회 선교사들의 전도와 설교를 통해서 예수의 복음을 받아들이고 개종하는 사람들이 생겨나기 시작했고 그 숫자가 늘어갔다. 그 당시 이방인들이 유대교에 그리고 기독교에 호의적인 관심을 가진 동기는 유대인들의 유일신 사상(monotheism), 즉 한 하나님만 섬기는 신앙 때문이란 지적이 있다. 바울이 희랍 아덴의 아레오바고에서 행한 설교에서도 드러나고 있듯이 헬라 사람들은 물론 그 당시 대부분의 사람들은 많은 신을 숭배하고 있었다(多神 崇拜, politheism). 그래서 만신전(萬神殿, pantheon)을 세워놓고는 '알지 못하는 신'(행 17:23)까지도 섬겼다. 여러 종류의 너무 많은 신을 섬기는 데에 정신적으로도 물질적으로도 지친 이방인들로서는 하나의 신만을 섬기는 유대인들의 신앙에 매력을 느꼈을 것이다. 또 그 당시 희랍 로마 시대의 많은 종교들이 비도덕적이며 성적으로 타락한 요소를 많이 갖고 있었던 반면 유대교인들은 높은 윤리적 수준의 신앙생활을 보여주었기에

8:27). 그래서 개역한글에서는 디도 유스도를 가리켜 "하나님을 공경하는 자"라고 번역했지만, 개역개정에서는 "하나님을 경외하는"이라고 번역한 것으로 보인다.
37 그러나 이 사람은 '내시'이기 때문에 "φοβούμενος τὸν θεὸν"(a fearer of God)"이나 혹은 "σεβομένου τὸν θεόν"(a worshiper of God)으로 머물 수는 있지만 유대교에로의 '개종자'(proselyte)는 될 수 없는 부류의 사람이었다. 왜냐하면 모세의 율법인 신명기 23:1에 의하면 "신낭이 상한 자나 신을 베인 자는 여호와의 총회에 들어오지 못하리라"고 분명히 규정되어 있기 때문이다.

그들에게 많은 관심의 대상이 되었을 것이라는 지적도 있었다. 이런 점들이 결국 초대교회에서 이방인 선교가 많은 열매를 맺을 수 있었던 요인 가운데 하나였을 것으로 보인다.

복음이 팔레스틴을 떠나 헬라-로마 세계로 널리 퍼져나가기 시작하면서 소아시아 지역에 일곱 교회(에베소, 서머나, 버가모, 두아디라, 사데, 빌라델비아, 라오디게아)가 생겨났다. 이어서 바울이 전도 여행했던 지중해 연안 여러 도시들(데살로니가, 빌립보, 고린도, 갈라디아 등)에 많은 교회들이 생겨나게 되었다. 물론 이런 이방 지역 교회들의 구성원들 가운데 디아스포라 유대인들도 적지 않게 포함되어 있기는 했어도 대부분은 역시 이방인 출신들이었다. 이방인 출신 기독교인 중에는 상당한 고위층들도 많이 있었던 것으로 알려져 있다. 베레아에서 믿기 시작한 적지 않은 수의 헬라 귀부인과 남자들(행 17:12) 그리고 헬라 문화의 중심지인 아데네에서도 믿기 시작한 '아레오바고 관리 디오누시오'(행 17:34)가 대표적인 사람들일 것이다.

3) 이방 기독교의 신학적 특징들

바울과 바나바를 비롯하여 이방인 선교에 힘쓴 여러 사역자들에 의해 이방인들로 구성된 기독교회들이 이방 땅 여러 곳에 많이 생겨나기 시작했다. 그런데 이런 이방인 기독교회들은 인종적으로는 주로 유대인이 아닌 이방인들로 구성되어 있었고, 지리적으로는 팔레스틴이 아닌 이방 지역, 특히 소아시아나 고린도, 빌립보, 로마 등 헬라 문화권에 퍼져 뿌리를 두고 자라난 교회들이었다. 따라서 팔레스틴이나 예루살렘에 뿌리를 둔 유대 기독교와는 문화적으로나 종교적으로 많은 차이를 보일 수밖에 없었다. 더구나 이 교회들은 '무할례자의 복음'을 전파한 '이방인의 사도' 바울의 선교 활동 가운데서 그의 직접적인 영향을 받은 교회들이고 또 그가 기록했던 여러 신앙적인 문서들(=바울 서신들)의 영향을 받으며 성장한 교회들이었다. 따라서 '할례자의 사도'(갈 2:8)로부터 '할례자의 복음'을 들으며 자라난 예루살렘의 유대인 기독교회와는 신앙적으로나 신학적으로 많은 차이를 보일 수밖에 없었다. 그런 이방인 기독교회 신앙의 주요 특징 중에는 특히 다음과 같은 것들이 지적되고 있다.

(1) 반(反) 율법주의적이며 탈(脫) 유대적인 경향

이방인 기독교회는 분명히 유대교 혹은 유대적인 것들로부터 탈피하려는 경향을 보였다. 그래서 반(反) 혹은 탈(脫) 유대교적이며, 어떤 점에서는 강한 반(反) 율법주의적인 경향을 드러내고 있기도 하다. 이방 기독교인들의 입장에서는 기독교인이 되기 위해서 먼저 유대교인이 될 필요는 없으며, 기독교인이 되기 위해서 먼저 믿었던 유대 기독교인들처럼 유대교나 모세의 율법을 거쳐야 할 필요가 없었다. 그들에게는 유대교의 율법 혹은 모세의 율법(五經)이 삶의 규범이나 구원의 절대적인 요소가 될 수 없었고, 오직 예수 그리스도를 믿는 신앙과 그의 교훈이 더 중요했다. 그래서 율법의 '행함'보다는 오히려 예수에 대한 '믿음'이 우리의 구원에 더 중요한 것으로 강조될 수밖에 없었다.

바울이 이방 지역에 있는 기독교인들을 향해 "그리스도가 오심으로 율법은 끝장났다"(롬 10:4)고, 예수를 믿는 사람은 이제 더 이상

"율법 아래 있지 아니하고 은혜 아래 있다"(롬 6:14)고 선언한 것도 이방 기독교의 탈(脫) 유대주의 및 탈(脫) 율법주의로부터 나온 것이라고 말할 수 있다. 그래서 이방 기독교에서는 율법의 행함보다는 믿음이 강조되는 경향이 강하게 드러나고 있다(cf. 엡 2:8, "여러분은 은혜 가운데서 믿음을 통하여 구원을 받았습니다"). 이것 역시 반 유대교적이며 탈 유대교적인 경향에서 나온 것임에 틀림없다. 이런 바울의 입장은 자기가 태어난 지 "팔 일 만에 할례를 받고 이스라엘 족속이요 베냐민 지파요 히브리인 중의 히브리인이요 율법으로는 바리새인인"(빌 3:5)이라고 자처하면서도 "그러나 무엇이든지 내게 유익하던 것을 내가 그리스도를 위하여 다 해로 여길뿐더러… 배설물로 여겼다"(빌 3:7-8)고 말하는 데서 가장 분명히 드러나고 있다.

바울이 그의 서신들에서 계속 "우리가 하나님 앞에서 의롭다 함을 받는 것은 율법의 행함으로가 아니라 오직 믿음으로 말미암아서이다"라고 율법 무용론을 외친 것은 유대교 혹은 유대인 출신 기독교인들의 율법주의를 넘어서기 위한 노력의 일환이며 동시에 유대교와의 근본적인 차별화에 대한 선포라고 생각된다. 아마도 유대교와의 이런 차별화 경향은 기독교가 유대교로부터 독립하여 더 이상 유대인들의 민족 종교로서가 아니라 세계적인 종교로 발전하던 시기에 기독교 신앙의 독자성 혹은 정체성을 확립하기 위해서 더욱 필요한 것이었는지도 모른다. 더구나 바울이 이방인 독자들을 대상으로 기록한 문서들에서는 이런 것이 어쩔 수 없는 선택이었을 것으로 생각되기도 한다.

(2) 예수의 신성(神性)을 강조하는 경향

유대인 출신 기독교인들에게 있어서 예수는 "그 가르치는 것이 권위 있는 자와 같고 그들의 서기관과 같지 않은"(마 7:29) '랍비 중의 랍비' 그리고 "하나님과 모든 백성 앞에서 말과 일에 능하신 선지자"(눅 24:19)였으며 "이스라엘을 속량할 자"(눅 24:21) 곧 "구주"(savior, 눅 2:11)이자 백성들을 압제와 억압으로부터 구원해 줄 "메시아"(막 8:29)였다. 예수의 고향 사람들은 예수를 "목수의 아들이며 그의 어머니는 마리아"(마 13:55)로 알고 있었던데다, 대부분의 유대인들은 창조주와 피조물 간의 질적인 차이를 크게 인정하는 사람들이었기에 갈릴리 나사렛 태생의 예수를 감히 신적인 존재로까지 믿지는 못했다. 그들의 관심이 주로 예수의 인성(humanity)에만 머물렀다는 말이다.

그러나 이방인 기독교인들은 거기서 더 나아가 예수의 신적인 면에 더 주목하면서 예수를 '주님' 혹은 '하나님의 아들'로, 심지어 '하나님'으로까지 믿었다. 예수를 메시아로 고백하는 것이 민족적인 한계를 갖고 있기에 이방 기독교에서는 "예수는 메시아이다"(막 8:29)라는 유대 기독교인들의 고백에 이방인들이 좀 더 이해하기 쉬운 '하나님의 아들'이란 개념을 보충적으로 덧붙여 "예수가 하나님의 아들임을 고백"(요일 4:15)하게 되었다. 요한복음에서는 거기서 더 나아가 예수는 태초부터 계셨던 분 그리고 하나님과 함께 계셨던 하나님이라고 언급하고 있으며(요 1:1-3), 바울의 서신들 가운데서는 특히 빌립보서 2장에서 "예수는 본래 하나님의 본체이셨고, 하나님과 동등된 분이지만… 이 땅에 내려왔다"라고 강조하고 있다. 모두 이방인 출신 기독교인들을 염두에 둔, 헬라 사상에 뿌리를 둔 신앙고백이라고 말할 수 있다. 이렇게 예수의 신성을 강조하는 이방 기독교의 '선재 기독론'(the preexistence Christology)이나 '성육신 기독론'(the incarnation Christology)이 예수의 인성을 강조하는 유대 기독교의 '에비오니즘적 기독론'(the ebionic Christology) 혹은 '양자 기독론'(the adoption christology)과 큰 차이를 보이는 점은 부정할 수 없다. 그래서 학자들은 유대 기독교의 기독론을 가리켜 '저급 기독론'(the lower christology)이라고, 이방 기독교의 기독론을 가리켜 '고급 기독론'(the higher christology)이라고 말하기도 한다.[38]

6. 이방 기독교의 좌익과 우익: 바울과 바나바

유대 기독교 자체도 결코 하나로 통일된 형태의(monolithic) 교회는 아니었다. 맨 처음 베드로가 주도하던 예루살렘 유대 기독교는 좀 진보적이라고 볼 수 있는 반면에 나중에 야고보가 주도하던 예루살렘 유대 기독교는 좀 더 보수적이었고 말할 수 있다. 그래서 만일 우리가 베드로의 유대 기독교를 좌익, 야고보의 유대 기독교를 우익이라고 구분한다면, 이방 기독교를 두고도 바울과 바나바를 좌익과 우익으로 나눌 수 있을 것으로 보인다.

초대교회의 이방 선교를 말할 때 바울과 함께 **바나바**를 언급하지

---

38 초기 기독교의 예수에 대한 신앙이 '메시아'로부터 '하나님의 아들'로, '역사적 예수'로부터 '신앙의 그리스도'로, 즉 예수의 인성에 대한 강조부터 그의 신성에 대한 강조로 옮겨가게 된 과정에 대해서는 제4장 "초대교회 기독론의 형성 과정" 참조.

않을 수 없다. 물론 초대교회에서 이방인 선교를 위해 가장 큰 공헌을 한 사람은 바울이며 그래서 바울이 대표적인 '이방인의 사도'로, 나중에는 이방 기독교의 대표적인 지도자로 인정을 받고 있는 것이 사실이다. 그러나 바나바 역시 바울 못지않게 초대교회 안에서 이방 선교를 위해 큰 족적을 남긴 중요한 인물이다.39 바나바는 바울로 하여금 이방인의 대표적인 선교사로 우뚝 설 수 있게끔 이끌어 주었던 장본인이기도 하다. 다메섹에 살던 아나니아가 바울을 개종시켜 '이방인의 사도'가 되는 일에 기여한 사람이라면(행 9:10-19), 바나바는 다메섹에서 개종한 바울을 데리고 가서 예루살렘 교회 사도들에게 소개한 사람이다(행 9:27). 나중에는 다시 길리기아 다소로 바울을 찾아가서 그를 안디옥교회로 인도하여 자기와 함께 이방인을 위한 선교사로 파송을 받는 계기를 만들었다(행 11:25-26).

초대교회 안에서 처음으로 스데반이 박해를 받아 죽는 일 때문에 예루살렘으로부터 흩어진 사람들이 처음에는 베니게와 구브로와 안디옥까지 가서 주로 '유대 사람들'에게만 말씀을 전했다. 그러나 그들 가운데 구브로 사람과 구레네 사람 몇이 안디옥에 가서 이방인인 '헬라 사람들'에게도 "주 예수의 복음을 전했고"(행 11:20), 이처럼 안디옥에서 이방인들에게 복음이 전파되었다는 소식이 알려지자 예

---

39 바나바에 대한 정보는 바울에 비해 너무나도 빈약한 것이 사실이다. 신약성서에서 바나바의 인물과 활동에 대한 정보를 찾아볼 수 있는 곳은 오직 네 본문(행 4:36-37; 14:8-20; 15:36-41; 갈 2:11-14)뿐이다. 그러나 '바나바'란 이름에 대한 언급이 사도행전에서 모두 24번 그리고 바울 서신들에서 5번 언급되고 있는 점(고전 9:6; 갈 2:1, 9, 13; 골 4:10), 외경 가운데 '바나바 서신'이 전해지고 있는 점을 보더라도 그의 중요성은 쉽게 간과될 수 없을 것으로 생각된다. 바나바가 기록한 것으로 전해지고 있는 외경 '바나바 서신'은 클레멘스, 알렉산드리아누스, 오리게네스, 유세비우스 등 많은 초대교회 교부들의 문헌 가운데서 여러 번 언급된 바 있다.

루살렘 교회는 즉각 바나바를 안디옥으로 파송했다. 바나바는 안디옥에서 모든 사람에게 굳건한 마음으로 주께 충성하라고 권했고, 그후에 길리기아 다소에 있던 바울을 찾아 안디옥으로 데려왔다. 그리고 바울과 함께 일 년 동안을 안디옥 교인들과 어울리며 많은 사람들을 가르쳤다(행 11:23-26). 이런 기록들은 바나바가 바울에 앞서서 안디옥교회의 핵심적인 지도자로 활동했음을 보여주는 분명한 증거이다.

누가가 전해주는 바에 의하면 바나바는 "구브로에서 태어난 레위족 사람이며, 이름은 본래 요셉인데 사도들이 그를 바나바라고 일컬었고"(행 4:36), 그 이름의 뜻은 '위로의 아들'로 알려져 있다. 바나바는 초대교회 안에서 "누구 하나 자기 소유를 자기 것이라고 말하는 사람이 없이 모든 것을 공동으로 사용할"(행 4:32) 때 "자기가 가지고 있던 밭을 팔아, 그 돈을 사도들의 발 앞에 갖다 놓았다"(행 4:37)고 했는데, 이 일에서 알 수 있듯이 바나바는 "착한 사람이며, 성령이 충만하고 믿음에 충실한 사람"(행 11:24)이기도 했었다.

사도행전 13:1-3에 의하면 안디옥[40] 교회는 성령의 지시를 받아 "바나바와 사울(=바울)을 따로 세워" 안수한 후에 이방 선교를 위해 떠나보냈다. 바울은 이미 부활하신 주님으로부터 이방 사람들에 대한 선교의 책임을 부여받은 바 있다(행 9:15-16). 바울은 바나바와 함께 성령의 지시(행 13:2)와 교회의 결정(행 13:3)에 따라서 이방인 선교를 위해 나서게 되었다. 그런데 이들을 파송한 안디옥교회는 예

---

[40] '안디옥'은 당시 로마 제국 안에서 세 번째로 큰 도시였다. 수많은 유대인 거주자들이 있었던 만큼 예수를 믿는 유대인들도 많이 있었을 것이고, 로마와 알렉산드리아처럼 초대교회의 중요한 거점 가운데 하나였을 것이다.

루살렘 교회와는 좀 달랐던 것으로 보인다. 예루살렘 교회의 지도자들은 열두 사도들이었고, 이어서 일곱 명의 지도자들이 가세하였다. 그러나 안디옥교회는 예루살렘 교회와 달리 '예언자와 교사들'(행 13:1)에 의해 주도되고 있었고,[41] 이런 안디옥교회는 나중에 바울에 의해 세워진 교회들의 구조(롬 12:6-9; 고전 12:28)를 반영하며, 좀 더 성령에 의해 주도되는 조직을 반영하고 있는 것으로 보인다.[42]

바나바와 바울을 이방 선교를 위해 파송했던 안디옥교회는 주로 헬라파 사람들로 구성된 '이방인 교회'(Hellenistic Gentile Christian church)였던 것으로 생각된다. 교회의 지도자들로 언급된 '바나바', '니게르라고 하는 시므온', '구레네 사람 루기오', '분봉왕 헤롯의 젖동생 마나엔'이 모두 유대인이 아닌 이방인이었고, 바울이 비록 유대인 출신이라고 하지만 헬라 문화의 중심지인 길리기아 다소 출신이란 점에서 이러한 사실을 잘 엿볼 수 있다.[43] 결국 이방인에 대한 초대교회의 첫 선교는 이방 지역에서 살았기에 이방인에게 관심이 많았던 헬라파 기독교인들에 의해 시작된 셈이다.

바나바와 바울은 처음에 둘이 한 팀이 되어 선교 활동에 나섰다. 그리고는 구브로(행 13:4-12), 비시디아 안디옥(13:13-52), 이고니온(14:1-7), 루스드라(14:8-18)에서 함께 복음을 전한 후에 수리아 안디옥으로 돌아왔다가 예루살렘 사도 회의에도 함께 참석했다(15:2).

---

41 안디옥교회가 '사도들'이나 '장로들'에 의해 주도되는 교회가 아니라 성령에 의해 감동된 새로운 통찰력 및 발전에 마음이 열려있는 '예언자들' 그리고 전해진 교훈을 가르치며 해석해 주는 '교사들'로 균형을 이루고 있다는 의미로 읽힌다.

42 James D.G. Dunn, *The Acts of the Apostles*(Pennsylvania: Trinity Press International, 1996), 172.

43 시므온을 가리켜 '니게르'(Niger)라고 말한 것으로 보아 그가 '흑인'임을, 마나엔이 헤롯의 젖동생이라는 말은 그가 '이두매 사람'임을 가리킨다.

어려운 여건 속에서 이방인 선교에 헌신하던 두 사도는 글자 그대로 '환상의 커플'처럼 보였다. 그래서 이 두 사람은 '바나바와 바울' 혹은 '바울과 바나바'라고 자주 두 사람이 함께 엮인 채 언급되고 있다. 흥미로운 점은 처음에 '바나바와 바울'이란 언급으로 시작되더니(행 13:2, 7) 나중에는 '바울과 바나바'로 이름의 순서가 바뀌는 점이다 (행 13:15, 45-46, 50 등등). 나중에 '바울'이 '바나바'보다 더 중요한 인물로 부각된 사실을 반영하는 것이 아닌가 하는 생각을 해 볼 수도 있다.

그러나 꼭 그런 것 같지만은 않아 보인다. 루스드라에 복음을 전하러 간 '바울과 바나바'에 관한 이야기(행 14:8-18)에 보면 바울이 '나면서부터 앉은뱅이로 걸어본 일이 없는 사람'을 고쳐주었을 때[44] 루스드라 사람들이 바울이 행한 놀라운 병 고침 기적을 보고는 "신들이 사람의 모양으로 우리에게 내려왔다"(14:11)고 소리 질렀던 일이 있었다. 이때 정작 바울을 가리켜서는 신들의 메신저로 알려진 '헤르메스'라고 부른 것과는 달리 바나바를 가리켜서는 오히려 가장 높은 신인 '제우스'라고 불렀다(14:12). 루스드라 사람들이 바나바를 바울보다 더 높이 평가했다는 반증이 아닐 수 없다. 그러나 예루살렘 사도 회의에 관한 기록에서는 '바울과 바나바'(15:2)와 '바나바와 바울'(15:12)이란 표현이 혼용되어 언급되고 있는 것을 보면, 결국 그 두 표현은 누가에게 있어서 별다른 차이 없이 사용되고 있는 문구라고 생각하는 것이 더 옳을 것으로 보인다.

---

44 '베드로와 요한'이 예루살렘 성전 미문 앞에서 '나면서부터 앉은뱅이로 걸어본 일이 없는 사람'을 고쳐준 것이 유대인을 대상으로 했던 그들의 첫 번째 기적이었다면(행 3:1-10), '바울과 바나바'가 루스드라에서 '나면서부터 앉은뱅이로 걸어본 일이 없는 사람'을 고쳐준 것은 그들이 이방인을 대상으로 했던 첫 번째 기적이었다(행 14:8-10).

'베드로와 요한'은 히브리파 유대인들이 중심이 된 예루살렘의 초대교회, 즉 팔레스틴 유대 기독교(the Palestine Jewish Christianity)를 이끌던 대표적인 두 지도자였고 또한 '스데반과 빌립'이 헬라파 유대인들을 중심으로 한 헬라적 유대 기독교(the Hellenistic Diaspora Jewish Christianity)를 대표하는 두 지도자였다면, '바울과 바나바'는 그 뒤를 이어 함께 이방 선교에 나섬으로써 이방 기독교의 기초를 놓은 '헬라적 이방 기독교'(the Hellenistic Gentile Christianity)의 대표적인 두 지도자라고 말할 수 있을 것이다. 그러나 초대교회 유대 기독교 안에도 히브리파와 헬라파가 갈라져 서로 다른 모습을 보였듯이 또 나중에 예루살렘의 초대교회 안에서 '베드로의 유대 기독교'와 주의 형제 '야고보의 유대 기독교'가 서로 달랐듯이[45] '바울'과 '바나바' 사이에도 무시할 수 없는 중요한 신학적 차이가 있었던 것으로 생각된다. 두 사람의 신학적 차이에 대한 실마리를 사도행전과 갈라디아서에 나오는 두 본문(행 15:36-41; 갈 2:11-14)에서 찾아볼 수 있다.

첫 번째 본문인 사도행전 15:36-41에 보면 '환상의 한 팀'이 되어 함께 선교 활동을 벌이던 두 이방인 선교사 '바울과 바나바'가 서로 의견의 차이를 극복하지 못한 채 결별하는 일이 벌어졌다. 두 사람을 갈라놓은 결별의 원인은 다음과 같은 견해 차이 때문이었다. 먼저 바울

---

45 베드로가 주도하던 '유대 기독교'의 교인들을 'the Jewish Christians'라고 말한다면, 야고보의 '유대 기독교' 교인들은 아마도 'the Christian Jews'라고 말할 수 있을 것이다. 그래서 베드로의 '유대 기독교'는 나중에 정통 유대 기독교로 인정받게 되었지만, '야고보의 유대 기독교'는 나중에 이단적 유대 기독교, 즉 에비오니즘(Ebionism)으로 발전된 것으로 보인다. James D.G. Dunn은 이 차이를 신약성서의 유대 기독교와 후세기 (2~3세기)의 정통 기독교회에 의해 이단적인 유대 기독교의 차이로 보고 있다. Cf. *Unity and Diversity in the New Testament: An Inquiry into the Character of Earliest Christianity*(London: SCM Press, 1977), 252, 262.

은 바나바에게 "우리가 주의 말씀을 선포한 여러 도시로 형제들을 다시 찾아가서 그들이 어떻게 지내고 있는지 살펴보아야 하지 않겠습니까?"라고 제안했다. 바울은 선교 활동을 더 이상 확대하는 것만이 중요한 게 아니라 이전에 이미 세워놓은 교회들을 다시 방문하여 그들이 어떻게 지내고 있는지 알아보는 일도 중요하다고 생각했던 것 같다. 바울의 이 제안에 대해서 바나바도 처음에는 아무런 이의를 제기하지 않은 것으로 보인다. 그러나 두 사람 간의 의견의 차이는 자신들의 선교 여행에 '마가라는 요한'(요한 마가)을 동행시켜야 할 것인지에 관해서 드러났다. 바나바는 요한 마가를 동행시키고자 했다. 그러나 바울은 더 이상 그를 자신들의 선교 여행에 동행시키고 싶어 하지 않았다. 전에 요한 마가가 밤빌리아에서 자기들을 버리고 함께 일하러 가지 않았던 일(행 13:13) 때문이었다. 결국 요한 마가를 자신들의 선교 여행에 동행시킬지에 대한 문제로 두 사도는 "몹시 다투었다"(행 15:39)고 전해진다.[46] 그리고 이런 의견 차이와 다툼 때문에 끝내 두 사람은 선교 여행 도중 서로 갈라섰고, 그 이후로 바나바는 요한 마가를 데리고 구브로 쪽으로 그리고 바울은 실라[47]를 데리고 수리아와 길리기아 쪽으로 선교 여행을 떠났던 것으로 알려져 있다(행 15:39-40).

여기서 우리는 요한 마가를 선교 여행에 동행시키는 문제 때문에 노출된 바울과 바나바 간의 의견 차이와 결별의 원인이 요한 마가 개인에 대한 선호도에 한정되는 것인지 아니면 두 사람 간의 신학적 입

---

46 NRSV와 NIV는 "sharp disagreement"라고 번역했고, JB는 "violent quarrel"이라고 번역했는데, James D.G. Dunn은 여기 사용된 헬라어가 "deeply felt irritation and anger"를 뜻한다고 말했다. Cf. *The Acts of the Apostles*, 210.
47 실라(또는 실바누스)는 신약성서 다른 곳에서 디모데와 함께 바울의 동역자로 여러 번 언급되고 있다. 특히 바울이 데살로니가에 보낸 편지들에서는 바울과 함께 편지의 공동 저자로 언급되고 있기도 하다(고후 1:19; 살전 1:1; 살후 1:1).

장과도 관련이 있는 것인지 알아볼 필요가 있다. 그런데 두 번째 본문인 갈라디아서 2:11-14를 보면 바울과 바나바의 문제가 사도행전이 전해 주는 이야기보다 훨씬 더 복잡했다는 것을 알게 된다. 우선 요한 마가는 '바나바의 친척'(골 4:10)이었고, 더구나 갈라디아서 2:13에 보면 바울과 바나바 간에 의견 대립이 단지 요한 마가를 선교 여행에 동행시킬 것인지의 여부와 관련된 것만은 아니었던 것으로 보인다. 이방인 문제를 다룬 예루살렘 사도 회의의 결정(행 15장)에 대한 입장에서도 바울과 바나바는 분명한 차이를 보이고 있다. 즉, 바울이 이방인을 받아들이는 문제와 관련하여 바나바보다는 훨씬 더 진보적으로, 적극적으로 받아들이고 있었던 듯하다. 그래서 바울은 예루살렘 회의의 결정이 이방인과 유대인이 아무런 차별이 없이 함께 먹을 수 있음을 인정해 주는 것이라고 보았다.

안디옥에서 이에 관해 바울과 바나바 간의 신학적 입장과 처신에 의미 있는 차이가 있음을 보여주는 사건이 벌어졌다. 베드로가 안디옥을 방문하여 그곳에 있는 '다른 유대인들'과 '바나바'와 더불어 이방인들과 함께 음식을 먹고 있었다. 그런데 마침 그때 예루살렘으로부터 야고보가 보낸 사람들이 그리로 오는 것을 베드로가 보고는 할례받은 사람들의 시선을 의식해서 음식을 먹던 자리를 떠나 피해버리는 일이 생겼다. 바울이 볼 때 베드로의 이런 처신은 "책망받을 일"(갈 2:11)이 아닐 수 없었다. 베드로는 이방인 백부장 고넬료의 집에 찾아 들어가 "하나님은 외모로 사람을 가리시지 않는 분"(행 10:34)이라고 설교했던 사람이 아닌가? 그뿐만 아니라 이방인 고넬료의 집에서 이방인의 가족들과 더불어 "며칠을 더 머물렀던"(행 10:48) 사람이었다. 더구나 예루살렘 회의 석상에서도 "하나님은 우리(=할례자)와 그들

(=무할례자) 사이에 아무 차별을 두시지 않고 그들의 믿음을 보시어 그들의 마음을 깨끗하게 하셨다"(행 15:9)고 발언했던 사람이었다. 따라서 그는 다른 사람의 시선을 의식하지 않은 채 아무런 거리낌 없이, 자유롭게 이방인들과 함께 음식을 먹어야 할 사람이었다. 그런데 그런 그가 안디옥에서 이방인들과 함께 음식을 먹다가 할례자들이 그리로 오는 것을 보고는 그들의 눈을 피해 급히 "그 자리를 떠나 물러났다"(he drew back and separated himself, 갈 2:13). 이런 베드로의 처신은 이방인의 사도인 바울이 보기에 분명한 '외식'(위선)이었고 '복음의 진리를 따라 바르게 행하지 않는 일'이기에 "책망받아 마땅한 일"(갈 2:11)이었다.[48] 그래서 바울은 많은 사람들 앞에서 베드로를 향해서 이것은 "복음의 진리를 따라 바르게 행하는 것이 아니라"(갈 2:14)고, "네가 유대인으로서 이방인을 따르고 유대인답게 살지 아니하면서 어찌하여 억지로 이방인을 유대인답게 살게 하려느냐?"(갈 2:14)고 공공연하게 비난하며 책망하였다.

그런데 문제는 바나바였다. 바나바가 누구인가? 바나바는 바울과 함께 이방인들에게 보내진 이방인의 선교사가 아닌가? 바울과 똑같이 '무할례자의 복음'을 전하는 이방인의 사도가 아닌가? 그런데 갈라디아서 2:13에 보면 "다른 유대 사람들도 그와 함께 위선을 행했고 마침내 바나바까지도 그들의 위선에 함께 끌려갔다"고 했다. 바나바가 베드로처럼 할례받은 사람들의 시선이 두려워서 이방인들과 함께 음

---

48 바울은 '바리새인'이었고, '바리새인'이란 말 자체가 본래는 '분리된 자'(the separated one)란 일종의 별명이었다. 따라서 바울이 갈라디아서 2:12에서 베드로가 이방인과 함께 음식을 먹다가 야고보가 보낸 사람들의 눈을 의식하고 "물러섰다"(separated himself)고 말했을 때 바울은 베드로가 "바리새인의 행동을 했다"는 의미의 말장난을 하고 있는 것으로 보인다. Cf. James D.G. Dunn, *The Theology of Paul's Letter to the Galatians*(Cambridge University Press, 1994), 74, 15.

식을 먹던 자리를 떠나 물러나는 위선을 범함으로써 결국 "복음의 진리를 따라 바르게 행하지 아니했던" 것이다. 이 본문에서 볼 수 있는 바나바의 생각과 행동은 분명히 '할례자의 사도'인 베드로의 입장에 가까운 것이었지 '무할례자의 사도'인 바울의 입장에 가까운 것은 아니었다. 바나바가 바울보다는 베드로에 더 가까울 수밖에 없었던 이유는 바나바가 유대교 안에서 제사장이 될 수 있는, 예루살렘 성전 봉사를 책임진 '레위족 사람'(행 4:36)이란 점, 그래서 그가 과거에 다른 지파 사람들보다 더 유대 율법을 철저하게 지켜왔던 사람이었을 것이라는 점에서 찾을 수 있을 것이다.

우리는 이 이야기를 통해서 바울과 바나바 간에 역시 적지 않은 신학적 차이가 있음을 엿볼 수 있다. '베드로와 바나바'는 안디옥에서 이방인들과 함께 식사함으로써 예루살렘 교회의 '야고보'와 신학적 차이를 드러내고 있는 한편 이방인과의 격의 없는 식탁 교제를 주장하는 '바울'과도 신학적으로 다른 입장을 드러내기 때문이다. 바울에 따르면 이방인들과의 식탁 교제는 기독교인들에게 허용될 뿐만 아니라 반드시 해야 하는 의무이며, 결코 그것이 문제시되어서는 안 되는 것이었다. 그런데 안디옥에서 베드로와 바나바가 취한 행동은 바울이 보기에 '복음의 진리를 따라 바르게 행하는 것'이 아니었고, 따라서 '위선적인 것'이라는 비난받을 만한 것이었다. 이런 이방인과의 식탁 문제와 관련해서 바나바가 베드로와 함께 취했던 행동은 좀 더 보수적인 것이었던 반면 바울은 아주 진보적인 입장을 취하고 있음을 알 수 있다. 우리는 바울과 바나바 간의 신학적 차이를 다음과 같은 타이센(Gerd Theissen)의 말로 정리하여 결론 내릴 수 있을 것으로 생각한다: "이방 기독교에서 바울이 좌익이었다면, 바나바는 우익이었다."[49]

따라서 우리는 이방 기독교(Gentile Christianity)도 결코 하나의 통일된 형태를 갖고 있지 않았다는 점과 초대교회의 신앙이 우리가 생각하고 있는 것보다는 훨씬 다양했다는 점을 알 수 있다.

7. 이방 기독교가 직면했던 위기들

초대교회는 비교적 짧은 시기 안에 유대 기독교로부터 이방 기독교 혹은 세계적 기독교로 잘 발전해 나갔다. 이방인 선교에 뜻을 둔 이방인 사도와 이방인 선교사들의 헌신적인 노력과 시대적인 요구의 결과일 수도 있었다. 그러나 이방 기독교의 놀라운 성장 과정이 그렇게 순탄했던 것만은 아니었다. 도중에 여러 번 위기에 직면하기도 했다. 대표적인 위기에는 유대인들의 박해와 더불어 이방인의 사도 바울에 대한 예루살렘 유대 기독교의 끊임없는 비난과 공격도 있었을 것으로 보인다. 유대인들이 보기에 기독교인들은 유대교의 신앙 규례를 벗어난 일종의 사교 혹은 이단과 같은 집단이었다. 초기 예루살렘 교회 안에서 새로이 등장한 디아스포라 출신 기독교인들의 '지도자들에 대한 박해'(행 8:1)에서 볼 수 있듯이 유대인들은 유대교의 전통적인 신앙과 다른 것은 받아들이질 못했다. 특히 이방인의 사도인 바울은 유대교를 배신한 사람일 뿐만 아니라 계속 모세의

---

49 타이센은 유대 기독교 안에 야고보를 중심으로 한 좌익적 유대 기독교와 베드로를 중심으로 한 우익적 유대 기독교가 있었듯이 바울의 (이방) 기독교에서도 좌익 바울주의와 우익 바울주의가 있다고 보는 입장이다. 게르트 타이센, 박찬웅·민경식 옮김, 『기독교의 탄생: 예수 운동에서 종교로』(Die Religion der ersten Christen: Eine Theorie des Urchristentums)(서울: 대한기독교서회, 2009), 461–463.

율법을 부인하는 민족의 역적처럼 보였다. 그래서 예루살렘에는 "당을 지어 맹세하되 바울을 죽이기 전에는 먹지도 아니하고, 마시지도 아니하겠다고 하고 이같이 동맹한 자가 사십여 명"이나 생겼을 정도였다(행 23:10).

그러나 우리가 더 주목해야 할 것은 예루살렘 유대 기독교인조차도 계속 유대교의 전통적인 신앙을 고집하고 있었다는 사실이다. 특히 바리새파 출신 유대 기독교인들 가운데서는 계속 이방인 출신 기독교인들에게 할례를 주어야 하고, 모세의 율법을 지키도록 해야 한다고 주장하는 사람들이 많이 있었다(행 15:1-5). 그리고 이방인의 사도인 바울에 대해서도 끊임없이 비난과 공격을 퍼부었다. 예루살렘의 유대 기독교인들이 계속 바울의 사도성 및 그가 전하는 복음의 진정성에 대해 의문을 제기하는 것 자체가 바울은 물론 이방 기독교의 발전에 큰 장애물이 될 수밖에 없었다. 더구나 예루살렘 교회의 수장이었던 야고보는 바울이 전도 여행 가운데서 예루살렘을 방문했을 때 바울에게 그의 믿음의 진정성을 증명해 보이도록 서원한 네 사람을 데리고 성전에서 함께 결례를 행하라고 요구하기까지 했다(행 21:17-26). 이것은 바울이 이방 기독교들을 위해 전파한 '무할례자의 복음'을 인정하지 않는, 아니 거의 부인하는 것이나 마찬가지였다.

이런 상황에서 더 결정적인 것은 바울이 예루살렘에서 체포된 일이었다. 유대인들이 바울을 가리켜 "우리 백성과 율법과 이곳(성전)을 비방하며 가르치는 자"라고 선동하여 바울을 잡아 죽이려 했고(행 21:31), 그 일로 예루살렘이 소란해지자 결국 천부장이 바울을 체포하기에 이르렀다(행 21:27-33). 사도행전의 기록에 의하면 바울은 이 일을 가이사에게 상고하여 로마로 이송되는 몸이 되었고, 결국 바울이 예루살렘에서 체포된 51년부터 바울은 더 이상 실질적으로 그가 세운 교회들에 지도권과 영향력을 발휘할 수 없게 되었다. 결과적으로 바울이 신학적 해석과 선교적 활동 가운데서 이룩해 놓았던 성과물들이 더 이상 효과적으로 지속되기 어려워질 수밖에 없었고, 도리어 새로운 기독교란 새로운 술을 계속 유대교의 낡은 부대 속에 넣어 두려고 하는 예루살렘 교회에 의해 더 위축될 수밖에 없었다. 바울이 "내가 떠난 후에 사나운 이리가 여러분에게 들어와서 그 양 떼를 아끼지 아니하며 또한 여러분 중에서도 제자들을 끌어 자기를 따르게 하려고 어그러진 말을 하는 사람들이 일어날 줄을 내가 아노라"(행 20:29-30)고 말했던 것도 바로 그런 상황을 예상했기 때문일 것으로 생각된다. 이런 상황에서 64년경 네로 황제의 박해 때 바울이 순교를 당하게 된 사건은 초대교회 속 이방 기독교 발전에 치명적인 일로 생각될 수 있었다. 이방 기독교의 세력이 더 이상 확장되지 못하고, 도리어 퇴락의 길에 들어서는 것처럼 보일 수 있었기 때문이다.

이방 기독교가 당했던 이런 위기를 염두에 두고 브랜든(S.G.F. Brandon)은 다음과 같이 말한다: "55년부터 기독교의 미래를 위해 가장 근본적으로 중요한 의미를 갖는 위기가 나타났다. 그때로부터 기독교를 세계적인 종교로 이해하는 바울 사상의 실현이 예루살렘의 급증하는 지배 앞에서 점점 멀어지게 되었다."[50] 만약 이런 상황이 그냥 계속되었다면 기독교는 분명히 우리가 오늘날 알고 있는 지금의 기독교와는 다른 형태로 발전되었을 것이다. 더구나 주님의 형

---

50 Brandon, *The Fall of Jerusalem and the Christian Church*, 153.

제인 야고보가 돌에 맞아 죽임을 당한 62년부터 유대 나라의 국내 상황은 정치적으로 아주 악화되기 시작했다. 무능하고 악명 높은 로마 총독의 탄압과 학정 때문에 로마에 대한 반항 운동의 불씨가 점점 불타올랐기 때문이다. 마지막 유대 총독이었던 플로루스는 64년에 유대인들이 로마에 덜 낸 세금을 거둔다는 명목으로 무장한 호위병들을 이끌고 성전 금고를 약탈했다. 이방인인 로마 군인들이 거룩한 성전 안에 들어간 것도 큰 문제였지만, 유대인들로서는 하나님께 제물로 바친 돈을 약탈해 간 것은 더 큰 문제였다. 이런 신성모독이 없었다. 분노한 유대인들은 폭동을 일으켰다. 유대인의 민족주의적인 의식에서 로마에 대한 항쟁의 분위기가 타오르기 시작했다. 그리고 이것이 66년에 결국 로마에 대항하는 유대전쟁으로 이어지게 되었다. 이런 상황은 이방인의 사도인 바울이나 이방 기독교에게 결코 유리한 상황이 아니었다. 그러나 다행스럽게도 바울이 체포된 이후 십여 년이 지나 팔레스틴 유대 민족주의자들이 일으킨 66년의 로마 항쟁이 유대 나라와 예루살렘의 멸망으로 끝나면서 기독교의 운명은 달라지게 되었다. 유대 기독교의 영향력이 유대 나라의 멸망과 함께 쇠퇴해버렸기 때문이다. 그리고 이것은 바울의 영향력이 다시 살아나게 만든 중요한 계기가 되었다.

이에 대한 첫 번째 징조가 마가복음의 출현이었다. 브랜든은 70년경에 나온 마가복음을 가리켜 '바울의 명성 회복을 위한 첫 번째 징조'(the first signs of a rehabilitation of the reputation of Paul)라고 말했다.[51] 다른 한편으로 텔포드(W.R. Telford)는 마가복음을 가리켜 "40년과 70년 사이의 암흑 기간(tunnel period) 동안 막강

---

51 *Ibid.*, 201.

한 권력과 영향력을 행사하면서 이방 선교를 저지하거나, 공동체 안에 이방인들을 받아들이는 문제와 관련하여 엄격한 규율을 정해놓기도 했던 유대 기독교를 향한 논박"(a polemic against the Jewish Christianity)이며,52 바로 이런 점 때문에 우리는 마가복음에서 "바울의 이방 기독교가 유대 기독교를 상대로 거둔 승리"(the triumph of a Paulinist Gentile Christianity over a Jewish Christianity)53를 보게 된다고 말할 수 있다.

바울의 영향력이 다시 살아나기 시작한 두 번째 징조는 누가가 기록한 사도행전의 출현이었다. 사도행전은 "바울을 영웅화한 기록"(an heroic presentation of Paul)54이며 그래서 "바울의 위신 회복에 대한 가장 주목할 만한 기념비"(a most notable monument to that restoration of the prestige of Paul)55라고 말할 수 있다. 실제로 우리는 사도행전에서 사도 바울이 베드로에 버금가는, 아니 베드로보다 더 위대한 사도(the apostle par excellence)로 부각되어 있는 것을 보게 되기 때문이다. 사도행전에 이어 나타난 바울 서신들의 수집록(corpus Paulinum) 출현에서도 바울의 영향력 회복의 구체적 증거를 볼 수 있다. 사도행전의 출현으로 생겨난 그리고 그것에 의해 촉발된 바울에 대한 관심이 바울 서신 수집록 형성의 원인이었다고 보는 것이 합리적 추론이기 때문이다.56

반면에 1세기 말경에 초대교회 일부에서 유대 기독교의 영향력이 다시 살아나고 있었다는 징조도 볼 수 있다. 마태복음과 야고보서와

---

52 W.R. Telford, *The Theology of the Gospel of Mark*, 161.
53 *Ibid.*, 163.
54 Brandon, *The Fall of Jerusalem and the Christian Church*, 206.
55 *Ibid.*, 213.
56 *Ibid.*

같은 유대 기독교 문서들의 출현이 그런 징조 가운데 하나일 수 있다. 마태복음은 이방인의 사도인 바울이 초대교회 안에서 너무 부각된 점을 의식해서 베드로가 예수로부터 '첫째' 제자로 부름을 받았고(마 10:2) 또한 교회의 반석으로 인정되어 천국의 열쇠와 하늘과 땅의 모든 권세를 위임받은 '가장 중요한 사도'로 강조하고 있다(마 16:18-19). 예루살렘 교회의 수장이었던 주님의 형제 야고보가 기록한 것으로 알려진 야고보서도 대표적인 유대 기독교 문서이다. 그리고 유대 기독교에서 나온 이런 정경 문서들 이외에도 에비온파와 나사렛 당과 같은 유대 기독교의 여러 종파들로부터도 히브리인의 복음서(the Gospel of the Hebrews), 나사렛인의 복음서(the Gospel of Nazoraeans), 에비온의 복음서(the Gospel of the Ebionites)와 같은 문서들이 나오기는 했다. 그러나 그런 문서들의 영향력은 크지 않았고, 시간이 지나면서 끝내 외경으로 배격되기에 이르렀다. 시대의 흐름은 완전히 바울의 편이었다. 그 당시 헬라-로마 세계는 민족주의에 고착된 유대교의 유산보다 오히려 헬라 문화권 속에서 세계적인 통합을 추구하고 있는 바울을 더 원했기 때문이다. 바울이 추구했던 것이 바로 민족주의 종교인 유대교와 단절하고, 새로이 로마 세계 전체를 향한 세계적인 종교로 나아가는 것이 아니었던가? 그래서 초기 기독교는 시간이 흐르면서 점점 더 헬라-로마 세계 깊숙이 세계적 종교로 잘 성장해 갈 수 있었던 것으로 보인다.

8. 바울이 전한 무할례자의 복음

1) 바울이 전한 복음의 진정성에 대한 문제 제기

바울이 기록한 서신들, 특히 고린도 전후서와 갈라디아서를 통해 우리는 초대교회 안에서 바울이 전한 복음의 진정성에 대해 그리고 아울러 바울의 사도권에 대해 의문과 문제 제기가 있었다는 사실을 알 수 있다. 우선 바울의 사도권에 대한 문제 제기가 있었다는 사실은 바울 자신이 고린도 편지 가운데서 여러 번 자신이 다른 사도들에 비해 못한 것이 하나도 없다고 주장하고 있는 사실에서 잘 드러나고 있다(고전 15:10; 고후 11:5; 12:11). 그리고 바울이 전한 복음의 진정성에 대해서도 의문과 문제 제기가 있었다는 사실은 바울이 갈라디아 교인들을 향해서 자기가 전해 준 복음을 버리고 '다른 복음'을 따라갔다고 말하고 있는 점에서(갈 1:6-10) 또 바울이 고린도 교인들을 향해서 '다른 예수'와 '다른 복음'을 받아들였다고 언급하는 점에서(고후 11:4) 드러나고 있다. 야고보가 바울에게 성전에서 결례를 요구했던 것도(행 21:24) "모든 사람이 그대에 대해 들은 것" 곧 그가 전한 복음을 통해 들었던 것과 다르다는 것을 증명하라는 것이었다. 바울이 전한 복음에 대한 많은 오해나 의문이 있었음을 알 수 있다.

바울의 사도권과 함께 그가 전한 복음의 진정성에 대해 이처럼 초대교회 안에서 의문이나 문제가 제기된 데에는 나름의 이유가 있었던 것으로 생각된다. 무엇보다도 바울은 예수의 다른 열두 제자들처럼 예수로부터 직접 제자로, 사도로 부름을 받은 사람이 아니었고, 예수를 직접 만나본 적도 없었던 사람이었다. 바로 이 점에서 바울은 다른 예루살렘의 열두 사도들과는 분명히 다를 수밖에 없었다. 비록 바울이 예수의 십자가 죽음과 부활 승천 이후 다메섹 도상에서 환상 가운데 예수를 만나 회심 혹은 개종했다고 하지만, 그때는 이미 예수가 십자가에 달려 죽은 지 2~3년이 지난 후였다. 한 마디로 바울은 역사적 예수(historical Jesus)나 지상의 예수(the earthly Jesus)와는 아무런 인연이나 연관성이 없는 사람이었다. 이런 바울이 어떻게 예수의 복음을 전하는 진정한 사도, 기독교의 믿을 만한 해석자가 될 수 있겠는가 하는 의문이 제기될 수밖에 없었을 것이다.

더구나 사도행전의 기록(행 9:1-2)이나 바울 자신의 고백(갈 1:13; 빌 3:6 등)을 통해서도 알 수 있듯이 바울은 유대교 신앙에 대한 열심 때문에 예수를 믿고 따르는 사람들을 박해하는 일에 앞장섰던 사람이기도 했다.[57] 초대교회에서 예수의 열두 사도에 이어 헬라파 기독교인들의 지도자로 등장한 일곱 지도자들 중의 한 사람인 스데반이 순교를 당했을 때에도 바울은 "그가 죽임당함을 마땅히 여겼던"(행 8:1) 사람이었다. 바울은 사실상 초기 기독교의 박해자이며 적대자였던 셈이다. 당연히 초기 기독교들 가운데서는 "우리를 박해하던 자

---

57 바울은 헬라 문화의 중심지 가운데 하나인 길리기아 다소 출신의 디아스포라 유대인이었다. 그가 스스로를 가리켜 "히브리인 중의 히브리인"이라고 자처하면서 유대교 전통에 그토록 충성하려고 했던 것이 어쩌면 디아스포라 유대인들이 일반적으로 팔레스틴 유대인들로부터 받는 의심, 즉 거룩한 땅 성지에서 태어나지 않은 디아스포라 유대인들이 모세의 율법과 유대교의 전통을 잘 지키지 않는다는 본토인들의 의심을 의식했기 때문일 수도 있다. 그러나 실제로 바울은 이방 문화권에서 살았던 사람이기에 그가 기독교로 개종한 이후에도 자신의 새로운 신앙을 이방인들의 영적 요구에 적합한 형태로 전하려는 생각을 갖고 있었던 것으로 보인다. 바울의 "무할례자의 복음"을 가리켜 "의도적으로 기독교를 이방인의 정신에 맞게 제시된 해석"(an interpretation of Christianity purposely designed to commend itself to the Gentile mine)이라고 보는 이유가 바로 거기에 있다. Cf. Brandon, *The Fall of Jerusalem and the Christian Church*(London: SPCK, 1981), 63.

가 전에 멸하려던 그 믿음을 지금 전한다 함을 들었을"(갈 1:23) 때에 바울이 도리어 철저한 박해를 위해 거짓 개종하여 기독교인들의 한 가운데로 찾아 들어온 사람이 아닌가 하는 의심을 가질 수 있는 일이었다. 이 점은 바울이 회심 이후 다메섹의 여러 회당에서 예수를 하나님의 아들이라고 전파했을 때 그 말을 들은 사람들이 다 놀라서 "이 사람이 예루살렘에서 예수의 이름을 부르는 이들을 죽이던 바로 그 사람이 아닌가? 그가 여기 온 것은 그들을 잡아서 대제사장들에게 끌어가려던 것이 아닌가?"(행 9:21)라고 수군거렸다는 사실에서도 잘 드러나고 있다.

비록 바울 자신은 자기가 박해자로부터 개종자가 된 것을 두고 "나로 말미암아 하나님께 영광을 돌린"(갈 1:24) 사람이 있다고 말하기는 했지만, 바울은 예수가 십자가에 달려 죽은 후 여러 해가 지난 후에 비로소 기독교로 개종한 사람, 역사적 예수를 만나보지도 못한 사람이며, 따라서 이런 바울은 글자 그대로 '늦둥이 교인' 또는 '나중에 갑자기 등장한 인물'인 '2세대 기독교인'이라고 말할 수밖에 없는 사람이다.[58] 예수 시대부터 예수를 만나 믿고 따랐던 1세대 기독교인이 아니었다는 말이다. 이 점에서 바울은 예수의 목격자이며 동역자이기도 했던 그리고 예수로부터 직접 위임을 받아 복음 전파에 나섰던 예수의 열두 사도들과는 분명히 달랐다. 이런 바울을 두고 예수의 복음을 전하는 진정한 대변인이라고, 기독교의 믿을 만한 해석자

---

[58] 이런 바울을 가리켜 S.G.F. 브랜든(S.G.F. Brandon)은 "a latecomer to Christianity" 혹은 "an upstart"(*The Fall of Jerusalem and the Christian Church*, 72, 149)라고, Michael Glazier는 "the second generation Christian" 혹은 "a second generation believer"(*Jesus: One and Many: The Christological Concept of New Testament Authors*(Wilmington, Delaware: 1988, 321-322)라고 말한다.

라고 말하기 어렵다는 생각이 분명히 있었을 것이다.

비록 바울이 나중에 고린도에 보낸 편지 가운데서 자신의 사도권을 주장하기 위해서 자기도 "우리 주 예수를 보았다"(고전 9:1)고 말하기도 했지만,[59] 그가 보았다고 주장하는 예수는 분명히 역사적 예수 혹은 육신의 예수가 아니라 이미 부활 승천하여 하나님의 우편보좌에 계신 그리스도일 뿐이다. 바울이 그의 서신 가운데서 "우리가이제부터는 아무 사람도 육체대로 알지 아니하노라. 비록 우리가 그리스도도 육체대로 알았으나 이제부터는 이같이 알지 아니하노라"(고후 5:16)라고 말하면서 마치 육체적·역사적 예수의 중요성을 폄하하는 것처럼 말하고 있는 것도 어찌 보면 그 자신이 육체적·역사적 예수를 만나본 적이 없었기 때문일 것이라고 생각된다. 이렇게 바울이 역사적 예수와는 아무런 연관성도 없었던 제2 세대 기독교인이란 점에서 그가 믿고 전한 예수 그리스도의 복음이 얼마나 진정성혹은 신빙성을 갖고 있는가 하는 의문이 제기되었던 것은 오히려 당연한 일일 수도 있을 것이다.

2) 바울이 전한 복음의 진정성

바울은 자신의 사도권과 자신이 전하는 복음의 진정성에 대한 문제 제기에 대해 다음과 같이 당당히 답변한다. 자신의 사도권은 "사

---

59 바울이 다메섹 도상에서 "사울아, 사울아, 네가 왜 나를 핍박하느냐?"는 소리를 듣고, "주님, 누구십니까?"라고 물었을 때 들려온 소리는 "나는 네가 핍박하는 예수다"라는 말뿐이었다(행 9:5; 22:8; 26:15). 이렇게 바울은 '소리'만 들었을 뿐 "아무도 보지는 못한"(행 9:6)것으로 전해진다. 다만 사도행전 26:16에서 예수가 바울에게 "네가 나를 본 일"(행 26:16)이라고 말한 점에서 바울이 부활 승천한 예수를 보았을 가능성을 암시하고 있을 뿐이다.

람들에게서 난 것도 아니요 사람으로 말미암은 것도 아니요 오직 예수 그리스도와 죽은 자들 가운데서 그리스도를 살리신 하나님 아버지로 말미암은 것"(갈 1:1)이라고 그리고 자신이 전하는 복음도 "사람에게서 받은 것도 아니요 배운 것도 아니요 오직 예수 그리스도의 계시로 말미암은 것이라"(갈 1:12)고 주장한다. 바울은 자신의 개종에 대해 주님께서 자기에게 나타나 "내가 네게 나타난 목적은 너를 내 일군으로 삼아 네가 나를 본 것과 내가 장차 네게 보여줄 일에 대한 내 증인이 되게 하려는 것이다. 나는 이 백성과 이방 사람 가운데서 너를 건져내어 이방 사람들에게 보낸다"(행 26:16-17)라고 말씀하셨음을 밝히고 있다. 그리고 바울의 개종에서 큰 역할을 했던 아나니아도 주님께서 자기에게 바울을 가리켜 "이 사람은 내 이름을 이방인과 임금들과 이스라엘 자손들에게 전하기 위하여 택한 나의 그릇이라"(행 9:15)고 말씀했다고 전함으로써 바울이 이방인을 위해 "주님께서 택한" 일꾼임을 증언해 주고 있다.

결국 바울은 자기의 사도권과 자기가 전하는 복음의 진정성을 역사적 예수나 그의 열두 제자들과의 연관성에서 찾지 않고 하나님 혹은 그리스도와의 직접적인 연관성, "예수 그리스도의 계시"(갈 1:12)에서 찾고 있다. 따라서 만일 열두 제자의 사도권이 역사적 예수와의 직접적인 연관성에 근거하고 있다면, 바울의 사도권은 부활 승천하신 그리스도의 직접적인 계시에 근거하고 있다고 보아야 할 것이다. 그리고 열두 사도들이 전하는 복음의 진정성이 그들이 예수로부터 직접 배우고 위임받은 것을 전한다는 점에 있다면, 바울이 전하는 복음의 진정성은 부활 승천하신 그리스도로부터 직접 부름을 받고 증인으로 보냄을 받았다는 점에 있다고 보아야 할 것이다. 따라서 역사적 예수와 부활 승천한 그리스도가 다른 분이 아님을 믿는다면, 열두 사도들이 전하는 복음의 진정성과 똑같이 바울이 전하는 복음의 진정성을 인정하지 않을 수 없을 것으로 생각된다.

역사적 예수는 열두 사도들을 향해서 "이방인의 길로도 가지 말고 사마리아인의 고을에도 들어가지 말고 오히려 이스라엘 집의 잃어버린 양에게로 가라"(마 10:5-6)고 명령하셨지만, 부활하여 승천하신 그리스도는 승천하기 직전에 제자들에게 "땅끝까지 이르러 내 증인이 되라"(행 1:8)고 그리고 바울에게도 "가라. 내가 너를 멀리 이방사람들에게 보낸다"(행 22:21)라고 명하셨다. 물론 열두 사도들이 받은 소명과 바울이 받은 소명은 달랐다. 바울은 나중에 이것을 "베드로에게 역사하사 그를 할례자의 사도로 삼으신 이가 또한 내게 역사하사 나를 이방인의 사도로 삼았느니라"(갈 2:8)고 증언하고 있다. 그리고 예루살렘의 중요한 세 기둥 사도들도 이 점을 인정하고 받아들였음을 전하고 있다(갈 2:6-9). 이런 까닭에 바울은 "이방 사람들 가운데서 그 아드님의 복음을 전파하게 하시려고 내게 아드님을 계시해주셨습니다"(갈 1:16)라고 강조하고 있고, 그의 이런 주장은 주님 자신이 아나니아에게 "그는 내 이름을 이방 사람들과 임금들 앞에 가지고 갈 나의 그릇이라"(행 9:15)고 밝힌 사실과 바울의 개종 당시 바울에게도 직접 "가라. 내가 너를 멀리 이방 사람에게 보낸다"(행 22:21)라고 말씀하신 사실에서도 잘 드러나고 있다.

베드로를 비롯한 열두 사도들을 유대인들을 위한 사도로 세우신 역사적 예수와 바울을 이방인의 사도로 세우신 부활 승천한 그리스도가 다른 분이 아니라면, 열두 사도의 사도권과 바울의 사도권에 어떠한 차이도 있을 수 없을 것이다. 그리고 그들이 각기 위임받아 전파한 복음의 진정성에도 차이가 있을 수 없을 것이다. 물론 할례자의 사도가 전한 '할례자의 복음'이 무할례자의 사도가 전한 '무할례자의 복음'과 그 내용이 똑같을 수는 없을 것이다. 대상이 서로 다르기 때문이다. 복음 선포의 대상인 할례자인 유대인과 무할례자인 이방인의 문화적 · 종교적 배경이 같지 않기 때문이다. 또한 그 차이는 복음을 전파하는 유대인 사도와 이방인 사도, 즉 팔레스틴 안에서 유대교 전통에 뿌리를 두고 살던 열두 사도들과 헬라 문화가 꽃피던 길리기아 다소에서 살아온 바울의 차이일 수 있다.

그런 차이가 사도행전 15장에 나오는 예루살렘 사도 회의에 관한 기록에서도 분명히 드러나고 있다. 초대교회 안에는 예수를 믿더라도 할례와 안식일 준수 등 모세의 율법을 지켜야 한다(행 15:5)고 주장하는 사람들[60]과 다른 한편으로 바울처럼 예수는 율법을 끝장낸 분이고(롬 10:4), 예수를 믿는다는 것은 더 이상 율법의 지배 아래 있는 것이 아니라 은혜 아래 있는 것(롬 6:14)이라고 주장하는 사람들이 있었다. 바로 이런 신학적 견해 차이가 '할례자의 복음'과 '무할례자의 복음'의 내용을 다르게 만든 요인이 되었을 것이다.

우리는 이런 점을 염두에 두면서 여기서는 바울이 '할례자들의 복음'을 전한 다른 사도들과 신학적으로 차이를 보이고 있는 점, 특히 기독론과 관련해서 드러내고 있는 차이점들에 대해 잠깐 살펴보고자 한다. 그렇게 함으로써 우리는 바울이 전하는 '무할례자의 복음'의 독특성이 무엇인지 그리고 이 점에서 바울의 독자적인 혹은 독창

---

60 교회 안에서 "모세의 법대로 할례를 받지 아니하면 능히 구원을 받지 못하리라"(행 15:1)고 말하면서 "이방인에게 할례를 행하고 모세의 율법을 지키라 명하는 것이 마땅하다"(행 15:5)고 주장하는 사람들이 있었는데, 이런 사람들은 유대교 바리새파 출신 기독교인들이었다.

적인 복음 해석이 어떤 것이었는지를 알 수 있게 될 것으로 생각된
다. 바울은 예루살렘의 다른 사도들과 달리 길리기아 다소 출신으로
헬라 문화권에서 성장한 인물이었고(행 21:39; 22:3), 나중에 부활하
신 예수로부터 부름을 받아 이방인의 사도가 되었을 때에 그의 선교
대상이 되었던 사람들은 대체로 유대인들과 문화적으로나 종교적으
로 아주 다른 배경 가운데서 살고 있었던 이방인들이었다. 따라서 바
울로서는 이방인들이 잘 이해할 수 있는 그들의 사고방식에 적합한
방법과 언어로 예수의 복음을 재해석해 전해 줄 수밖에 없었을 것이
다. 예수가 하늘 보좌를 버리고 이 땅에 내려올 때 사람의 모습으로
올 수밖에 없었듯이 말이다. 더구나 바울은 "이방 사람들 가운데 그
아드님의 복음을 전파하게 하시려고 내게 아드님을 계시해주셨습니
다"(갈 1:16)라는 것이 자신의 소명이라고 밝히고 있지 않은가? 따라
서 바울이 전한 '무할례자의 복음'은 분명히 의도적으로 이방인의 마
음에 잘 맞게 고안된 기독교 해석, 다시 말해서 '예수 그리스도의 참
된 본질' 곧 예수 그리스도가 '하나님의 아들임을 밝혀준 새로운 특별
한 계시'(a new unveiling of his Son... a special revelation of the
true nature of Jesus Christ)라고 보아야 할 것이다. 바로 이런 점에
서 바울을 가리켜 '기독교 신앙에 대한 전통적 혹은 역사적 해석과는
본질적으로 다른 해석을 대표하는 자'라고 말할 수도 있을 것이다.[61]

---

61 "Paul is the exponent of an interpretation of the Christian faith which he himself
regards as differing essentially from the interpretation which may tentatively
be best described as the traditional or historical one." Cf. S.G.F. Brandon,
The Fall of Jerusalem and the Christian Church, 58.

3) 바울이 전한 '무할례자의 복음'의 독특성

브랜든(S.G.F. Brandon)은 바울이 다음과 같은 두 가지 점에서 아주 독창적인 방법으로 복음을 재해석하여 제시했고, 바로 여기에 그가 전한 '무할례자의 복음'의 특성이 있다고 지적한다. 첫째는 역사적인 예수를 선재하신 하나님의 아들과 동일시한 점이고(the identification of the pre-existent Son of God with the historical Jesus), 둘째는 예수의 십자가 죽음을 구원론적 의도와 우주적 의미가 있는 하나님의 행동으로 해석한 점이다(the interpretation of the Crucifixion of Jesus as a divine action with soteriological intent and of cosmic significance).[62] 이 두 가지를 나누어서 살펴보는 가운데 예수 그리스도를 믿는 복음을 해석함에 있어서, 특히 기독론과 관련하여 바울의 독특한 신학적 사고가 어떻게 나타나고 있는지를 알아보고자 한다.

(1) 바울은 역사적 예수를 선재하신 하나님의 아들과 동일시했다

다른 사도들, 특히 유대인 출신으로 역사적 예수로부터 직접 부름을 받아 제자가 된 사도들은 어느 누구를 두고(심지어 예수까지도) 감히 신적인 인물(a divine being)로까지 생각하지는 못했다. 유대인들은 오로지 여호와 하나님 한 분만을 믿고, 다른 신을 인정하지 않는 유일신론의 신봉자들이었다. 그렇기에 유대인 출신들이었던 예수의 처음 제자들로서는 '목수로 마리아의 아들'이요 또 '야고보와

---

62 Brandon, *The Fall of Jerusalem and the Christian Church*(London: SPCK, 1981), 66.

요세와 유다와 시몬이란 형제들'(cf. 막 6:3)을 가지고 있는 예수를 신적인 존재로 생각하기는 어려웠을 것이다.63 구약성서를 보더라도 위대한 신앙적 영웅이나 지도자들을 '하나님의 사람' 혹은 '하나님의 친구'64로 부르는 일은 있었어도 그들을 신적인 존재로 생각하지는 않았다. 여호와 하나님과 가까이 대화를 나누었던 모세, 살아서 하늘로 올라간 엘리야까지도 신적인 존재로 생각하지는 않았다. 유대인들은 창조주인 하나님과 피조물인 인간 간의 질적인 차이와 절대적 간격을 너무나도 엄격하게 받아들였기 때문이다. 이런 종교적 배경에서 유대인 출신 기독교인들이 처음에는 예수를 구원자로 믿기는 하되 나사렛 예수의 인성(humanity)에 치중하여 그를 '오실 이' 메시아(막 8:29)로, '이스라엘을 구원하실 분'(눅 24:21)으로, '랍비 중의 랍비' 혹은 '선지자 중의 선지자'로 믿었을 뿐 그의 신성(divinity)을 인정하고 고백하는 데까지 나가지는 않았던 것으로 생각된다.

그런데 바울은 달랐다. 그가 자신을 가리켜 '히브리인 중의 히브리인'이라고 말했지만(빌 3:5), 그는 다른 본토 출신 유대인과는 달리 헬라 문화권인 길리기아 다소 출신의 디아스포라 유대인이었다. 더구나 그가 다메섹에서 처음 만난 예수는 인간 예수, 육신의 예수가 아니라 이미 부활 승천하여 하나님의 우편 보좌에 계신 '천상의 예수' 곧 '주님'(kyrios)이었다. 그래서 바울은 예수를 가리켜 '주님'(kyrios)이라고 불렀으며(행 9:5; 22:8; 26:15),65 아나니아로부터 세례를 받

---

63 "the fundamental improbability of the conscious deification of Jesus by the Jewish Christians in Palestine." Cf. Brandon, *The Fall of Jerusalem and the Christian Church*, 79.
64 믿음의 조상인 아브라함이 구약에서 "하나님의 친구"로 불리기도 했다(대하 20:7; 사 41:8).
65 예수를 '주님'(kyrios)으로 고백하는 것은 특히 바울과 그의 교회들에 있어서 가장

은(행 9:19) 이후에 곧바로 "여러 회당에서 예수가 하나님의 아들이라"고 전파했다(행 9:20). 이것은 디아스포라 출신 '헬라파' 유대인이었던 스데반의 경우도 마찬가지였다. 바울에 앞서 그리고 바울과 마찬가지로 스데반도 역사적 예수를 만나보지는 못했지만, 그는 죽기 직전 성령에 충만하여 하늘을 우러러 '하나님 우편에 계신 인자'(사람의 아들)를 보았다(행 7:56). 스데반도 이 예수를 가리켜 '주님'(kyrios)이라고 불렀다(행 7:59). 스데반이 환상 속에서 만나본 '인자'(사람의 아들)는 선재하는 존재이며 천상의 존재이다(cf. 단 7:13-14). 이렇게 스데반과 바울로부터 예수가 '천상의 존재'(the heavenly being)로, 즉 '주님'(kyrios)으로 인식되고 호칭되기 시작하였다.

물론 희랍 로마 세계에서 'kyrios'(lord)는 종이 주인을, 하급자가 상급자를 그리고 신적인 존재를 가리킬 때에도 사용되는 용어였다. 그러나 초기 기독교 안에서는 점차 이 용어가 존경을 나타내는 명칭에서 신성을 나타내는 명칭으로 바뀌었다.[66] 이런 변화는 히브리어 성경의 헬라어 번역본인 칠십인역(LXX)에서 여호와 하나님을 가리켜 'kyrios'라고 번역한 사실에서도 잘 드러나고 있다. 이런 점을 염두에 둘 때 하나님의 영광 가운데 "하나님 우편에 계신 인자(사람의 아들)를 보았다"고 고백하면서 그를 가리켜 '주님'(kyrios)이라고 호칭한 스데반의 이 최후 발언이야말로 어쩌면 역사적·육체적 예수를 믿는 종교로부터 부활 승천하여 하나님 우편에 계신 하나님

중요한 신앙고백이다. 바울 서신들은 이 칭호를 230여 번 사용하고 있다.

66 James D.G. Dunn은 초기 기독교의 처음 수십 년에 걸쳐 '주님'이란 칭호의 의미가 존경(dignity)을 가리키는 차원으로부터 신성(divinity)을 가리키는 차원으로 옮겨갔다고 지적한다. Cf. *Unity and Diversity in the New Testament: An Inquiry into the Character of Earliest Christianity*(London: SCM Press, 1977), 50.

의 아들을 믿는 종교로 옮아가는 중요한 전환점을 가리키는 의미 있
는 이정표가 될 수 있을 것이라고 말할 수 있다.67 그리고 바로 이
점에서도 스데반은 바울의 선구자라고 말할 수도 있을 것으로 생각
된다.

바울 역시 역사적 예수를 만나본 적도 없는 사람이었기에 스데반
의 경우처럼 역사적 예수보다는 부활하신 '주님'이신 '그리스도'가 더
중요할 수밖에 없었다. 바울 자신이 "우리가 이제부터는 아무 사람도
육체대로 알지 아니하노라. 비록 우리가 그리스도도 육체로 알았으
나 이제부터는 이같이 알지 아니하노라"(고후 5:16)고 말했던 것도
이런 이유 때문이었을 것이다. 더구나 바울은 헬라파 유대 기독교인
이었던 스데반처럼 다신론을 숭배하면서, 위대한 영웅을 곧바로 신
적인 존재로 생각하던 헬라 문화권에서 자란 디아스포라 유대인 출
신이었다. 그런 바울이 이방인에게 예수를 전할 때 '신앙의 그리스도'
를 그들의 사고방식에 적합하게, 그들이 보다 쉽게 잘 이해할 수 있
는 방법으로 신적인 존재로 소개하기 시작했다는 것은 어쩌면 아주
자연스럽고 당연한 일이었을 것이다. 바울에게 있어서 예수는 "죽은
자들 가운데서 부활하여 능력으로 하나님의 아들"이 된 분(롬 1:4),
"하나님의 본체로 하나님과 동등한 존재"인 분(빌 2:6), "보이지 않는
하나님의 형상이며 모든 피조물보다 먼저 나신 분"(골 2:15), "만물
이 있기 전에 계셨던"(골 2:17) 분이다.

결국 바울은 초기 기독교의 나사렛 예수에 대한 신앙을 '하나님의

---

67 그래서 레자 아슬란은 스데반의 최후 발언을 가리켜 "전적으로 새로운 종교의 창시"로
  볼 수 있다고까지 말하고 있다. Cf. 레자 아슬란/민경식 옮김, 『젤롯』(*Zealots: The
  Life and Times of Jesus of Nazareth*)(서울: 와이즈벨리, 2014), 247.

아들'과 '주님'이신 그리스도에 대한 신앙으로, 즉 유대 기독교의 저급 기독론(the lower Christology)을 이방 기독교의 고급 기독론(the higher Christology)으로 승격시킨 셈이다. 그래서 레자 아슬란은 바울이 전하는 예수 그리스도의 복음의 독특성에 대해 다음과 같이 말하고 있다: "바울은 나사렛 사람 예수를 신적인 존재, 선재하는 존재로 탈바꿈시켰다. 말 그대로 하나님의 아들로 바꿔버렸다."[68] 이렇게 함으로써 바울은 '지상의 예수와 기독론 사이의 건널 수 없는 다리'(unbridgeable gulf between the earthly Jesus and christology)[69]를 연결시켜 놓은 인물이 된 셈이다. 그리고 이처럼 예수의 인격과 사역에 대한 해석에서 관심을 인성(humanity)으로부터 신성(divinity)에로 그리고 "종말론적인 데서부터 우주론적인 데로"[70] 옮겨놓은 것이 헬라적 유대 기독교의 공헌, 바울의 중요한 공헌이라고 말할 수 있을 것이다.

(2) 바울은 예수의 십자가 죽음을 구원론적 의미를 가진 하나님의 행동으로 해석했다

예수의 십자가 죽음을 바라보는 시각과 신학적 이해에 있어서도 바울은 다른 사도들과 중요한 차이를 보이고 있다. 바울은 역사적 예수에 대해 별다른 관심을 보이지 않는 반면에[71] 예수의 십자가 사건

---

68 레자 아슬란, 젤롯, 274.
69 Martin Hengel, *Between Jesus and Paul*(London: SCM Press, 1983), 33.
70 R.H. Fuller, *The Foundation of New Testament Christology*(London: Collins Clear-Type Press, 1969), 67.
71 바울의 서신들에서 바울이 역사적 예수에 대해 알고 있는 것으로는 예수가 다윗 계통의 (롬 1:3) 유대인이라는 것(롬 9:4-5), 여자의 몸에서 태어났다는 것(갈 4:4), 배반을

에는 특별한 관심을 보이고 있다: "내가 너희 중에서 예수 그리스도와 그의 십자가에 못 박히신 것 외에는 아무것도 알지 아니하기로 작정하였음이라"(고전 2:2). 비록 십자가에 못 박힌 그리스도가 유대인에게는 '거리끼는 것'(skandalon)이요 이방인에게는 '미련한 것'이지만, 그럼에도 바울은 예수의 십자가 죽음을 구원론적 의도와 우주적 의미를 가진 하나님의 행동이라고 해석을 하고 있는 점이 아주 독특하다. 이런 생각이 유대적인 사상에서 나온 것일 수는 없다. 유대교 문헌들 가운데서는 구원자가 자신의 희생적인 죽음을 통해 인간을 구원한다는 사상을 찾아보기 힘들기 때문이다. 따라서 우리는 바로 여기에서 예수의 십자가 죽음에 대한 바울의 독특한 이해를 찾아볼 수 있게 된다.

공관복음이나 사도행전을 통해 우리가 알 수 있는 것은 유대 기독교인들이 전통적인 해석의 관점에서 예수의 수난과 죽음을 고난받는 하나님의 종에 대한 이사야서 예언의 성취로 본다는 것이다. 그러나 바울에게서는 이런 관점을 찾아볼 수가 없다. 바울에게 있어서는 부활의 실재가 예수의 신성을 증명해 주었고 그래서 예수의 죽음에는 그 나름의 심오한 의미가 있는 것이었다. 바울이 예수의 죽음에 대해 갖고 있는 관점은 다음과 같이 아주 분명하다: 예수의 십자가 사건은 하나님께서 '이 세대의 지배자들'로 하여금 그들 자신들도 모르는 가운데 영광의 주님인 예수를 십자가에 못 박게 만든 사건이다(고전 2:8). 여기서 바울이 말하는 '이 세대의 지배자들'은 결코 예수의 십자가 죽음에 대해 책임이 있는 로마나 유대 당국자들을 가리키

당해(고전 11:23) 십자가에 달렸다가(고전 2:2) 매장당했고(고전 15:3-5), 그 후 하나님이 그를 죽음에서 살리셨다는 것(고전 15:5)이 거의 전부이다.

는 것이 아니다. 그 표현은 그 당시 점성술이나 영지주의 사상에서 이 땅에 거주하면서 인간의 운명을 지배하는 마귀적 세력들을 의미한다.[72] 이처럼 바울은 예수의 십자가 죽음에 대해 이 저급한 우주 세계를 지배하는 마귀적 세력의 책임으로 돌린다.

바울은 예수의 십자가 사건을 그 역사적 문맥으로부터 분리시킨 채, 우주적이며 초자연적인 의미를 부여하고 있다. 예수의 죽음은 어느 특정한 때에 로마와 유대 당국자들에 의해 범해진 역사적인 사건이 아니라 만세 전부터 예정된 하나님의 지혜 가운데서 이루어진 사건이었다(고전 2:6-8). 그래서 바울에게서는 예수가 언제 어디에서 죽었는지에 대해서 아무런 언급도 찾아볼 수가 없다. 빌라도와 유대 종교 지도자들의 명령을 따른 로마 군인들에 대한 언급도 없다. 예수의 십자가 죽음에 대한 바울의 이런 사상은 바울의 기독론, 즉 역사적 예수를 선재하던 신적 존재의 일시적인 성육신(the temporary incarnation of a pre-existent divine being)으로 보는 관점과 일치하고 있다.[73] 바울에게 있어서 예수의 성육신과 십자가 죽음은 세상과 인간의 운명을 지배하고 있는 마귀적 세력에 붙잡혀 그 밑에서 종살이하고 있는 인간을 구원해내기 위한 하나님의 계획의 일부일 뿐이다.

바울은 헬라 사상의 영향과 그의 독창적인 사고에 의해 예수의 죽음과 부활에서 우주적 의미를 갖는 하나님의 신비를 보았다고 생각한다. 이렇게 예수의 죽음이 인류를 위한 최고의 구원론적 가치를 갖고 있기 때문에 그의 복음에서 아주 중요한 위치를 차지하며 높게

---

72 S.G.F Brandon, *Jesus and the Zealots*(New York: Charles Scribner's Sons, 1967), 11, 4.
73 Brandon, *Jesus and the Zealots*, 11.

평가되고 있으며 그래서 바울이 그리스도의 십자가를 그토록 강조하고 있는 것이다. 브랜든(Brandon)이 바울의 서신들이 전해주는 기독교 신앙 형태를 가리켜 '예수 그리스도와 그의 사역의 본질에 관한 아주 신비적이며 비밀스런 신앙과 교훈'(a highly mystical and esoterical faith and teaching concerning the nature of Jesus Christ and his work)이라고[74] 말한 것도 바울의 이런 관점이 복음서들이나 사도행전에서 볼 수 있는 유대 기독교적 관점과 다른 독특한 점을 보이고 있기 때문인 것으로 생각된다.

바울이 이처럼 이방인에게 적합한 방식으로 복음을 재해석해줌으로써 초기 기독교의 다른 사도들과는 달리 기독교 신앙을 할례와 안식일 법을 준수하는 율법 종교로부터 분리시켜서 완전히 새로운 세계적인 종교로 만드는 일을 해낼 수 있게 되었다. 바울은 이방인들을 위해 복음을 새롭게 해석해주는 일을 통해 초기 기독교회를 세계적인 종교로 발전시키는 데에 기여했다고 말할 수도 있을 것이다.

---

[74] Brandon, *The Fall of Jerusalem and the Christian Church*, 3.

2장 | 초대교회 지도권의 변화 과정

1. 초대교회의 대표적 지도자인 베드로

사도행전의 기록에 의하면 예수가 십자가에 처형된 이후 예루살렘의 초대교회 안에서 예수의 뒤를 이어 지도력을 발휘했던 주요 인물들은 열두 사도들이었던 것으로 알려져 있다.[1] 예수가 열두 제자들을 선택한 목적 자체가 "자기와 함께 있게 하시고, 또 보내사 전도도 하며, 귀신을 내어 쫓는 권세도 있게 하심이라"(막 3:14)고 했다. 이 열두 제자들은 예수의 공생애 활동 내내 예수와 함께 동행하며 예수의 교훈과 행적을 직접 듣고 배운 목격자들이었고 또한 예수로부터 "천국이 가까웠다"고 전파하며 "병든 자를 고치며 죽은 자를 살리며 문둥이를 깨끗하게 하며 귀신을 쫓아내라"는 명령을 받은 자들이었다(마 10:7-8).

예수의 교훈을 제대로 깨닫지 못해서 예수로부터 가끔 "너희도

---

[1] 예수의 부활 승천 직후에 예루살렘의 다락방에 모여 함께 기도하면서 초대교회의 첫 모임을 주도했던 사람들은 가룟 유다를 제외한 열한 사도들이었다(행 1:13). 그러나 곧바로 맛디아를 택하여 가룟 유다의 자리를 채움으로써 다시 열두 사도의 반열이 구성되었다(행 1:15-26).

이렇게 깨달음이 없느냐… 알지 못하느냐?"(막 7:17)는 핀잔을 듣기도 했지만, 그들은 예수께서 말씀하신 여러 비유들에 대해 깨닫지 못했을 때 예수께 묻기도 하면서 예수 교훈을 직접 배웠던 제자들이다. 때로는 예수를 모른다고 부인하기도 했고 또 예수가 체포될 때 모두 도망하는 그런 약한 인간적인 모습들을 보이기도 했지만(막 14:50), 그들은 예수로부터 "내가 진정으로 너희에게 말한다. 새 세상에서 인자가 영광스러운 자기의 보좌에 앉을 때에, 나를 따른 너희도 열두 보좌에 앉아 이스라엘 열두 지파를 심판할 것이라"(마 19:28)는 약속과 함께 나중에는 "너희는 가서 모든 민족을 제자로 삼아 아버지와 아들과 성령의 이름으로 세례를 주고 내가 너희에게 명한 모든 것을 가르쳐 지키게 하라. 보라, 내가 세상 끝날까지 항상 너희와 함께 있겠다"(마 28:19-20)는 마지막 위임 명령까지 받았던 사람들이기도 했다. 예수께서 십자가가 달려 죽으시고, 다시 부활 승천하신 이후 초대교회 안에서 예수의 뒤를 이어 예수를 믿고 따르던 추종자들을 계속 이끌어 갈 지도자들로 이들 이외의 다른 사람을 생각하기는 쉽지 않은 일이다. 따라서 이들이 초대교회 안에서 핵심적인 지도력을 발휘했다고 하는 것은 너무나도 당연한 일이었다고 생각된다.

이들 열두 사도 중에서도 베드로는 단연 가장 중요한 사도 중의 사도(the apostle par excellence)였다. 그는 예수로부터 제일 먼저 부름을 받은 제자였을 뿐만 아니라(막 1:16),[2] 마태복음에 의하면 제자 중 '첫째'(마 10:2)로 꼽히는 수제자로서[3] 계속 제자들의 '대표자'

---

2 그러나 요한복음에서는 베드로가 안드레 다음으로, 안드레의 안내 혹은 전도를 받아 예수의 제자가 된 것으로 전해지고 있다(요 1:40-42).
3 헬라어 원문에는 베드로의 이름 앞에 분명히 "πρῶτος"(첫째는)란 단어가 붙어 있다. 그러나 유감스럽게도 우리말 개역성경에는 이 헬라어 단어가 분명하게 번역되어 있지

혹은 '대변자'의 역할을 담당했던 인물이기도 했다. 또 그의 위대한 신앙고백으로 인해 예수로부터 "바요나 시몬아, 네가 복이 있도다… 너는 베드로라. 내가 이 반석 위에 내 교회를 세우겠다"고 그리고 "내가 천국 열쇠를 네게 주리니 네가 땅에서 무엇이든지 매면 하늘에서도 매일 것이요, 네가 땅에서 무엇이든지 풀면 하늘에서도 풀리리라"(마 16:17-19)고 축복과 약속을 받은 인물이다. 더구나 부활하신 예수를 맨 처음 목격한 사도로 알려진 사람(고전 15:5)이었을 뿐만 아니라 요한복음에 의하면 부활하신 예수로부터 세 번씩이나 "내 양을 먹이라"(요 21:15-17)는 명령을 직접 받았던 제자이기도 했다. 예수의 뒤를 이어 초대교회를 이끌어 갈 최고의 지도자로 베드로 이외의 어느 다른 인물을 생각하기 어려운 것이 사실이다. 이런 점에서 예수의 뒤를 이어 초대교회 안에서 지도력을 행사했던 가장 중요한 인물로 예수의 열두 제자들 특히 그중에서도 베드로를 꼽는 것은 결코 이상한 일이 아닐 것이다.

실제로 예수의 부활 승천 이후 초기 기독교는 결원이 생긴 가룟 유다 자리에 맛디아를 뽑아 사도의 반열에 넣음으로써 다시금 열두 사도들의 지도자 그룹을 재정비하는 일로부터 시작한 것으로 전해지고 있는데, 이 일을 주도적으로 실행했던 인물도 역시 베드로였다(행 1:15-26). 이어서 곧바로 맞이한 첫 번째 오순절에서 "열한 사도와 함께 서서"(행 2:14) 이른바 오순절 설교를 했던 사람도 베드로였으며 또한 유대인들의 기도 시간이 되어 요한과 함께 성전에 올라가

않다. 다만 우리말 새번역 등에서는 "첫째로"라고 제대로 번역되어 있다. 마태복음 10:2에서 베드로 이름 앞에 "πρῶτος"란 단어가 붙어 있는 것 때문에 베드로는 '수제자'로 알려지게 된 것이다.

다가 성전 문 앞에서 구걸하던 앉은뱅이를 만나 고쳐준 사람도 베드로였다(행 3:1-10). 베드로가 솔로몬 행각에서 유대 백성들을 향해 설교하였을 때 그 "말씀을 들은 사람 중에 믿는 자가 많으니 남자의 수가 약 오천이나 되었다"(행 3:11-4:4)고 했다. 그리고 유대 종교 지도자들이 예수의 이름으로 가르치지 말라고 요구했지만, 그들에 맞서서 "사람에게 복종하느니보다는 하나님께 복종해야 한다"고 당당히 말했던 사람도 베드로였다(행 5:29).

나중에 사마리아 사람들이 하나님의 말씀을 받아들였다는 소식을 듣고는 예루살렘 사도들의 대표로 내려가서 사마리아 사람들이 모두 성령을 받게 해달라고 기도하고 또 그들에게 "주 예수의 이름으로" 세례를 베풀어 준 사람도 요한과 베드로였다(행 8:14-17). 누가는 이 일이 있고 베드로와 요한이 "예루살렘으로 돌아갈새 사마리아인의 여러 마을에서 복음을 전하니라"(행 8:25)고 말함으로써, 베드로가 요한과 함께 사마리아 지역에서도 복음을 전했다는 사실을 전해 주고 있다. 거기서 더 나아가 사도행전은 베드로가 천사의 지시에 따라 가이사랴에 주둔하고 있던 로마 백부장 고넬료의 집을 찾아가 그와 그의 온 집안에 예수를 전해 주고, 성령을 받게 해 주었다는 사실도 상세히 전해 주고 있다(행 10-11장).4 이처럼 예루살렘의 초대 교회 안에서는 열두 사도들이, 그중에서도 단연 베드로가 가장 중요한 대표적인 지도자로서 지도력을 발휘하고 있었던 것으로 전해지

---

4 James D.G. Dunn은 사도행전 10-11장에서 베드로가 가이사랴를 찾아가 로마 백부장 고넬료를 개종시킨 이야기를 길게 소개한 목적이 "복음이 최초로 이방인들에게 전해지게 된 것(the first breakthrough of the gospel to the Gentile)이 베드로 자신에 의해 이루어진 것임을 증명하기 위한" 것이었다고 말한다. Cf. *The Acts of the Apostles* (Narrative Commentaries, Pennsylvania: Trinity Press International, 1996), 131.

고 있다.

그러나 초대교회가 처음부터 베드로 중심의 단일 지도 체제로 시작된 것 같지는 않다. 사도행전이 전해 주는 초대교회의 초기 활동에 관한 기록들을 보면 세베대의 아들 '요한'이 계속 베드로와 함께 똑같이 중요한 역할을 하고 있는 것으로 전해지고 있기 때문이다(행 3:1, 3, 4, 11; 4:13, 15, 19; 8:14 등). 예수의 부활 승천 이후 예루살렘 성내의 한 다락방에 열한 명의 제자들과 여인들과 예수의 어머니 마리아와 예수의 동생들이 모여 다 함께 마음을 합하여 기도했을 때, 초대교회의 창립 모임에 해당하는 이 기도 모임에 참석한 열한 명의 제자들의 명단을 보면 다른 공관복음에서 볼 수 있는 열두 제자들의 명단과는 다른 점을 볼 수 있다. 일반적으로 "베드로와 안드레 그리고 요한과 야고보"로 이어지는 다른 명단들(마 10:2-4; 막 3:16-19; 눅 6:14-16)의 이름 순서와는 달리 사도행전의 명단(행 1:13)에서는 베드로란 이름에 바로 이어서 곧바로 요한의 이름이 언급되고 있다.

공관 복음서들에서도 이미 '요한'은 베드로와 야고보와 더불어 예수의 삼인방 제자(triumvirate) 가운데 한 사람으로서 특별히 언급된 인물이기는 했었다(막 5:37; 9:2; 14:33). 그런데 누가복음에서만은 다른 복음서들의 경우와 달리 언제나 삼인방 제자의 이름이 거론될 때마다 그 순서가 '베드로와 요한과 야고보'로 되어 있다. 누가가 기록한 사도행전에서도 요한이 다른 복음서 기록들과 달리 베드로 다음으로 언급되고 있는데, 초대교회 안에서 이미 요한이 베드로에 버금가는 혹은 베드로와 동등한 제자로 인정되기 시작했기 때문인 것으로 보인다. 이점은 바울이 예루살렘의 세 기둥 사도들(triumvirate)로 '야고보와 베드로와 요한'을 언급한 사실에서도 엿볼 수 있다(갈 2:9).

그래서 사도행전이 전해 주는 열두 사도들의 초대교회 활동에 대한 기록에 보면 자주 '베드로와 요한'이 함께 언급되고 있다. 오후 세시, 기도하는 시간에 성전에 들어갈 때에도 '베드로와 요한'이 함께 등장하고 있고(3:1, 3, 4), 이어서 베드로가 솔로몬 행각에서 설교할 때에도 '베드로와 요한'이 함께 언급되고 있으며(3:11), 사도들이 의회원들 앞에 붙잡혀 가서 심문을 받을 때에도 '베드로와 요한'이 함께 언급되고 있다(4:13). 그리고 그들의 심문에 대해 답변한 사람도 '베드로와 요한' 두 사람이었다(4:19). 나중에 사마리아 사람들이 복음을 받아들였다는 소식을 듣고 예루살렘 교회를 대표해서 그들에게 내려가서 "그들이 모두 성령을 받게 해달라고 기도했던" 사람도 '베드로와 요한' 두 사람이다(8:14). 이렇게 베드로와 요한 두 사람이 한팀이 되어 일심동체로 초대교회를 대표하고 지도했던 것으로 보인다.[5]

그럼에도 불구하고 예루살렘 초대교회 안에서 베드로가 가장 중요한 대표 지도자였다는 사실은 부인할 수 없을 것이다. 그런데 이런 베드로의 활동에 관한 이야기는 사도행전 12장에서 끝나버리고 있는 것으로 보인다. 베드로가 예루살렘을 떠나게 되었고 그래서 더 이상은 예루살렘 교회의 지도자로 아무런 역할을 할 수 없게 되었기 때문이다. 사도행전 12:1에 보면 "헤롯 왕이 손을 들어 교회 중에서 몇 사람을 해하려 했다"고 했는데, 이 '몇 사람'이 아마도 예수의 열두 제자들이었던 것으로 보인다. 헤롯 아그립바 I세[6]는 제일 먼저 열두

---

5 예수가 열두 제자에 이어 칠십 인을 뽑아 전도 파송할 때 '둘씩 둘씩' 보낸 일(눅 10:1) 그리고 안디옥 교회가 이방 선교를 위해 '바나바와 바울' 두 사람을 파송한 일(행 13:2)들은 모두 "두 사람의 증언이 참되다"(요 8:17)는 율법 말씀(신 19:15; cf. 마 18:16, 고후 13:1)의 영향 때문일 것으로 생각된다.
6 헤롯 아그립바 I세는 아리스토불로스(Aristobulus)의 아들이며, 헤롯 대왕의 손자이다.

제자 중 요한의 형제 야고보를 칼로 죽였다. 그리고 많은 유대인들이 그 일을 기뻐하는 것을 보고는 베드로까지 잡으려고 했다. 마침 무교절이라서 베드로를 우선 감옥에 잡아넣었다. 그런데 주님께서 그의 천사들을 보내어 베드로를 "헤롯의 손과 유대 백성의 모든 기대에서 벗어나게 하셨다"(행 12:11). 감옥을 벗어난 베드로는 마가라고 하는 요한의 어머니 마리아의 집을 찾아가 자기가 감옥에서 나오게 된 일을 말해 주면서 "야고보와 형제들에게 이 말을 전하라"는 말을 하고는 곧바로 "다른 곳으로 떠나갔다"(행 12:17). 이때 베드로가 예루살렘을 떠나게 된 시점으로부터 베드로는 더 이상 예루살렘 교회의 주요 지도자로 등장하고 있지 않다. 그러니까 베드로는 예수의 부활 승천 직후에 예루살렘 교회의 실질적인 지도자가 된 이후 이처럼 예루살렘을 떠나 "다른 곳으로"(행 12:17) 갈 때까지, 대략 43~44년까지만 예루살렘 초대교회의 지도자로 활동했던 것으로 보인다.

결국 예루살렘 교회에 대한 유대 종교 지도자들의 첫 번째 박해(행 8:1)로 스데반이 순교를 당한 사건에 이어 다시 두 번째로 헤롯 아그립바 I세에 의해 '요한'의 형제 야고보가 순교를 당하고, 베드로까지 붙잡혀 투옥되었다가 예루살렘을 떠나 다른 곳으로 가게 된 사건이 열두 제자들과 베드로에 의한 예루살렘 교회의 지도권을 종식시킨 결정적인 계기가 되어버리고 말았다. 실제로 사도행전 12장에서 요한의 형제 야고보가 순교 당하고 베드로가 예루살렘을 떠난 이후부터 열두 사도의 존재와 역할에 대한 언급은 물론이고, 베드로까지도 예루살렘에서는 더 이상 지도자로서의 역할을 전혀 보이지 않고 있다.[7] 이 때문에 오스카 쿨만(Oscar Cullmann)은 베드로가 감옥에

---

7 비록 베드로가 사도행전 12:17에서 예루살렘을 떠난 이후에, 사도행전 15장 사도 회의

서 풀려난 후 예루살렘을 떠나 다른 곳으로 가면서 이 사실을 야고보에게 전하라고 말한 것(행 12:17)이 곧 예루살렘 교회의 지도권이 베드로에서 주의 형제 야고보로 넘어가는 순간이었다고 말한 바 있다.[8]

2. 초대교회의 새 지도자로 등장한 '주님의 형제' 야고보

사도행전을 읽을 때 놀라운 사실로 생각되는 것 가운데 하나는 예루살렘 초대교회의 지도권이 베드로로부터 갑자기 야고보에게로 넘어가 버린 사실이다. 베드로는 예수가 부활 승천한 이후부터 예루살렘에서 가장 중요한 초대교회 지도자로 활동하고 있었다. 그런데 초대교회 안에서 그 존재와 활동에 대해 전혀 아무런 언급도 없던 '주님의 형제' 야고보가 갑자기 베드로가 헤롯 아그립바 I세의 박해 때문에 예루살렘을 벗어나 "다른 곳으로" 떠난 직후부터 예루살렘 교회의 가장 권위 있는 지도자로 등장하고 있다. 사도행전 15장에 보면 야고보는 예루살렘 교회를 주도하고 있는 지도자로서 예루살렘에 모인 첫 번째 사도 회의[9]에서 사회권을 행사하고 있다. 사도행전 22:17-26에서는 선교 여행 도중 예루살렘을 방문한 바울에게 그가 율법대로 살고 있음을 확실히 증명해 보일 것을 지시하며 권위 있는 지도자로 등장하고 있다.

장면에서 다시 등장하고 있기는 하지만(행 15:7), 여기서는 이미 주의 형제 야고보가 예루살렘 교회의 지도자로서 사도 회의의 사회권을 행사하고 있고, 베드로는 참석자 중의 한 사람으로 이방인 선교의 타당성에 대해 발언하고 있는 것뿐이다.

8 Cf. Oscar Cullmann, *Peter: Disciple, Apostle, Martyr*(London: 1962).

9 이 첫 번째 사도 회의는 48년경에 있었던 것으로 추산되고 있다.

복음서들에서도 '주의 형제' 야고보는 예수의 공생애 활동과 관련하여, 특히 그의 제자 그룹들 가운데서 전혀 언급된 바가 없는 인물이었다. 예수가 십자가에서 처형되고 부활 승천한 후 불과 20년도 되지 않은 시기의 초대교회 안에서 이처럼 교회의 지도권이 열두 사도들과 그들을 대표하는 베드로로부터 주의 형제인 야고보로 갑작스럽게 바뀐 이 "예상치 못했던 변화"(an unexpected change)[10]는 실로 놀라운 일이 아닐 수 없다. 그렇다면 도대체 예수의 형제들 가운데 하나인 야고보가 예수의 죽음 이후 초대교회에서 그토록 이른 시기에, 그토록 갑자기 예수의 열두 사도들, 특히 베드로의 뒤를 이어 가장 중요한 지도자로 등장하게 된 이유는 무엇일까? 도대체 어떤 일이 있었던 것일까? 그 이유 가운데 하나는 분명히 예루살렘 초대교회를 지도하던 베드로가 예루살렘을 떠나 다른 곳으로 가버리게 된 일과 관련이 있었을 것으로 보인다.

그런데 바울이 다메섹 도상에서 회심하고 개종한 사건이 34년경에 있었다고 가정할 경우 바울이 예루살렘에 올라가 처음 주의 형제 야고보를 만난 때는 대충 37~38년경으로 생각된다. 이때 바울은 예루살렘에 올라가 먼저 베드로를 만나 보름 동안을 그와 함께 지냈고, "주의 형제 야고보밖에는 다른 어느 사도와도 만난 일이 없다"(갈 1:19)고 언급함으로써 자기가 주의 형제 야고보를 만난 사실을 전해

---

10 초기 기독교 역사에서 교회의 지도권이 이처럼 초기에 열두 제자들로부터 야고보로 넘어가게 된 사실에 대해 S. G. F. 브랜든(S.G.F. Brandon)은 '예상치 못한 변화'(Cf. *The Fall of Jerusalem and the Christian Church*, London: SPCK, 1981, 5)라고 지적하는데, 그 이유는 야고보가 갑자기 예루살렘 교회의 지도자로 등장한 사실에 대하여 아무런 설명도 없기 때문이라고 말한다("his sudden unexplained appearance... as the paramount leader of the Jerusalem Church."). Cf. *The Fall of Jerusalem and the Christian Church*(London: SPCK, 1981), 46.

주고 있다. 야고보가 주님의 형제이기도 했기 때문에 누구보다도 먼저 그를 만나보려고 했던 것이기도 했겠지만, 이 시기에 야고보가 이미 예루살렘 교회 안에서 어느 정도는 상당히 중요한 인물이 되어 있었기 때문이었던 것으로 생각된다.

그러나 이때 바울은 게바, 즉 베드로하고만 보름 동안이나 같이 지냈다. 주의 형제 야고보는 그냥 잠깐 만나본 것으로 미루어 볼 때 이때까지는 여전히 베드로가 예루살렘 교회에서 더 중요한 지도자로 활동하고 있었던 것으로 생각된다. 하지만 바울이 '십사 년 후'(갈 2:1)인 51년경에 바나바와 함께 디도를 데리고 다시 예루살렘에 올라갔을 때에는 이미 야고보가 예루살렘의 세 기둥 사도들, 즉 '야고보와 게바와 요한' 중에서 가장 중요한 인물로 언급되어 있다. 이점은 주의 형제 야고보의 이름이 게바(=베드로)와 요한에 앞서 거론되고 있는 사실에서 잘 드러나고 있다. 그러나 불행하게도 사도행전에서나 바울의 서신 어느 곳에서도 초대교회 안에서 예루살렘 교회의 지도권이 베드로에서 야고보로 언제, 어떤 과정을 거쳐 넘어가게 되었는지에 대해서는 전혀 아무런 언급도 찾아볼 수가 없다.

사도행전 12장에 보면 헤롯 아그립바가 새로이 시작된 교회를 해치기 위해서 요한의 형제 야고보를 죽인 후에 유대 사람들의 반응이 좋았던 점을 고려해서 베드로까지 잡아 죽이려고 했었다(행 12:1-3). 그래서 헤롯이 실제로 베드로를 잡아 감옥에 가두기까지 했다. 베드로는 주님의 천사의 도움을 받아 감옥에서 탈출할 수 있었지만, 헤롯의 손아귀를 완전히 벗어나기 위해 곧바로 예루살렘을 피해서 다른 곳으로 떠나버릴 수밖에 없었던 것으로 보인다(행 12:17). 결국 열두 제자들 중 '요한의 형제 야고보'가 순교하고, 베드로가 감옥에서 탈출한 직후 급히 예루살렘을 떠나 다른 곳으로 간 일 때문에 예루살렘 초대교회는 지도력의 공백기라는 아주 위중한 상황에 직면하게 되었던 것으로 생각된다.

그러나 베드로가 지금까지 책임 맡고 있던 예루살렘 교회를 뒤에 두고 다른 곳으로 떠나버린 이유를 헤롯 아그립바 I세의 박해 때문이라고만 생각하는 데에는 문제가 있어 보인다. 베드로의 마음속에는 다른 계획이 있었을 수도 있기 때문이다. 베드로는 헤롯의 박해가 있기도 전에 이미 하나님의 천사의 지시에 의해서 할례를 받지 않은 가이사랴의 이방인 백부장 고넬료의 집을 찾아가 여러 날 동안 함께 머물며 복음을 전했던 경험이 있는 사람이었다. 그리고 또 그 일을 통해 "하나님은 사람의 외모를 보지 아니하고 각 나라 중 하나님을 경외하며 의를 행하는 사람은 다 받으시는" 분이라는 확신(행 10:34-35)을 갖게 되면서 새롭게 이방인 선교에 대한 소명을 느꼈던 사람이기도 했다. 베드로는 자신의 이런 경험과 확신 때문에 사도행전 15장의 사도 회의에서도 "하나님이 이방인들로 내 입에서 복음의 말씀을 들어 믿게 하시려고 오래전부터 너희 가운데서 나를 택하셨다"(행 15:7)고 당당히 발언한 바 있기도 하다. 이방인 선교에 대한 이 같은 자기 나름의 분명한 소명이 있었기 때문에 베드로는 예루살렘에서 헤롯 아그립바 I세의 박해를 받았을 때 이 일을 계기로 예루살렘 교회를 '주님의 형제'인 야고보에게 맡기고 자기는 "다른 곳으로",11 즉 다른

---

11 베드로가 예루살렘을 떠나 찾아간 '다른 곳'이 어디인지는 정확히 알 수가 없다. 브랜든 (S.G.F. Brandon)은 그곳이 남쪽 애굽의 알렉산드리아라고 한다(cf. *The Fall of Jerusalem and the Christian Church*, 211: "the claims of Alexandria are the strongest on ground of distance and general suitalbility."). 그래서 나중에 바울은 다른 사람이 씨 뿌리지 않는 곳을 찾아 북동쪽으로 선교 여행을 떠나게 된 것이라고 주장한다. 그러나 고린도교회 안에 베드로를 지지하는 게바파가 있었다는 사실(고전 1:12)과

선교지로 떠나려고 했던 것이라고 생각할 수 있다.

베드로가 예루살렘을 떠나 다른 곳으로 가면서 "이 일을 야고보와 다른 형제들에게 알리라"(행 12:17)고 말한 것을 두고, 그 당시 야고보가 이미 예루살렘 교회 안에서 실질적인 지도자로 등장해 있었다는 주장도 있다. 그래서 베드로가 예루살렘을 떠나 다른 곳으로 옮겨가는 그런 일이라면 당연히 야고보에게 보고해야만 했었다고 생각할 수도 있고 또 실제로 그렇게 주장하는 사람도 있기는 하다. 그러나 그런 생각과 주장을 하기에는 야고보가 어떻게 그렇게 빠른 시기에 예루살렘 교회의 지도자의 위치에 올라있었는지에 대해 설명하기가 어렵다. 실제로 거기에 대한 아무런 정보도 없기 때문이다.

오히려 베드로가 "야고보와 형제들에게" 전하라는 말을 하고 "다른 곳으로" 떠난 일을 다른 각도에서 달리 생각해봄으로써 실제의 사실에 대해 더 나은 이해를 얻을 수 있다고 생각한다. 즉, 지금까지 예루살렘 교회에 대한 책임을 맡아 지도력을 행사해 오던 베드로가 헤롯 아그립바 I세의 박해 때문에 갑자기 그리고 불가피하게 예루살렘을 피해 "다른 곳으로" 떠날 수밖에 없는 그런 위급한 상황에 직면했을 때 그로서는 먼저 예루살렘 교회의 안위를, 특히 교회 내 지도력의 공백을 심각하게 염려하지 않을 수 없었을 것이다. 그래서 베드로는 자신이 아직도 감옥에 있는 줄 알고 마가 요한의 어머니 마리아의 집에 모여 자신을 위해 기도하고 있던 사람들을 찾아가 주님의 천사의 도움으로 감옥에서 탈출할 수 있었다는 사실과 아울러 헤롯의 손아귀를 벗어나기 위해 불가피하게 예루살렘을 떠나 "다른 곳으

또 베드로가 네로 황제의 박해 때에 로마에서 순교했다는 전승 등을 근거로 베드로가 예루살렘을 떠나 찾아간 다른 곳이 각기 고린도와 로마라고 주장하는 사람들도 있다.

로" 피신할 수밖에 없다는 사실을 알려주면서, "이 일을 야고보와 형제들에게 전하라"(행 15:17)고 말했을 것으로 생각된다. 따라서 "야고보와 형제들에게 전하라"는 베드로의 이 말은 이미 예루살렘 교회의 실질적인 지도자의 위치에 있던 야고보에게 마땅히 보고해야 한다는 의미에서 나온 말이라기보다, 오히려 자신의 피신으로 인해 야기될 예루살렘 교회의 지도력의 공백을 우려한 베드로가 예루살렘 교회의 지도권을 야고보에게 위임해 놓고 예루살렘을 떠나기 위한 조치의 일환으로 그런 지시를 했던 것이라고 보는 편이 더 옳을 것으로 생각된다. 이것이 사실이라면 "야고보와 형제들에게 전하라"는 베드로의 지시는 예루살렘 교회의 지도자였던 베드로가 예루살렘을 떠나면서 교회의 지도권을 야고보에게 이양하는 베드로의 공식적인 선언이라고 볼 수도 있을 것이다.

베드로의 이런 의도는 베드로가 "야고보에게 전하라"고만 말하지 않고, "야고보와 형제들에게" 전하라고 말한 점에서도 엿볼 수 있다. 공동체 전체를 염두에 둔 공식적인 행동이라고 생각되기 때문이다. 더구나 이런 지시를 할 때 베드로가 사용한 "전하라"는 말의 헬라어 동사 "ἀπαγγείλατε"가 단순히 "알리라"거나 "말하라"는 의미보다는 좀 더 무거운 공식적인 통보의 의미를 가진 단어로 이해할 수 있는 점에서도 그렇다.[12] 이렇게 이해할 경우 우리는 사도행전 12:17을 근거로 베드로가 예루살렘을 떠나 "다른 곳으로" 급히 피신해가면서 예루살렘 교회의 지도권을 이미 믿는 형제들 가운데서 인정을 받고

---

12 같은 동사가 마태복음 2:8에서는 헤롯 왕이 동방 박사들에게 아기를 찾거든 자신에게 "고하라"는 명령의 의미로, 요한복음 1:2-3에서는 저자가 독자들에게 "전해 준다"는 보다 공식적인 의미로 그리고 같은 사도행전 16:38에서는 부하들이 상관들에게 "보고하였다"는 아주 공식적인 의미로 사용되었다.

있던 주님의 형제 야고보에게 공식적으로 위임 혹은 이양하는 것을
공식화했다고 보는 것이 더 옳을 것이라고 생각한다. 베드로가 마가
라고 하는 요한의 어머니 마리아의 집에 모여있던 "많은 사람들"[13]
(행 12:12)에게 "야고보에게"만 아니라 예루살렘 교회의 "형제들에
게" 통보하라고 말했던 것도 바로 그 때문이었을 것으로 생각된다.

브루스(F.F. Bruce)는 야고보가 새로이 예루살렘 교회에서 베드
로에 이어서, 베드로에 의해 새로운 지도자로 등장하게 된 이유와 자
격에 대해 언급하면서 고린도전서 15:6에 나오는 바울의 진술을 거
론하고 있다. 즉, "그 후에 (부활하신 주님께서) 야고보에게 보이셨다"
는 말에서 알 수 있듯이 브루스는 "이(부활 현현) 경험이 분명 야고보
에게는 나중에 바울에게 있었던 비슷한 경험에 비교되는, 그런 혁명
적인 효과를 만들어냈을 것이라"고 지적한다.[14] 마치 바울이 부활하
신 그리스도를 만남으로써 예수의 박해자로부터 예수의 추종자와
전도자로 그의 인생에 혁명적인 변화를 경험했듯이 야고보도 부활
하신 그리스도를 만나는 경험을 통해 그의 인생에 혁명적인 전환을
맞아 예수를 따르게 되었다는 관점이다. 예수의 부활 승천 직후 예루
살렘의 어느 다락방에서 모였던 제자 그룹의 첫 모임 곧 초대교회의
출발을 알리는 그 모임에 "예수의 어머니 마리아와 예수의 동생들"
이 함께 마음을 같이 하여 기도했다는 기록(행 1:12-14)에서 알 수

---

13 "마가라는 요한의 어머니 마리아의 집" 자체가 그 당시 예루살렘에서 믿는 자들이
   모여 예배하던 'house-churches' 가운데 '하나'였을 가능성도 있다. F.F. Bruce는
   예루살렘 안에 베드로가 주도하던 신앙 공동체가 있었고, 별도로 야고보가 주도하던
   신앙 공동체가 있었던 것으로 보고 있다. 그래서 그는 사도행전 12:17이 "예루살렘
   안에 야고보를 지도자로 모시고 있던 그룹이 있었다"는 증거라고 말한다. Cf. *Peter,
   Stephen, James & John: Studies in Non-Pauline Christianity*(Grand Rapids: Eerdmans,
   1979), 28, 88, 91.
14 F. F. Bruce, *Peter, Stephen, James & John*, 87.

있듯이 주의 형제 야고보는 분명히 그 첫 모임의 참석자이기도 했었다. 따라서 예수의 뒤를 이어 예수 운동을 이끌어 갈 수 있는 지도자로 충분히 인식되었을 것으로 보인다.

그러나 브랜든(S.G.F. Brandon)은 이 점에 대해 약간 다른 설명을 하고 있다. 모든 전승에서 예수의 부활을 목격한 자들은 이미 다 예수를 믿었던 사람들이라고 전해 주고 있는 점으로 미루어, 야고보가 꼭 예수의 부활을 목격하였기 때문에 바울의 다메섹 경험과 같은 변화가 생겼다고 생각하기보다는 오히려 야고보가 예수의 십자가 처형 이전에 이미 그의 형제인 예수의 사역에 동정적으로 연관되어 있었다고 보는 것이 옳다고 주장한다.15 그래서 예수가 부활 승천한 직후 예루살렘의 한 다락방에서 열한 제자들이 기도 모임을 가졌을 때에도 예수의 모친과 더불어 당연히 '예수의 형제들'이 함께 모여, 마음을 같이 하여 기도한 것으로 보는 것이 옳다는 말이다. 따라서 야고보가 예수의 부활 이전부터 예수의 사역에 어느 정도 동참했었다고 보아야 한다는 생각이다. 그러나 이렇게 생각한다고 하더라도 브루스와 브랜든의 견해가 서로 상충된다고 볼 수는 없을 것으로 생각된다.

다른 한편으로 우리는 베드로가 자신의 뒤를 이어 야고보에게 예루살렘 교회의 지도권을 맡기게 된 이유를 다른 각도에서 찾아볼 수도 있다. 야고보가 초대교회가 믿고 따르는 주님이신 예수의 동생이며 혈육이기 때문이다.16 예수 시대의 유대인들에게는 세습 왕조가

---

15 Cf. S.G.F. Brandon, *The Fall of Jerusalem and the Christian Church*(London:SPCK, 1981), 50.
16 S. G. F. 브랜든(S.G.F. Brandon)은 Eduard Meyer의 다음과 같은 주장 곧 "the rise of James to power in the Church was due to the supreme fact of his blood relationship with Jesus"을 제시하고 있다. Cf. *The Fall of Jerusalem and the Christian Church*, 50.

일반적인 규범이었다. 헤롯 왕조라든지, 하스모니아 왕조가 다 그러했다. 대제사장과 귀족 제사장들도 다 세습되었다. 바리새파 사람들뿐만 아니라 메시아 운동을 일으켰던 젤롯 지도자들의 경우도 그러했다. 따라서 예수의 운동과 같은 메시아 운동에서도 혈연관계가 더욱 중요하게 생각되었을 것으로 짐작된다. 다윗의 혈통에 정통성이 있으니 더욱 그럴 수밖에 없었을 것이다. 예수가 다윗 왕의 후손이라면, 당연히 그의 형제 야고보도 다윗 왕의 후손이 아닌가? 그러니 예수가 죽은 뒤에 베드로에 이어서 야고보가 예수의 공동체를 이끄는 지도자의 위치에 오르게 되는 데에는 아무런 문제가 없었을 것이다.[17]

더구나 외경인 도마복음서에서는 예수가 직접 야고보를 자신의 후계자로 지명한 것으로 기록되어 있기도 하다: "제자들이 예수께 말했다. 주님께서 이제 우리를 떠나실 것으로 압니다. 그러니 누가 우리의 지도자가 되겠습니까? 그러자 예수께서 그들에게 대답하셨다. 너희가 어디 있든지, 의로운 사람 야고보에게 가라. 그를 위해서 하늘과 땅이 지탱되고 있다"(말씀 12). 특히 야고보는 외경 문서들을 통해 알 수 있듯이 유대인들 사이에서 '의로운 사람'(James the just)로 널리 알려진 인물이었고, 야고보의 가르침이 여러모로 예수의 가르침과 비슷했기 때문에,[18] 예수를 대신하는 예수의 또 다른 화신처

---

17 Eusebius(*Hist. eccl. II. xxiii. I*)에 의하면 사도들이 교회 수장의 자리를 '주의 형제' 야고보에게 배당했고, 그가 죽은 이후에 사도들과 제자들과 '주님의 가족'은 '구세주의 사촌'인 시므온이 그의 후임자가 되기에 합당하다고 만장일치로 결정하였다. Cf. S.G.G. Brandon, *Jesus and the Zealots*(N.Y.: Charles Scribner's Sons, 1967), 165-166. 요세푸스(Josephus)도 야고보가 죽은 후에는 다시금 예수의 아버지인 요셉의 형제였던 크로파스의 아들 시므온이 예수의 사촌으로서 야고보의 뒤를 이어 공동체의 수장이 된 것으로 전하고 있다(『교회사』, 3.11). Cf. Reza Aslan, 『젤롯』, 398.
18 Reza Aslan은 그의 책 『젤롯』(민경식 옮김, 서울: 와이즈베리, 2014) 293-296에서 야고보의 가르침과 예수의 가르침 사이의 유사성에 대해 잘 지적하고 있다. 이런 지적은

럼 생각되었기에 초대 교인들로부터도 많은 존경과 인정을 받았다. 이밖에도 야고보가 초대교회 시절에 유대인들로부터 널리 존경과 인정을 받고 있었다는 증거를 우리는 초기 기독교 역사가인 헤게시푸스(Hegesippus)의 다음과 같은 기록에서 찾아볼 수 있다: 유대 당국이 야고보를 찾아와 "사람들이 예수가 그리스도라고 생각하여 잘못된 길을 가고 있는데, 제발 이 사람들을 말려주십시오. 부탁드립니다"라고 간청한 적이 있었는데, 야고보 역시 예수를 진실하게 따르고 있었기 때문에 그들의 간청을 들어주지는 않았다는 이야기이다.19 헤게시푸스의 이 기록은 야고보가 초대교회 시절에 유대 백성들 사이에서도 얼마나 영향력이 큰 인물이었는지를 잘 보여주고 있다. 이런 모든 점들로 보아 베드로는 자기가 예루살렘을 떠난 이후 자기를 대신해서 혹은 자기 뒤를 이어서 예루살렘 교회의 지도자 자리에 오르기에 가장 적합한 인물로 생각했고 그래서 야고보에게 예루살렘 교회의 지도권을 넘겨준 것으로 생각된다.

3. 야고보의 퇴장과 바울의 등장

초대교회의 지도권이 열두 제자들을 대표하는 베드로로부터 주의 형제 야고보에게로 옮겨진 것을 가리켜 "예상치 못했던 변화"라고 말한다면, 초대교회의 지도권이 그렇게 짧은 시기 안에 다시 야고

Luke T. Johnson(*The Writings of the New Testament: An Interpretation*, Philadelphia: Fortress Press, 1986, 457)과 John Reumann(*Variety and Unity in the New Testament Thought*, Oxford University Press, 1991, 191-192)의 책들에서도 찾아볼 수 있다.
19 레자 아슬란, 『젤롯』, 285, 393.

보로부터 바울에게로 옮겨지게 된 것은 어쩌면 '더 예기치 못했던 더 놀라운 변화'라고 말할 수도 있을 것이다. 초대교회 안에서의 야고보의 지도권은 오래 가지 못했다. 거기에는 두 가지 이유가 있었다. 첫째는 62년에 헤롯 아그립바 II세로부터 대제사장으로 임명을 받았던 아나누스가 로마 총독의 허락이 없이 산헤드린을 소집하고는 유대교에 위협이 되기 시작한 초대교회의 지도자인 '주님의 형제' 야고보를 "율법을 어겼다"는 죄목을 씌어서 곧바로 돌로 쳐서 죽여버렸기 때문이다. 그래서 초대교회에서는 어쩔 수 없이 야고보의 뒤를 이어 다시금 예수의 혈통, 예수의 사촌인 시므온에게 교회의 지도권을 넘길 수밖에 없었다.

그러나 그건 어디까지나 예루살렘 유대 기독교 내의 문제였을 뿐이고, 초기 기독교의 전체 발전 가운데서는 그렇지 않았다. 야고보의 지도권과 크로파스의 아들 시므온의 지도권이 초대교회 안에서 오래 지속될 수 없었던 또 다른, 어쩌면 더 중요한 이유가 있었다. 66년 열심당원들의 주도로 로마에 항쟁했던 **유대전쟁**의 결과로 70년에 예루살렘 성전과 유대 나라 자체가 멸망하게 되면서, 예루살렘을 중심으로 야고보가 주도하여 발전하던 유대 기독교 자체가 치명적인 타격을 입고 결국 붕괴된 것이 더 결정적인 이유였을 것으로 보인다. 이렇게 야고보가 죽고 난 이후 유대 나라가 멸망한 것과 더불어 예루살렘을 중심으로 발전하던 유대 기독교가 힘을 잃는 것과 동시에 초기 기독교는 점점 이방인의 사도였던 바울의 영향 아래 이방 기독교 또는 세계적인 기독교로 발전하게 되었다. 당시의 이런 역사적 상황 때문에 초대교회의 영향력과 지도권이 예루살렘 유대 기독교의 지도자였던 야고보로부터 이방인의 사도이며 이방 기독교의 대표적인 지도자인 바울에게로 넘어가는 중요한 계기가 되었다.

비록 바울도 64년에 네로 황제의 교회 박해 때에 순교를 당하기는 했지만, 이미 그는 그가 기록한 여러 기독교적 신앙 문서(=서신)들을 통해서 로마 세계, 특히 지중해 연한 여러 주요 도시들에 설립된 기독교회들 가운데서 단연 큰 영향력을 발휘하는 가장 중요한 지도자로 인식되기 시작하고 있었다. 우리가 잘 아는 대로 바울은 사실 예수를 직접 만나본 적도, 역사적 예수로부터 직접 제자로 부름 받은 적도 없는 인물이었다. 오히려 초대교회가 시작된 이후 몇 년이 지나기까지도 예수와 교회의 박해자(행 9:1-2; 빌 3:6)였던 사람이다. 그런데 그 바울이 다메섹 도상에서 부활하신 예수를 만난 이후 박해하던 그리스도의 전파자로 개종하여 드디어 '이방인의 사도'로서 그리고 주로 이방인 기독교교회들 가운데서 '사도 중의 사도'(the apostle par excellence)로서 아주 중요한 교회의 지도자로 초대교회 역사의 무대 중심에 우뚝 서게 되었다.

물론 64년경에 있었던 바울의 순교로 인해서 자칫 초대교회 속 바울의 영향력도 곧바로 사라져버릴 수 있었다. 그러나 바울의 명망과 그가 주도하던 이방 기독교의 영향은 유대 나라와 예루살렘의 멸망이 있었던 70년 이후 예루살렘을 중심으로 발전하던 유대 기독교회들이 쇠퇴하면서 다시 크게 소생하기 시작한 것으로 생각된다. 우리는 70년 이후에 기록되어 나온 기독교 문서들에서 그런 징후를 분명히 볼 수 있기 때문이다. 먼저 70년경에 기록된 마가복음은 유대 전쟁의 영향 때문에 기독교와 유대교 신앙 간의 연관성을 완전 배제함으로써 기독교를 유대교의 민족주의로부터 끊어내려는 의도를 분명히 드러내고 있는데, 이것은 사실상 바로 바울이 했던 일이었다.

이제 마가복음의 기록을 통해 기독교 복음은 바울이 그토록 강조했던 그대로 유대교로부터 완전히 독립된 것임이 강조되었고, 아울러 이방인 선교에 대한 관심이 더욱 고조되면서 결과적으로 '이방인의 사도'였던 바울의 입지가 교회 안에서 다시금 더욱 견고해지게 되었다. 바로 이 때문에 "마가복음은 분명히 바울 신학에 의해 고무된 복음서", "바울의 명성을 회복시키는 첫 번째 징조"(the first sign of a rehabilitation of the reputation of Paul)로 알려져 있기도 하다.[20]

그런데 바울의 명성 회복과 그의 입지 강화는 마가복음 이후에도 누가복음 그리고 특히 사도행전을 통해 계속 드러나고 있다. 사도행전은 분명히 바울을 영웅적으로 제시하는 데 관심을 갖고 있었다.[21] 따라서 사도행전은 "바울의 명성을 회복시키는 과정에서 마가복음보다도 한 발자국 더 나아갔다"[22]라고 말하기도 한다. 이렇게 누가가 바울을 '사도 중의 사도'로 부각시킨 결과 바울의 중요성에 대한 새로운 인식이 생겨났고, 그로 인해서 드디어 바울이 기독교 역사상 최초로 기록된 그의 문서들(=서신들)이 수집되기에 이르면서 결국 바울 서신의 이 수집록(corpus Paulinum)이야말로 바울의 명성 회복 및 그의 입지 강화 과정의 마지막 단계라고 말할 수 있을 것이다.[23] 그

---

20 S. G. F. Brandon, *The Fall of Jerusalem and the Christian Church*(London: SPCK, 1981), 206.

21 Martin Hengel은 "'사도행전'이란 명칭이 항상 독자들을 잘못 인도해 왔다. 사실상 'From Jesus to Paul'이라고 불러야 한다. …베드로를 포함하여 다른 사도들은 본질적으로 바울의 출현과 활동을 준비하는 역할만을 하고 있다. 일단 그들의 역할이 끝나면 그들은 사라진다. 보다 큰 바울의 영광에 도움을 주기 위해 그들은 하나씩 무대를 떠나고 있다. …He(=Paul) is the real goal of the work"라고 말한다. Cf. *Between Jesus and Paul*(Fortress Press, 1983), 2.

22 Brandon, *The Fall of Jerusalem*, 210. Brandon의 이 책 Chapter Eleven의 제목이 "The Lukan Literature and the Rehabilitation of Paul"이다(206).

23 4세기 말경 기독교의 마지막 정경화 과정에서 바울의 이름으로 기록된 문서들이 모두

리고 바울이 추구한 유대교와의 차별화, 아니 반 유대교적이며 탈 유대교적인 경향 때문에 예루살렘에서 시작된 초기 기독교는 유대교 내의 한 종파로 머물지 않고, 오히려 그 틀로부터 벗어나 결국 세계적인 종교로 크게 발전할 수 있게 되었다.

그러나 다른 한편으로 바울이 이처럼 초기 기독교의 가장 중요한 지도자로 부각된 데에는 또 다른 중요한 교회 외적인 요인이 있었다는 사실에 주목할 필요가 있다. 그것은 곧 시대적인 흐름 혹은 그 당시 시대의 요구 때문이라고 볼 수도 있다. 초기 기독교가 처음에는 주로 유대인 출신으로 구성되어 있었지만(예수 및 맨 처음 예수를 따르던 무리들과 처음 제자들 혹은 열두 사도들도 모두 유대교인 출신이었고, 그들은 자신들의 신앙을 유대교와는 완전히 다른 새로운 신앙으로 생각하지도 않았다), AD 70년경에 유대 나라가 로마에 의해 멸망 당하던 와중에 초기 유대인 출신 기독교인들이 예루살렘을 버리고 이방 지역으로 흩어져 이방인들 속에 어울려 살게 되면서 자의 반 타의 반으로 주변 이방인들에게 기독교 신앙이 널리 전파되기 시작하였다. 이후 활발한 선교 활동의 결과로 기독교로 개종하는 사람들이 많이 생겨났으며, 이런 결과로 초기와는 달리 후기로 갈수록 유대교로부터 개종한 사람들의 숫자보다 이방인들로부터의 개종자 숫자가 훨씬 더 많아지게 되었다. 초기 기독교 주요 구성원들이 유대인 출신으로부터 이방인 출신으로 바뀌기 시작했다는 말이다. 이처럼 이방인 출신 기독교인들의 숫자가 갈수록 늘어날수록 초기 기독교는 점차 유대교적인 모습과 특징들로부터 탈피하며 비(非) 유대교적·기독교적인 세계 종교로 발전하게 되었다. 그 과정에서 초기 기독교는 유대교

13개나 '정경'으로 확정된 사실에서도 이 점을 확인할 수 있다.

란 뿌리로부터 점점 멀어지고, 그 대신에 이방 세계로 더 깊이 들어가고 이방 문화와 접촉하면서 유대적인 특징보다는 오히려 이방인들의 문화적 혹은 종교적 전통에 더 잘 어울리는 신학적 특징을 더 많이 받아들이게 되었다.

모세 율법에 고착된 유대 종교! 그리고 로마에 대항해 싸운 유대 민족주의에 기원을 둔 유대적인 종교! 이것이 예루살렘의 초기 기독교의 주요 특징 가운데 하나였다. 그러나 그 당시 팔레스틴과 주변 세계를 지배하고 있던 로마 제국과 로마 세계는 유대교적인 특징을 가진 예루살렘의 초대 유대 기독교(Jewish Christianity)보다는 유대교적 특징으로부터 자유 하려는 바울의 이방적 기독교(Gentile Christianity)를 더 선호할 수밖에 없었다. 한 마디로 새로운 시대는 유대교적인 기독교를 대표하는 야고보의 편이 되기보다 이방 기독교의 대표자인 바울의 편이 될 수밖에 없었던 것이다. 우리는 이런 사실을 통해 초기 기독교가 변화하는 세계 속에서 시대의 요구에 따라서 계속 발전하지 못할 때 그리고 과거의 뿌리에 너무 집착하며 새로운 시대의 요구에 대한 적응력과 개방성을 보이지 못할 때는 끝내 살아남기 어렵다는 중요한 역사적 교훈을 배울 수 있을 것이다.

3장 | 초기 예루살렘 교회의 지도자 삼인방(triumvirate)

1. 예수의 삼인방 제자들: 베드로와 야고보와 요한

바울은 그의 갈라디아 서신에서 예루살렘 교회를 대표하고 있는 세 명의 '삼인방' 지도자들로 **야고보와 게바와 요한** 세 사람의 이름을 언급한 바 있다(갈 2:9). 초기 예루살렘 교회에서는 그 세 사람이 기둥(στῦλοι)과 같은 사도들로 활동하고 있었던 것으로 전해져 있다. 그런데 성경을 좀 아는 독자들이라면 이 세 사람의 명단을 보면서 곧바로 예수의 열두 제자들 가운데서도 특별히 핵심 제자로 가끔 언급된 바 있는 삼인방(triumvirate) 제자들의 명단을 기억했을 것으로 생각된다. 복음서에 보면 예수의 공생애 활동 중에 그의 부름을 받고 따르던 예수의 열두 제자 중에서도 이 세 사람이 다른 제자들과 구별되는 예수의 특별한 제자처럼 언급되고 있기 때문이다.

예수의 열두 제자들 중에서도 베드로와 야고보와 요한 이 세 사람은 다른 제자들과는 구별되는 아주 특별한 제자였던 것으로 보인다. 그 점은 예수가 그의 공생애 활동 가운데서 회당장 야이로의 딸을 고쳐줄 때(막 5:37), 변화 산에 오를 때(막 9:2), 겟세마네 동산에서

기도할 때(막 14:33), 다른 제자들과는 달리 이 세 제자들만을 마지막 순간까지 자기 곁에 동행시킨 사실에서 잘 드러나고 있다.[1] 이런 점에서 이 세 제자들은 분명히 다른 제자들과는 구별되는 특별한 제자들이었던 것으로 생각된다.

이 세 명의 제자들이 이처럼 다른 제자들과 구별되어 특별히 언급되는 이유 가운데 하나는 아마도 그들이 예수의 공생애 초기에 갈릴리 바닷가에서 예수로부터 가장 먼저 부름을 받은 첫 번째 제자들이었기 때문이었을 것으로 생각된다. 마가복음 1:16-20과 그 평행 본문들에 보면, 예수는 공생애 활동에 나설 때 갈릴리 바닷가에 나가서 제일 먼저 베드로와 안드레를 그리고 잠시 후에 세베대의 아들들인 야고보와 요한을 제자로 택하여 불러냈다. 그러니까 이 네 명의 첫 제자들은 다른 어떤 제자들보다도 예수의 공생애 활동 처음 순간부터 끝까지 가장 오랜 기간 예수와 함께 한 제자들이라고 볼 수 있다. 예수가 그의 공생애 말기에 예루살렘에 입성한 이후에 감람산에서 성전을 바라보며 예루살렘 성전이 돌 하나도 돌 위에 남지 않고 다 무너질 것이라고 예고했을 때 그런 일이 언제 있겠느냐고 물었던 것도 베드로와 야고보와 요한과 안드레이다(막 13:2-3). 이때 언급된 네 명의 제자들 이름 순서에 잠깐 주목해볼 필요가 있다. 여기서 '안드레'의 이름이 가장 뒤에 나온다. 베드로의 형제로서 베드로와 함께, 야고보와 요한보다 먼저 부름을 받은 제자인데도 말이다.[2] 아마도

---

1 이 세 명의 제자들은 예수로부터 제일 먼저 부름을 받은 네 명의 어부 제자들에 속하며, 이들 이외에 마태만이 세관에 앉아 있다가 제자로 부름을 받은 이야기가 전해지고 있을 뿐이다(막 2:14와 그 평행 본문들). 그 밖의 다른 제자들에 대해서는 그들이 어떻게 제자로 부름을 받았는지 전혀 전해지는 바가 없다.
2 마가복음에 나오는 열두 제자들의 명단에서도 안드레의 이름이 야고보와 요한의 이름 뒤에 언급되고 있는 점이 특이하다.

안드레가 처음 부름을 받은 네 제자들 중에서 그의 활동이 가장 잘 알려지지 않은, 주요 관심의 대상이 되지 못한 제자였기 때문일 것으로 보인다.3 안드레가 예수의 제자 삼인방 명단에 이름을 올리지 못한 것도 바로 그런 이유 때문일 것으로 보인다.

예수의 삼인방 제자들 중 베드로가 가장 중요한 제자였다는 사실에 대해서는 이론의 여지가 없다. 베드로는 '첫째'로 거명되는 수제자였고(마 10:2), 예수로부터 교회의 반석으로 삼아지고 천국의 열쇠를 받은 자로, 하늘과 땅의 모든 권세를 받은 자였다(마 16:18-19). 그리고 예수의 공생애 활동 중 늘 다른 제자들의 대표자 혹은 대변인처럼 활동한 인물이기도 했다. 그가 예수의 십자가 죽음과 부활 이후 초대교회에서 가장 중요한 지도자로 등장하고 있는 것은 오히려 당연한 일로 생각될 수밖에 없다.

초대교회 안에서 늘 베드로와 함께 중요한 역할을 하는 지도자 가운데 한 사람으로 알려진 요한도 예수의 공생애 활동에 다른 제자들보다 중요한 역할을 했던 것으로 전해지고 있다. 가령 예수가 유월절 양을 잡는 무교절이 되었을 때에 열두 제자 중에서 특별히 베드로와 요한을 보내서 유월절 식사 준비를 하도록 지시했을(눅 22:7) 정

---

3 공관 복음서들 가운데서는 안드레의 이름이 처음 제자로 부름을 받을 때(막 1:16과 그 평행 본문) 그리고 열두 제자들의 명단(막 3:18과 그 평행 본문)이 소개될 때 이외에는 전혀 다시 언급되고 있지 않다. 그러나 이와 달리 요한복음에서는 안드레가 공관복음에서보다 더 부각되어 있는 편이다. 예를 들어 예수의 열두 제자들 중 제일 먼저 예수를 메시아로 알고 따라간 사람이 안드레였고, 베드로를 예수 앞으로 인도하여 예수로부터 게바란 이름을 얻게 한 사람도 안드레였다(요 1:35-42). 그리고 예수가 광야에서 무리들을 먹일 때 보리 떡 다섯 덩이와 물고기 두 마리를 가진 어린아이를 예수께 소개한 사람도 안드레였으며(요 6:8-9) 또 명절에 예배하러 예루살렘에 올라온 몇 명의 헬라 사람들이 예수를 뵙고자 할 때 그 말을 예수께 전한 사람도 안드레였다(요 12:20-22). 따라서 요한복음에서, 즉 요한의 공동체에서는 안드레가 상당히 중요한 역할을 했던 제자였던 것으로 보인다.

도로 요한은 베드로와 함께 중요한 제자로 언급되고 있다. 뿐만 아니라 요한은 독자적으로도 중요한 역할을 했던 것으로 전해지고 있다. 마가복음 9:38-40과 누가복음 9:49-50에 보면, 요한은 예수를 따르지도 않는 어떤 사람이 예수의 이름으로 귀신을 쫓아내는 것을 보고 제자들을 대표해서 그런 일을 하지 못하게 말렸던 인물이기도 했다. 이런 점들로 볼 때 요한은 베드로처럼 예수의 삼인방 제자 명단에 이름을 올리기에 아무런 부족함이 없어 보이는 중요한 인물임에 틀림없어 보인다.

예수의 삼인방 제자들 중에서는 요한의 형제인 야고보가 가장 덜 알려진 인물인 것처럼 보인다. 그러나 예수가 베드로의 장모를 고쳐주기 위해 그 집을 찾아갈 때 예수와 동행했던 제자가 "야고보와 요한"이었고(막 1:29), 특히 예수가 시몬에게 베드로란 이름을 주었듯이 야고보와 요한 형제에게도 '우뢰의 아들'이란 이름을 별도로 주신 사실(막 3:17)만 보더라도 야고보가 요한과 함께 예수에게는 특별한 제자였다는 사실을 알 수 있다. 야고보는 동생 요한과 함께, 시몬 베드로가 예수의 말씀대로 "깊은 곳에 그물을 내려" 그물이 찢어질 정도로 많은 고기를 잡게 된 것을 직접 목격하고 크게 놀랐던 경험이 있는 인물이다(눅 5:10). 또 예수의 일행이 사마리아 동네에 들어갔을 때 예수를 영접하지 않는 것을 보고는 요한과 함께 주님에게 "우리가 하늘에서 불을 내려다가 그들을 태워버릴까요?"라고 앞장서서 흥분하기도 했던 인물이다. 그리고 요한과 함께 예수에게 "주께서 영광을 받으실 때에 우리를 하나는 주의 오른편에 하나는 왼편에 앉도록 해달라"(막 10:37)고 요청할 정도로 주도권 혹은 지배권(supremacy)에 대한 욕심과 열정을 강하게 드러냈던 인물이기도 하다. 야고보도

능히 삼인방 제자의 명단에 능히 오를 만한 인물이라고 생각된다.[4]

열두 제자들의 이름 순서를 이처럼 그들의 권위의 순서 혹은 서열과 관련시켜 생각할 때마다 예수의 제자들이 예수를 따르는 과정에서 계속 "자기들 중 누가 더 높으냐?" 하는 문제로 다툼[5]이 있었던 사실에 주목할 필요가 있다(막 9:34; 눅 9:46-48). 더구나 야고보와 요한은 다른 제자들이 지켜보고 있는 가운데서 예수에게 "주께서 영광을 받으실 때에" 오른쪽과 왼쪽 영광의 자리를 자기들에게 달라고 요구하기도 했고(막 10:37), 그 때문에 다른 제자들이 분개했던 일(막 10:41)도 있었다. 그리고 이런 긴장된 상황에서 예수는 그런 영광의 자리는 "누구를 위하여 예비 되었든지 그들이 얻을 것이니라"(막 10:40)고 말씀하시면서 "너희 중에 누구든지 크고자(great) 하는 자는 너희를 섬기는 자가 되고, 너희 중에 누구든지 으뜸(first)이 되고자 하는 자는 모든 사람의 종이 되어야 하니라"(막 10:43-44)고 충고하며 사태를 진정시킨 일도 있었다. 제자들 사이에 권위와 서열에 대한 논란이 서로 감정이 상할 정도에까지 이르렀기에 예수가 곧바로 직접 중재에 나섰던 사례로 보인다.

---

4 예수에게 "나의 이 두 아들을 주의 나라에서 하나는 주의 우편에, 하나는 주의 좌편에 앉게 명하소서"라고 요청한 사람이 '세배대의 아들들'인 야고보와 요한의 어머니였고(마 20:20-21) 또 예수가 십자가에 못 박혔을 때 멀리서 바라보고 있던 세 여인들 가운데 한 사람이 "세배대의 아들들의 어머니"였다는 사실(마 27:56)에서 볼 때 야고보와 요한의 어머니도 예수를 믿고 따르는 사람들 중에서 상당히 중요한 인물이었던 것으로 보인다.

5 마가복음 9:34에서는 쟁론(개역개정), 다툼(새번역과 공동번역)으로, 누가복음 9:46에서는 변론(개역개정), 논쟁(공동번역)으로 번역되었다. 영어 번역 성경들에서는 "dispute" 혹은 "argument" 등으로 번역되기도 했다.

2. 예루살렘 교회의 삼인방 사도들: 야고보와 게바와 요한

바울이 갈라디아서에서 언급한 예루살렘 교회 삼인방 사도들 야고보와 게바와 요한의 이름만 두고 본다면, 예수의 삼인방 제자들의 이름(베드로와 야고보와 요한)과 아주 똑같다. 중요한 차이가 있다면 첫째는 야고보란 이름이 예수의 제자들 목록에서는 "세배대의 아들 요한의 형제"를 가리키는데 예루살렘 삼인방 사도들의 목록에선 '주님의 형제'를 가리킨다는 점이고, 둘째는 이름의 순서가 다르다는 점이다. 예루살렘 교회 삼인방 사도들의 이름 순서를 보면 "야고보와 게바와 요한"이라고 야고보가 베드로와 요한에 앞서 제일 먼저 등장하는데, 예수의 삼인방 제자 명단에서는 "베드로와 야고보와 요한"이라고 야고보가 오히려 베드로의 이름 뒤에 나온다. 마지막으로 예루살렘 교회 삼인방 사도들의 경우에는 베드로란 이름 대신에 게바라는 이름이 사용된 것이 다른 점이라고 지적할 수도 있다. 바울은 베드로란 헬라어 이름보다는 분명히 게바라는 아람어 이름을 더 선호하는 경향을 보여주고 있다.[6]

비록 바울이 야고보를 가리켜 '주님의 형제'라고 밝히면서(갈 1:19) 그의 이름을 베드로와 요한에 앞서 먼저 거론하고 있기는 하지만, 그렇다고 야고보가 초기 예루살렘 교회 지도자의 서열에서 베드로와 요한보다 더 중요한 위치에 이미 올라 있었다고 보는 것은 좀 의외

---

6 바울이 그의 서신들 가운데서 '베드로'란 이름을 거론한 경우는 오직 두 번(갈 2:8, 9)뿐이고, 그 이외에는 모두 '게바'란 이름을 사용하고 있다(갈 1:18; 2:9, 11, 14; 고전 1:12; 3:22; 9:5; 15:5). 아마도 이방인의 사도라는 자부심을 갖고 있는 바울로서는 '할례받은 사람들을 위한 사도직'을 가진 사람이란 의미를 부각시키기 위해 의도적으로 '베드로'란 헬라어 이름보다는 오히려 '게바'라는 아람어 이름을 사용하려고 했던 것으로 보인다.

다.7 바울은 다메섹에서 개종 혹은 회심한 이후에 아라비아로 갔다가 다시 다메섹으로 돌아온 후 3년이 지나서 예루살렘에 올라갔다. 그때의 주요 목적은 "게바를 만나는"(갈 1:18) 일이었다고 스스로 밝히고 있다. 그리고 예루살렘에 올라가서도 게바와 함께 보름 동안 지냈을 뿐이며 그동안 "주의 형제 야고보 밖에는 다른 어느 사도들과도 만난 일이 없다"고 말한 것으로 보아서(갈 1:18) 그때까지만 해도 베드로가 예루살렘 교회에서는 여전히 가장 중요한 기둥 사도였고, 야고보는 아마도 "교회에서 두 번째로 가장 중요한 인물"(the second most important man)8이었던 것으로 보인다. 그래서 바울도 보름 동안을 베드로와만 지낸 것이고,9 예루살렘의 다른 사도들은 만나지 않더라도 야고보만은 '주님의 형제'라는 점 때문에 그냥 지나치기 어려워 잠깐 만났던 것이라고 생각하는 것이 옳을 것으로 보인다.

공관복음서에 나오는 열두 제자들의 명단에 의하면 베드로와 안드레 형제에 이어서 세배대의 아들 "야고보와 그의 형제 요한"이 언급되고 있다(막 3:17; 마 10:2; 눅 6:14). 새번역에서는 "야고보와 그의 동생 요한"이라고 번역되었다. 야고보를 형으로, 요한을 동생으로 본 셈이다. 그래서 형인 야고보가 항상 요한보다 먼저 언급되고

---

7 F.F. Bruce는 "야고보와 게바와 요한"의 이름 순서가 예루살렘 사도 회의 때의 서열 순서가 아니라 바울의 서신들이 기록되던 때의 서열 순서일 가능성을 지적하고 있다. Cf. *Peter, Stephen, James & John: Studies in Non-Pauline Christianity*(Grand Rapids: Eerdmans Publishing Company, 1994), 90, 7.

8 F.F. Bruce, *Peter, Stephen, James & John*, 89.

9 브랜든(S.G.F. Brandon)은 바울이 다메섹에서 개종한 시기를 34년경으로 볼 때 예루살렘에 올라가 베드로를 만났을 때는 37~38년이었을 것으로 추산한다. 그런데 바울이 14년 후인 51년경에 다시 예루살렘을 방문했을 때는 야고보가 세 기둥 사도들 중 가장 대표적인 사도가 되어 있었던 것으로 보인다. Cf. *Jesus and the Zealots*(N.Y.: Charles Scribner's Sons, 1967), 162-163.

있는 것으로 보인다. 이런 이름의 순서는 야고보와 요한이 맨 처음 갈릴리 바다에서 예수로부터 부름을 받았을 때에도 그대로 나타나고 있다(막 1:19; 마 4:21; cf. 눅 5:10). 그런데 한 가지 특이한 점은 누가가 기록한 사도행전의 열두 제자 명단에서 이름의 순서가 베드로, 요한, 야고보, 안드레 등으로 바뀌어 나타나고 있는 점이다. 요한이 그의 형인 야고보에 앞서서 언급되고 있는데, 이것은 아마도 사도행전에서 요한이 베드로와 함께 더 중요한 역할을 하고 있기 때문인 것으로 보인다. 그리고 안드레가 세배대의 아들들의 이름 뒤로 밀린 것은 그만큼 그의 활동이 그들에 비해 뒤졌거나 덜 알려졌기 때문으로 생각할 수 있다. 마찬가지로 야고보의 이름이 동생인 요한의 이름 뒤로 밀린 것도 야고보의 행적이 그만큼 요한의 경우에 비해 훨씬 덜 알려졌기 때문일 수 있을 것이다.

브랜든(Brandon)은 이런 이름 순서의 차이가 비록 사소한 변화이기는 하더라도 나름대로 중요한 의미를 갖고 있는 것으로 보고 있다. 특히 야고보의 이름이 동생인 요한의 이름 뒤에 언급된 것은 누가가 열두 제자 가운데 한 사람인 "세배대의 아들 야고보의 중요성을 최소화하려는 의도"(the desire to minimize the importance of James, the son of Zebedee)를 드러내는 것으로 보고 있기 때문이다.[10] 세배대의 아들 야고보의 중요성을 최소화하려는 누가의 의도는 사도행전에서 상대적으로 '주님의 형제'인 야고보의 중요성을 더 극대화하려는 의도와 연관성이 있어 보인다.

우선 사도행전의 저자인 누가가 세배대의 아들 야고보를 특별히

---

10 S.G.F. Brandon, *The Fall of Jerusalem and the Christian Church: A Study of the Effects of the Jewish Overthrow of AD 70 on Christianity*(London: SPCK, 1981), 48.

중요하게 부각시키지 않으려고 하는 의도를 가지고 있었다고 볼 수 있는 근거는 요한의 형제인 야고보가 헤롯 아그립바에 의해 칼로 죽임을 당한 이야기를 사도행전 기록 가운데서 크게 부각시키지 않은 점에서도 잘 드러나고 있는 것으로 보인다. 야고보가 초대교회에서 열두 제자 가운데 제일 먼저 헤롯 왕에 의해 칼로 순교를 당한 인물이라는 점에서(행 12:2) 그의 순교 사건은 사도행전 7장에서 돌에 맞아 죽은 스데반의 순교 사건 이야기보다 훨씬 더 중요한 의미를 갖는 사건으로 다루어질 수 있는 이야기임에 틀림없어 보인다. 그러나 누가는 사도행전에서 그의 순교 이야기를 스데반의 순교 이야기의 경우와 달리 단 한 구절로만 간단히 언급했을 뿐이며(행 12:2), 도리어 더 많은 관심과 지면을 곧바로 베드로의 체포와 투옥 이야기에 할애하고 있다.

누가가 야고보의 순교에 대해서 그처럼 별다른 관심을 보이지 않은 채 아주 간단히 한 마디로만 언급하고 지나간 이유는 무엇일까? 브랜든(Brandon)의 지적에 따른다면 그 이유는 누가가 '주님의 형제'인 야고보를 그의 독자들에게 소개하기 위한 일종의 준비로, 즉 요한의 형제인 야고보의 순교 이야기를 간단히 처리함으로써 '주님의 형제'라는 또 다른 야고보의 갑작스런 출현이 줄 혼란을 피하려 한다는 것이다.[11] 주님의 형제 야고보가 사도행전에서 별다른 사전 설명 없이 갑자기 예루살렘 교회 지도자로 등장하고 있는데(행 15장), 이와 관련해서 누가는 마치 요한의 형제 야고보가 들어가 있던 삼인방 지도자의 자리를 마치 주의 형제 야고보가 대신하는 계기로 생각하게 만들려고 했던 것으로 보인다. '요한의 형제'인 야고보에 대한 기억

---

11 S.G.F. Brandon, *The Fall of Jerusalem and the Christian Church*, 46-47.

을 속히 지워버리고 그 대신 '주님의 형제'인 야고보에게로 관심을 집중시키려는 의도라고 생각된다.

누가가 주님의 형제 야고보의 중요성을 부각시키려고 하는 의도를 가지고 있었다고 생각할 수 있는 근거는, 누가가 사도행전을 기록하면서 그 서두에 열두 제자들의 이름을 열거하며 그들과 함께 예수의 모친 마리아와 '예수의 형제들'이 예루살렘 성내의 다락방 기도 모임에 참석했다고 언급하는 데서 드러나고 있는 것으로 보인다. 비록 누가가 여기서 주님의 형제인 야고보의 이름을 구체적으로 명시하고 있지는 않지만, 예루살렘 초대교회의 시작을 알리는 이 첫 기도 모임의 참석자로 예수의 형제들을 언급하고 있는데(행 1:14), 이것은 분명히 사도행전에서 곧이어 중요한 역할을 하게 되는 '주님의 형제'인 야고보의 존재를 미리 염두에 두었기 때문이었을 것으로 생각된다.

야고보가 초기 예루살렘 교회에서 가장 중요한 지도자 가운데 한 사람으로 등장하게 된 결정적 요인은 그가 예수 부활의 목격자라는 사실에서 찾아야 할 것이다. 바울의 증언에 의하면 부활하신 예수는 게바를 비롯한 열두 제자들에게만 아니라 "야고보에게도 똑같이 나타내 보이셨다"(고전 15:4-7)고 했다. 제롬이 전하는 히브리 복음서의 단편에 보더라도 "주님께서는 (부활하신 후에) 자신의 세마포 옷을 제사장의 하인에게 건네주신 후에 야고보에게 가셔서 그에게 나타내 보이셨다"는 말이 나온다(*De Viris Illustribus*, 2).[12] 더구나 브루스 (Bruce)는 "이 (부활 현현의) 경험은 분명 야고보에게 나중에 바울에게 있었던 비슷한 경험에 비교되는, 그런 혁명적인 효과를 만들어냈

---

12 James D.G. Dunn, *Unity and Diversity in the New Testament: An Inquiry into the Character of Earliest Christianity*(London: SCM Press, 1977), 241.

을 것이다"라고 말한다.13 마치 바울이 부활하신 그리스도를 만남으로써 예수의 박해자에서 예수의 추종자와 전도자로 변했듯이 야고보도 부활하신 그리스도를 만나는 경험을 통해서 '주님의 형제들' 가운데 한 사람에서 초대교회 지도자 가운데 한 사람으로 변할 수 있었던 것으로 보이기 때문이다. 그러나 아마도 더 중요한 요인은 물론 그가 예수의 형제라는 점 때문이었을 것이다. 당시 헤롯 왕조나 열심당 운동에서 보듯이 혈통에 의한 지도권 계승은 아주 일반적이었기 때문이다.14

이렇게 볼 때 누가가 사도행전 서두에서 예수의 부활 직후에 예루살렘에서 모인 제자들의 첫 기도 모임에 예수의 형제들이 함께했었다는 점(행 1:14)을 언급한 것은 결국 사도행전 15장 이하에서 그 모습을 드러내어 예루살렘 교회의 지도자로 활동하게 될 '주님의 형제 야고보'의 출현을 알리는 첫 신호라고 생각하는 것이 옳을 것이다. 그리고 마치 예수의 공생애 사역 기간에 삼인방 제자들이 있었던 것처럼 예수의 부활 이후 초대교회 안에도 삼인방 사도들이 있었음을 그리고 이 삼인방 사도들은 예수 시대 삼인방 제자들의 연속이지만, 예수의 열두 제자들 중 최초로 순교를 당한 세배대의 아들이며 요한의 형제인 야고보의 뒤를 이어 '주님의 형제'인 야고보가 대신하게 되었음을 보여주는 것으로 생각된다.15

---

13 F.F. Bruce, *Peter, Stephen, James & John*, 87. Jerome이 인용한(*De Viris Illustribus*, 2) 히브리 복음서의 단편에 의하면, 야고보는 부활하신 예수의 환상에 의해 개종된 것으로 전해지고 있다(*Apocrypha II, ed*. E. Klostermann, 6-7).
14 S.G.F. 브랜든(S.G.F. Brandon)은 이 점을 강조한다. Cf. *Jesus and the Zealots*, 165-167.
15 예수의 삼인방 제자 중 한 사람인 '요한의 형제' 야고보는 42년에 헤롯 아그립바 I세에 의해 칼로 죽임을 당해 순교했는데(행 12:2), 예루살렘 삼인방 사도 중 한 사람인 '주님의 형제' 야고보는 62년에 헤롯 아그립바 II세가 임명한 대제사장 아나누스에 의해 돌로 맞아 순교하였다.

4장 | 초대교회 기독론의 형성 과정

　예수는 누구인가? 그는 어떤 분인가? 이 질문에 대한 대답은 대답하는 사람이 누군가에 따라서, 그가 어떤 때에, 어떤 상황에서 대답하는가에 따라서 얼마든지 달라질 수 있다. 마치 세 명의 장님이 코끼리의 서로 다른 부분을 만지면서 코끼리에 대한 서로 다른 정의를 내렸던 것처럼 말이다. 예수가 공생애 활동에 나선 후 제자들에게 "사람들이 나를 누구라고 하더냐?"라고 물었을 때 나왔던 대답도 사람마다 아주 달랐다. 어떤 사람은 '세례 요한'이라고, 다른 이는 '엘리야'라고 또 다른 이들은 '선지자 중의 한 분'이라고 했지만, 제자들은 '그리스도'라고 대답했다(막 8:27-29).

　예수에 대해 가장 잘 증거해 주고 있는 복음서들을 보더라도 그 복음서들이 보여주고 있는 예수의 모습이 똑같지 않고 조금씩 서로 다르다. 복음서들 자체가 모두 역사적 사실을 있는 그대로 전해 주려고 했던 역사 기록이 아니라 신앙에 의해(by), 신앙을 위해(for) 기록된 신앙의(of) 문서들이기 때문이다. 다른 말로 표현하자면 복음서들은 우리에게 예수에 대한 사진들(photographs)을 보여주고 있는 것이 아니라 초상화들(paintings)을 보여주고 있기 때문이다. 그렇지만 우리는 그런 서로 다른 여러 증거와 기록들을 통해서, 사진들이 아닌 초상화들을 통해서도 예수가 어떤 인물이었는지 어느 정도 잘 알아볼 수 있게 된다. 우리는 여기서 먼저 예수가 역사 속에 등장했을 때 그 당시 주변의 사람들이 그를 어떤 사람으로 보았는지 지금 우리의 눈이 아닌 당시 유대인들의 눈으로 바라보고자 한다. 그리고 예수에 대한 그런 모습이 시간이 흘러 다른 상황을 만나면서 초대교회 안에서 어떻게 달라지게 되었는지를 살펴보게 될 것이다.

복음서에 의하면 예수는 나이 삼십이 되어 "하나님의 통치가 가까웠다"고 선포하고, 이어서 함께 일할 동역자들을 위해 제자들을 불러내는 것으로 그의 공생애 활동을 시작했다. 물론 고향 사람들이 예수를 가리켜 "이 사람이 마리아의 아들 목수가 아니냐? 야고보와 요셉과 유다와 시몬의 형제가 아니냐? 그 누이들이 우리와 함께 여기 있지 아니하냐?"(막 6:3)라고 말했던 것으로 보아 예수는 처음에 한동안 갈릴리에 살던 평범한 목수로 알려져 있었던 것으로 보인다. 그런데 그가 공생애 활동에 나서 백성들을 가르치며 병자들을 고쳐 주는 일을 시작하면서부터 또 당시 서기관들과 다르게 아주 권위 있는 말씀과(마 7:29) 아무도 할 수 없는 기적 혹은 표적들을 보여주는 일을 통해서(요 3:2) 많은 사람들이 그를 하나님이 보내신 선지자로 알고 추종하기에 이르렀다. 이렇게 예수는 처음에 "하나님과 모든 백성 앞에서 말과 일에 능하신 선지자"(눅 24:19)로 알려지기 시작했고 또 점차 '다윗의 자손으로서 오실 이' 혹은 '메시아'일 것이란 기대감을 심어주면서 "이스라엘을 구원하실 분"(눅 24:21)이라는 믿음을 받기 시작했던 것으로 보인다.

그런데 예수가 등장했던 시기는 유대 나라가 로마의 지배 아래에서 정치적으로 많은 고통을 당하던 때였다. 그래서 유대인들 가운데 로마의 세력을 하나님의 거룩한 땅에서 몰아내야 한다는 민족적인 염원이 계속 불타올랐고, 열심당원들(the Zealots)을 중심으로 로마에 반항하며, 유대 나라의 독립을 위해 투쟁하는 저항 운동도 끊임없이 계속되던 때였다. 따라서 이스라엘 백성들이 기대하던 메시아는 자연히 유대 민족을 로마의 정치적 억압으로부터 해방시켜 줄 정치적 메시아로 기대될 수밖에 없었다.

1. 정치적 지도자인 메시아(Messiah) 예수

예수가 공생애 활동에 나서면서 외친 첫 메시지는 "때가 찼다. 하나님의 나라(ἡ βασιλεία τοῦ θεοῦ)가 가까웠다"는 것이었다(막 1:14; 마 4:17). 예수가 그의 제자들을 전도 파송하면서 그들에게 준 명령도 "하나님의 나라가 가까이 왔다"고 전하라는 것이었다(마 10:7; 눅 10:9, 11). 예수가 제자들에게 "너희는 기도할 때 이렇게 하라"고 가르칠 때에도 "당신의 나라(βασιλεία)가 임하옵소서"(마 6:10)라고 기도하라고 말했다.

"하나님의 나라가 가까이 왔다"는 그리고 "때가 찼다"는 예수의 이 첫 메시지를 처음 들었던 당시 대부분의 유대인들은 이 메시지의 의미를 하나님이 로마의 통치와 지배를 끝내고, 이제 직접 통치하는 때가 바야흐로 가까웠다는 의미로 들었을 것으로 보인다. 예수가 말한 '하나님의 나라'(βασιλεία τοῦ θεοῦ)는 하나님이 다스리는 나라(kingdom) 곧 그의 통치 영역을 가리키는 말이라기보다는 오히려

'하나님의 직접적인 통치와 지배'(the direct reign or rule of God)를 가리키는 말이라고 이해하는 것이 마땅하다.1 따라서 예수가 선포한 "하나님의 나라가 가까웠다"는 말이 당시 유대인들에게는 이제 하나님의 직접적인 통치가 곧 시작될 것이고, 로마의 지배와 통치는 끝나게 될 것이라는 '기쁜 소식'으로 받아들여졌을 것이다. 분명히 그 당시 유대 나라의 상황에서는 예수의 이 메시지가 매우 정치적인 의미로 들리는 것이었다. 베드로가 예수를 메시아(막 8:29)로 고백한 것도 그런 의미에서였을 것이고,2 엠마오로 가던 제자들이 예수를 두고 "우리는 이 사람이 이스라엘을 속량할 자라고 바랐노라"(눅 24:21)고 말했던 것도 그런 의미에서였을 것이다. 당시 많은 사람들은 예수가 당연히 이스라엘을 로마의 지배와 억압으로부터 구원해 낼 메시아라고 생각했을 것이고, 따라서 예수가 '하나님에 대한 열심'(행 22:3; 롬 10:2)과 '율법에 대한 열심'(행 21:20)을 갖고 오직 하나님의 직접적인 통치와 지배만을 소원하며 로마를 상대로 독립투쟁을 했

---

1 헬라어 βασιλεία를 대부분의 영어 번역 성경들에서는 'kingdom'으로, 우리나라 번역 성경들에서는 '나라'라고 번역되었지만, 대부분의 성서학자들은 'rule'(통치) 혹은 'reign'(지배)으로 번역하는 것이 더 적절하다고 생각하는 편이다. 왕(king)을 의미하는 헬라어 βασιλεύς라는 명사에서 파생한 동사 βασιλεύω는 "왕으로 다스린다"(눅 1:33; 19:14, 27) 혹은 "왕 노릇한다"(롬 5:14)는 뜻으로 사용된다. 명사형 βασιλεία는 '왕'(king)이 다스리는 '나라 혹은 영역(kingdom)'을 의미하기도 하지만, 왕(king)의 "통치(reign)와 지배(rule) 행위"를 의미하고 있기도 하다. 그래서 Robert W. Funk, Roy W. Hoover, and The Jesus Seminar, *The Five Gospels: What Did Jesus Really Say?*(HarperCollins Publishers, 1993)에서는 "ἡ βασιλεία τοῦ θεοῦ"를 일관성 있게 "God's imperial rule"이라고 번역하였고 또 Robert J. Miller, *The Complete Gospels: Annotated Scholars Version*(A Polebridge Press Book, 1994)에서도 일관되게 "God's imperial rule"이라고 번역하고 있다. 이처럼 오늘날 많은 성서학자들은 "the reign of God"이란 번역을 더 선호하는 경향을 보이고 있다.
2 베드로의 메시아 고백이 정치적인 것이었다는 사실은 베드로가 예수의 수난 예고를 듣고 예수를 거부하여 예수로부터 "사탄아 물러가라. 너는 하나님의 일을 생각하지 않고 도리어 사람의 일만 생각한다"(막 8:35)고 책망을 당한 사실에서도 드러나고 있다.

던 젤롯당과 어느 정도 연관된 인물이라고 생각했을 것이라는 점은 그 당시 상황에 비추어 볼 때 결코 이상한 일도 그리고 놀라운 일도 아닐 것이다.

그런데 여기서 먼저 젤롯당(열심당)을 로마를 향한 정치적 투쟁 단체로만 보는 것은 올바른 관점이 아니라는 점에 주목할 필요가 있다. 젤롯당의 설립자로 알려지고 있는 갈릴리의 유다스는 6년에 로마의 인구 조사를 반대하며 반항 운동을 일으켰던 인물이다. 그리고 젤롯당은 바리새파, 사두개파, 엣세네파에 이은 '네 번째 당파'(the fourth party or sect)로도 알려졌는데, "그 포부와 목적에 있어서 본질적으로 종교적인"(essentially religious in inspiration and purpose) 당파였다.3 젤롯, 즉 '열심'이란 말 자체가 '율법에 대한 열심'과 함께 '하나님에 대한 열심'을 뜻하는 것으로서 여호와의 절대 주권을 자신들의 이념으로 삼고 있다. 이들이 로마의 통치에 반대하며 나라의 회복을 추구하는 것 자체가 그들에게는 종교적 의미를 가진 것이며, '율법과 하나님에 대한 열심'에 기초된 것이었다.

그런데 예수가 실제로 젤롯당과 연관이 있을 뿐만 아니라 예수가 젤롯당의 지도자였다고 볼 수 있는 근거들을 복음서들이 전해 주는 예수의 행적과 말씀 여기저기에서 쉽게 찾아볼 수 있다. 무엇보다도 먼저 가장 주목해야 할 점은 로마 당국이 예수를 폭동 교사 혐의로 십자가에 처형했다는 사실, 예수가 '유대인의 왕'이란 죄패를 달고 다른 두 죄인4과 함께 죽었다는 사실에서 찾아볼 수 있다. 이 점에 대해서는 모든 복음서들의 기록이 일치한다. 이와 관련해서 빌라도

---

3 S.G.F. Brandon, *Jesus and the Zealots*(New York: Charles Scribner's Sons, 1967), 32.
4 마가복음 15:27에서 예수와 함께 십자가에 달린 두 "강도들"은 헬라어로 lestai인데, 유대 역사가인 요세푸스의 글에서 이 lestai는 '젤롯당원들'을 가리키는 용어로 사용되고 있다.

가 바라바를 놓아주면서까지 예수는 처형해 버렸다는 점도 주목할 만한 점이다. 마가복음 15:7에 의하면 바라바는 "반란을 일으키고 사람을 죽이고 옥에 갇혀 있는 폭도"로 알려진 인물이다. 이 언급만 보더라도 바라바는 젤롯당원, 아니 그 지도자였음에 틀림이 없어 보인다.5 그런데 주둔 지역 치안을 책임 맡은 로마의 총독 빌라도는 바라바는 놓아주고 오히려 예수를 처형하는 결정을 내렸다. 이것은 곧 빌라도 총독의 입장에서 볼 때 예수가 바라바보다 훨씬 더 위험한 인물, 마땅히 먼저 우선적으로 제거되어야 할 인물로 판단했다는 것을 의미할 수도 있다.

예수를 열심당과 관련이 있는 인물로 보는 또 다른 근거 가운데 하나는 예수의 열두 제자들 중 한 사람이 분명한 젤롯당원이었다고 밝히고 있는 누가복음의 증언이다. 누가는 열두 제자들의 명단을 소개하는 가운데서 '젤롯이라 하는 시몬'이 있었다고 두 번이나 전해 준다(눅 6:15; 행 1:13). 그러나 예수의 열두 제자들 중 오직 시몬만이 젤롯당원이었던 같지는 않다.6 베드로 역시 젤롯당원, 그중에도 극

---

5 Cullmann은 바라바가 분명히 젤롯당원이었다고 말한다. Cf. *Jesus and The Revolutionaries* (New York: Harper & Row, 1970), 33. Brandon도 바라바는 물론 예수와 함께 처형된 강도(lestai) 두 사람 모두 젤롯당원이었다고 본다. Cf. *Jesus and the Zealots*, 339, 1.
6 다른 제자들 역시 젤롯당원이었을 가능성이 있어 보인다. 우선 '세배대의 아들'로 알려진 요한과 야고보도 젤롯당원일 가능성이 있다는 지적이 제기된 바 있다. 그 두 형제의 별명이 '보아너게'(Bo-a-ner'ges)라고 되어 있는데, 아람어로 'boane'는 'sons of'란 뜻이고 'rges'란 말의 의미는 'tumult', 'wrath' 또는 'thunder'이다. 따라서 번역하기에 따라서는 '진노의 자식들' 혹은 '폭동의 아들들'을 의미하는 말일 수도 있다. tumult란 의미를 '폭동'의 의미로 받아들여 번역할 경우, 우리는 요한과 야고보도 바라바처럼 로마를 상대로 폭동을 일으켰던 사람들 곧 젤롯당원이었다고 생각할 수 있게 된다. 이 두 형제가 예수에게 오른편과 왼편 영광의 자리를 요구했던 일이나(막 10:37) 예수와 자신들을 영접하지 않은 사마리아 동네 사람들을 보고 "주님, 우리가 하늘에서 불을 내려다가 그들을 태워버릴까요?"라고 말했다는 사실에서도 그들의 과격성과 함께 그들이 젤롯당의 이념을 갖고 있음이 드러나고 있는 것으로 생각된다.

단파인 시카리(sicarii)파에 속했던 것으로 보인다. 이 점은 배반자 가룟 유다가 "군대와 대제사장들과 바리새인들에게서 얻은 하졸들을 데리고"(요 18:3) 예수를 잡으러 겟세마네 동산에 왔을 때 시몬 베드로가 차고 있던 검을 빼어 대제사장의 종의 오른편 귀를 쳐서 떨어뜨렸다는 기록(요 18:10)에서 드러나고 있다. "베드로가 검을 차고 있었다"는 사실이 분명한데, 그 당시 시카리파들이 늘 검을 품고 다니면서 로마 군인이나 로마에 협력하는 사람들을 암살하곤 했었던 점을 고려할 때 베드로가 검을 차고 있었다는 사실은 곧 그가 시카리파였다는 것을 암시하는 것으로 생각될 수 있다.7

예수가 광야에서 수많은 무리를 먹였다는 이야기도 본래는 젤롯당들의 활동과 관련된 이야기였던 것으로 보인다.8 예수의 말씀을 듣기 위해 광야에 모인 무리들은 주로 열심당원들이었던 것으로 생각된다. "여자와 어린아이들은 제외하고"(마 14:21; 15:38) 남자 장정들만 수천 명이 모인 그 모임을 단순히 종교적인 모임으로만 생각하는 것은 본래의 상황을 제대로 이해하지 못한 것일 수 있다. 광야는 그 당시 반란 운동을 하던 열심당원들의 은신처였으며, 본거지이기도 했다. 더구나 그 수많은 무리들을 가리켜 "목자 없는 양"(막 6:34)과 같다는 문구가 나오는데, 이 문구 자체도 구약에서 '지도자가 없는

---

7 요한복음의 겟세마네 무력 충돌 장면의 평행 본문인 누가복음 22:49에서는 예수를 따르는 사람들이 사태를 보고 "주님, 우리가 검을 쓸까요?"라고 말했음을 전해 주고 있다. 검을 가진 사람이 베드로 혼자만이 아니라 "우리"들 곧 예수와 함께 있었던 제자들 전부였다는 말이다. 그렇다면 겟세마네 동산에서 무력 충돌 당시 베드로만 검을 착용하고 있었던 것이 아니라 예수를 따르는 사람들 모두가 다 검을 착용하고 있었다고 보아야 한다. 그리고 이것은 곧 예수의 제자 무리, 특히 그의 열두 제자들 모두가 다 검을 품고 다녔던 이른바 시카리파였다는 생각을 가능하게 해 준다.
8 H. Montefiore, "Revolt in the Desert?" *NTS* 8, 135-141; S.G.F. Brandon, *Jesus and the Zealots*, 55.

회중'(a congregation without a leader)이란 의미가 아니라 '장군이 없는 군대'(an army without a general) 혹은 '백성의 지도자가 없는 백성'(nation without a national leader)이란 뜻이었다. 또 마가복음 6:39에 의하면 '푸른 풀밭'이란 말이 나온다. 광야에서 푸른 풀이 있는 경우는 오직 유월절 시기뿐이었으며 메시아가 나타날 것으로 기대되던 때가 바로 이때였다. 그래서 이 시기마다 메시아적 반란 운동이 일어나곤 했다. 더구나 "백 명씩 오십 명씩 떼로 줄지어" 앉게 했다는 것(막 6:40)도 군사적 배열을 반영하는 것으로 생각된다. 이 문구 자체가 구약에서 이스라엘이 광야를 행군할 때 군사적 목적으로 사용된 바 있기 때문이다(민 18:21; 신 1:15). 무엇보다도 광야에서 이 수많은 무리들을 먹였을 때 무리들이 예수를 '왕'으로 모시려고 했다고 하지 않았던가?(요 6:15)

예수가 많은 사람들의 환영을 받으며 예루살렘에 입성한 이야기도 마찬가지이다. 예수가 입성할 때 수많은 무리들이 "자기들의 겉옷을, 또 다른 이들은 들에서 벤 나뭇가지를 길에 펴며 앞에서 가고 뒤에서 따르는 자들이 소리 지르되, 호산나 찬송하리로다 주의 이름으로 오시는 이여. 찬송하리로다 오는 우리 조상 다윗의 나라여"라고 외쳤다고 전하는 복음서의 기록(막 11:1-10)은 의도적으로 예수의 예루살렘 입성에 대해 메시아가 왕으로 입성할 것에 관한 예언을 성취하는 것으로 소개하고 있다. '오실 이' 그리고 '다윗의 나라' 등은 메시아와 관련된 용어이다. 그래서 클로스터만(Klostermann)은 예수의 예루살렘 입성을 가리켜 "일종의 메시아적 시위 행동(eine messianische Demonstration)"[9]이라고 지적한 바 있다.

---

9 E. Klostermann, *Das Markusevangelium*(4. Aufl. Tuebingen, 1950), 126.

예수가 예루살렘에 입성하면서 곧바로 성전에 들어가 거기서 장사하는 사람들과 돈 바꾸는 사람들을 모두 쫓아낸 사건, 이른바 성전 숙정 사건도 단순히 종교적인 의미에서 성전 정화나 성전 개혁의 행동으로 이해할 일이 아니다. 그건 당시의 상황을 제대로 파악하지 못한 데서 나온 잘못된 오해일 수 있다. 이 사건은 예수가 로마의 지배에 순순히 따르며 협조하고 있던 제사장 계급의 본거지에 대한 정치적 공격으로 보는 것이 마땅하다. 성전 공격은 제사장 계급에 대한 공격이면서 동시에 로마에 대한 도전이기도 했다. 대제사장을 임명해가며 대제사장을 통해 실질적으로 유대 나라를 다스리던 것이 로마 당국이었기 때문이다. 더구나 이 사건을 예수의 개인적인 행동처럼 보아서도 안 된다. 당시 예루살렘 성전에는 성전을 지키는 경찰이 있었고 또 안토니아(Antonia) 요새에서 성전을 내려다보며 호위하던 로마 군대도 있었다. 예수의 성전 공격에는 당연히 그의 뒤를 따르던 제자들과 무리들의 지지와 동조가 있었을 것이다. 그래서 브랜든(S.G.F. Brandon)은 이 사건의 의미에 대해서 "성전 안에서의 예수의 행동은 젤롯당이 개입되었던 것으로 보이는 성(城) 안의 반란 운동과 일치된다"고[10] 말한 바 있다.

예수의 행적들 이외에 그의 말씀들 가운데서도 그가 젤롯당원 혹은 젤롯당 지도자였다고 생각하게 만드는 말씀들이 많이 있다. 이런 말씀들 중에서 우선 예수께서 제자들을 향해서 무장을 명령한 말씀을 기억할 필요가 있다. 누가복음 22:36에 의하면 예수는 장차 자신이 제자에 의해 배반당하고 끝내 십자가에 처형될 위기 상황을 내다보면서 그의 제자들에게 "검이 없는 사람은 겉옷을 팔아 검을 사라"

---

10 Brandon, *Jesus and Zealots*, 339.

고 명하셨다. 이 말씀은 분명히 예수께서 그의 제자들에게 만일의 사태에 대비하여 무장할 것을 명령하신 말씀으로 이해될 수 있다.[11] 이 말씀을 예수의 본래 말씀으로 이해할 경우 예수가 제자들에게 무장을 명령했다는 사실은 오직 예수가 젤롯당의 지도자였다는 사실을 받아들일 때 가장 잘 이해될 수 있는 말씀일 수 있다.

더구나 "겉옷을 팔아 검을 사라"는 예수의 말씀에 대한 제자들의 답변은 "주님, 보십시오. 여기 검 두 자루가 있습니다"(눅 22:38)라는 것이었다. 제자들은 이미 검 두 자루씩을 준비하여 다니고 있었던 것으로 보인다. 이 말씀을 겟세마네 동산에서 예수가 체포될 때 제자들이 "주님, 우리가 검을 쓸까요?"라고 말했던 것과 연결시켜 본다면 예수의 제자들은 항상 검을 준비해서 다녔던 것으로 생각된다. 그리고 그 당시 이처럼 검을 품고 다니는 사람들은 대체로 시카리파였기에 우리가 이런 본문들을 근거로 예수와 그의 제자들도 시카리파였다고 생각하는 것은 전혀 무리가 아닐 것으로 보인다.

또한 마태복음 10:34에 보면 예수께서는 "내가 세상에 평화를 주려고 온 줄로 생각하지 말라. 평화가 아니라 검을 주려고 왔다"는 말씀이 전해지고 있지 않은가? 평행 구절인 누가복음 12:49 이하에서

---

11 물론 이 말씀을 다른 각도에서 해석한 경우도 있다. 예를 든다면 금방 닥치게 될 재난에 대한 경고의 말씀이라고 해석되기도 했고(Creed, St. Luke, 270), 예수가 체포될 위기를 내다보면서 제자들에게 이제는 세상적인 방법으로라도 자신들의 목숨을 지키라고 말한 것이지 예수가 개인적인 암살을 막기 위해서 혹은 자신과 자기 추종자들을 혁명적인 범죄자들과 일치시키기 위해서 검을 갖기 원한 것은 아닐 것이라는 해석도 있고(G.W.H. Lampe, *Peake's Commentary*, 733), 예수가 그의 원수들로부터 무장에 의한 보호가 필요한 것으로 상상했을 것으로 보인다는 해석도 있고(Klausner, *Jesus of Nazareth*, 331), 젤롯당의 용어가 그만 길을 잃고 복음서 기록에 끼어들어 온 것이라는 주장도 있다(Beare, *Earliest Records of Jesus*, 229; Cullmann, *The State in the New Testament*, 31–34).

누가가 "나는 세상에 불을 지르러 왔다… 내가 세상에 평화를 주려고 온 줄 생각하느냐? 그렇지 않다. 도리어 분열을 일으키러 왔다"는 말로 좀 순화시키기는 했지만 그 의미는 크게 다르지 않다. "검을 준비하라"는 앞의 말씀과 함께 예수를 과격한 젤롯당원이나 그 지도자로 생각하게 만드는 말씀이 아닐 수 없다.

뿐만 아니라 제자직과 관련된 다음과 같은 예수의 말씀도 같은 각도에서 이해될 수 있을 것으로 생각된다. 마가복음 8:34에 의하면 예수는 제자들과 무리들을 모아놓고 "누구든지 나를 따라오려거든 자기를 버리고 제 십자가를 지고 따르라. 누구든지 자기 목숨을 구원하려고 하는 사람은 잃을 것이요, 자기 목숨을 잃는 사람은 구원할 것이다"라고 말씀하셨다. 젤롯당원들에게 있어서 십자가를 지는 일과 목숨을 잃는 일은 개인적으로 직면해야 할 현실이었다. 이런 점을 염두에 둘 때 예수께서 제자들을 모아놓고 "자기를 버리고 자기 십자가를 지고 나를 따르라"고 말씀하신 것은 이미 잘 알려진 젤롯당 말씀(a well-known Zealot saying)을 인용하신 것으로 볼 수 있다.[12] 나중에 복음서 기자들이 이 말씀을 제자직에 관한 말씀으로 소개한 것이라고 하더라도 예수의 삶의 자리에서는 이 말씀이 젤롯당 지도자로서 추종자들에게 준 말씀으로 받아들일 때 잘 이해될 수 있다. 결국 이런 모든 본문 증거들은 역사적 예수가 젤롯당과 연계된 인물, 아니 열심당의 지도자였다는 사실을 강력히 뒷받침해주고 있는 것으로 생각된다.

---

12 Brandon, *Jesus and the Zealots*, 57. 또 브랜든(S.G.F. Brandon)은 "제자직이 십자가 처형의 위험과 연관되어 있다는 생각의 기원은 아마도 젤롯당에 있다"고 말한다. CF. *Zealots*, 269.

예수가 그의 공생애 활동 중 유대교 내의 다른 종파들 곧 바리새
파나 사두개파 그리고 헤롯당 등에 대해서는 자주 비판과 공격을 퍼
부었다. 하지만 젤롯당에 대해 부정적인 발언을 했던 경우는 한 번도
없는 것으로 알려져 있다. 이것 역시 예수와 그의 제자 그룹이 젤롯
당과 연관되어 있었기 때문이라고 생각하게 만드는 요인이다. 또 실
제로 만일 예수가 그 당시 열심당의 이념에 전혀 무관심했거나 아무
런 관련도 없던 인물이었다면 과연 일반 백성들로부터 그토록 열성
적인 지지를 받을 수 있었을까 하는 의문도 생긴다. 그러나 예수에
대한 이런 인식과 이해가 계속 변함없이 이어진 것은 아니다. 시간이
흐르고 상황이 달라지면서 예수에 대해 새롭고 또 다른 그리고 더 중
요한 인식과 이해가 생겨날 수밖에 없었기 때문이다.

2. 평화주의적 종교 지도자인 선지자(Prophet) 예수

젤롯당과 연관된, 아니 젤롯당의 지도자로서 로마의 압제로부터
"이스라엘을 구속할 자"(눅 24:21)라고 생각되던 정치적 메시아 예수
에 대한 이해와 인식이 70년경에 있었던 유대 나라의 멸망과 예루살
렘 성전의 파괴라는 전대미문의 불행한 사건을 겪으면서 중요한 변
화를 겪게 되었다. 유대 나라의 멸망은 곧 젤롯당의 종말을 의미하는
것이기도 했기 때문이다. 유대 나라가 멸망한 뒤 예루살렘 성전이 돌
위에 돌 하나 남지 않고 다 무너지게 되자 유대인들 사이에서는 독립
운동을 위해 오직 투쟁만을 외쳤던 젤롯당의 역할에 대한 시각과 평
가도 바뀔 수밖에 없었다. 유대 나라의 멸망의 일차적 책임이 젤롯당

에게 돌려진 것이다. 실제로 로마 군인들이 예루살렘을 포위 공격할 당시 예루살렘 안에서 모든 여론을 장악한 채 백성들에게 오로지 항쟁만을 독려하며 주도했던 주체가 젤롯당이었다. 젤롯당의 일방적인 주도 때문에 그 당시 예루살렘 안에서는 온건파와 화친파의 목소리가 들려질 여지조차 전혀 없었다.[13]

이런 상황에서 유대전쟁이 유대 나라의 멸망과 예루살렘 성전의 몰락으로 끝나자, 일방적으로 투쟁만을 향해 내달리다 성전과 나라의 멸망을 초래한 젤롯당원들에 대한 비판과 비난의 목소리가 유대인들 가운데서 커지기 시작했다. 젤롯당원들 때문에 나라와 성전의 멸망이란 엄청난 불행을 만나게 되었다는 인식과 반성이 커졌다. 이런 정서는 대다수가 유대인 출신이었던 초기 기독교인들 가운데서도 마찬가지였다. 이런 분위기 속에서 예수가 젤롯당원이었으며 그 지도자였다는 기억은 결코 자랑스러운 것도, 내세울 만한 것도 못 되었다. 초기 기독교인들의 입에서, 복음서 기자들의 손에서 이런 예수의 모습은 점차 약화되거나 후퇴될 수밖에 없었다.

반면에 젤롯당원의 모습에 가리워져 잘 드러나지 않았던 그래서 분명히 볼 수 없었던 예수의 또 다른 중요한 모습에 대한 관심이 커지기 시작했다. 예수가 보여주던 젤롯당 지도자로서의 정치적 모습 이외에 그것과는 아주 다른 예수의 모습 곧 온화하고 평화로운 종교 지도자로서의 모습이 기억되어 부각되기 시작했고, 그 점이 강조될 필요가 있다는 점을 깨닫기 시작했다. 그래서 한편으로는 젤롯당 지

---

13 Max I. Dimont(*Jews, God and History*)에 의하면 "평화주의자로 의심받으면 젤롯당원들이 성벽 밖으로 내던져서 죽였다. 성 밖에서는 로마군이 그랬던 것처럼, 성 안에서는 젤롯당이 절대의 권위를 갖고 있었다."

도자로서의 예수 모습을 약화시키거나 지워버리는 과정을 통해서, 다른 한편으로는 병자들을 고쳐주며 불쌍한 사람들을 돌보며 가르치는 종교 지도자, 곧 선지자 예수의 모습을 더 부각시키는 과정을 통해 예수의 이미지에 대한 변신이 나타나기 시작했다.

첫째로 유대 나라 멸망 이후에 기록된 복음서들은 예수가 젤롯당 지도자라는 정치적 이미지를 가능한 한 부각시키지 않으려는 분명한 의도를 드러내고 있다. 이런 의도는 무엇보다도 복음서들이 예수가 로마 총독에 의해 정치적으로 십자가형에 처형되었다는 인상을 덮기 위해, 예수의 죽음의 책임을 로마 총독으로부터 유대 종교 지도자들에게로 돌리는 분명한 경향 가운데 잘 드러나고 있다. 그래서 마가복음 저자는 로마 총독 빌라도가 유대교 종교 지도자들인 제사장들이 예수를 시기하여 죽이려고 했다는 사실을 잘 알고 있었다고(막 15:10), 마태복음 저자는 빌라도의 아내가 빌라도에게 예수는 의로운 사람이니 당신은 상관하지 말라고 부탁했다고(마 27:19) 기록했다. 그리고 누가복음 저자는 거기서 더 나아가 예수가 정치적으로 "무죄하다"는 사실을 로마 총독이 세 번이나 거듭 강조하면서(눅 23:4, 14, 22) 예수를 풀어 주려는 의도까지 세 번씩이나 표명했다(눅 23:16, 20, 22)고 밝히고 있다. 이것은 요한복음에서도 마찬가지이다. 빌라도가 예수의 무죄를 세 번이나 반복해서 선포했음이 강조되고 있다(요 18:38; 19:4, 6). 예수는 로마에 의해 정치적으로 처형된 인물이 아니라는 점이 강조되기 시작한 것이다.

누가는 열두 제자들의 명단을 소개하면서 예수의 제자들 가운데 '젤롯이라 하는 시몬'이 있었다는 사실을 두 번이나 언급한 바 있다(눅 6:15; 행 1:13).[14] 그런데 마가는 (그리고 마태도) 누가와 달리 '젤롯이라 하는 시몬'이란 표현 대신에 '가나안 사람 시몬'(막 3:18)이라고만 소개하였다. 사실 가나안 사람(Cananaean)이란 용어는 젤롯당을 가리키는 아람어 용어이기도 했다. 브랜든(Brandon)이 잘 지적하고 있는 바와 같이, 마가가 보통의 경우에는 그의 복음서에서 아람어 표현들을 사용한 후에 곧바로 그 의미를 번역해서 설명해 주는 경향을 보이고 있다. 이 경우에 그렇게 하지 않은 것은 시몬의 정치적 입장과 그 위험한 비밀을 감추려는 의도를 갖고 있었기 때문이었고,15 이건 결국 예수와 젤롯당과의 연관성을 드러내지 않으려는 의도 때문인 것으로 생각된다.

베드로를 비롯한 예수의 제자들이 검을 가지고 다녔고 그래서 겟세마네 동산에서 예수가 체포될 때 유대 종교 지도자들이 보낸 무리들과 무력 충돌까지 있었던 일 때문에(막 14:47; 마 26:51; 눅 22:49-50; 요 18:10) 예수와 그의 제자들이 젤롯당, 심지어 시카리파로 생각되기도 했다. 그러나 나중에 누가복음 저자는 예수께서 검을 사용하는 제자들에게 "그만두어라"(눅 22:51)고 말리셨고, 검을 사용한 베드로를 향해 "네 검을 도로 집에 꽂으라. 검을 쓰는 사람은 모두 검으로 망한다"(마 26:52)고 말하면서 오히려 베드로가 휘두른 검에 의해 잘린 대제사장의 종의 귀를 고쳐 주셨다(눅 22:51)는 점을 전해 주고 있다. 과격한 젤롯당 지도자의 모습이 아닌 비폭력 평화주의자의 모습을 드러내고 있는 셈이다.

---

14 마가복음은 유대전쟁 와중에 혹은 그 직후에 기록된 복음서이지만, 누가복음은 유대전쟁의 여파가 이미 오래전에 지나가 버린 상황에서 기록된 것이기에 누가로서는 보다 역사적인 관점에 충실하게 예수의 제자 중 하나가 열심당원이었다는 사실을 기록할 수 있었던 것으로 추정되고 있다.
15 Brandon, *Jesus and the Zealots*, 244.

예수가 수많은 무리들의 추종과 환영 속에 예루살렘에 입성한 이야기가 정치적으로 중요한 의미를 갖는다고 해석되어 온 것이 사실이다. 무리들이 종려나무 가지를 흔들며(요 12:13) "다윗의 자손"(마 21:9), "주의 이름으로 오시는 이" 혹은 "이스라엘의 왕"(눅 19:38; 요 12:13)이라고 환호한 것 자체가 예수가 메시아 왕으로서 환영받았다는 것을 의미하는 것으로 해석될 수밖에 없었다. 마카비 시대에 유다가 성전을 다시 봉헌하기 위한 승리의 행진을 할 때 종려나무 가지가 사용된 것을 그대로 반영하고 있기 때문이다. 그러나 복음서 기자들이 이 이야기를 복음서에 기록할 때는 분명히 이 사건의 정치적 의미를 축소하거나 부인하려는 의도를 드러내고 있다. 그래서 누가의 경우 "다윗의 자손"(마 21:9)이란 호칭을 그리고 마가의 경우에는 "우리 조상 다윗의 나라"(막 11:10)라는 정치적 의미의 언급을 생략하였고, 오히려 제자들의 환호성도 "하늘에서는 평화요 가장 높은 곳에서는 영광이로다"(눅 19:38)라는 문구로 바꿈으로써 이 사건의 의미를 비정치화시킨 것으로 생각된다.

예수가 예루살렘 성전에 들어가 성전 안에서 제물용 짐승들을 팔고 사는 사람들 그리고 돈을 바꿔 주는 사람들을 모두 쫓아내고 "아무나 물건을 가지고 성전 안으로 지나다님을 허락하지 않은"(막 11:16) 이야기는 예수와 그를 따르던 무리들이 성전을 본거지로 로마와 함께 손을 잡고 있던 제사장 계급을 공격하여 다시 성전을 점령하고 장악한 정치적인 사건으로 생각되어 왔었다. 그런데 이 사건에 대한 복음서의 기록들도 정치적 의미보다는 오히려 종교적인 의미가 더 강조되는 방향으로 수정되고 있다. 예를 들어 마태복음에서는 이 사건이 단 두 구절(마 21:12-13)로 아주 축소되어 있을 뿐만 아니라 이 사건에 이어 예수가 성전 안에서 여러 병자들을 고쳐 주셨다(마 21:14-17)는 사실이 더 강조됨으로써 성전 숙정의 목적이 마치 병자들을 고쳐 주는 일을 위한 준비 작업인 것처럼 기록되어 있다. 누가복음에서도 이 이야기는 오직 두 구절(눅 19:45-46)로만 간략하게 설명되어 있고, 더구나 성전 숙정 직후에 예수가 성전에서 백성들을 가르쳤음(눅 17:47)을 강조함으로써 성전 숙정의 목적이 적절한 교육 환경을 마련하기 위한 것처럼 기록하였다. 결과적으로 이 사건의 정치적 의미가 오히려 종교적인 의미로 바꾸어버린 셈이다.

다른 한편으로 복음서 저자들이 이처럼 예수의 모습과 행적을 정치적인 데서 종교적인 의미로 바꾸기 시작함과 동시에 예수를 '선지자'로 강조함으로써 예수가 존경받는 종교 지도자였음을 부각시키고 있다. 우선 우리는 다시금 예수가 가이사랴 빌립보에서 제자들에게 "사람들이 나를 누구라고 하더냐?"라고 물었던 질문과 그때 제자들이 사람들은 예수를 '세례 요한', '엘리야', '예레미야' 혹은 '선지자 중의 한 사람'으로 알고 있다고 대답했던 것을 상기할 필요가 있다(막 8:28; 마 16:14; 눅 9:16). 이때 언급된 인물 모두가 다 선지자들이라는 점에 주목해야 한다.[16]

마태는 예수가 예루살렘에 입성할 때 온 성이 소동하며 "이 사람이 누구냐?"라고 물었고, 그때 "무리들이 이르되 갈릴리 나사렛에서 나온 선지자 예수라"라고 말했음을 전해 주고 있다(마 21:11). 또 종교 지도자들이 예수를 잡으려고 했지만 "무리를 무서워하니 이는 그들이 예수를 선지자로 앎이었더라"(마 21:46)고 전한다. 누가도 예수

---

16 세례 요한도 '옛 예언자 중 한 사람'(막 6:15; 눅 9:8), '선지자'(막 11:32; 마 14:5; 21:26; 눅 20:6), '선지자보다 나은 자'(마 11:9; 눅 7:26)로 알려진 인물이었다.

가 나인성 과부의 죽은 아들을 살리셨을 때 "모든 사람이 두려워하며 하나님께 영광을 돌려 이르되 큰 선지자가 우리 가운데 일어나셨다"(눅 7:16)고 말했음을 전한다. 요한의 경우도 마찬가지이다. 수가성 사마리아 여인이 예수를 향해 "주여, 내가 보니 선지자로소이다"(요 4:19)라고 고백했고 또 예수가 광야에서 오천 명의 무리를 먹였을 때 "사람들이 예수께서 행하신 이 표적을 보고 말하되 이는 참으로 세상에 오실 그 선지자라 하더라"(요 6:14)고 말했음을 알려 주고 있다. 예수의 말씀을 들은 무리 중에서 어떤 사람은 "이 사람이 참으로 그 선지자라"(요 7:40)고 말하기도 했다. 그리고 날 때부터 맹인이었다가 예수로부터 고침을 받은 사람도 "네 눈을 뜨게 해 준 사람을 너는 어떠한 사람이라고 생각하느냐?"고 질문받았을 때 "대답하되 (그는) 선지자이니다"라고 대답했다.

다른 사람들이 예수를 선지자로 알고 있었던 것만이 아니라 복음서 저자들은 예수 자신도 자기를 선지자로 알고 있었다고 증거해 주고 있다. 가령 예수가 고향에서 사람들로 배척을 받았을 때 예수는 "선지자가 자기 고향과 자기 친척과 자기 집 외에서는 존경을 받지 못함이 없느니라"(막 6:4; 마 13:57; 눅 4:24)고 말했다. 뿐만 아니라 헤롯이 예수를 죽이려 한다는 사실을 한 바리새인이 예수에게 전해 주었을 때 예수는 "내가 갈 길을 가야 하리니 선지자가 예루살렘 밖에서는 죽는 법이 없느니라"(눅 13:33)고 말했다. 이런 말씀들은 예수가 자신을 선지자로 의식하고 있었음을 잘 반영하고 있다. 이렇듯 복음서에서는 예수가 더 이상 젤롯당 지도자로서 정치적인 인물로 부각되고 있는 것이 아니라 오히려 말씀을 전하고, 병자들을 고쳐 주며, 백성들을 돌보는 종교 지도자 곧 선지자로 강조되고 있다.

복음서 저자들에 의해 예수의 정치적 지도자로부터 종교 지도자인 선지자의 모습으로 바뀜으로 인해서 복음서에서는 예수의 말씀들 혹은 교훈들까지도 정치적 의미로부터 평화적이며 종교적인 의미로 바뀌어 나타나고 있다. 로마에 세금 바치는 것을 적극적으로 반대하던 젤롯당 이념과 달리 예수는 "가이사의 것은 가이사에게 돌리라"(마 12:17)고 말씀하셨다는 사실을 강조하고 있는 점을 예로 들 수 있다. "검을 쓰는 사람은 검으로 망한다"(마 26:52)는 예수의 말씀도 예수와 그의 제자들이 젤롯당 시카리파의 이념과는 다르다는 점을 보여주고 있다. 오히려 예수는 "네 이웃을 사랑하고 원수를 미워하라고 하신 말씀을 너희는 들었다. 그러나 나는 너희에게 말한다. 원수를 사랑하고 너희를 박해하는 사람들을 위하여 기도하라"(마 5:43-44)고 가르쳤다는 점이 강조되고 있다. 이런 예수의 말씀도 예수가 평화주의적인 종교 지도자임을 잘 드러내 주는 말씀이 아닐 수 없다.

예수는 열심당원들의 공격의 대상인 로마 백부장의 요청을 받아들여 죽어가고 있던 그의 종을 살려주었을 뿐만 아니라 백부장을 향해 "지금까지 내가 이스라엘 사람들 가운데서 이런 믿음을 본 일이 없다"고 로마 백부장의 믿음을 칭찬하기도 했다(마 8:5-13). 그런가 하면 복음서들은 예수의 십자가 처형을 진두지휘하던 로마의 백부장이 예수의 운명하시는 것을 보고 "이 사람은 진실로 하나님의 아들이었다"(막 15:39; 마 27:54)고 고백하며 "하나님께 영광을 돌렸다"(눅 23:47)고 전해줌으로써 로마 당국자들이 예수에 대해서 그렇게 적대적이지 않았음을 암시해 주고 있기도 하다. 더구나 누가가 기록한 사도행전에 보면 로마의 백부장 고넬료와 그 가정 전체가 세례를 받고 기독교로 개종했으며(행 10:47-48), 로마의 총독인 서기오 바울도 기독교 복음에 긍정적인 관심을 갖고 "바나바와 바울을 청하여 하나님의 말씀을 듣고자 했고"(행 13:7), 벨릭스 총독 역시 사람을 보내 바울을 초청하여 "그리스도 예수를 믿는 믿음의 도리"를 들었다고 전함으로써(행 24:24) 더 이상 기독교와 로마 제국 사이가 적대적인 관계에 있지 않았음을 보여주고 있다.

복음서들에 이런 기록들이 기록된 배경에 관심을 기울여볼 필요가 있다. 유대전쟁이 유대 나라의 멸망과 예루살렘 성전의 몰락으로 끝을 맺은 후 로마 당국의 정치적 지배가 거역할 수 없는 정치적 현실로 닥쳤을 때, 초기 기독교는 유대인과 기독교인들의 가슴 속에 남아 있는 과거의 반 로마적 감정을 완화 혹은 제거함으로써 교인들로 하여금 주어진 정치 질서 속에서 계속 살아남을 수 있도록 도와주려는 노력을[17] 시도할 수밖에 없었을 것이다. 실제로 우리는 그런 흔적을 신약성서의 여기저기서 찾아볼 수 있다. 신약성서 중 비교적 후대에 기록된 베드로전서 2:13-14에 보면 기존 정치 세력에 복종할 것을 가르치는 다음과 같은 말씀이 나온다: "여러분은 인간이 세운 모든 제도에 주를 위하여 복종하시오. 주권자인 왕이거나 또한 악을 행하는 자들을 벌하고 선을 행하는 이들을 표창하기 위하여 왕에게서

---

17 이 노력을 가리켜 로마 제국을 향해서 제시한 '교회를 위한 변증'(apologia pro ecclesia)으로 보는 입장도 있고, 반면에 교회를 향해서 제시한 '제국을 위한 변증'(apologia pro imperio)으로 보는 입장도 있다. 즉, 전자는 성서 저자들이 로마제국을 향해서 기독교의 정치적 무죄성 혹은 무해성을 이해시키려는 노력이라고 보는 반면에 후자는 그와 정반대로 교회와 교인들을 향해서 로마 제국이 기독교에 대해 아무런 해가 되지 않을 것이니 로마제국과 우호적인 관계를 유지하도록 이해시키려는 노력이다. 전자를 주장하는 대표 학자는 H. Conzelmann이고, 후자를 주장하는 대표 학자는 Paul W. Walaskay('*And So We Came to Rome*': *The Political Perspective of St. Luke*, Cambridge University Press, 1983)이다.

보냄을 받은 총독이거나 간에 그들에게 복종해야 합니다." 거의 똑같은 말씀이 디모데전서 2:1-3에도 나온다: "내가 무엇보다 먼저 그대에게 권하는 것은 이것입니다. 모든 사람을 위하여 간구와 기도와 중보의 기도와 감사를 드리고, 왕들과 높은 지위에 있는 모든 사람을 위해서도 그렇게 하시오. 그것은 모든 경건과 위엄을 가지고 평화스럽고 안정된 생활을 하기 위한 것입니다. 이것은 우리 구주 하나님께서 보시기에 아름답고 기뻐 받으실만한 일입니다."

신약성서 안에서만 이런 말씀이 나오는 것이 아니다.[18] 초대 교부 중의 한 사람인 클레멘트(Clement)의 다음과 같은 기도문 가운데서도 똑같은 의도와 교훈이 드러나고 있다: "저희들로 하여금 전능하시고 영화로우신 당신의 이름에 그리고 이 땅 위에 있는 지배자와 통치자들에게 순종할 수 있게 하시옵소서. 주여, 당신께서는 당신의 뛰어나신 그리고 말로 다 표현할 수 없는 권능을 통해 그들에게 절대 주권의 능력을 주시사, 저희들로 하여금 당신께서 그들에게 주신 영광과 명예를 알게 하시고, 그들에게 복종케 하사 당신의 뜻에 거역함이 없게 하셨나이다"(1 Clem. 60:4-61:1). 이런 모든 본문들은 유대전쟁 이후 달라진 정치 상황 속에서 기독교회가 기존 정치 제도에 대해 어떤 태도와 입장을 취하고 있었는지를 잘 보여준다. 이런 상황속에서 복음서 기자들이 열심당을 주도하던 예수의 정치 지도자적 모습을 약화시키면서 오히려 평화적이며 영적인 지도자의 모습을 강조하는 방향으로 관심을 바꾼 것은 어쩌면 그 당시 시대의 요청일수도 있었을 것이다. 레자 아슬란은 이것을 가리켜 초대교회가 "예수

---

18 유대전쟁 이전에 기록된 것이기는 하지만 로마서 13:1-7이 "위에 있는 권세에 복종하라"고 가르치고 있는 것도 똑같은 의도에서 나온 것으로 보인다.

를 혁명적인 유대 민족주의자에서 세상일에는 아무런 관심이 없는 평화주의적인 영적 지도자로 탈바꿈시키는 기나긴 작업"을 시작한 것이라고 지적했다.[19]

3. 역사적 예수(Jesus of history)에서 신앙의 그리스도(Christ of faith)로

유대 나라의 멸망으로 인해 예수에 대한 이해에 괄목할 만한 변화가 생겨나기 시작했다. 그러나 이번에는 예수의 부활 사건으로 인해 초대교회 안에서는 예수에 대한 이해에 있어서 또 다른, 더 중요한 변화가 생기기 시작했다. 십자가에 달려 죽은 예수를 하나님이 다시 살리셨다는 인식으로 인해 새로이 예수가 하나님의 아들이란 생각을 갖기 시작했기 때문이다. 로마서 1:4에 보면 바울은 하나님이 그의 아들을 "죽은 자들 가운데서 부활하여 능력으로 하나님의 아들로 선포되었다"고 말한다. 메시아로 고백 되던 예수가 '하나님의 아들 그리스도'로 고백되기 시작했다. 예수의 인간성(humanity)으로부터 예수의 신성(divinity)으로 관심이 옮겨가게 되었다는 말이다. 이처럼 예수의 신성에 대한 인식이 생긴 배경은 어떤 것이었을까?

역사적 예수는 그의 부활 사건을 계기로 그를 믿고 따르는 추종의 대상으로부터 신앙의 대상으로 바뀌게 되었다. 예수는 이제 단순한 추종의 대상이 아니라 신앙의 대상이 된 것이다. 역사적 예수는 추종자들에게 "나를 따르라"는 명령은 했어도 결코 "나를 믿으라"고 말씀

---

19 레자 아슬란/민경식 옮김, 『젤롯』(서울: 와이즈베리, 2013), 29.

한 적은 없었다. 자신을 신앙의 대상으로 제시하지는 않았다는 말이다.[20] 그런데 예수가 십자가에 달린 지 사흘 만에 다시 부활했다는 확신과 믿음을 갖게 되면서 하나님 나라를 전했던 선포자(the proclaimer)였던 예수가 이제는 선포된 자(the proclaimed one)로, 달리 말해서 선포의 주체가 이제는 선포의 대상으로 바뀌었을 뿐만 아니라 신앙의 대상인 '하나님의 아들 그리스도'로 바뀌게 되었다. 예수는 이처럼 신앙의 대상과 선포의 대상이 되면서 "주님과 그리스도"(행 2:36)로, "하나님의 아들"(롬 1:4)로 고백 되며 선포되기 시작했다.

기독론의 이런 발전을 이해하기 위해서는 먼저 처음 팔레스틴 유대 기독교인들의 예수에 대한 이해가 시간이 흐르며 어떻게 변화 혹은 발전하게 되었는지부터 살펴볼 필요가 있다. 최초 팔레스틴 유대 기독교인들이 예수에 대해 가졌던 관심은 예수의 지상 사역(the earthly ministry)이었다. 이 사역을 통해 그들이 예수에 대해 갖게 된 이해는 "하나님과 모든 백성 앞에서 말과 일에 능하신 선지자"(눅 24:19)[21] 곧 "더러운 귀신을 명하여 쫓아내고"(막 1:2-28) "바람을 꾸짖으시고 바다를 잔잔케 하시는"(막 4:39) 그리고 만져주는 사람마다 다 병 고침을 받는(막 6:56), 그런 "능력 많으신 이"(the stronger one, 막 1:7)란 믿음이었다. 니고데모가 예수에게 "하나님이 함께 하시지 아니하시면 당신이 행하시는 이 표적을 아무도 할 수 없음이라"(요

---

20 James D.G. Dunn, *Unity and Diversity in the New Testament: An Inquiry into the Character of Earliest Christianity*(London: SCM Press, 1990), 13-16.
21 예수가 나인성 과부의 죽은 아들을 살리자 무리들이 "큰 선지자가 우리 가운데 일어나셨다"하고 외쳤고(눅 7:16), 예수가 제자들에게 사람들이 나를 누구라고 하더냐라고 물었을 때 나온 대답 중 하나도 '선지자 중의 한 사람'(막 8:28)이었다.

3:2)고 말한 데서 알 수 있듯이 예수는 "하나님이 함께 하시는 이"로 인식되고 있었다. 그러나 예수는 그의 공생애 사역 기간 동안에 아직 인간성(humanity)을 넘어서는 존재로 고백 되지는 않았다.

그런데 예수가 부활했다("He is risen")는 부활 신앙이 등장하게 되면서 기독론 발전의 중요한 계기가 되었던 것으로 생각된다. 예수의 부활이 초대교회 신앙의 중요한 토대가 된 것이다. 그래서 초대교회의 설교 가운데서는 "하나님이 그를 다시 살리셨다"는 말이 여러 번 반복되어 강조되고 있다(행 2:24, 32, 3:15, 4:10, 5:30, 10:39-40, 13:29-30, 17:31). 그리고 그가 부활했다는 신앙은 그가 승천(ascension or as-sumption)하여(눅 24:51; 행 1:9-11) 하나님의 우편 보좌에 앉으셨다는 믿음으로(눅 22:69; 행 2:33-35; 5:31; 7:55), "만물이 회복하실 때까지 하늘에 계시다가"(행 3:21) 때가 이르면 모든 사역을 다 마치기 위해서 다시 재림(parousia) 하실 분이라는 신앙으로 발전하게 되었다. 예수가 승천하셨다는 것은 곧 인간 예수의 삶이, 즉 그의 지상 사역이 끝났음을 의미한다. 이제 예수는 '높이 들려 올리우신 분'(the exalted one)이 되어버렸고, 이제 더 이상 이 땅 위에는 안 계신 분(the absented one) 그러나 성령에 의해 지상에 나타나시는 분으로 인식되고 있다. 예수의 신성(divinity)이 인식되고 고백 되기 시작한 것이다.

예루살렘의 몰락과 유대 나라의 멸망이 젤롯당 지도자의 모습을 평화적이며 영적인 지도자로 탈바꿈시키는 요인이 되었다면, 예수의 부활 사건과 예수 부활에 대한 믿음은 인간 예수를 신적 존재인 '주님과 하나님의 아들'로 탈바꿈시키는 요인이 되었다고 말할 수 있다. 부활과 승천을 기점으로 예수에 대한 기독론적 관심은 그의 인성

(humanity)으로부터 그의 신성(divinity)으로, 이른바 저급 기독론 (lower christology)으로부터 고급 기독론(higher christology)으로 발전하기에 이르렀기 때문이다.[22]

　　이처럼 초대 유대 기독교인들은 예수의 지상 사역을 중심으로 예수를 이해하다가 점차 그가 부활·승천하여 하나님 우편 보좌에 앉아 계시다가 다시 재림하실 것이라고 믿게 되었다. 이렇게 초기 기독교인들의 기독론적 사고는 처음에 팔레스틴 유대 기독교 안에서 예수의 지상 사역을 중심으로 다음과 같이 미래지향적(forward looking)인 방향으로 발전하기 시작하였다.

　　예수의 지상 사역 → 부활과 승천 → 하나님의 우편 보좌 → 재림

　　그러나 곧이어 그가 부활 승천하여 하나님의 우편 보좌에 앉으신 분이라면 그는 분명히 하나님께서 보내신 분(sending)일 것이라는 생각하기에 이르렀고 그래서 예수는 '보내심을 받은 자'란 믿음을 갖게 되었다. 그리고 그가 이 땅에 어떻게 보냄을 받았는지를 생각하는 가운데 예수의 탄생과 족보에 대한 관심이 생겨나기 시작하면서 그의 유아기에 대한 관심도 생겨났다. 예수의 탄생 설화와 유아기 복음서들이 생겨난 배경이 된 것이다. 그리고 거기서 과거로 더 소급하여 예수가 이 땅에 보냄을 받기 이전에는 하나님과 함께 있었던 하나님

---

22 초기 기독교의 기독론 형성과 발전을 위해서는 다음 연구들이 도움이 될 수 있다: O. Cullmann, *Die Christologie des Neuen Testaments*(Tuebingen, J.C.B. Mohr, 1963); R.H. Fuller, *The Foundations of New Testament Christology*(Collins: the Fontana Library, 1969), esp. 243-257; James D.G. Dunn, *Unity and Diversity in the New Testament*, esp. 216-231; Michael Glazier, *Jesus: One and Many-The Christological Concept of New Testament Authors*(Delaware: Wilmington, 1988). 70-77.

이란 생각을 하기에 이르렀고(요 1:1-2), 이런 생각이 예수의 선재 (pre-existence) 사상 및 그가 육신을 입고 이 땅에 오셨다는 성육신 (incarnation) 사상으로 발전하게 되었다. 이렇게 초기 기독교인들의 기독론적 사고는 특히 이방 기독교 안에서 다시 예수의 지상 사역을 중심으로, 과거지향적인(backward looking) 방향으로 다음과 같이 소급하여 확대 발전하기에 이르렀다:

태초의 창조 ← 예수의 선재 ← 성육신 ← 족보와 탄생 ← **예수의 지상 사역**

이것을 달리 다음과 같이 말할 수도 있다. 초기 팔레스틴 유대 기독교에서는 예수 행적을 중심으로 기능적인 기독론(the functional Christology)에 관심을 기울였다면, 나중에 이방 기독교는 헬라 사상의 영향으로 예수의 존재에 관심을 기울이는 존재론적 기독론(the ontological Christology)에 더 치중한 셈이다.23 처음에는 예수가 하신 일(work)에 대해 관심이 집중되었지만, 점차 그의 존재(person)에 대한 관심으로 발전했다는 말이다. 예수가 하신 일에 대한 관심을 갖던 때에는 예수가 메시아, 다윗의 자손, 여호와의 종, 랍비, 선지자 등으로 인식되었는데, 나중에 그의 존재에 대한 관심을 갖기 시작하면서 예수는 그리스도, 주님, 하나님의 아들, 로고스 등으로 인식되기 시작했다.

이처럼 초기 기독교회가 시간이 흐르면서, 역사적 상황이 변하면

---

23 Functional Christology와 Ontological Christology란 용어의 사용과 의미에 대해서는 R.H. Fuller, *The Foundation of New Testament Christology*(London: Collins, 1969), 247-250을 참조할 수 있다.

서 예수 그리스도에 대한 인식과 이해가 달라진 단적인 실례를 우리는 예수 그리스도에 대한 신앙고백문의 변화에서 찾아볼 수 있다. 가장 먼저 기록된 마가복음에 보면 예수가 제자들을 향해 "너희는 나를 누구로 알고 있느냐?"고 물었을 때 베드로는 제자들을 대표해서 "당신은 메시아(=그리스도)이십니다"(막 8:29)라고 고백했다. 이 고백이 유대적이고 정치적인 메시아에 대한 고백이란 사실은 예수가 곧바로 베드로를 꾸짖으며 "사탄아 물러가라. 너는 하나님의 일을 생각하지 않고 도리어 사람의 일을 생각하는구나"(막 8:33)라고 말한 데서도 드러나고 있다. 그리고 이것이 바로 초기 유대 기독교(the Jewish Christianity)의 대표적인 신앙고백이기도 했다.24 그런데 그 이후에 기록된 마태복음에서는 베드로의 신앙고백이 "당신은 그리스도이시며 살아계신 하나님의 아들입니다"(마 16:16)라고 확대·발전되었다. 예수에 대한 기독론적 이해와 고백이 예수가 '유대적인 메시아'라는 사실을 넘어 '하나님의 아들'임을 포함하는 것으로 확대·발전하게 된 것은 마태가 교회 안에 이미 많은 이방인들이 들어와 있는 달라진 상황을 반영하며, 예수를 '유대적 메시아'로 이해하던 것에 덧붙여 예수가 '하나님의 아들'이라고 보완하여 수정했기 때문이다.25 결국 마태가 소개한 베드로의 신앙고백은 예수의 인간성(humanity) 혹은 정치적 메시아의 차원을 넘어 '하나님의 아들'로까지 발전한 셈이다.

---

24 브랜든(S.G.F. Brandon)은 이것이 "예루살렘 기독교인들이 갖고 있던 기독론의 한계"(the limitation of the Christology of the Jerusalem Christians)라고 말한다. Cf. *Jesus and the Zealots*, 278.

25 '하나님의 아들'이란 칭호는 이방 기독교인들에게 더 의미가 있는 칭호이지만, "예수는 하나님의 아들"이라는 신앙고백은 문화적·민족적 경계를 초월할 수 있으면서도 여전히 그 뜻을 보존할 수 있는 힘을 갖고 있기 때문에 결국 "하나님의 아들" 칭호는 유대적 사고와 이방적 사고를 연결시키는 가교 역할을 할 수 있는 칭호였다. Cf. James D.G. Dunn, *Unity and Diversity in the New Testament*, 47-49.

이렇게 보완되고 수정된 신앙고백이 보다 온전한 예수에 대한 이해
란 사실은 복음서들 중 가장 나중에 기록된 요한복음 11:27에서도
다시 확인할 수 있다. 거기에서는 나사로의 자매인 마르다가 예수를
두고 "당신은 그리스도이시며 세상에 오시는 하나님의 아들이십니
다"라고 고백하고 있다.26 이 고백은 마태복음에서 베드로가 했던 신
앙고백과 똑같은 것이었다.

최초 유대 기독교회 안에서 '예수는 메시아'라고 고백 되던 것이
나중에 초대교회가 헬라-로마 세계로 확대·발전해 나가는 과정에
서 이방 기독교인들에게도 적합한 형태로 '예수는 그리스도이며 하
나님의 아들'이라는 고백으로 발전하게 된 것이다. 시간이 지나고 상
황이 달라진 여건에서는 역시 달라진 신앙고백이 나올 수밖에 없었
던 셈이다. 결국 초기 기독교의 기독론도 초기 기독교가 희랍-로마
세계 속으로 확대 발전하는 가운데서 구성원의 변화에 따라 변화되
고 발전할 수밖에 없었다고 보아야 할 것이다.

---

26 예수 그리스도에 대한 초기 기독교의 가장 온전한 이해와 온전한 신앙고백이 예수를
　그리스도와 하나님의 아들로 인식하고 고백하는 것이라는 사실은 복음서의 기록 목적
　자체가 "너희로 Jesus is the Christ, the Son of God임을 믿게 하려 함이라"(요 20:31)
　고 밝힌 점에서도 잘 확인될 수 있다.

5장 | 유대교 당국의 초대교회 박해사(迫害史)

예수는 유대교 당국으로부터 박해를 받았고, 끝내 십자가에 못 박혀 죽었다. 예수가 죽은 뒤에 다시 예수를 믿고 따르던 기독교인들도 예수처럼 유대교 당국으로부터 박해를 받았고, 죽임을 당하기도 했다(요 16:2). 예수는 이미 그를 믿고 따르는 제자들에게 "너희는 스스로 조심하라. 너희가 법정에 넘어가게 되고 회당에서 매를 맞게 될 것이라"(막 13:9)고, 즉 그들이 자기처럼 유대교 당국으로부터 박해를 받게 될 것이라고 미리 예언한 바 있다. 결국 초대 교인들이 받은 박해는 예수가 받았던 박해를 그대로 다시 받는 '대물림의 박해'였던 셈이고, 예수가 걸어간 길을 그대로 따르는 것이었던 셈이다. 기독교 역사를 혹자는 박해의 역사라고 말하기도 했는데, 초기 기독교회는 그 출발 시점부터 유대교로부터 박해를 받으면서 자라났다고 말할 수 있다.

유대교 당국자들이 맨 처음에 초기 기독교를 박해하기 시작한 이유는 예수를 메시아로 믿었기 때문이기도 했지만, 사도들이 십자가에 달려 죽은 예수가 다시 살아났다고 죽은 자의 부활을 선포하였다는 사실에서도 찾아볼 수 있을 것이다. 유대교 입장에서는 유대인들 중 일부가 예수를 메시아로 믿고 따르는 것을 용인할 수 없었다. 예수는 분명히 십자가에 달려 죽었는데, 유대교 입장에서는 "나무에 달린 자는 하나님께 저주를 받았음이니라"(신 21:23; cf. 갈 3:13)는 확고한 믿음을 가지고 있었기 때문이다. 십자가에 달려 죽은 예수가 메시아라고 생각할 수는 없었다는 말이다. 누가의 사도행전 기록에 의하면 유대교 당국자들은 "사도들이 사람들을 가르치며 예수의 다시 사심을 들어 죽은 자의 부활을 선전하고 있는 일에 분격하여" 사도들을 잡아 가두었다고 했다(행 4:23).

그러나 초대교회 사도들의 가르침만이 문제는 아니었던 것으로 보인다. 사도들의 말을 받아들여 세례를 받은 사람의 수가 삼천 명이나 되었고(행 2:41), "사도들의 말을 들은 사람들 중에 많은 사람이 믿어 남자의 수만 오천 명이나 되었으며"(행 4:4), "그리하여 주를 믿고 그들에게 가담하는 남녀가 점점 더 많아졌다"(행 5:14)는 이런 사실이 유대교 당국자들에는 적지 않은 위협으로 느껴졌을 것이다. 사도행전의 기록에 일부 과장이 있다고 치더라도 그런 사실에 대한 기록 자체는 유대교인들 중 상당수가 유대교를 이탈하고 있음을 말해 주는 것이며, 그것은 곧 유대교 자체의 부분적 와해를 의미하는 것일 수도 있었기 때문이다. 그래서 "대제사장과 그와 함께 있는 사람 즉 사두개인의 당파가 다 마음에 시기가 가득하여 일어나서 사도들을 잡아다가 옥에 가두었다"(행 5:17)고 했다. 유대교 당국자들이 계속 사도들을 불러 세워 그들에게 예수의 이름으로 가르치지 말도록 엄금했다(행 5:28). 그러나 사도들이 "사람보다 하나님께 순종하는 것이 마땅하다"고 말하면서 그들의 지시에 불복하였다. 그 때문에 유대 당국자들이 "듣고 크게 노하여 사도들을 없이 하고자 했다"(행 5:33)

고 전해져 있다.

그때까지만 해도 초대교회 구성원들이 대부분 팔레스틴 유대인 출신들이었고, 초대교회 자체도 다른 유대교인들처럼 예루살렘 성전을 중심으로 신앙생활을 이어가고 있었기 때문에(행 3:1), 초기 기독교는 마치 유대교 내의 한 종파처럼 생각되어 치명적인 박해에 직면하지는 않았다. 그러나 초대교회 안에 이방 지역 출신인 헬라파 디아스포라 유대교인들의 숫자가 늘어나고 그들이 기존의 팔레스틴 유대교인 출신 기독교인들과 신앙적으로 차이를 보이기 시작하면서[1] 유대교와의 신앙적 갈등은 점차 심각해지기 시작했다. 우리는 그 구체적인 증거를 헬라파 유대 기독교인들의 지도자로 새로이 등장한 스데반과 빌립의 설교와 활동(행 7-8장) 가운데서 그리고 스데반이 박해의 와중에 순교를 당한 사실에서 찾아볼 수 있다. 그런데 이 같은 신앙적인 차이로 인한 초기 기독교인들에 대한 유대교 당국의 박해는 결국 초기 기독교를 새로운 차원으로 발전하게 만든 계기, 즉 유대교와의 차별화와 함께 기독교의 정체성을 확립하게 만든 계기가 된 것으로 생각된다.

1. 스데반의 순교

예루살렘에서 열두 사도들에 대한 박해가 시작된 이후 더욱 심각

---

1 James D.G. Dunn은 팔레스틴 유대 기독교인과 헬라파 유대 기독교인 간의 신앙적 차이를 가리켜 "기독교 역사상 최초로 드러난 신앙고백적 분열"(the first confessional schism in church history)이라고 지적한다. Cf. *Unity and Diversity in the New Testament: An Inquiry into the Character of Earliest Christianity*(SCM Press, 1977), 268.

하고 치명적인 박해는 헬라파 유대 기독교인들과 그들의 '일곱 지도자'들에 대한 박해에서 나타나기 시작했다. 사도행전은 헬라파 유대 기독교인들의 지도자로 선택된 스데반의 설교가 있던 날에 "예루살렘 교회가 크게 박해받기 시작했다"(8:1)고 전한다. 이 박해의 주체는 유대교의 중심인물들인 '(유대) 백성들과 장로들과 율법 학자들' 및 '(산헤드린)의회'였고(행 6:12), 이 박해의 최초 희생자는 디아스포라 유대인 출신 '일곱 사람들'2 가운데 한 사람이었던 스데반이었다.

최초의 기독교 공동체 구성원들은 대부분 유대교인 출신들이었다. 유대인들 가운데 믿는 자가 삼천 명(행 2:41), 오천 명(행 4:4)씩 늘어나기도 했고, 이들 중에는 유대교의 핵심 지도자들인 수많은 제사장들(행 6:7)과 바리새파 사람들(행 15:5)도 있었다. 따라서 초기 기독교가 어느 정도 유대교의 한 종파처럼 보이기도 했을 것이다. 그러나 스데반의 설교(행 7:1-53)에서 잘 드러나고 있듯이 초대교회 신앙 공동체, 특히 헬라파 기독교인들의 신앙은 유대교의 전통적인 신앙과 분명히 다른 점이 있었다. 이것이 유대인들의 눈에는 조상들로부터 이어받은 자기들의 신앙으로부터의 이탈 혹은 왜곡으로 생각되었고 그래서 박해의 주요 요인 가운데 하나로 작용했을 것으로 보인다.

유대인들이 초기 기독교의 지도자 가운데 한 사람인 스데반을 돌로 쳐서 죽인 이유는, 스데반이 유대교인들이 믿고 있는 하나님을 그

---

2 예루살렘에는 해외로부터 돌아와 살던 디아스포라 유대인들이 많이 있었는데, 이들 대부분이 헬라 말을 사용하는 관계로 히브리말을 사용하던 사람들과의 소통에 문제가 있어 별도의 지역에 모여 따로 살고 있었다. 이런 사람들을 위한 지도자로 열두 사도들이 '일곱 사람'을 택해 세웠던 것으로 알려져 있다. 그러니까 열두 사도들이 '히브리말을 하는 팔레스틴 유대 기독교인들'의 지도자였다면, 이 일곱 사람들은 '헬라 말을 하는 디아스포라 유대 기독교인들'의 지도자였던 셈이다.

리고 자기들이 그토록 신성시하는 예루살렘 성전을 모독했다고 생각했기 때문인 것으로 보인다. 첫째로 그들은 "스데반이 모세와 하나님을 모독했다"고 보았다(행 6:11). 실제로 스데반은 유대인들의 공의회 앞에서 설교를 통해(행 7장) 하나님이 성지 예루살렘이나 성전에만 계신 분이 아니라 아브라함에게는 메소포타미아에서(7:2), 요셉에게는 애굽 땅에서(7:9-10), 모세에게는 시내산 광야에서(7:30) 나타나신 분, 이 세상 모든 곳에 계신 분이자 '이방인의 땅'에도 계신 분이라는 점을 강조했다. 이것은 하나님이 거룩한 땅 성지에, 거룩한 성 예루살렘에, 그것도 지성소에 계신 분으로 알고 있던 유대인들의 일반적인 믿음과는 아주 다른 것이었다. 어떤 의미에서 스데반의 설교는 유대인들이 갖고 있었던 편협한 지역주의에 대한 반발이며 공격이었다. 둘째로 스데반은 "지극히 높으신 분은 사람의 손으로 만든 집에 계시지 않다"(행7:48)고 말하면서 이스라엘 백성이 광야에서 '손으로 만든 금송아지'(행 7:41)나 '손으로 만든 예루살렘 성전'이 똑같이 '손으로 만든 우상'이라고 설교했는데, 이것도 하나님의 집인 예루살렘 '성전'에 대한 유대인들의 건물 중심주의에 대한 비판이며 공격이었다. 그러나 우리는 스데반의 이런 성전관이 "손으로 지은 이 성전을 내가 헐고 손으로 짓지 아니한 다른 성전을 사흘 동안에 지으리라"(막 14:58)고 말했던 예수의 성전관을 그대로 반영하고 있다는 점을 기억할 필요가 있다.

스데반이 유대인들이 아주 신성하게 여기는 하나님의 집 예루살렘 성전을 '우상'에 비교하면서 비판한 것은 더 중요한 박해의 요인이 되었을 것이다. 스데반의 설교는 한 마디로 하나님의 거룩한 집 "성전에 대한 노골적인 공격"(an outspoken attack on the temple)이며, 동시에 "성전에 대한 그 지역 기독교인들의 태도를 배격하는 것"(a rejection of the local Christians' attitude to the temple)이었고,[3] 결과적으로 "편협한 제의적 민족주의에 대한 예리한 비판(a sharp-edged criticism of the narrow cultic nationalism of his fellow believers)"[4] 이기도 했기 때문이다. 예수와 그의 처음 제자들에게서 성전을 거부하는 그런 태도를 볼 수 없었다는 점에서 스데반의 설교에서 나타나고 있는 "이 새로운 반 유대적 태도(this new anti-Judaic attitude)"[5]는 많은 유대인들에게 상당한 충격을 주었을 것으로 보인다. 결국 스데반의 이런 설교를 듣고 "격분하여 이를 갈았다"(행 7:54)는 유대인들은 끝내 그를 돌로 쳐 죽였다(7:58). 그리고 히브리인 중의 히브리인이요 바리새인 중의 바리새인이었던 "사울조차도 스데반의 죽음을 마땅하게 여겼다"(행 8:1)고 했다.

스데반이 죽임을 당하는 최초의 박해 소용돌이 가운데서 초대교회의 지도자들이었던 예수의 열두 제자들은 전혀 '박해의 대상'이 아니었다는 사실에 잠깐 주목할 필요가 있다. 이 점은 사도행전 8:1에서 "그날에 예루살렘 교회가 크게 박해를 받기 시작하여… 모두 유대와 사마리아 지방으로 흩어졌다"고 했는데, "사도들 이외에"(except the apostles)란 문구를 첨가하여 예수의 열두 제자들은 박해의 대상이 아니었음을 밝히고 있는 점에서 잘 드러나고 있다. 박해를 가하는

---

3 James D.G. Dunn, *Unity and Diversity in the New Testament*, 271.
4 James D.G. Dunn, *Unity and Diversity in the New Testament*, 272. Dunn이 다른 곳에서는 스데반 설교의 특징을 가리켜 "민족적 제의에 계속 집착하는 유대 기독교에 대한 적개심"(a certain measure of hostility to Jewish Christianity with its continuing attachment to the national cultus)이라고 지적하고 있다. Cf. *The Fall of Jerusalem and the Christian Church*(London: SPCK, 1981), 89.
5 Cf. S.G.F. Brandon, *The Fall of Jerusalem and the Christian Church*, 127.

유대 당국이 박해를 받는 기독교인들의 실질적인 지도자들인 "사도들은 제외하고" 헬라파 유대 기독교인들, 특히 스데반을 "성 밖으로 끌어내어 돌로 쳐서"(행7:58) 죽였다는 사실을 어떻게 이해하고 받아들여야 할 것인가? 이런 일은 쉽게 납득하기도 어렵고 또 박해하는 유대 당국의 입장에서 볼 때에도 박해 전략에 어긋나는 일이라고 볼 수 있지 않은가? 이런 의문은 유대 당국의 기독교에 대한 박해 대상이 유대교 신앙과 별로 차이가 없어 마치 유대교 내의 한 종파처럼 보였던 예루살렘의 유대 기독교(the Palestinian Jewish Christianity)[6]가 아닌 전통적인 유대교 신앙과는 크게 다른 점을 보이고 있는 헬라파 혹은 디아스포라 유대 기독교(the Hellenistic Diaspora Jewish Christianity)였다는 점을 인식할 때 해소될 수 있을 것이다.

따라서 스데반의 순교로 시작된 초기 기독교에 대한 유대교 당국의 박해는 새로이 등장한 헬라파 디아스포라 유대 기독교가 기존의 유대교와는 물론이고, 예루살렘에 집착하고 있던 팔레스틴 유대 기독교와도 다른 신앙적 경향을 가지고 있었음을 드러내 보여준 셈이다. 하나님에 대한 인식과 성전에 대한 인식에서 드러나고 있는 이런 차이 이외에도 이방인들에 대해 '선교에 대한 상이한 입장'(a different attitude to mission)도 갖고 있었던 것으로 보인다.[7] 이 점은 스데반의

---

6 베드로와 요한이 "오후 세 시 기도하는 시간에 되어… 성전에 올라갔다"(행 3:1)는 말에서도 알 수 있듯이 예루살렘의 최초 유대 기독교는 유대교의 법도에 따라 예루살렘 성전을 중심으로 기도 생활을 했다. 그래서 유대인들의 눈에도 유대교의 울타리를 크게 벗어난 것으로 보이지는 않았던 것으로 보인다.

7 James D.G. Dunn, *Unity and Diversity in the New Testament*, 270. 예루살렘 기독교인들은 복음을 가지고 외부로 가지고 나가는 '선교'에 대한 관심은 별로 없었던 것으로 보인다. 그들은 마지막 때에 이방인들이 그들에게로 와서 성전에서 함께 예배드리는 것을 기대하고 있었을 뿐이다. 그런데 디아스포라 출신 유대 기독교인들은 본래가 이방 지역 출신들이기에 이방인에 대한 남다른 관심과 그들에 대한 선교에 대해 많은 관심을 갖고 있었다.

설교(행 7장)에 이어 소개된 빌립의 사마리아 지역 선교 활동(행 8장)에 대한 기록에서 잘 드러나고 있다.

빌립의 선교 활동에서 우리는 다음과 같은 두 가지 점에 주목할 필요가 있다. 첫째로 스데반의 죽음으로 인한 박해 때문에 빌립은 "사마리아 도시로 내려가 사람들에게 그리스도를 전하기 시작"(행 8:5)했고,[8] 사마리아에서 "빌립이 하나님 나라와 그리스도의 이름에 관한 복음을 전하니 남녀가 다 믿고 세례를 받았다"(행 8:12)고 했다. 둘째로 빌립은 거기서 더 나아가 '가사로 내려가는 길' 남쪽에서 이방인 에티오피아 여왕 간다게의 내시를 만나 그에게 "예수의 복음을 전해 주었을"(행 8:35) 뿐만 아니라 그에게 세례를 베풀어 주기도 했다(행 8:38). 빌립이 사마리아인들을 넘어서 이방인에게까지 복음을 전해 주고, 세례를 베풀어 준 셈이다.

초대교회의 헬라파 유대 기독교인들에 대한 유대교 당국의 첫 박해는 무엇보다도 유대교의 전통적인 신앙과는 다른 믿음을 분명히 드러내기 시작한 헬라파 유대 기독교들에 대한 것이었던 셈이다. 그리고 기독교 역사상 최초의 순교자인 스데반과 그를 비롯한 디아스포라 유대 기독교인들에 대한 이 박해는 도리어 초기 기독교의 성장과 발전의 중요한 계기가 되었다. 초기 기독교가 "예루살렘과 온 유대"를 넘어 "사마리아와 땅끝까지" 확장하는 계기가 되었을 뿐만 아니라 결국 기독교가 민족 종교인 유대교의 울타리를 벗어나 독자적인 세계 종교로의 정체성을 확립하고 발돋움하기 위한 디딤돌이 된 셈이기 때문이다.

---

8 빌립이 사마리아 도시에 들어간 것은 예수가 사마리아 동네에 들어간 것(눅 9:51-56)을 그대로 반영하며, 결국 예수의 정신을 따른 것으로 해석될 수 있다.

2. '요한의 형제' 야고보의 순교

초기 기독교에 대한 유대 당국의 또 다른 두 번째 박해는 헤롯 아그립바 I세[9]에 의한 것이었다. 기독교 역사상 최초로 박해의 희생자가 되어 순교한 사람이 헬라파 디아스포라 출신 유대인 지도자 중의 한 사람인 스데반이었다면, 예수의 열두 제자 중 최초로 박해를 받아 순교한 인물은 요한의 형제 야고보였다. 사도행전 12:1-2에 보면 헤롯 아그립바 I세가 "교회 중 몇 사람을 해치려고 손을 뻗었고 그래서 그는 요한의 형제 야고보를 칼로 죽였다"고 했다. 첫 번째 순교자인 스데반은 산헤드린 공의회에 의해 "돌에 맞아" 죽임을 당했다. 종교적인 이유로 인한 죽음이었다. 그런데 두 번째 순교자인 야고보는 헤롯 아그립바 왕에 의해 "칼로 죽임"을 당했다. 정치적인 이유의 죽음이란 의미이다. 그러나 헤롯 아그립바 I세가 초대교회를 박해하고 그래서 야고보를 죽인 이유에 대해서는 별다른 설명이 주어지고 있지 않다.

헤롯 아그립바 I세는 비록 이두매아 출신인 헤롯 집안의 태생이긴 했지만, 그가 유대교의 관습에 대해 호의적인 열심을 보였기 때문에 유대인들로부터도 호감을 얻어 나중에 랍비 문헌들 가운데서 그의 신심이 찬사를 받기까지 했었다.[10] 그러나 아그립바는 일찍이 로

---

9 행 12:1에 등장하는 헤롯 왕은 헤롯 대왕의 친손자이며, 헤로디아의 친오빠이다. 37년에 절친인 가이우스가 황제로 등극하자 왕의 호칭과 함께 빌립의 영지를 다스리게 되었으나, 그 이후 41년에 클라우디우스의 황제 등극에도 큰 역할을 한 것 때문에 유대 전역을 다스리게 되었다. 그런데 44년에 가이사를 기념하는 가이사랴 지역 축제에 은으로 짜인 옷을 입고 참석했을 때, 그 옷이 신비한 빛을 발하자 백성들이 그를 신으로 추앙하는 일이 있었다. 그 일로 인해 하나님의 진노를 받아 5일간 복부 고통을 느끼다가 57세로 죽었다. 이런 죽음에 대한 기록은 행 12:21-23에도 나와 있다.
10 아그립바 왕의 덕행과 신심에 대한 요세푸스의 열렬한 설명은 그의 *Ant. XIX.* 328,

마로 끌려가 거기서 자란 인물이고, 글라우디오(Claudius)가 황제의 자리에 오르는 데 도움을 준 일로 인한 로마 황실과의 친분을 가지고 있었다. 그 때문에 그가 이미 지배하고 있던 영토에 유대 땅을 더 받게 되어, 결과적으로 그가 다스리는 영토는 이제 과거 헤롯 대왕이 다스리던 것과 거의 맞먹을 정도가 되었다. 어쩔 수 없이 그는 친 로마적인 인물이었다.

그런데 로마에 대한 그의 충성심이 의심을 받을 만한 일이 있었다. 첫째는 그가 예루살렘의 북쪽 성벽 재건에 착수했던 일이다. 이 공사는 규모가 너무 커서 나중에 요세푸스가 "완성되었다면 난공불락의 성벽이 되었을 것"이라고 말했을 정도였다. 결국 시리아의 행정장관으로 있던 비비우스 마르수스(Vibius Marsus)가 로마의 지배에 위협이 될 수 있다고 로마 황제에게 보고함으로써 중지하게 되었다.[11] 물론 아그립바가 로마에 반기를 들기 위해 이 공사를 한 것 같지는 않다. 그러나 아그립바가 아주 교활한 사람이고 멀리 앞을 내다볼 줄 아는 사람이었던 점을 고려할 때 그의 조심스러운 계산이 들어 있었을지도 모른다. 예루살렘의 북쪽 성벽은 실제로 아주 취약했다. 과거 BC 63년 폼페이, BC 37년 헤롯과 소시우스, AD 70년에 티투스의 군대가 쳐들어 온 곳도 바로 이곳이었다. 따라서 아그립바가 예루살렘 북쪽 성벽 재건 공사를 벌인 의도는 그의 백성들의 미래에 대한 관심 때문이었을 수도 있다. 아그립바가 비록 헤롯 집안 출신이고 한때 로마에 협조하는 등 친 로마적이기는 했어도 자기 백성들을 도와주려는 의도도 분명히 갖고 있었던 것으로 보인다.

330-331에 잘 나와 있다.

11 이런 설명은 요세푸스의 *Ant. XIX.* 326-7에 나온다. 그러나 *Ant. II.* 218에서는 아그립바가 계획된 성벽의 높이를 다 마치기 전에 죽었다고 말한다.

아그립바가 로마에 대한 충성심에 대해 의심을 받을 만한 두 번째 사건은 그가 로마의 가신들인 다섯 명의 통치자들을 디베리아 회의에 초대한 일이었다. 회의의 목적은 알려진 바 없다. 그러나 이 다섯 명의 통치자들이 다스리던 영토들은 로마 제국 동부 지역의 평화와 안정을 위해 전략적으로 아주 중요한 땅들이었다. 아그립바가 이들과 더불어 로마에 대항하려는 의도를 갖고 있지는 않았겠지만, 그가 유대인들의 안전한 미래를 보장하기 위해 이들과 우호적인 관계를 유지하려고 했을 가능성도 배제할 수는 없어 보인다.[12]

이렇듯 아그립바는 유대인들에 대해 많은 배려와 관심을 드러냈었고 그래서 유대인들로부터 호의적인 관심의 지지를 받기도 했었다. 만약 아그립바가 유대인들의 평화로운 미래를 염두에 두었다면, 그는 로마 제국과의 우호적인 관계를 해치는 요인들을 사전에 제거하려는 생각도 가졌을 것이라고 생각된다. 특히 글라우디오(Claudius) 황제 통치 기간에 기독교인들이 갖고 있었던 메시아 소망이 로마와 알렉산드리아에서 문제를 일으키기도 했기 때문에 아그립바로서는 지금 자기가 다스리고 있는 땅에서는 그런 문제가 생기지 않게끔 미리 사전 조치를 취할 필요가 있다고 생각했을 것이다. 이런 생각이 유대 땅에서 새로이 시작된 메시아 운동의 최초 지도자들인 베드로와 야고보를 제거하는 일로 발전했을 것이라는 생각도 가능해 보인다.

그러나 다른 자료들을 통해 우리는 헤롯 아그립바 I세가 유대인들의 전폭적인 지지를 받기 위해서 예수의 제자들에 대한 박해를 시도한 것이라는 점을 알 수 있게 된다. 본래 그는 일찍이 로마로 끌려가 거기서 성장한 인물이었기에 유대인들의 왕이 되기 위해서는 유

---

12 S.G.F. Brandon, *Jesus and the Zealots*(New York: Charles Scribner's Son, 1967), 96.

대인들의 지지, 특히 사두개파와 바리새파의 지지가 절대로 필요했을 것으로 보인다. 그런 상황에서 예수를 따르는 무리들이 많은 유대인들로부터, 특히 유대 종교 지도자들로부터 의심과 반대를 받고 있는 사실을 간파하게 되면서 이 종파에 대한 반대와 박해를 시도한 것으로 생각된다. 이런 점은 그가 야고보를 죽였을 때 "유대인들이 이 일을 기뻐하는 것을 보고 계속 베드로까지 잡아 처형하려고 했다"(행 12:3)는 기록을 통해서도 잘 드러나고 있다. 그리고 이런 점은 앞에서 말했듯 그가 유대교의 관습에 대한 열심을 보였기 때문에 유대인들로부터 호감을 얻어 나중에 랍비 문헌들 가운데서 그의 신심이 찬사를 받을 정도였다는 사실에서도 어느 정도 확인될 수 있다.[13]

브랜든(S.G.F. Brandon)은 헤롯 아그립바가 예수의 열두 제자 가운데 한 사람인 야고보와 이어서 베드로에게까지 손을 대려고 했던 이유에 대해서 다음과 같이 설명하고 있다:[14] 아그립바가 예수의 사도들을 박해 대상으로 택했던 이유는 로마와 유대가 서로 좋은 관계를 유지하는 데 있어 그들이 위험하다는 생각을 했기 때문이었다. 특히 요한의 형제 야고보를 첫 번째 희생자로 택한 이유도 그가 '우뢰의 아들'이란 별명을 가진 사실(막 3:17)에서 엿볼 수 있듯이 열심당원이었을 가능성이 있기 때문이다.[15] 야고보와 요한은 오른편과 왼편 영광의 자리를 요구할 정도로 야망이 큰 인물이었고(막 10:37) 또

---

13 S.G.F. Brandon, *Jesus and the Zealots*(New York: Scribner's Sons: 1967) 93.
14 S.G.F. Brandon, *Jesus and the Zealots*, 98.
15 야고보의 별명이 보아너게(Boanerges)라고 했는데, 아람어로 boane는 "son of"란 뜻이고, 'rges'란 말의 의미는 'tumult', 'wrath' 또는 'thunder'이다. 따라서 번역하기에 따라서는 '진노의 자식' 혹은 '폭동의 아들'을 의미하는 말일 수 있다. 특히 'tumult'란 의미를 받아들여 번역할 경우 우리는 요한과 야고보도 로마를 상대로 '폭동'을 일으키던 사람들 곧 '열심당원'이었다고 생각할 수 있게 된다.

예수와 자신들을 영접하지 않은 사마리아 동네 사람들을 보고 "주님, 우리가 하늘에서 불을 내려다가 그들을 태워버릴까요?"(눅 9:54)라고 말했던 사실에서도 알 수 있듯이 과격한 열심당의 이념을 갖고 있었다. 이런 요소들은 그들을 위험한 인물로 생각하게 만들었을 것이다. 베드로에까지 손을 대려고 했던 이유도 베드로가 예수의 제자들 중에서는 맨 처음으로 예수를 메시아라고 고백한 인물이었다는 사실에서(막 8:29) 찾아보아야 할 것으로 생각된다.

헤롯 아그립바 I세가 먼저 요한의 형제 야고보를 죽이고 난 후에 "유대 사람들이 그 일을 기뻐하는 것을 보고"(행 12:3) 베드로까지 잡아 죽이려고 했으나 마침 무교절 기간이라서 우선 감옥에 가두어 두었다(행 12:3-4). 그러나 베드로는 주의 천사의 도움으로 감옥에서 기적적으로 풀려나게 된다(행 12:6-11). 그 이후 베드로는 곧바로 예루살렘을 떠나 "다른 곳으로"(행 12:17) 떠나버린 것으로 기록되어 있다. 결국 헤롯 아그립바 I세에 의한 박해로 인해서 열두 제자 중의 하나인 요한의 형제 야고보가 죽임을 당하고, 이어서 베드로가 예루살렘을 떠나 다른 곳으로 피신하게 되었다. 이 사건은 결국 예루살렘 교회를 주도했던 열두 제자들 그룹의 영향력 약화와 와해의 시작이 되었던 것으로 생각된다. 실제로 이 일이 있은 이후로부터 우리는 사도행전에서 열두 제자 혹은 열두 사도에 대한 언급을 더 이상 찾아볼 수 없게 되었다.

3. '주님의 형제' 야고보의 순교

유대 당국자에 의해 세 번째로 희생된 초대교회 지도자는 '주님의 형제'인 야고보였다. 이 야고보는 베드로가 헤롯 아그립바 I세의 박해 때 예루살렘을 떠난 후 그의 뒤를 이어 예루살렘 교회의 지도자가 된 것으로 알려져 있다. 그 후 주의 형제 야고보는 예루살렘 초대교회의 실질적인 지도자가 되어 예루살렘 사도 회의를 주도하는 사회자(행 15장)로 그리고 바울로부터 선교 보고를 받고(행 21:18) 그의 신앙의 진정성을 증명해 보이라고 지시를 하는 명령자(행 21:20-26)로 소개되고 있기도 하다.

그런데 요세푸스의 『유대 고대사』에 보면 이 야고보가 62년 대제사장 아나누스에 의해 죽음을 당한 것으로 전해지고 있다. 네로 황제가 페스투스 총독의 후임으로 알비누스(Lucceius Albinus)를 임명했는데, 그가 총독으로 예루살렘에 부임하기도 전에 헤롯 아그립바 II세가 아나누스를 대제사장으로 임명했다. 그러나 제사장으로 임명을 받은 아나누스가 아직 새로운 총독인 알비누스가 예루살렘에 부임하기도 전에, 즉 로마 총독이 없는 상태에서 총독의 동의도 없이 산헤드린 의회를 소집하여 거기서 주의 형제인 야고보를 "율법을 어겼다"는 죄목으로 정죄하고는 곧바로 돌로 처형해 버렸다.

가이사랴의 유세비우스(약 260~339년)가 기록한 『교회사』에 보도된 야고보의 죽음에 대한 기록에 따르면 유대 당국자들은 야고보에게 백성들이 예수를 메시아로 추종하지 못하도록 설득해달라고 요청했다. 이에 대해 야고보는 아래와 같이 대답했고, 이로 인해 결국 그가 죽음을 맞이하게 되었다는 것이다.

그리고 (야고보가) 큰 소리로 대답했다. "왜 당신들은 예수, 즉 사람의 아들과 관련해서 나에게 요청합니까? 그분은 하늘에서 전능하신 분의 오른편에 앉아 계시며, 곧 하늘 구름을 타고 오실 것입니다." 그러자 그들은 올라가서 의로운 사람을 밀어 떨어뜨리고 자기네끼리 말했다. "의로운 사람 야고보를 돌로 쳐서 죽이자." 그리고는 그를 돌로 치기 시작했다. 떨어뜨렸는데도 그가 죽지 않았기 때문이다.[16]

야고보가 메시아의 재림을 선포했다는 죄목이었다.

그러나 야고보가 처형되자 예루살렘의 많은 저명 인사들 그리고 특히 율법을 철저히 지키는 많은 사람들이 분노하였다. 이들은 로마 황제에게 비밀리에 사람을 보내 아나누스 대제사장이 더 이상 불법적인 행동을 하지 못하게 해달라는 청원을 했고, 일부는 알렉산드리아로부터 부임하기 위해 예루살렘으로 오고 있는 새로운 총독인 알비누스를 찾아가 아나누스 대제사장이 로마 총독의 허락 없이는 산헤드린 공의회를 소집할 수 있는 권한이 없다는 점을 말해 주었다. 결국 아나누스 대제사장은 알비누스 총독으로부터 심한 책망을 듣고 아그립바 왕에 의해 대제사장직으로부터 해임되었다. 이런 점들로 볼 때 야고보가 "율법을 어겼다"는 죄목은 거의 근거가 없는 것이었고, 결국 야고보의 죽음은 아나누스 대제사장의 개인적인 앙심에서 나온 부당한 행동으로 생각된다.

레자 아슬란은 그의 책 『젤롯』에서 야고보가 처형당한 이유를 다음과 같이 설명하고 있다.

---

16 레자 아슬란/민경식 옮김, 『젤롯』(서울: 와이즈베리, 2014), 393.

그가 처형당한 이유는 예수를 따랐다거나 율법을 어겼기 때문이 아니다(만약 진짜 그러한 이유로 처형당했더라면, 가장 공정하고 율법을 엄격하게 잘 지키는 이 사람의 부당한 처형으로 사람들이 들고일어났을 것이다). 아마도 야고보는 자신이 가장 열심히 한 그 일 때문에 처형당했을 것이다. 바로 부유하고 힘 있는 사람들을 상대로 가난하고 약한 사람들을 보호하는 일 때문이었다. 의로운 사람 야고보는 하층 제사장들의 몫인 십일조에 손을 대어 착취하는 아나누스 대제사장의 계략을 묵인할 수 없었다. 그런 이유 때문에 아나누스는 예루살렘에 로마의 공권력이 미치지 않은 짧은 틈을 타서 눈엣가시 같은 존재를 없애버린 것이다.[17]

아슬란의 이런 설명은 야고보의 이름으로 기록된 '야고보의 편지' 가운데서 야고보가 가난한 자에 대한 진지한 동정과 부자들에 대한 강한 반감을 강하게 드러내고 있는 점에 의해서도 어느 정도 뒷받침되고 있는 것으로 생각된다.

브랜든(Brandon)은 아나누스가 야고보를 처형한 이유에 대해 다음과 같이 설명하고 있는데, 레자 아슬란의 설명과 크게 다르지 않은 것으로 보인다. 브랜든의 설명에 의하면 그 당시 예루살렘에는 귀족계급의 사두개파 고위층 제사장들과 하위층 제사장 계급들 간의 불화가 있었다. 아나누스 대제사장은 사두개파로서 고위층 계급에 속해있었는데, 사도행전 6:7과 사도행전 21:20에서 알 수 있듯이 초대 교인들 가운데는 이미 하위층 제사장들과 율법에 골똘한 사람들이 많이 있었다. 따라서 야고보가 주도하는 예루살렘 교회의 입장은

---

17 레자 아슬란/민경식 옮김, 『젤롯』(서울: 와이즈베리, 2014), 303-304.

당연히 사두개파의 고위층 귀족계급 쪽보다는 오히려 하층 제사장 계급의 편에 섰던 것으로 보인다. 이런 상황에서 당시 강력한 지도력을 행사하고 있던 예루살렘 교회의 지도자인 야고보가 아나누스 대제사장에게는 위험한 인물로 보였을 것이다. 더구나 야고보가 처형되던 62년경에는 마침 새로운 총독이 부임하지 않은 공백 상태라서 전국적으로 열심당원들의 활동이 더 극심해진 상태였다. 메시아 대망에 대한 열기도 아주 뜨거워진 상태라서 아나누스로서는 열심당원들과도 대체로 뜻을 같이 하고 있는 그래서 유대 나라의 안정에 위협이 될 뿐만 아니라 특히 고위직을 맡고 있는 자기와 같은 사람들의 입지에 위협이 되는 야고보를 미리 제거해버리는 것이 좋다고 판단했을 수 있다.[18] 고위층 제사장 그룹이 친 로마적인데 반해서 하위층 제사장들은 대부분 열심당원들과 마찬가지로 반 로마적이었기 때문이다.

62년에 야고보가 죽은 뒤 야고보가 주도하던 예루살렘 교회의 지도권이 다시금 예수의 아버지인 요셉의 형제였던 크로파스의 아들 시므온에게 넘어가긴 했지만, 야고보의 죽음은 초기 기독교의 발전 가운데서 유대적 기독교의 영향력이 갑자기 쇠퇴하는 결과를 초래했다. 또 곧이어 일어난 유대전쟁에서 유대 나라와 예루살렘이 로마에 의해 멸망을 당함으로써 결국 유대적 기독교는 실질적인 종말을 맞게 되었다.

---

18 S.G.F. Brandon, *Jesus and the Zealots*, 118, 169, 189.

4. 랍비적 유대교에 의한 초기 기독교 박해

70년에 예루살렘 성전이 로마 군대에 의해 멸망하면서 유대교는 혁명적인 변화를 겪게 되었다. 유대교 종교 생활은 물론 정치 및 사회생활의 중심지인 예루살렘 성전이 돌 위에 돌 하나 남지 않고 무너져 잿더미가 되어버렸고, 이 때문에 유대인들의 신앙생활의 가장 중요한 요소였던 각종 제사를 더 이상 드릴 수 없게 되었다. 이로 인해서 유대교는 어쩔 수 없이 외형적으로는 성전 중심의 종교로부터 회당 중심의 종교로, 제사 중심의 종교로부터 말씀(율법) 중심의 종교로, 제사장 중심의 종교로부터 랍비 중심의 종교로 바뀌면서 이른바 랍비적 유대교(the Rabbinic Judaism)가 시작되었다. 따라서 70년 이전의 유대교와 70년 이후의 유대교는 아주 다를 수밖에 없었다.[19]

예루살렘 성전 멸망 이후 유대교 지도자들은 랍비 벤 자카이 (Rabbi Ben Zakkai)를 중심으로 얌니아 종교회의를 가졌다. 이 회의에서 첫째로 유대교 자체 내의 와해와 분열을 막기 위해 내적인 결속을 강화하려는 조치를 취했고, 둘째로는 외부로부터 오는 유혹, 특히 기독교 신앙 공동체가 왕성한 선교 활동의 결과로 놀랍게 성장하는 것에 대해 적절히 대처하여 유대교를 지키려는 조치를 취했다.

이 중에 특히 두 번째 조치는 초기 기독교 공동체의 발전에 아주 심각한 위협이 되었다. 그 당시 초기 기독교인들의 일차적인 선교 대상이 여전히 유대인이었고, 초기 기독교의 놀라운 성장도 결국 다수 유대교인들의 개종으로 인한 것이었기 때문이다.[20] 반면 당시 유대

---

19 AD 70년 이후의 유대교를 가리켜 그 이전의 유대교와 구분하여 학자들은 일반적으로 the Rabbinic Judaism이라고 부른다.
20 사도행전 2:41에 의하면 베드로의 오순절 설교를 듣고 개종한 사람의 숫자가 약 삼천

교 당국으로서는 같은 이유에서 초기 기독교의 성장을 적극적으로 막아야만 했다.

이런 상황에서 유대교 당국은 85년경 랍비 가말리엘 II세(Rabbi Gamaliel II)가 유대교의 최고 지도자로 있을 때 회당 예배에 사용할 공동기도문을 새롭게 도입하기로 결정했다. 이른바 18 기도문이었다. 여기서 주목할 것은 이 18개의 기도문 가운데 기독교의 활발한 선교 활동으로 기독교로 개종해가는 유대인들을 막기 위한 조치의 하나로 도입한 12번째의 기도문, 흔히 "이단자들을 위한 저주 기도문"(Birkat ha-Minim)이라고 불리는 다음과 같은 내용의 기도문이다.

> "박해자들에게는 소망이 없게 하시고, 오만의 지배를 우리 시대에 당장 근절시키오며, 기독교도들과 미님(=이단자들)들을 일순간에 멸하시오며, 그들의 이름을 생명의 책에서 도말하시사, 의인들과 함께 기록되지 않게 하옵소서."

이 기도문을 회당 예배에 도입한 목적은 다음과 같은 두 가지로 생각된다. 첫째는 유대인들 가운데 기독교로 개종하려는 마음을 갖고 있는 사람들의 생각을 사전에 봉쇄하려는 의도이고, 둘째는 이미 기독교로 개종했으면서도 여전히 은밀하게 회당 예배에 숨어 참석하고 있는 사람들을 찾아내 회당으로부터 축출하려는 의도이다.

당시의 이런 역사적 상황이 요한복음 본문 가운데 그대로 잘 반영

명이었고, 4:4에 의하면 사도들의 말을 듣고 개종한 사람이 남자만 오천 명이었다. 6:7에 보면 예루살렘에서 부쩍 늘어난 제자들 중에는 수많은 제사장들도 있었고, 15:5에 보면 "바리새파에 속했다가 신도가 된 사람"들도 있었다.

되어 있어 그 사정을 비교적 잘 들여볼 수 있게 된 것은 다행이 아닐 수 없다. 요한복음이 이런 역사적 상황이 계속되던 100년경, 유대교 당국과의 갈등 속에서 기록된 복음서이기 때문이다. 우리가 주목해야 할 첫 번째 본문은 요한복음 9:22이다.

> "예수를 그리스도라고 하는 사람은 누구든지 회당에서 쫓아내기로 유대 사람들이 이미 결의해 놓았기 때문이었습니다."

이 구절은 랍비 가말리엘 II세 때(85년경) 있었던 기독교인들에 대한 회당 축출 결정을 반영해 주고 있다. 결국 우리는 이 구절을 통해 당시 유대교 당국이 예수를 메시아로 믿고 고백하는 사람들을 회당으로부터 쫓아내서 유대인 사회로부터 축출하려고 했음을 알 수 있게 된다.

두 번째 본문은 요한복음 12:42이다.

> "의회원 중에서도 예수를 믿는 사람이 많이 있었으나 바리새파 사람들을 꺼려 고백은 하지 않았습니다. 그들이 회당에서 쫓겨날까 두려워했기 때문입니다."

당시 유대인들 가운데는 다른 유대인들과 달리 예수를 메시아로 믿으면서도 자신의 신앙을 감춘 채 계속 회당 예배에 참석하는 기독교인들이 많이 있었다. 자신의 정체가 알려지게 되면 회당에서 쫓겨나 유대 사회에서 정상적인 사회생활을 할 수 없기 때문이었다. 이처럼 자신들이 기독교인이라는 사실을 숨긴 채 다른 유대인들과 똑같이 회당 예배에 참석하는 사람들이 많이 있다는 사실을 나중에 알게 된 유대교 당국은 이처럼 회당 안에 숨어 있는 기독교인들을 색출해 내기 위해 "이단자들을 위한 저주 기도문"(the Birkat ha-Minim)을 회당 예배에 도입했다. 숨어 있는 기독교인들이 자신들을 저주하는 이 12번째의 기도문을 다른 유대인들과 똑같이 함께 기도할 수 없는 일이기에, 이 기도문을 드릴 때는 자연히 숨어 있는 기독교인들이 발견 혹은 파악될 수 있었기 때문이다.

세 번째 본문은 요한복음 16:2이다.

> "사람들이 너희를 회당에서 쫓아낼 것이다. 그리고 너희를 죽이는 사람들이 그 죽이는 행위가 하나님을 섬기는 일이라고 생각할 때가 올 것이다."

우리는 이 본문을 통해서 당시 유대 당국자들이 숨어 있는 기독교 인들을 색출해내서 회당에서 축출했을 뿐만 아니라 거기서 더 나아가 죽이기까지 했다는 사실을 알게 된다. 이런 점에서 초기 기독교회는, 특히 요한의 공동체는 랍비적 유대교로부터 아주 심각한 종교적 박해를 받고 있었다고 말할 수 있다.

물론 이런 일이 있기 훨씬 전부터 유대교 당국은 예수를 믿고 따르는 사람들에 대해 매우 비난하며, 배격 혹은 박해하였다. 주로 기독교인들이 안식일을 지키지 않으며 하나님께서 모세에게 준 율법을 범한다는 이유 때문이었다. 그러나 유대교가 초기 기독교를 박해한 가장 중요한 이유는 다음의 두 가지로 생각된다. 첫째는 회당 내에서 다른 유대인들과 달리 예수를 그리스도(=메시아)로 믿는다는 사실 곧 기독론(christology)에 관한 문제이다. 둘째는 초기 기독교인들이 다른 유대인들과는 달리 예수를 하나님과 동일시 함으로써 유일신론(monotheism)을 부정하고 이신론(二神論)을 믿는다는 사실 때문이었다. 결국 신론(神論)에 관한 문제이다.[21] 그러나 유대교 당국의 기독교에 대한 이런 박해는 기독교가 유대교와는 다른 종교라는 새로운 정체성을 더욱 분명히 드러내는 계기가 되었고, 동시에 선교 대상을 더욱 이방인들에게로 돌림으로써 새롭게 세계 종교로 발전하는 계기가 되기도 한 셈이다.

---

21 다음과 같은 본문들에서 우리는 초기 기독교인들의 신론이 유대교인들의 것과 다름을 엿볼 수 있다. "유대인들이 이로 말미암아 더욱 예수를 죽이고자 하니 이는 안식일을 범할 뿐만 아니라 하나님을 자기의 친아버지라 하여 자기를 하나님과 동등으로 삼으심이라"(요 5:18); "나와 하나님은 하나니라"(요 10:33), "유대인들이 대답하되 선한 일로 말미암아 우리가 너를 돌로 치려는 것이 아니라, 신성모독으로 인함이니 네가 사람이 되어 자칭 하나님이라 함이로라"(요 10:33); "유대인들이 (빌라도에게) 대답하되 우리에게 법이 있으니 그 법대로 하면 그가(=예수가) 당연히 죽을 것은 그가 자기를 하나님의 아들이라 함이니이다"(요 19:7).

6장 | 로마에 의한 성전 모독과 기독교 박해

1. 로마에 의한 성전 모독 사건

마가복음 13:14에 보면 "멸망의 가증한 것이 서지 못할 곳에 선 것을 보거든"이란 말씀이 나온다. 이 말씀은 예루살렘 성전 안에 이 교도의 신 또는 신격화된 인간의 상을 세워 성전의 거룩함을 모독하는 범법행위를 가리키는 말이다. 마가복음 13:14의 말씀을 이해하기 위해서는 제1세기 로마에 의해 예루살렘 성전이 구체적으로 모독된 역사를 살펴보는 일이 필요하다.

유대인의 거룩한 성전이 이방인에 의해 그 신성성이 모독당한 최초의 경우는 아마도 BC 167년 안티오커스 에피파네스(Antiochus Ephiphanes)가 예루살렘 성전 안에 제우스를 위한 제단을 세워 성전을 모독한 사건일 것이다. 그리고 그다음에는 BC 63년 Pompey 와 그의 군대가 성전에 들어가 지성소를 모독한 사건이 있었다. 그러나 이때는 이교도의 표상(emblem)이 성전 안에 세워지지는 않았다.[1] BC 37년에 소시우스(Sosius)가 지휘하던 로마군이 헤롯 대왕

---

1 Josephus, *Ant. XIV*. 72; *War, I*. 152-153.

의 도움으로 예루살렘과 성전을 장악했을 때 헤롯은 성소를 모독하는 일만은 막았었다.[2]

그 이후 1세기 유대 역사 가운데서는 로마 당국에 의한 성전 모독 사건이 두 번 있었다. 한번은 39~40년 가이우스(Gaius)에 의해서, 다른 한 번은 70년 티투스(Titus)에 의해 일어났다.

1) 가이우스 황제에 의한 성전 모독 사건

가이우스가 황제의 자리에 올랐을 때 처음엔 유대인들에 대한 좀 더 회유적인 정책이 있을 것으로 기대되었다. 헤롯 아그립바가 새 황제의 친구인데다가 그가 디베료 황제 치하에서 가이우스를 위해 투옥되는 일까지 있어 가이우스가 황제가 된 후에 곧바로 헤롯 아그립바에 대한 감사의 표시로 최근에 죽은 헤롯 빌립의 영토와 함께 왕의 칭호까지 주었기 때문이다. 그러나 가이우스 황제는 안티오커스 에피파네스 시대 이후로 가장 혹독한 성전 모독 행위로 유대 종교를 위협하게 되었다. 교활한 아우구스투스 황제가 정치적인 목적으로 황제는 신이라는 생각을 조장한 바 있는데, 가이우스가 이것에 착안하여 자신을 신으로 내세우면서 제단을 세워 자기에서 제사를 드리게 하였다. 그러나 유대인들이 그 제단을 파괴해버렸다. 로마에서 이런 소식을 들은 가이우스는 유대인들의 이런 행동이 자신에 대한 모욕이라고 생각하였고, 그 보복으로 시리아 행정 장관인 페드로니우스에게 금을 입힌 거대한 제우스 입상을 만들어 예루살렘 성전 안에 세우도록 명령했다. 필로(Philo, *Leg. ad Gaium*, 346)에 따르면 가이

---

2 Josephus, *Ant. XIV*. 482-483; *War, I*. 354.

우스가 처음에 제우스의 입상을 만들어 세우도록 명령한 것은 성전을 "새로운 제우스 에피파네스"(the New Zeus Epiphanes)인 가이우스에게 재봉헌되게 하려는 의도였다. 따라서 그 입상 자체가 가이우스 자신을 위한 것이었던 셈이다. 이점은 요세푸스가 기록한『유대전쟁사』(*War, II*, 185)에서 황제가 예루살렘 성전 안에 자신의 입상을 세워놓도록 명령했다고 말한 내용과 일치된다.

유대 종교에 대한 이보다 더 큰 모독 행위는 생각할 수 없었다. 이것은 단순히 하나님의 성전의 신성함을 모독한 것을 의미하는 것뿐만 아니라 여호와 하나님이 이교도인 로마의 신에 의해 폐위당하는 것을 의미하는 것이기 때문이었다. 격렬한 유대인들의 반발이 있을 것이라는 점은 분명했다. 페트로니우스와 헤롯 아그립바가 황제의 마음을 돌려보려고 애썼지만, 황제가 양보하여 내린 명령은 유대 땅에 이방인들의 공동체들이 있다는 것을 근거로 이교도들의 제단을 즉각 세워야 한다는 것이었다. 그러나 다행히도 그런 조치가 취해지기 전에 가이우스 황제가 죽게 되었고, 하나님의 성전은 하나님의 직접적인 개입처럼 보이는 상황 속에 성전의 거룩함을 보존할 수 있게 되었다.

2) 티투스에 의한 성전 모독 사건

마가복음이 유대 나라와 예루살렘 성전의 멸망이 있은 직후에 기록된 문서로 생각되고 있다. 그러므로 마가복음 13장에서 예수의 예언 형태로 제시된 성전 모독 사건은 실제로 유대전쟁의 말기에 로마의 장군 티투스가 예루살렘 성전을 점령하던 때 있었던 다음의 두 사건을 가리키는 것으로 보는 것이 옳을 것 같다.

첫 번째 사건은 티투스가 마지막 예루살렘을 침공하여 성전에 진입하면서 시작된 불길을 더 이상 통제할 수 없음을 깨달았을 때 일어났다. 그는 지휘관들을 대동하고 예루살렘 성전 지성소에 들어가 그곳에 있는 물건들을 일일이 점검했다. 유대인들의 눈에는 이 행동이 이중으로 성소를 모독하는 일이었다. 왜냐하면 이방인인 티투스가 대제사장만이 들어갈 수 있는 지성소에 들어감으로써 여호와의 성소를 모독했을 뿐만 아니라 티투스는 신으로까지 여겨지는 로마 황제의 아들로서 여호와의 성소 안에 들어갔기 때문이다. 다른 말로 한다면 유일하신 여호와 하나님을 무시하고 신으로 숭배를 받는 로마 황제의 아들이 여호와 하나님의 성전 지성소에, 즉 "서지 못할 곳에 섰기" 때문이다.

또 다른 사건은 그 직후에 일어났다. 지성소와 인근 건물들이 계속 화염에 싸여 있는 동안 로마 군대가 성전 마당에 집결했고, 성전 동쪽 문의 반대편에 로마의 깃발을 세워놓고는 티투스를 "황제"라고 큰 소리로 환호하며 제사를 지냈다. 예루살렘 성전의 신성함을 모독하는 행위라는 점에서는 아마도 바로 이전에 있었던 행동보다 훨씬 더 충격적이었을 것이다. 로마 군대의 깃발에는 신으로 숭배되는 황제의 모습이 담겨있었기 때문이다. 예루살렘 성전을 하나님의 집으로 생각하며 그곳에서 하나님께 제사드리고 예배하는 유대인들에게 도저히 생각할 수도, 받아들일 수도 없는 성전 모독이며 신성 모독이 아닐 수 없었다. 그러나 티투스에 의해 예루살렘이 함락되고 성전이 불에 타서 "돌 위에 돌 하나 남지 않고" 없어져 버렸기 때문에 이제는 더 이상 성전 모독 사건과 같은 일은 일어날 수도 없게 되었다.

2. 로마에 의한 기독교 박해

초기 기독교가 유대교 당국으로부터 받았던 끊임없는 박해에 비하면 로마 당국으로부터 받은 박해는 지속적인 것은 아니었다. 제1세기에 있었던 로마 당국에 의한 기독교 박해도 60년대에 있었던 네로 황제에 의한 박해와 80년대에 있었던 도미시안 황제에 의한 박해가 전부였다.

1) 네로 황제에 의한 기독교 박해

로마 황제의 파송을 받은 총독들이 유대 땅에 부임한 이후에 정치적으로는 과중한 세금을 거두어들이는 일과 잔인한 폭정으로, 종교적으로는 유대인의 유일신 사상을 모독하는 신성모독 및 성전 모독 행위들로 유대인들의 반감과 반란을 불러일으키고 있었다. 이때 로마에서 네로 황제가 기독교인들을 탄압하며 박해하는 일이 벌어졌다. 전승에 의하면 네로 황제는 말년에 새로운 로마 건설의 꿈을 가지고 새로운 도시를 세우기 위해서 낡은 도시를 불태워 없애는 일을 감행했다. 그러나 그로 인해 많은 고통을 당하게 된 것은 오히려 로마 시민들이었다. 로마 시민들은 이 화재의 원인이 네로의 망상에서 비롯되었음을 알고 네로에 대해 크게 반발했고, 이에 네로는 로마 화재의 책임을 당시 유대인들로부터 그리고 모든 사람으로부터 미움의 대상이 되고 있다고 생각되는 기독교인들에게 돌려 그들을 박해함으로써 성난 로마 시민들의 마음을 진정시키려고 했다. 그래서 기독교인들을 대대적으로 체포하여 원형극장에서 로마 시민들이 지켜

보는 가운데서 처형하는 일을 자행하게 하였다. 다행히 당시 기독교인들에 대한 이런 네로 황제의 만행은 로마의 역사가들의 글을 통해서 잘 알려지게 되었다.

"이러한 (화재) 소문을 잠재우기 위해 네로는 다른 이들에게 책임을 전가하고 그들을 극도로 잔혹한 고문으로 처형하였다. 이들은 추한 행위로 인해 백성들로부터 미움을 받았던 자들이며, 그리스도인들 (Chrestiani)이란 명칭을 지녔다. 이 이름은 티베리우스 때에, 본디오 빌라도 총독에 의해 처형된 그리스도(의 이름)에서 생성되었다. 이 추잡한 미신은 잠시 동안 주춤했었지만, 이후 다시 일어나 그것이 시작된 유대뿐만 아니라, 온 세계의 모든 만행과 혐오스러운 것들이 횡행하고 있는 로마에까지 확산되었다… 네로는 백성들로부터 기독교인들이라고 불리는 사람들, 곧 염오의 대상으로 미워하던 부류의 사람들에게 가장 잔혹한 고문을 가했다… 네로는 자신을 기독교인이라고 시인하는 자들을 잡아들이게 했다. 그리고 그들의 자백에 따라 엄청난 수의 사람들이 추가로 정죄당했다. 그들의 죄목은 방화죄가 아니라 인류에 대한 미움이었다. 그들의 죽음에는 모든 종류의 조롱이 뒤따랐다. 기독교인들은 짐승의 가죽에 뒤집어씌워진 채 사나운 개에게 물려 갈기갈기 찢겨 죽었으며, 십자가에 못 박혀 죽었고, 해가 진 이후에는 몸을 불살려져 야간 조명으로 이용되기도 했다"(Tacitus, *Annals*, 15:44).

"사실상 네로는 그가 어떤 방법을 쓰건 로마의 방화가 자신의 명령에 의한 것이라는 비난으로부터 벗어날 길이 없었다. 따라서 그는 그 비난을 기독교인들에게 돌렸으며, 아울러 가장 잔인한 고문을 무죄한 자들에게 부과했다. 아니 아주 새로운 종류의 처형 방법을 만들어 내기까지 했다. 그래서 들짐승의 가죽으로 뒤집어씌운 채 기독교인들을 개에 물려 죽게 했고, 다른 한편으로는 많은 사람들을 십자가에 달아놓거나 혹은 불로 태워 죽였고, 해가 진 다음에 야간 동안의 조명 목적으로 불에 타죽은 사람들도 적지 않았다. 처음에는 이런 식으로 기독교인들에 대한 잔인성이 나타나기 시작했었다. 그런데 후에 이르러서는 그들의 종교가 법으로 금지되기도 했다. 그래서 칙령에 의해 기독교인이 되는 것이 불법임이 공포되기도 했다. 이때에 바울과 베드로가 사형 언도를 받아 바울은 칼로 목이 잘려 죽었고, 베드로는 십자가에 달려 죽었다"(Sulpicius Severus, *Chronicle*, ii. 29).

"네로의 통치 기간 동안에… 새로운 그리고 잘못된 미신에 빠진 사람들로 알려진 기독교인들에게 형벌이 가해졌었다"(Suetonius, Nero 16).

이런 네로 황제의 박해 상황 와중에서 베드로와 바울은 로마에서 순교를 당한 것으로 알려져 있다. 전승에 의하면 베드로는 십자가에 거꾸로 매달려 죽었고, 바울은 목이 잘려 죽은 것으로 전해지고 있다.

2) 도미시안 황제에 의한 기독교 박해

1세기 말경 도미시안 황제 때 기독교에 대한 로마 당국의 두 번째 정치적 박해가 있었다. 81년부터 96년까지 로마의 황제로 있었던 도미시안 황제는 로마의 치하에 있던 여러 나라 백성들이 정신적으로 통일되기를 원했고, 그렇게 할 수 있는 유일한 길은 여러 백성들을 한 형제로 만드는 일이라고 생각했다. 그러나 사람들은 공통으로 같은 아버지를 갖기 전에는 서로 형제가 될 수 없는 법이다. 더구나 칼을 가지고 모든 사람을 하나로 묶을 수는 없다. 그렇지만 종교는 다르다. 모든 사람들이 한 신을 자기들의 아버지로 섬길 때 모든 사람들은 비로소 한 형제가 될 수 있고, 정신적으로 하나가 될 수 있다. 그래서 로마 제국은 하나의 새로운 종교를 만들어 냈다. 로마 황제인 가이사를 신으로 모시는 일종의 국가종교였다. 황제 숭배란 이름의 국가종교를 통해서 로마 제국 내의 모든 민족들과 나라들을 정신적으로 통일시키려 했었고, 모든 사람들에게 "가이사는 하나님이요 주님"이라고 믿고 고백하도록, 즉 황제를 신으로 숭배하도록 강요했다.

그러나 기독교인들로서는 오직 하나님과 예수만이 주님이라고 믿기 때문에 결코 로마 제국이 강요하는 황제 숭배를 그대로 받아들일 수 없었다. 기독교인들에게 있어서 황제 숭배는 또 다른 우상 숭배에 지나지 않는 것이었기 때문이다. 그래서 기독교인들은 어쩔 수 없이 로마 당국으로부터 정치적 박해와 순교에 직면할 수밖에 없었다. 신약성서 가운데 하나인 요한계시록이 바로 이 시기에 기록되었고 그래서 당시의 상황이 본문의 여기저기에서 잘 드러나고 있다: "그 짐승의 우상에게 경배하지 아니하는 자는 몇이든지 다 죽이게 하더라"(계 13:15). 이 같은 극심한 박해 때문에 믿는 성도들 가운데서는 박해의 고통과 죽음을 면하기 위하여 짐승의 우상에게 경배하는 자들이 더러 생겨나기도 하였다. 그래서 저자는 우상에게 경배하는 자들에게 주어질 하나님의 징벌에 대해서도 경고하고 있다.

"또 다른 천사가… 큰 음성으로 가로되 만일 누구든지 짐승과 그의 우상에게 경배하고 이마에나 손에 표를 받으면 그도 하나님의 진노의 포도주를 마실 것이라"(계 14:9).

"첫째 천사가 진노의 대접을 땅에 쏟으매 악하고 독한 헌데가 짐승의 표를 받은 사람들과 그 우상에게 경배하는 자들에게 나니라"(계 16:2).

이런 본문들을 통해 우리는 요한계시록이 로마의 정치적 박해의 위험에 직면해 있는 성도들에게 황제 숭배라는 우상 숭배에 굴복하지 말고, 신앙을 지켜서 하나님께서 주시는 축복을 받는 자들이 되도록 위로하고 격려하기 위해서 기록된 것임을 알게 된다.

초대교회 배경사

2부

1장 | 헤롯 대왕(Herod the Great)과 그 일가

신약성서 시대의 유대 나라는 헤롯 가문이 대를 이어가며 지배하던 나라였다. 그래서 신약성경, 특히 복음서와 사도행전에서는 헤롯 대왕과 그의 아들 및 손자들이 여러 명 계속 등장하고 있다. 예수의 사역 및 초대교회를 이해하는 데에 있어서 헤롯과 그 가문에 대한 이해가 어느 정도 필요한 이유이다. 그러나 헤롯 대왕과 그의 가문에 대한 이해가 너무나도 미비한 것이 사실이다. 더구나 유감스럽게도 신약성경에서는 이 여러 명의 헤롯들을 아무런 구별이나 설명 없이 그냥 '헤롯 왕'이라고만 언급한 경우가 많아서 독자들을 헷갈리게 만드는 경우가 많다. 자연히 성경을 읽고 이해하는 데도 많은 혼란을 일으킬 수밖에 없다.

다음과 같은 경우가 대표적이다. 예수가 태어났을 때 아기 예수를 죽이려고 했던 헤롯 왕(마 2:1)과 세례 요한의 목을 벤 헤롯 왕(막 6:14)과 사도행전에서 요한의 형제 야고보를 죽인 헤롯 왕(행 12:1)이 각각 다른 인물들임에도 불구하고 신약성서에서는 모두 그냥 헤롯 왕이라고만 표기되어 있다. 따라서 일반 독자들은 예수를 죽이려고 했던 헤롯 왕과 세례 요한의 목을 벤 헤롯 왕과 사도행전에서 요한의 형제 야고보를 죽인 헤롯 왕을 모두 같은 인물이라고 생각하기 쉽다. 내용적으로만 아니라 시간적으로도 상당한 오해를 불러일으키는 일이 아닐 수 없다. 아기 예수를 죽이려고 했던 '헤롯 왕'은 헤롯 가문의 대표적인 인물인 헤롯 대왕 혹은 헤롯 I세이고, 세례 요한의 목을 벤 '헤롯 왕'은 그 헤롯 대왕의 아들인 헤롯 안티파스이며, 사도 행전에서 요한의 형제 야고보를 죽인 '헤롯 왕'은 헤롯 대왕의 친손자인 헤롯 아그립바 I세이다. 혼란과 오해를 피하기 위해서라도 신약성경을 읽고 연구하는 사람들이라면 마땅히 헤롯 가문에 대해 어느 정도 이해를 가져야 하는 이유가 바로 여기에 있다.

1. 헤롯 대왕 혹은 헤롯 I세

헤롯 가문의 대표라고 볼 수 있는 사람은 헤롯 대왕(Herod the Great) 혹은 헤롯 I세로 알려지는 인물이다. 헤롯 대왕을 비롯한 다른 헤롯들이 모두 '유대인'으로 오인되고 있기는 하지만 실제로는 그 뿌리가 이두매 사람(Idumean), 곧 에돔 사람(Edomite)이다. 에돔은 유대 남쪽 지명으로 북쪽으로는 모압에 접해 있는 땅이며, 에돔 사람은 에서의 자손들이다. 헤롯의 할아버지인 안티파스(Antipas)는 로마에 의해 이두매아 통치자로 임명된 인물이다. 그가 BC 78년에 죽자 헤롯의 아버지인 안티파테르(Antipater)는 폼페이우스와 줄리어스 시저가 벌인 내전 때 시저의 편에 섰다. 그 덕분에 보상으로 로마 시민권과 함께 로마를 대신해서 유대 전체를 다스릴 수 있는 통치권을 받아, BC 47년에서 43년까지 유대를 다스릴 수 있었다.

그리고 BC 44년에 줄리어스 시저가 죽은 후에 BC 37년부터 헤롯 대왕은 로마로부터 갈릴리의 분봉왕으로 임명을 받아 유대를 통치하게 되었다.

이두매 출신인 헤롯이 같은 해에 엄청난 수의 로마 군대를 이끌고 예루살렘으로 진격해 파르티아를 쫓아내고는 하스모니아 왕조의 후손들까지 쓸어냈다. 이런 그의 공로를 인정하여 로마는 그를 "유대인의 왕"으로 임명하고 그에게 유대 나라를 맡겼는데, 이 왕국의 규모는 솔로몬의 왕국보다도 커졌다. 그러나 헤롯은 잘 알려진 대로 부패하고 압제적인 왕이었다. 왕위에 오른 후 산헤드린 공회 의원들의 대부분을 학살하고, 성전 제사장을 아부꾼으로 교체했으며 이런 조치는 성전의 정치적 영향력을 무력화하는 데 효과적이었다.

헤롯은 또 유대인들에게 헬라화(化) 프로그램을 강제로 실시하여 예루살렘에 그리스식 연무장과 원형 경기장 그리고 로마식 목욕탕을 짓기도 했다. 그의 최대의 치적은 헤롯 성전으로 불리기도 하는 예루살렘 성전의 재건이었고, 이외에도 예루살렘에 물 공급을 위한 수로 개발, 마사다와 같은 요새 건설, 가이사랴 마리티마와 헤브론의 축복사 동굴과 마무르의 인클로저와 같은 새로운 도시를 설립하는 등 건축 사업에 많은 치적을 남기기도 했다.

비록 헤롯이 예루살렘 성전을 잘 짓기는 했지만, 성전이 완공되기 직전에 헤롯은 정문 위에 로마의 지배를 상징하는 황금 독수리를 달고, 자기가 뽑은 대제사장에게 압력을 넣어 '태양의 아들'인 카이사르 아우구스투스(가이사 아구스도) 황제를 위해 하루에 두 차례 제사를 드리게 하였다. 헤롯의 이런 헬레니즘 정책과 예루살렘을 로마화하려는 그의 과감한 시도들 때문에 경건한 유대인들로부터 강력한 분노와 반대를 불러일으켰다.

많은 유대인들의 마음속에는 유대인 출신이 아닌 사람이 유대인의 왕이라는 것 때문에 헤롯에 대한 불만이 많이 있었던 터였다. 헤롯의 집안은 이미 지적했듯이 본래 유대인 출신이 아니었다. 그의 어머니가 아랍인이고 그 자신이 이두매인이다. 그래서 그는 유대 백성들로부터 마음의 지지를 제대로 받지 못했다. 그가 성전을 잘 지어놓은 것도 결국은 백성들로부터 인정과 호응을 받으려는 몸부림이기도 했을 것이다. 헤롯이 여러 명의 아내 가운데 마카비 일가의 마리암네를 왕녀로 삼은 것도 같은 의도 때문이었을 것으로 보인다. 헤롯이 마리암네에게서 두 아들을 낳았기 때문에 유대인들로서는 언젠가 이 아들들이 왕위에 오르면 마카비의 혈통이 유대 나라를 다시 소생시키는 때가 올 것이란 소망을 갖기도 했었다. 그러나 헤롯은 그 두 아들을 죽여버렸다.

이 헤롯은 예수가 태어나던 주년 4년에 70세의 나이로 37년 동안의 유대 통치를 끝내고 죽음을 맞게 되었다. 아우구스투스 황제가 국토를 삼분해서 헤롯의 세 아들[1]에게 맡겨 다스리게 하면서 헤롯 아르켈라오스(마 2:22)는 유대와 사마리아와 이두매아를 받았고, '여우'로 알려진 헤롯 안티파스(막 6:14ff; 마 14:1; 눅 3:1)[2]는 갈릴리와 베

---

1 헤롯 대왕에게는 신약성경에서 언급되지 않은 또 다른 아들 Aristobulus가 있었는데, 그의 두 자녀가 신약성경에서 언급되고 있기는 하다. 하나는 헤로디아(막 6:17 이하; 마 14:3)이고, 다른 하나는 헤롯 아그립바 I세(행 12:1, 6, 18-24)이다. 그리고 이 헤롯 아그립바 I세의 세 자녀가 신약성서에 등장하고 있는데, 첫째는 헤롯 아그립바 II세(행 25:13 이하; 26:1, 2, 27-32)이고, 둘째는 두루실라(행 24:24)이고, 셋째는 버니게(Berenice, 행 25:13; 26:30)이다.

2 세례 요한으로부터 형제의 아내를 취한 일 때문에 책망을 받고 요한을 옥에 가두었던 헤롯이 바로 이 헤롯 안티파스(눅 3:19; 마 14; 막 6:14이하)이고, 누가복음 9:9에서 그리스도를 보기 원했던 헤롯도 바로 이 헤롯 안티파스이며, 빌라도와 화해했던 헤롯(눅

레아(사마리아 동북부의 요단강 건너편 지역)를, 헤롯 빌립(막 6:17)[3]은 가울라니티스(오늘날의 골란 고원)를 받아 통치하게 되었다. 그러나 이 세 아들 가운데 왕이라는 칭호를 얻은 사람은 아무도 없었다. 안티파스와 필립은 '4분의 1을 다스리는 자'란 뜻의 테트라르크(tetrarch)란 칭호를 받았고, 아르켈라오스는 '백성을 다스리는 자'라는 뜻의 에트나르크(ethnarch)란 칭호를 받았다. 이로써 유대인들의 통일된 왕권은 결국 종말을 맞게 되었고, 여러 지역으로 분할되어 버렸다.

2. 헤롯 가문 통치자들의 목록

① 안티파테르(Antipater)

헤롯 대왕의 아버지로 이두매 사람이며, BC 47년에 유대 총독직을 얻었으나 BC 43년에 사망

② 헤롯 대왕(Herod the Great)

갈릴리 통치자(governor: BC 47~44)

갈릴리 분봉왕(tetrarch: BC 44~40)

유대 왕(king: BC 37~4)

③ 파사엘(Phasael)

예루살렘 통치자(governor: BC 47~40)

23:6-12)과 사도행전 4:27의 헤롯도 바로 이 헤롯 안티파스이다.

3 마가복음 6:17에서는 헤롯(안티파스)의 동생 빌립이라고만 언급된 인물이다(마 14:3; 눅 3:19).

④ 베로라스(Pheroras)

베레아 통치자(governor: BC 20~5)

⑤ 헤롯 아르켈라오스(Herod Archelaus)

유대 행정장관(ethnarch: BC 4~AD 6)

⑥ 헤롯 안티파스(Herod Antipas)

갈릴리 분봉왕(tetrarch: BC 4~AD 39)

⑦ 헤롯 빌립(Herod Philip)

바타네아(Batanaea)의 분봉왕(BC 4~AD 34)

⑧ 살로메 I세

야브네(Jabneh)의 분봉왕(BC 4~AD 10)

⑨ 헤롯 아그립바 I세

바타네아의 왕(AD 37~41)

갈릴리의 왕(AD 40~41)

유대 전체의 왕(AD 41~44)

⑩ 칼키스의 헤롯(Herod of Chalcis)

칼키스의 왕(AD ??~48)

⑪ 헤롯 아그립바 II세

칼키스의 분봉왕(AD 48~53)

바타네아의 왕(AD 53~100)

⑫ 칼키스의 아리스토불로스(Aristobulus of Chalcis)

소 아르메니아(Armenia Minor)의 왕(AD 55~72)

칼키스의 분봉왕(AD 57~92)

3. 헤롯 대왕의 아내들과 그 자녀들

① 도리스(Doris)

아들 — 안티파테르 II세(Antipater II, BC 4년에 처형됨)

② 마리암네 I세(Mariamne I)

알렉산드로스(Alexander Maccabeus)와 알렉산드라(Alexandra the Maccabee)의 딸. BC 29년에 처형됨

아들 — 알렉산드로스(Alexander, son of Herod, BC 7년에 처형됨), 아리스토불로스 IV세(Aristobulus IV, BC 7년에 처형됨)

딸 — 살람프시오(Salampsio), 키프로스(Cypros)

③ 마리암네 II세(Mariamne II)

대제사장 시몬의 딸

아들 — 헤롯 II세(Herod II)

④ 말타케(Malthace)

　아들 — 헤롯 아르켈라오스(Herod Archelaus), 헤롯 안티파스

　(Herod Antipas)

　딸 — 올림피아스(Olympias)

⑤ 클레오파트라(Cleopatra of Jerusalem)

　아들 — 헤롯 빌립 II세(Herod Philip=Philip the Tetrarch),

　헤롯(Herod)

⑥ 팔라스(Pallas)

　아들 — 파사엘(Phasael)

⑦ 파이드라(Phaidra)

　딸 — 록산느(Roxanne)

⑧ 엘피스(Elpis)

　딸 — 살로메(Salome)

⑨ 이름이 알려지지 않은 사촌녀

　(자녀들에 대해서 알려진 바 없음)

⑩ 이름이 알려지지 않은 질녀

　(자녀들에 대해서 알려진 바 없음)

4. 신약성서에 등장하는 헤롯들

우선 신약성경에서 헤롯이란 이름으로 등장하고 있는 주요 인물들과 그 가족들의 행적을 살펴본다면 다음과 같다.

(1) 헤롯 대왕

헤롯 가문의 대표자이며, 예수가 탄생했을 당시 유아 학살 명령을 내렸던 인물이다. 예수와 그의 제자들이 자주 이용했던 예루살렘 성전을 46년에 걸쳐(요 2:20) 건축한 왕이기도 하다. 이 성전은 AD 70년에 유대전쟁으로 완전히 파괴되었다.

(2) 헤롯 빌립 II세

이두매와 드라고닛 지방의 분봉왕(눅 3:1)으로 BC 4년에서 AD 34년까지 통치했다. 요단 동쪽 상류 지역에 파네이온(Paneion)을 다시 세우고 가이사 황제를 존경한다는 의미에서 이 도시의 이름을 가이사랴 빌립보로 불렀다. 헤롯 가문의 왕 중에서는 가장 온순한 왕으로 알려져 있다.

(3) 헤롯 아르켈라오스

헤롯 대왕의 네 번째 부인인 말타케(사마리아인)의 소생으로, BC 2년부터 AD 6년까지 약 9년간 예루살렘과 베들레헴이 있는 남쪽 지역을 다스렸다. 헤롯 아르켈라오스는 포악한 정치를 한 왕으로 알려져 있다. 그래서 애굽에 있었던 요셉은 천사가 예루살렘으로 돌아가라는 말을 듣고 두려워하였고 결국 갈릴리 지방의 나사렛으로 가게 되었다 (마태 2:21-22). 헤롯 아르켈라오스의 폭정으로 인해 유대와 사마리아 대표들이 로마 황제에게 찾아가 고발하는 일이 있었고, 결국 로마 황제는 헤롯 아르켈라오스를 축출하고 아르켈라오스가 다스리던 예루살렘과 베들레헴이 있는 팔레스틴 남쪽 지역에 로마의 총독을 파송하게 된다. 그가 예수를 심문하고 십자가에 처형했던 빌라도 총독이다.

(4) 헤롯 안티파스(Antipas)

헤롯 아르켈라오스의 형이며, BC 4년부터 AD 39년까지 갈릴리와 베레아 지역을 분봉왕으로서 통치했다. 자신의 배다른 동생 빌립의 아내였던 헤로디아와 결혼했고, 그 일을 계기로 세례 요한의 목을 베어 살해한 인물이기도 하다(눅 3:1, 19-20, 막 6:14-29, 마 14:1-11, 눅 13:31-32). 빌라도는 예수를 심문하다가 예수가 갈릴리 사람이라는 것을 알고는 갈릴리 분봉왕이었던 헤롯 안티파스에게 보냈고, 그와 그의 군대가 예수를 모욕하고 희롱한 후 다시 빌라도에 돌려보내주었다. 서로 원수지간이었던 빌라도와 헤롯 안티파스는 이 일로 당일에 친구가 되었다(눅 23:7-11). 예수는 이 헤롯 안티파스를 여우(눅 13:32)라고 불렀고, 헤롯의 누룩을(막 8:15) 주의하라고 말한 바 있다.

(5) 헤롯 아그립바 I세

헤롯 대왕의 손자이며 아리스토불로스의 아들이다. 일찍이 로마 황실로 보내져 그곳에서 교육을 받으며 생애 2/3를 로마에서 살다가 글라우디오가 로마 황제로 등극하는 데에 공을 세운 일을 계기로 AD 37년 숙부 빌립의 영토였던 이두매와 드라고닛 지방을 얻어 분봉왕이 되었다. 이후 AD 39년 숙부 안티파스를 서바나로 추방한 후 그의 영토까지 합병하더니 41년에 이르러서는 갈릴리, 유대, 사마리아를, 즉 헤롯 대왕이 지배하던 전 영토를 장악한 인물이다. 요한의 형제인 야고보를 죽이고 베드로까지 죽이려 했던 왕이기도 하다. 나중에 헤롯이 백성들 앞에서 연설했을 때 백성들이 "신의 소리다"라고 외치자 하나님께 영광을 돌리지 않은 연고로 천사가 헤롯 아그립바 I세를 쳐서 벌레에 먹혀 죽게 만들었다(행 12:1-23). 두루실라(행 24:24)와 아그립바 II세(행 26:28)가 모두 그의 자녀이다.

(6) 헤롯 아그립바 II세

헤롯 대왕의 증손자이자 헤롯 아그립바 I세의 아들로서 AD 48~66년까지 유대의 일부 지역을 통치했다. 부친이 사망하였을 당시에는 17세의 어린 나이였기에 통치하지 못했으나 48년에 글라우디오 황제가 레바논에 있는 칼키스 지역을, 53년부터는 빌립의 영지를 다스리게 했고, 네로 황제는 여기에다가 더해 아빌라와 갈릴리의 디베랴를 다스리게 했다. 헤롯 아그립바 II세에게는 두르실라와 버니게라는 여자 형제가 있는데, 사도행전 24:24에 두르실라가 벨릭스의 아내로 등장한다. 따라서 총독 벨릭스는 헤롯 아그립바 II세의 처남이 되는 셈이다. 벨릭스 후임으로 온 페스투스 총독과 함께 바울을 심문했던 헤롯이 바로 이 사람으로(행 25-26장), AD 50년부터 유대 나라가 멸망한 70년까지 통치했다. 따라서 헤롯 아그립바 II세가 헤롯 왕가의 마지막 분봉왕인 셈이다.

(7) 헤로디아의 첫 번째 남편 '빌립'(마 14:3; 막 6:17)

대제사장 시몬의 딸이며 헤롯의 셋째 부인인 마리암네의 아들. 한때는 유대 나라를 통치할 후계자로 지명되기도 했지만, 어머니가 '헤롯 왕'의 독살 계획을 알고도 묵인한 것이 밝혀지자 후계 구도에서 밀려났다. 헤로디아와의 사이에 살로메라는 딸이 있다.

(8) 갈릴리 분봉왕 헤롯의 동생 '빌립'(눅 3:1)

BC 4~AD 34년까지 드라고닛과 그 주변 지역을 온순하게 통치했다. 어머니는 예루살렘 출신의 클레오파트라이며, 헤로디아의 딸 살로메와 결혼했다. 통치 기간 내내 자신의 영토를 떠난 적이 없고, 지방은 순시할 때는 몇 사람을 대동하여 수시로 재판을 열어 억울한 사람들의 호소를 들어 주었다. 자녀가 없이 죽게 되자 그의 영지는 수리아에 합병되었다.

(9) 그 외의 헤롯 가문의 사람들

① '헤로디아'(마 14:3; 막 6:17; 눅 3:19): '헤롯 왕'의 친손녀로, 마리암네의 아들 빌립과 결혼하였지만, 이복형제인 안티파스가 청혼하자 아내인 나바테아 공주와 이혼할 것을 요구하였고 이로 인해 전

쟁을 불러일으키게 되었다. 친오빠 아그립바가 '왕'의 칭호를 얻자 이를 시기하여 남편에게도 '왕'이 되라고 끈질기게 요청했다. 하지만 군비를 비축하여 로마에 반기를 든다는 아그립바의 편지를 본 가이우스 황제가 이들 부부를 쫓아냈다.

② 이름 없이 등장한 헤로디아의 '딸'(마 14:6; 막 6:22): 한때 '헤롯 왕'의 후계자로 지명된 마리암네의 아들 빌립과 헤로디아 사이에서 태어난 딸이다. 그 이름은 살로메로, 드라고닛을 통치한 분봉왕 빌립과 결혼하였으나 자녀는 두지 못했다.

③ 총독 벨릭스의 아내 '드루실라'(행 24:24): 아그립바의 막내딸로, 친오빠는 바울의 재판에 참석한 아그립바 II세이다. 수리아의 작은 분봉국인 에메사의 왕과 결혼하였으나 오래 가지 못했다. 벨렉스가 유대 총독으로 부임하여 그녀의 미모를 보고 반했고, 시몬이라는 마술사를 보내 파혼을 유도하여 끝내 그녀와 결혼했다.

④ 페스투스와 함께 바울의 재판에 관여한 '버니게'(행 25:13): 사도 야고보를 죽인 헤롯 아그립바의 딸이다. 첫 번째 남편이 죽자 백부인 칼키스 지역을 다스린 헤롯과 결혼하여 두 아들을 두었다. 두 번째 남편인 헤롯도 죽자 오랫동안 과부로 지냈으나 오빠 아그립바 II세와 간통하였다는 소문이 있자 길리기아의 왕을 할례 시켜 그와 결혼했다. 하지만 얼마 후에 이혼하고 유대 종교를 떠나버렸다.

2장 | 예루살렘 성전의 구조와 기능

　예루살렘 성전은 세 번 건축되었다. 제1 성전은 솔로몬왕이 세운 솔로몬 성전이다. 이것은 BC 587년경 바벨론의 느부갓네살 II세에 의해 파괴되었다. 제2 성전은 유대인들이 바벨론 포로 생활로부터 돌아와서 스룹바벨의 지도하에 파괴된 솔로몬 성전을 재건축한 스룹바벨 성전이다. 이 성전은 로마의 폼페이우스에 의해 다시 파괴되었다. 그리고 예수 당시에 있었던 제3 성전은 유대의 헤롯 대왕이 폐허가 된 스룹바벨 성전 터 위에 세운 이른바 헤롯 성전이다. 이것은 유대전쟁의 결과로 AD 70년 로마군에 의해 완전히 파괴된 채, 통곡의 벽만이 서쪽 성벽의 잔해로 남아 있을 뿐이다. 이 성전은 스룹바벨 성전을 개축 및 확장한 것이라서 별도로 제3 성전이라고 부르는 대신 그냥 헤롯 성전이라고 부르기도 한다. 우리 관심의 대상이 되는 성전은 당연히 예수가 살아 있을 당시의 헤롯 성전이다.

　유대인들에게 있어서 예루살렘 성전은 그 당시 희랍 로마 세계에서 흔히 볼 수 있는 수많은 거대한 신전들과는 아주 다른 점이 있었다. 그 시대 다른 종교의 신전들이 주로 종교적인 목적과 의미에서 중요한 역할을 하는 건물이었다면, 유대인들의 예루살렘 성전은 유대인들의 종교적인 신앙생활에 있어서만 아니라 그들의 사회생활 전체에 걸쳐서 아주 중요하고도 다양한 역할과 기능을 갖고 있었다. 따라서 그 시대 다른 종교들의 신전들과는 달리 예루살렘 성전은 아주 다양한 공간과 건물들로 구성되어 있었다. 이방인의 뜰, 여인의 뜰, 이스라엘의 뜰, 제사장의 뜰이 있었고, 성소와 지성소 그리고 종교적인 기능 이외에 사법적인 역할과 입법적인 역할을 하는 산헤드린 건물들이 포함되어 있었다. 일련의 **성전 단지**(temple complex)와 같은 것이었다고 생각할 수 있다.

1. 예루살렘 성전의 전체적인 구조와 개관

헤롯 대왕이 야심차게 건축했던 예루살렘 성전[1]은 유대인 출신이 아닌 유대인의 왕이 유대인에게 남긴 가장 위대한 치적 가운데 하나일 것이다. 46년 동안에 걸쳐(요 2:20) "아름다운 돌"(눅 21:5)로 건축한 이 성전 건물은 직사각형에 가까우며, 세로가 500미터, 가로가 300미터가량 되었다. 이 성전은 거룩한 도성의 서쪽 끝에 위치한 모리아산 위에 자리 잡고 있었다.[2] 예루살렘 성전에는 뜰 몇 개가 층을 이루고 있는데, 위쪽으로 올라갈수록 규모도 작아지고 들어갈 수 있는 사람의 자격도 제한되었다. 가장 바깥쪽 뜰은 이방인의 뜰로 종교

---

1 헤롯이 성전 건축을 시작한 때는 그의 재위 18년째 되던 해인 BC 20년경이었다. 그리고 BC 9년경에 제단을 비롯한 성전의 주요 시설을 모두 완성하였다. 그러나 그의 죽음 이후 계속된 외곽 공사는 AD 64년까지 계속되었다.
2 일명 성전산으로, 아브라함이 이삭을 제물로 바치려 했던 산이다. 예루살렘 성전의 구조에 대한 설명은 『젤롯』(민경식 옮김) 37-41에, 성전 모형도는 같은 책 11에 잘 나와 있다.

와 인종을 떠나 누구라도 다 들어갈 수 있는 이방인들에게도 출입이 허락된 열린 관장이다. 그런데 바로 이곳이 제물을 팔고 사는 장사꾼들과 성전세를 내기 위해 성전에서만 통용되는 화폐(=세겔)로 돈을 바꾸어주는 환전상들의 업무 공간이었다. 여기서 격자무늬의 돌로 된 문을 지나면 다음 뜰인 여인의 뜰이 나오는데, 신체적인 장애가 없고(나병 환자나 중풍 병자 등은 성전 출입이 허락되지 않는다) 정해진 율법 규정에 따라 제대로 몸을 씻은 유대인이라면 누구든 제물을 들고 제사장의 뒤를 따라 이곳에 들어갈 수 있다(문 옆에는 무자격자의 출입을 금지한다는 내용의 팻말이 붙어 있는데, 위반하면 죽는다는 경고까지 붙어 있다). 여기가 바로 유대인 여자들이 들어갈 수 있는 가장 깊숙한 곳으로, 희생 제의에 사용되는 장작과 기름도 여기에서 보관했다. 반원형의 작은 계단을 올라 니키노르문(동쪽 이방인의 뜰과 서쪽 이스라엘의 뜰 사이에 놓인 육중한 문)을 통과하면 이스라엘의 뜰이 나오는데, 유대인 남자들은 여기까지 들어갈 수 있었다.

이곳 이스라엘의 뜰을 지나 더 안쪽으로 들어가면 제사장의 뜰을 만나게 되는데, 제사장의 뜰은 제사를 드리는 제단이 있는 곳이기 때문에 제사장과 성전 고위 관리들만이 출입할 수 있었다. 유대인들은 이스라엘의 뜰에 서서 제사장들이 자기 제물을 어떻게 드리는지 볼 수 있었다. 제단에는 뿔 모양의 다리 네 개가 달려 있었고, 가로 5큐빗, 세로 5큐빗 크기의 청동과 나무로 만들어졌으며, 늘 짙은 검은 연기를 하늘로 내뿜고 있었다.

제사는 모두 성전의 맨 안쪽 뜰, 즉 지성소 앞에서 드렸다. 기둥 모양의 신전으로 도금이 되어 있는 지성소는 전체 성전에서 가장 중요한 곳이었다. 하나님의 영광이 실제로 거하는 곳이고, 하늘과 땅이 만나는 곳이며, 창조 세계의 중심이기 때문이다. 이 지성소에는 대제사장 이외에 어느 누구도 들어갈 수 없었다.

성전이 존재하는 가장 중요한 이유는 레위기에 규정된 각종 희생 제사를 드리는 데 있었다. 이곳에서 드리는 모든 제사는 동물의 피를 쏟아부음으로써 지은 죄를 씻을 뿐만 아니라 이 땅을 성결하게 했다. 이러한 제사는 땅을 회복시키고 땅이 맡은 역할을 잘 수행하도록 도움으로써 가뭄과 기근 또는 비참한 재해에서 모두를 지키도록 했다. 만물을 창조하신 주님께서 정하신 삶과 죽음의 순환은 전적으로 이러한 희생 제사에 달려 있었다.

성전 남쪽 외벽에는 가장 크고 화려한 왕실 주랑이 있었다. 전형적인 로마 양식의 바실리카처럼 생긴 2층짜리 집회소인데, 유대인들의 최고 종교회의이자 사법기관인 산헤드린의 행정 부서가 여기에 있었다. 지하 계단을 따라 햇볕이 드는 광장으로 올라가다 보면 상인들과 천박한 환전상들이 시끌벅적하게 떠드는 모습이 보였다. 환전상은 성전에서 매우 중요한 일을 했는데, 바로 수수료를 받고 더러운 이방인의 돈을 성전 당국이 유일하게 허용하는 화폐인 히브리 셰켈(shekel)로 바꿔 주는 일이었다. 셰켈은 유대인들이 사용하던 은화로 반 셰켈이 두 드라크마의 가치를 가지고 있었는데, 성인 유대인 남자들은 매년 반 셰켈의 성전세를 내야만 했다(마 17:24-27). 성전세는 예루살렘 성전의 유지 관리를 위해서 또 번제에 쓰일 엄청난 향을 피우기 위해서 누군가가 비용을 부담해야만 했기 때문에 거두게 된 세금이었다.

2. 예루살렘 성전의 역할과 기능

1) 종교적이며 신앙적인 기능

다른 이교도들과는 달리 유대인들에게 여기저기 흩어져 있는 성전 따위는 없었다. 오직 예루살렘에 하나의 제사 중심지가 있을 뿐이었다. 하나님의 임재에 대한 유일한 원천, 유대인이 살아 계신 하나님과 만나서 교제할 수 있는 유일한 장소가 예루살렘 성전이었다. 이 성전의 첫 번째 목적은 하나님께 각종 희생 제사를 드리며 예배하는 것이었고, 이것이 성전이 존재하는 가장 중요한 이유였기에 성전은 유대인들의 종교적이며 신앙적인 생활의 핵심일 수밖에 없었다. 이 당시 유대교는 제사 중심의 종교였다. 그래서 성전의 중심부인 지성소에 각종 제사를 드리는 제단이 있었다. 여기서 드리는 모든 희생 제사는 동물의 피를 쏟아부음으로써 지은 죄를 씻을 뿐만 아니라 이 땅을 성결하게 할 수 있으며, 땅을 만족시켰다. 이 모든 제사의 중심에는 제사장들이 있었고, 그 정점이 대제사장이었다. 예수도 성전을 가리켜 **기도하는 집**이라고 성전의 종교적 의미를 강조한 바 있다.

2) 정치적이며 사법적인 기능

유대 나라는 종교와 정치가 구분되어 있지 않은 정치 체제를 갖고 있었다. 유대 나라에서 대제사장은 최고의 종교 지도자로 알려져 있지만, 최고의 정치 지도자이기도 했다. 일종의 신정 체제(theocracy)라고 말할 수 있다. 따라서 예루살렘 성전은 무엇보다도 유대 나라의 정치 중심지이기도 했다. 성전은 유대 나라의 최고 정치 지도자인 대제사장이 근무하며 거주하는 곳이었으며, 동시에 사법권과 통치권을 행사하던 산헤드린 공의회3가 모이는 곳이기도 했다. 산헤드린은 유대 나라의 형법, 정치, 종교 문제에 관한 최고 재판소 곧 행정기관이자 사법관청으로서 이스라엘의 최고 권력 기구였다. 예수(막 14:55-64)와 스데반(행 6:12)과 바울(행 22:30)을 심문하고 정죄하였던 곳이 바로 이 산헤드린 공의회였다.

3) 상업적이며 금융적인 기능

유대인들의 삶에서 성전이 차지하는 비중은 너무 커서 이루 다 말로 표현하기 어렵다. 정치적이며 종교적인 의미에서만이 아니라 경제 상업 면에서도 아주 주요한 역할을 했다. 유대인들의 일상생활은 성전에서 행해지는 각종 제사들에 맞추어져 있었던 만큼 성전은 유대인들의 경제 생활과 상업 활동의 중심지이기도 했다. 제사를 드리기 위한 각종 제물들 곧 "소와 양과 비둘기" 등이 판매되는 "장사하는 곳"(요 2:16)이기 때문이다. 성전은 절기에 따라서 이스라엘 안에 존재하는 가장 큰 매매시장이 되었다. 또 제사장을 제외한 20세 이상의 이스라엘 백성들은 성전의 통상적인 기능과 유지를 위해 매년 2드라크마 이상의 '성전세'를 내야 했다. 즉, 성전이 세무서의 기능까지 했었고, 특히 성전에는 이방 지역에서 순례해 온 유대인들이 성전

---

3 산헤드린은 헬라어로 모임, 위원회 혹은 지도집단이라는 뜻을 갖고 있다. 산헤드린은 유대 사회 안에서 정치 사회적으로 모든 주도권을 쥐고 있던 계층 곧 제사장들과 율법학자들과 장로들로 구성되었다. 더 상세한 내용을 위해서는 이하 "유대 나라의 산헤드린" 항목 참조.

에서만 통용되는 화폐인 **세겔**로 성전세를 지불하기 위해 돈을 바꿔주는 환전상이 자리 잡고 있는 곳이었다. 유대인들의 주요 절기 때마다 유대 백성들의 돈이 한꺼번에 집중되어 통용되는 곳이기도 했다. 따라서 성전은 주요 절기 때마다 유대인들의 경제 활동이 집중되는 가장 중요한 곳이며 동시에 집중된 돈을 관리 보관하는 가장 중요한 금융기관, 즉 은행이었다.[4] 그뿐만 아니라 "성전은 사사로운 개인들이 돈과 보화들을 맡기는 대여 금고의 장소이기도 했다."[5]

　이처럼 예루살렘 성전은 유대인들에게 있어서 가장 중요한 삶의 터전이었다. 그래서 성전 없는 유대인은 상상할 수 없을 정도였다. 그런데 이 성전이 유대전쟁에서 로마에 패망함으로 인해서 "돌 위에 돌 하나 남지 않고 허물어졌다." 유대인들의 삶의 근거가 통째로 무너져버린 것이다. 성전이 없는 유대교와 성전이 없는 유대 나라는 생각할 수 없다. 성전의 멸망과 함께 유대 나라 자체가 사라진 것 그리고 유대교의 신앙 형태가 근본적으로 바뀐 것만 보더라도[6] 유대인에게 있어서 **성전**은 곧 그들의 민족과 나라를 상징하는 대표적인 상징적 건물이라고 말할 수 있다. 성전이 멸망한 이후 세계 여러 곳에 흩어진 유대인들이 수시로 예루살렘을 찾아 그때 무너진 성전의 잔해인 **통곡의 벽**에 머리를 박으며 애통해하는 이유도 거기에 있다.

---

4 금융기관으로서의 예루살렘 성전의 역할에 대해서는 Neill Q. Hamilton의 논문 "Temple Cleansing and Temple Bank"(*Journal of Biblical Literature* 83, 4[1964]); 365-372를 보라.
5 "The Temple was also a place of safe-deposit for the money and treasure of private persons." Cf. Brandon, *Jesus and Zealots*, 331, 5.
6 AD 70년 성전 멸망과 함께 유대교는 더 이상 제사장이 주도하는 제사 중심의 종교가 아니라 랍비들이 주도하는 율법 종교로 바뀌었고, 70년 이후의 유대교를 가리켜 Rabbinic Judaism이란 새로운 명칭이 사용되게 되었다.

3장 | 유대 나라의 산헤드린(Sanhedrin)

　　모든 복음서들은 예수가 빌라도에게 넘겨져 십자가에 처형되기 이전에 산헤드린 앞에서 심문을 받고 사형 언도를 받았다고 전해 준다(막 15:1; 마 26:59; 눅 22:66; 요 11:47). 사도행전에도 사도들(행 4:15; 5:21, 27, 34, 41)과 스데반(행 6:12, 15) 그리고 바울(행 22:50; 23:1, 6, 15, 20, 28; 24:20)이 유대 당국으로부터 박해를 받으며 계속 산헤드린 앞에서 심문을 당했다는 이야기들이 전해지고 있다. 복음서와 사도행전의 이런 기록들은 요세푸스의 다음과 같은 기록과도 일치하고 있는 것으로 보인다(*Ant.* 14.9.3): "우리 율법은 어느 누구든, 심지어 악을 행한 자라고 하더라도, 그 사람이 먼저 산헤드린으로부터 그런 운명에 처하도록 정죄되지 않는 한 죽이는 것을 금지하고 있다." 산헤드린이 예수와 초기 기독교 역사와 관련하여 무시할 수 없는 중요한 역할을 했다는 사실은 부인할 수 없다.[1] 복음서 및 초기 기독교 역사를 연구하는 데 있어서 산헤드린의 존재와 역할을 쉽게 간과할 수 없는 이유가 바로 여기에 있다.

---

[1] 산헤드린이란 단어가 신약성서에서는 오직 복음서와 사도행전에서만 모두 22번 사용되었다(마태에서 3번, 마가에서 3번, 누가와 요한에서 각 1번씩 그리고 사도행전에서 14번).

1. '산헤드린'이란 용어

산헤드린을 가리키는 헬라어 "συνέδριον"의 어근은 "함께 앉는다"는 뜻을 갖고 있다. 그래서 산헤드린이란 말은 함께 자리를 하여 모이는 **장소**(place)를 또는 함께 자리를 같이 하는 **모임**(assembly) 자체를 뜻하기도 하며, 심지어 그런 모임의 **기능**(functioning)을 가리키는 말로 사용되기도 했다.2 비록 제1세기 유대교에 와서 산헤드린이 유대교의 특별한 모임을 가리키는 전문 용어가 된 것처럼 보이지만, 본래 헬라어에서는 전혀 전문적인 용어가 아니었던 듯하다. 그래서 산헤드린이란 말이 70인역(LXX)과 Philo 등에서 아주 다양한 의미로 사용되고 있기도 하다.

비록 공관복음이 예수를 심문하여 사형 선고를 내린 모임을 가리켜 산헤드린이란 단어를 사용하고 있지만, 누가복음 23:50-51에 보면 산헤드린 구성원의 한 사람으로 알려진 아리마대 요셉3에 대해서 다음과 같이 말하고 있다: "이 사람은 의회(Boule, βουλη)와 그들의 실행에 찬성하지 아니하였다"(οὗτος οὐκ ἦν συγκατατεθειμένος τῇ βουλῇ καὶ τῇ πράξει αὐτῶν). 이 구절에 보면 산헤드린과 불레가 마치 동의어처럼 여겨지고 있다. 그리고 요한복음 11:47에서 대제사장들과 바리새인들이 산헤드린(συνέδριον)을 소집했다고 적시하면서도, 요 11:53에서는 다시 예수를 죽이기로 "불레를 소집했다"(ἐβουλεύσαντ

---

2 우리말 번역 성경들은 헬라어 산헤드린을 '공회'(개역), '의회'(새번역), '법정'(공동번역, 막 13:9; 마 10:17; 눅 22:66), '공의회'(표준새번역 개정판) 등으로 번역하였다.
3 F.W. Danker는 "Joseph was a member of the Sanhedrin(the Council)"이라고 말한다. Cf. *The Jesus and the New Age: A Commentary on St. Luke's Gospel* (Philadelphia: Fortress Press, 1988), 383.

o)고 불레(βουλη)의 동사형을 사용하고 있는 점만 보더라도 산헤드린과 불레가 거의 같은 의미로 사용되고 있었던 것으로 보인다.[4]

"요세푸스가 산헤드린/불레에 대해 말하고 있는 것과 신약성서가 산헤드린에 대해 말하고 있는 것 간의 유사성들이 아주 명백하다."[5]

체리코버(Tcherikover)도 산헤드린과 불레를 동일시하고 있고,[6] 요세푸스는 실제로 유대인을 지배하는 그 모임을 위해 두 용어를 함께 사용하고 있기도 하다(*War* 5.4.2: #144). 그러나 불레(βουλη)는 본래 **하나님의 뜻**을 가리키는 용어였으며,[7] 나중에 그 뜻을 실현하는 또는 실현하기 위해 모인 사람들이나 모임 자체를 뜻하는 것으로 발전한 것으로 보이기도 한다.

다른 한편으로 로마 시대 이전에는 산헤드린(sanhedrin)과 게루시아(gerousia)란 두 단어도 거의 같은 의미로 사용되었다.[8] 사도행

---

4 S. Safrai는 "One ought to emphasize that the boule is identified with the Sanhedrin" 이라고 말한다. Cf. R.E. Brown, *The Death of the Messiah: A Commentary on the Passion Narratives in the Four Gospels*(New York: Doubleday, 1994), 347, 41.

5 R.E. Brown, *The Death of the Messiah*, 343.

6 Tcherikover는 "요세푸스가 말하는 '불레'와 신약성서의 '산헤드린'은 하나의 동일한 기구(one and the same institution)이다"라고 말한다. Cf. V.A. Tchrikover, "Was Jerusalem a 'Polis'?" *Israel Exploration Journal 14*(1964), 71. 다른 한편으로 Safrai는 "One ought to emphasize that the boule is identified with the Sanhedrin"이라고 말하기도 했다. Cf. S. Safrai, *The Jewish People in the First Century*, Philadelphia: Fortress Press, 1974), 389.

7 누가복음 7:30에서 불레(boule)는 "바리새인과 율법교사들은 그의 세례를 받지 아니함으로 그들 자신을 위한 하나님의 뜻을 저버리니라"고 말하는 가운데, "(하나님의) 뜻"을 가리키는 의미로 사용했고, 사도행전 2:23에서도 "그(예수)가 하나님께서 정하신 뜻과 미리 아신 대로 내준 바 되었다"고 말하는 가운데 "(하나님의 정하신) 뜻"을 가리키는 말로 사용되었다. 사도행전 13:36; 20:27에서도 "하나님의 뜻"이란 의미로 사용되었다.

8 Boule란 용어는 로마의 원로원(senate)과 시의회(town councils)를 가리키는 말로도 사용되었다.

전 5:21에 보면 "(사도들이)···새벽에 성전에 들어가서 가르치더니 대제사장과 그와 함께 있는 사람들이 와서 공회(sanhedrin)와 이스라엘 족속의 원로들(gerousia)[9]을 다 모으고···"라고 언급하고 있는데, 사도행전 저자에게 있어서 산헤드린과 게루시아는 거의 동일한 것으로 생각되었던 것처럼 보인다.[10] 그러나 신약성서 시대에는 불레(Boule)나 게루시아(Gerousia)보다는 산헤드린(Sanhedrin)이 좀더 공식적인 명칭으로 잘 알려져 사용되었던 것으로 생각된다.

2. 산헤드린의 기원과 구성원

산헤드린의 기원은 이집트 탈출 후 모세를 돕도록 임명된 70인 장로회의에 있었던 것으로 생각된다. 민수기 11:16에 보면 "여호와께서 모세에게 이르시되 이스라엘 노인 중에 네가 알기로 백성의 장로와 지도자가 될 만한 자 칠십 명을 모아 내게 데리고 와 회막에 이르러 거기서 너와 함께 서게 하라. 내가 강림하여 거기서 너와 말하고 네게 임한 영을 그들에게도 임하게 하리니 그들이 너와 함께 백성의 짐을 담당하고 너 혼자 담당하지 아니하리라"는 말씀이 나온다. 이 말씀이 산헤드린의 기원과 그 구성원을 이해하는 열쇠가 되는 것

---

9 gerousia란 용어는 신약성서에 오직 사도행전 5:21에서만 사용되었는데, 아직 공식적인 용어로 확정된 것 같지는 않고, 그냥 '원로들' 혹은 원로들이 모이는 '원로회'와 같은 것을 의미하는 것으로 보인다.

10 J. Louis Martyn은 "Here and subsequently I use the transliterated term 'Gerousia' in order to refer to ruling body of Jewish elders in John's city"라고 말하면서 Gerousia와 Sanhedrin을 동일시하고 있다. Cf. *History & Theology in the Fourth Gospel*(Nashville: Abingdon, 1979), 32, 30.

으로 생각된다. 여기서 언급된 칠십 인은 주로 대제사장이 이끄는 제사장들, 장로들, 서기관들로 구성되어 있었고, 이들이 이스라엘의 통치를 전체적으로 책임졌을 것이다.

그러나 실제로는 이스라엘 왕조 시대 멸망 후 시리아 왕 안티오코스 3세(BC 223~187년) 때에 예루살렘에 장로 모임, 즉 원로원인 게루시아를 결성한 것을 산헤드린의 시초로 보는 관점도 있다. 예루살렘에서 처음으로 종교회의를 산헤드린이라 부른 것은 로마 제국 총독 가비니우스가 시리아 속주를 다스리던 BC 57~55년으로 보인다.

신약성서에 의하면 산헤드린은 사두개인과 바리새인들을 중심으로, 즉 대제사장과 서기관과 장로들로 구성된 것으로 알려져 있다. 마가복음 15:1에 "새벽에 대제사장들이 즉시 장로들과 서기관들 곧 온 공회(sanhedrin)로 더불어 의논하고 예수를 결박하여 끌고 가서 빌라도에게 넘겨주었다"고 했고, 누가복음 22:66에서도 "날이 새매 백성의 장로들 곧 대제사장들과 서기관들이 모이어 예수를 그 공회(sanhedrin)로 끌어들였다"고 언급한 점에서 대제사장, 장로들, 서기관들이 주요 구성원이었던 것으로 생각된다. 그러나 유대 나라에서는 대제사장이 정치와 종교의 수장이기에 당연히 사두개파가 주도권을 행사하고 있었을 것이다. 이런 산헤드린은 유대전쟁으로 예루살렘이 멸망하자 AD 70년 이후 야브네 얌니아로 옮겨갔고, 그곳에서 바리새파 율법 학자들 중심으로 랍비적 유대교가 재건되면서 산헤드린은 더 이상 제사장들과 장로들의 집단이 아니라 율법 학자들 위주의 모임이 되어버린 것으로 보인다.

3. 산헤드린의 모임 장소

예수가 산헤드린으로부터 심문을 받았던 장소에 관해 마가복음 14:53-55는 '대제사장의 집 뜰'(τὴν αὐλὴν τοῦ ἀρχιερέως)이라고 언급하고 있는 반면 누가복음에서는 '대제사장의 집'(눅 22:54)에 끌려와 있던 예수를 "백성의 장로들 곧 대제사장들과 서기관들이 모여서 예수를 그 공회(Sanhedrin)로 끌어들였다"(눅 22:66)고 말한다. 이런 본문들을 보면 예수는 이미 '대제사장의 집 뜰'로 끌려와 있었고, 이어서 대제사장과 장로들과 서기관들이 대제사장의 관저 어느 곳에서 산헤드린을 열었다고 보는 것이 옳을 것으로 보인다. 보다 구체적으로 성전 남쪽 외벽의 화려한 왕실 주랑 가운데 바실리카처럼 생긴 2층짜리 건물에 산헤드린이 행정 부서와 함께 있었다는 지적도 있다.

4. 산헤드린의 역할 혹은 기능

산헤드린은 유대 나라 최고의 의회로서 유대 지방의 일반적인 행정 및 사법을 통괄하는 일종의 상급 통치 기구이기도 했다. 사법적으로는 율법에 따라 그릇된 신앙을 심판하고 정죄하는 일을 하였다. 신약성경에서 예수를 신성 모독죄 및 성전 모독죄로 사형을 언도한 일이나, 스데반을 정죄하여 죽인 일이나, 바울을 붙잡아 심문했던 일들이 바로 그런 일들이었다. 요한복음 11장에 보면 예수께서 죽은 나사로를 살린 일을 보고 많은 유대인들이 예수를 믿기도 했지만, 그중 몇 사람은 바리새파 사람들에게 예수가 행한 일을 알려주었고, 대제사장들과 바리새파 사람들이 산헤드린(요 11:47)을 소집하였고, "이 날부터 그들이 예수를 죽이려고 모의했다"(요 11:53)고 나온다. 그리고 공관복음에서도 예수가 십자가에 처형되기 전에 먼저 대제사장과 서기관과 장로들로 구성된 산헤드린에 끌려와서 심문을 받았고, "그들이 다 예수를 사형에 해당한 자로 정죄하였다"(막 14:64; 마 26:66; 눅 22:66)고 전한다. 복음서들에 의하면 산헤드린은 예수를 심문하고 그에 대해 사형 선고를 내린 유대 나라의 공식적인 최고 사법기관이었던 셈이다.

한편 정치적으로는 왕과 대제사장을 임명하고, 전쟁을 선포하고, 예루살렘과 성전의 영토를 확장하는 일을 했으며, 행정적으로는 로마에서 유대로 파견된 총독에게 그 주민의 민의를 보고했고, 로마 정권에서 유대 예루살렘 지역 정책이나 황제의 명을 하달할 공문서를 받아 대행하는 기구의 역할도 했다. 그리고 행정적 역할에는 세금 받는 일도 포함되어 있었다. 로마 제국의 총독이 지방장관들이나 성읍의 원로들에게 세금 징수 업무를 위임했고, 총독의 위임을 받은 산헤드린은 세리에게 세금을 직접 걷어내는 임무를 맡겼다.

그 밖에도 종교적으로는 속죄의 날(Yom Kippur) 전례를 포함하여 특정 의식을 감독하기도 하는 등 산헤드린은 유대인의 신앙과 생활 전면에 직접적으로 관여하여 중요 사항들을 결정하고 통치하였다.

4장 ┃ 유대인들의 회당(synagogue)

회당(synagogue)이라는 말은 본래 "함께 모이다"라는 뜻의 헬라어 "συναγειν"에서 유래된 말이며, 많은 학자들은 유대인의 회당 제도가 바벨론 포로 기간(BC 606~536년) 중에 생겨난 것으로 보고 있다. 아마도 BC 6세기 바벨론에 포로로 잡혀간 유대인들이 예루살렘으로부터, 특히 그들의 마음의 고향이며 신앙생활의 중심지인 성전으로부터 멀리 떨어져 있을 때 유대인으로서 정체성을 계속 이어가기 위해 함께 모여서 율법을 배우고 율법에 따라 살려는 노력의 일환으로 종교적 모임을 갖기 시작하면서 생겨난 것으로 보인다. 이처럼 포로 생활의 상황 속에서 유대인들은 성전을 대신해 회당에 모여 율법을 배우며 시편을 낭독하는 일을 통해 그들의 종교 생활을 이어갈수밖에 없었다. 이와 같은 회당의 전통적인 기능은 그것이 갖고 있는 3가지 히브리어 이름인 **베트 하테필라**(기도하는 집), **베트 하크네세트**(집회하는 집), **베트 하미드라시**(학습하는 집)에서 잘 드러나고 있다.

그러나 제2 성전 시기 동안(BC 520~70년)에는 회당이란 용어는 주로 건물을 가리키는 것이 아니라 모임을 가리키는 말이었다. 고대 팔레스틴의 마을 혹은 성읍들에서는 지역 문제들이 지역 사람들에 의해 다루어지고 있었으며, 정치적, 사법적, 경제적 문제들은 물론 종교적 문제들까지 다루는 모임이었다.

그런데 구약성서에서는 회당이란 말이 거의 나오지 않는다. 우리 말 번역 성경에 보면 시편 74:8에서 예외적으로 한 번 "회당"이란 말이 사용되어 있기는 하다: "그들이… 하나님의 모든 회당을 불살랐나이다." 그러나 구약성서의 헬라어 번역인 70인역에 보면 시편 74:8에서 사용된 헬라어는 συγγένεια이고, 신약성서에서 많이 사용되고 있는 συναγωγή와는 다르다. 따라서 신약성서에서 말하고 있는 회당과 같은 것이라고 생각하기는 어렵다.

유대인들의 회당은 유대교의 성전과는 아주 다르다. 우선 유대인들에게 있어서 성전은 주로 하나님께 각종 제사를 드리는 곳이었고, 율법에 의하면 성전은 오직 예루살렘에 하나만 있어야 했다. 그러나 회당은 하나님께 드리는 제사와는 아무런 상관이 없었고, 유대인 열 가정이 사는 곳마다 있었다. 따라서 유대인이 사는 촌락마다 회당이 있었다고 볼 수 있다. 처음에는 마을과 성읍의 제반 문제들을 모여서 의논하며 해결하는 정도였지만 나중에 성전이 허물어져 더 이상 제사를 드리지 못하게 되면서 성전과 제사를 대신하여 함께 모여 예배하며 기도하는 곳, 특히 하나님의 율법을 배우는 곳으로 발전하였다.

그러나 회당이 유대교 안에서 중요한 역할을 하기 시작한 것은 AD 70년에 예루살렘 성전이 무너진 이후부터이다. 즉, 로마에 의해 유대 나라가 멸망 당하면서 예루살렘 성전이 돌 위에 돌 하나 남지 않고 허물어져 더 이상 제사장이 주도하는 각종 제사를 통해 하나님을 섬기며 신앙생활을 하는 일이 불가능해진 이후, 새로이 랍비들이 주도하는 율법 교육이 유대교의 지배적이며 대표적인 경건 생활이 되었을 때부터 회당은 유대인들에게 성전을 대신하는 아주 중요한 신앙의 중심지가 되었다. 랍비적 유대교(the Rabbinic Judaism)의 시작과 더불어 회당이 성전을 대신하는 유대교 신앙의 새로운 중심지로 중요하게 부각되기 시작한 것이다.

예수의 탄생이 인류의 역사를 그의 탄생 이전(B.C)과 그의 탄생 이후(A.D)로 나누었다면, 70년에 있었던 예루살렘 성전의 멸망은 유대교의 역사를 그 이전과 그 이후로 크게 나누어 놓았다. 예루살렘 성전이 멸망하기 이전의 유대교가 성전 중심, 제사장 중심, 제사 중심의 종교였다면, 예루살렘 성전 멸망 이후의 유대교는 회당 중심, 랍비 중심, 율법(토라) 중심의 종교였다. 그래서 70년 이후의 유대교를 가리켜 과거의 유대교와 구분하여 랍비적 유대교(the Rabbinic Judaism)라고 부르고 있는 것 아닌가?

회당이란 단어 자체가 예루살렘 성전이 멸망되기 이전에 기록된 유일한 신약성서 문서들인 바울 서신에서는 전혀 사용된 바 없다. 다만 예루살렘 성전이 멸망된 70년 이후에 기록된 것으로 알려진 복음서들과 사도행전 그리고 요한계시록에서만 회당이란 말이 여러 번 나타나고 있을 뿐이다. 따라서 복음서를 읽는 독자들은 이런 점을 염두에 두고 예수 시대와 관련하여 회당이란 말이 사용되고 있는 기록들(막 1:21; 마 4:23; 눅 4:16-20)을 읽어야 할 것이다. 특히 누가가 예수의 공생애 활동 중 첫 설교의 무대를 나사렛 회당으로 소개함으로써 유대인들에게 있어서 회당이 성서 곧 율법과 예언서를 읽고 배우는 곳이라는 점을 잘 드러내 주고 있기는 하다. 하지만 누가가 사용한 용어들 자체가 누가 시대의 상황을 반영해 주고 있기도 하다.

예루살렘 성전이 멸망된 이후에 회당 건물들이 여러 곳에 세워졌고, 그런 건물들이 공적인 예배와 율법 연구를 위한 중심지가 되었다. 유대 백성들을 사랑하는 로마의 백부장이 유대인들을 위해 회당을 지어주었다는 이야기(눅 7:5)와 하나님을 경외하는 디도 유스도란 사람의 집 바로 옆에 회당이 있었다는 언급(행 18:7)도 모두 70년 이후의 상황을 반영하는 것으로 생각된다. 고고학자들은 오늘날 팔레스틴에서 수많은 회당 건물 유적들을 많이 발견한 바 있는데, 대부분은 갈릴리와 골란 고원에 있는 것들이다. 회당 건물의 유적들이 존재한다는 사실은 예루살렘 성전이 멸망 당한 이후 이 지역들에서 랍비적 유대교가 활발하게 발전했음을 반영해 주는 것으로 생각된다. 그리고 유대 나라가 멸망한 후, 유대인들이 유대 땅에서 쫓겨난 이후부터 갈릴리가 새로운 유대교의 새로운 중심지가 되었던 것으로 보인다.

5장 | 갈릴리 사람 유다스(Judas)의 반항 운동

6년은 예수 시대와 초대교회의 역사적 배경을 이해하는 데에 있어서 아주 중요한 해라고 말할 수 있다. 누가복음에 의하면 예수가 태어난 해는 "구레뇨가 수리아 총독으로 있을 때", 아우구스투스(아구스도) 황제가 로마 천하에 호적 등록 명령을 내렸던 해였다(눅 2:1-7). 그런데 요세푸스의 기록에 의하면(*Ant*. 17, 13) 구레뇨(Quirinius) 총독이 시리아에서 인구 조사를 했던 때는 6~7년이었다.[1] 따라서 예수는 6년경에 태어난 셈이다. 하지만 누가의 이 기록은 정확하지 않은 것으로 알려져 있다. 우선 아우구스투스 황제가 군사적이며 경제적인 목적에서 여러 번 인구 조사를 한 적은 있지만, 누가복음 2:1에서 말한 것처럼 "로마 천하에" 걸쳐 인구 조사를 했다는 증거는 없다.[2] 더구나 누가의 기록이 맞다면 예수가 6년에 태어났다는 기록은 예수가 헤롯 왕 때에 태어났다고 전하는 마태복음의 기록과 상충된다. 이 헤롯은 BC 4년에 죽은 사람이기 때문이다.[3] 마태의 기록이

---

1 E.Earle Ellis, *The Gospel of Luke*(The New Century Bible Commentary, Eerdmans, Grand Rapids, 1987), 80.
2 "Luke's inexactitude." Cf. F.W. Danker, *Jesus and the New Age: A Commentary on St. Luke's Gospel*(Philadelphia: Fortress Press, 1988), 53.

더 신빙성이 있다고 보기 때문에 오늘날 예수가 태어난 해는 일반적으로 BC 4년으로 추산되고 있다.

6년의 중요성은 예수가 태어난 해와 관련된 논란 때문이 아니라 오히려 그해에 **갈릴리 사람 유다스**가 로마의 인구 조사에 반대하여 반항 운동을 일으켰다는 사실에 있다. 그 당시 로마 당국에 의한 인구 조사는 유대인들의 재산 상황을 보다 정확히 파악하여 보다 많은 세금을 거두기 위한 목적을 갖고 있었기 때문에 유대인들로서는 당연히 반대할 수밖에 없었다. 단순히 경제적인 이유 때문에 반대한 것만은 아니었다. 거기에는 다음과 같은 더 중요한 신학적인 이유가 있었다. 첫째는 로마에 세금을 내는 것은 거룩한 땅이 여호와 하나님에게 속했다는 신앙(창 17:8; 신 26:4-9; 수 24:13)을 부인하는 것이고, 둘째는 하나님의 율법을 범하는 것이기 때문이다(예를 들어 출 30:11-12; 삼하 24장). 어떻게 하나님의 땅에서 난 소산을 이방인들에게 세금이란 명목으로 바칠 수 있느냐는 것이다. 사도행전 5:37에서 "그 후 호구조사를 하던 때도 갈릴리 사람 유다가 일어나 백성을 선동하여 자기를 따르게 한 일이 있다"고 언급한 것이 바로 6년에 있었던 갈릴리 유다스의 이 반항 운동을 가리키는 것이었다.

6년, 고포니우스(Corponius) 총독 때에 유다스란 이름의 한 갈릴리 사람이[4] 나타나 "오직 하나님만이 주권자요 통치자"라고 외치면서 "로마인에게 세금을 내는 것과 주권자이신 하나님 이외에 한낱

---

3 헤롯은 BC 4년 유월절 직전에, 즉 그해 3월 말에서 4월 초에 죽었다. Cf. Josephus, *Ant. XVII.* 191; *War, I.* 665.

4 Judas가 갈릴리 사람으로 알려지고 있기는 하지만, 그는 본래 그의 아비인 Ezekias가 죽은 뒤에 Gamala에서 자랐으며 나중에 갈릴리로 돌아온 사람이다. Cf. S.G.F. Brandon, *Jesus and the Zealots*(New York: Charles Scribner's Sons, 1967), 33, 3.

피조물에 지나지 않는 인간을 지배자로 용인하는 것은 겁쟁이와 같이 비겁한 짓이라"고 비난했다(Ant. 18:3-10, War, 2:117f). 이런 가르침으로 납세 거부 운동을 전개하면서 백성들을 모아 반항 운동을 일으켰다. 이 사건이 중요한 것은 66년에 로마에 대항하는 유대전쟁을 주도한 사람이 바로 이 유다스의 아들 므나헴이었고 또 예루살렘 멸망 직후에도 맛사다에서 최후의 순간까지 로마에 대항했던 지도자가 유다스의 자손인 엘르아살(Eleazar)이었다는 점에서, 결국 갈릴리 유다스가 로마에 항쟁하는 유대인들의 반항 운동을 시작한 사람 곧 로마에 대항하여 싸운 유대인 '열심당'의 창설자로 생각되기도 하기 때문이다. 요세푸스(Josephus)에 의하면 갈릴리 유다스는 그 당시 바리새파, 사두개파, 엣세네파 등과는 다른 "자기 나름의 종파"를 창설한 철학자(sophist)[5]이며 중요한 정치적 인물이었다. 요세푸스는 유다스가 **제4의 철학 종파**(a fourth philosophical sect)를 창설했으며 이 종파는 바리새파의 교리와 연관되어 있지만, 하나님만이 자기들의 유일한 주님이기 때문에 자유에 대한 불굴의 사랑을 갖고 있었다고 증언한다.[6]

사도행전 5:37에서 유다스가 죽임을 당한 후 "따르던 사람들이 다 흩어지고 말았다"고 전하는 것으로 보아 유다스의 반항 운동이 실패한 것으로 보이지만, 요세푸스는 그의 운동이 대중의 지지를 받았고 상당한 진전을 보였다고 언급하고 있다. 실제로 그의 패배에도 불구하고 그가 시작한 운동은 결코 꺾이거나 사라지지 않았다. 요세푸

---

5 Josephus가 Judas를 가리켜 사용한 이 sophist란 말은 "학자 혹은 교사"로 번역될 수도 있는데 그 당시 유대 사회에서는 율법에 정통한 사람 그리고 율법을 잘 해석하는 사람을 의미하기도 한다.
6 Ant. XVIII. 23-5.

스는 66~73년 동안 일어난 열심당과 시카리파 운동의 기원을 유다스에 두고 있기도 하다. 그리고 유다스의 두 아들이 디베리우스 알렉산더 총독(46~48년)에 의해 십자가 처형되었고, 다른 아들인 므나헴이 66년 항쟁 초기에 지도적인 역할을 했던 점, 마지막 맛사다 전투에서 시카리파의 지도자였던 엘르아살이 바로 유다스의 자손이었다는 점에서도 그의 운동이 계속 이어졌음을 확인할 수 있다.

6년에 갈릴리 사람 유다스의 반항 운동이 있었을 때는 아마도 갈릴리 나사렛 출신의 예수가 10살쯤 되었을 때였기에 이 유다스의 반항 운동을 직접 경험했거나 주변 사람들을 통해 그 일에 대해 잘 알고 있었을 것으로 생각된다. 그리고 이것이 그의 공생애 활동에 큰 영향을 주었을 것으로 생각된다. 예수가 공생애 활동을 시작하면서 열두 명의 제자들을 불러 모았을 때 시몬이라는 열심당원을 포함시켰다는 사실(막 3:18)이 이 점을 암시해 주고 있다. 그리고 그의 공생애 활동 가운데 바리새인들과 헤롯당 사람들이 예수께 나아와 "가이사에게 세금을 바치는 것이 옳습니까? 옳지 않습니까?"(막 12:14)라고 물었던 질문이 그 당시 열심당원들에게 아주 예민한 질문이었다는 점도 이런 점을 반영하고 있는 것으로 생각된다.

여기서 우리는 예수의 그 당시 대답을 글자 그대로 이해할 필요가 있다. "가이사의 것은 가이사에게 돌려주어라"(막 12:17)란 말에서 "돌려주다"라고 번역된 헬라어 ἀποδίδωμι는 헬라어에서 아포(ἀπο)란 전치사와 디도미(δίδωμι)란 동사의 합성어이다. 그래서 ἀποδίδωμι의 의미는 "원래대로, 본래 있던 자리로 내어 준다"는 뜻을 갖고 있다. ἀποδίδωμι는 원래 누군가에게 속한 재산이나 소유물을 그 사람에게 되돌려 주는 것을 표현하는 말이다. 따라서 예수의 대답이 의미하는 바는 가이사가 로마 황제의 초상이 새겨져 있는 데나리온을 "되돌려 받을" 자격이 있지만, 그것은 그가 세금을 받을 자격이 있기 때문이 아니라 황제의 초상이 새겨진 데나리온이 원래 황제의 것이기 때문이라고 말한 것이다. 데나리온에 가이사의 이름과 초상이 새겨져 있으니 그것은 당연히 가이사의 것이다. 하나님은 가이사의 이름과 초상이 새겨진 데나리온이란 동전과 아무런 관련이 없다.

그리고 똑같은 논리로 하나님은 땅을 "되돌려 받을" 자격이 있다. 로마가 점유하고 있는 그 땅은 본래 하나님의 땅이기 때문이다. 하나님은 이미 "땅은 나의 것이다"(레 25:23)라고 말씀하신 바 있다. 이 땅은 가이사와 아무런 관련이 없는 하나님의 것이다. 그러니 가이사의 것은 가이사에게 돌려주고, 하나님의 것은 하나님께 돌려드려야 한다고 대답하신 예수의 말씀은 그 당시 젤롯당들이 외쳐대던 구호를 간단명료하게 다른 형태로 천명한 말이 아닐 수 없다. 따라서 AD 6년에 있었던 갈릴리 사람 유다스의 반항 운동이 나중에 예수의 공생애 활동에 큰 영향을 주었을 것이라고 생각하는 것을 잘못된 상상이라고 보기는 어려울 것으로 생각된다.

6장 | 유대 나라를 통치했던 로마 총독들

　유대 나라가 로마의 지배 아래 들어간 이후 66~70년에 걸친 로마와의 전쟁으로 멸망 당할 때까지 유대 나라는 로마의 총독이 지배하는 로마의 속국에 지나지 않았다. BC 4년에 헤롯 대왕이 죽은 이후 그의 아들 헤롯 아르켈라오스가 아비의 뒤를 이어 로마의 분봉왕으로서 유대 땅을 다스리고 있었지만, 로마는 그를 추방하고 이 지역을 직접 통치하기로 결정했다. 그리고는 7년에 처음으로 코포니우스(Coponius)를 초대 총독에 임명했다.

　총독의 직무는 로마 정부가 부과한 세금의 징수, 속주에 주둔한 군대의 통솔, 중요한 사건의 재판이었다. 유대는 원로원에 속한 주(州)가 아니라 제국의 속주(屬州)였기 때문에 징수된 세금은 직접 가이사에게 보내졌다. 사법 기능 또한 총독이 관장하였으며 사소한 사건들은 유대인의 법정이 다루도록 위임된 반면에 중요한 범죄들은 그가 직접 판결하였다. 사형을 선고할 권세가 산헤드린 공회에게는 없었으며 그래서 예수 처형의 경우처럼 총독(總督)에게 회부되었다. 일상적인 민사소송이나 형사사건은 지방의 공회(公會)에 위임되었다. 총독은 또한 군사적 지휘관이기도 하였다. 팔레스타인의 여러 곳에는 로마의 군대들이 주둔하고 있었다. 특히 로마 제국의 동부 전선이었던 유대가 반란을 일으키려는 경향이 많았기 때문에 일단의 파견 부대가 질서 유지를 위하여 팔레스타인에 파견되었고, 총독이 이를 주관하고 지휘하였다. 그런데 첫 총독이었던 코포니우스는 헤롯이나 아르켈라오스가 가지고 있었던 모든 정치적 특권 외에도 대제사장의 법의(法衣)에 대한 보호권까지 가지고 있어서 대제사장과 제사 등 유대교 신앙에 대한 영향력을 갖고 있기도 했다.

초대 총독 코포니우스에 뒤이어 9년경에는 마르쿠스 암비비우스(Marcus Ambivius)가 부임했고, 다시 안니우스 루푸스(Annius Rufus)가 12~15년에 총독으로 부임하였다. 15년경에는 디베료 황제에 의해서 발레리우스 그라투스(Valerius Gratus)가 다시 총독으로 임명되어 26년까지 11년간 재임했다.[1] 그러나 이런 총독들이 부임하여 활동하던 일에 대해서 요세푸스(Josephus)조차도 아무런 언급도 하지 않고 있는 것을 보면 그들의 임기 동안에는 별다른 특이한 일들이 별로 없었던 것으로 보인다. 여기서는 로마의 총독으로 부임하여 유대를 통치했던 14명의 총독들 중 특별히 관심을 가질 만한 일을 했던 총독들의 행적만을 살펴보고자 한다.

1. 본디오 빌라도(Pontius Pilate, 26~36년)

7년에 초대 총독이었던 코포니우스(Coponius) 총독과 그 이후 마르쿠스 암비불루스(Marcus Ambivulus) 총독, 안니우스 루푸스

---

1 AD 18년에 가야바를 대제사장으로 임명한 사람이 바로 이 Valerius Gratus 총독이다.

(Annius Rufus) 총독, 발레리우스 그라투스(Valerius Gratus) 총독에 이어 26년에 본디오 빌라도가 로마의 다섯 번째 총독으로 예루살렘에 부임하였다. 다시 로마로 소환되는 36년까지 10년 동안, 그러니까 로마 총독들 중에서는 가장 오래 유대 총독으로 재임한 인물이었다.

빌라도가 총독으로 재임한 기간이 예수의 공생애 활동 기간 동안이었고, 모든 복음서들은 빌라도가 예수를 직접 심문한 후에 십자가형에 처하도록 결정한 장본인이었다고 전해 주고 있다. 복음서에서 그리고 기독교 신앙에서 예수의 수난 이야기, 특히 그의 십자가 죽음이 갖는 중요한 의미를 고려할 때 예수의 십자가 죽음과 관련하여 언급되고 있는 빌라도는 예수 및 초기 기독교와는 결코 분리해서 생각할 수 없는 아주 중요한 인물이 될 수밖에 없다. 기독교의 가장 중요한 신앙고백문 가운데 하나인 사도신경 가운데서도 예수가 "본디오 빌라도에게 고난을 받으셨다"는 문구를 통해 그의 이름이 언급되고 있는 사실에서도 그 점이 잘 드러나고 있다.

그러나 빌라도에 관한 복음서 기록들을 읽는 사람이라면 빌라도 총독이 예수에 대해 아주 우호적인 입장을 취했던 인물이라는 생각을 갖게 된다. 왜냐하면 예수의 십자가 죽음과 관련하여 유대 종교 지도자들과 또한 그들에 의해 선동된 유대 백성들은 시종일관 계속 예수를 죽이고자 했지만, 로마 총독인 빌라도는 "대제사장들이 시기로 예수를 넘겨준 줄" 알고 있었고(막 15:10), 그래서 예수의 무죄함을 알고 오히려 그를 방면하려고 했었던 것으로 기록되어 있기 때문이다. 특히 누가복음에 나오는 예수의 마지막 수난 이야기에 보면 유대 종교 지도자들의 선동에 따라 유대인들이 빌라도를 향해 예수를 "십자가에 못 박으소서"라고 외치는 장면과 빌라도가 여러 번에 걸쳐 "나는 이 사람에게서 아무 허물을 찾지 못하였소"(눅 23:4), "그대들의 고소를 입증할 만한 것을 이 사람에게서 찾지 못하였소"(눅 23:14), "분명히 이 사람은 사형을 받을 만한 일을 하나도 행한 것이 없소"(눅 23:15), "나는 그에게서 아무런 죽을 죄를 찾지 못했소"(눅 23:22)라고 거듭 강조하면서 오히려 "그를 놓아줄까 하오"(눅 23:22)라고 방면 의사를 밝히는 장면이 대조되고 있다.

이것은 요한복음의 경우에서도 마찬가지이다. 유대교의 대제사장과 유대 사람들이 예수를 가리키면서 "십자가에 못 박으시오, 십자가에 못 박으시오"(요 19:6), "없애버리시오, 없애버리시오"(요 19:15)라고 거듭 소리 지르고 있는 데 비해서 빌라도가 세 번에 걸쳐 "나는 이 사람에게서 아무 죄도 찾지 못하겠소"(요 18:18), "나는 그에게서 아무 죄도 찾지 못했다"(요 19:4), "나는 이 사람에게서 아무 죄도 찾지 못했소"(요 19:6)라고 말하며 "빌라도는 예수를 놓아주려고 애썼다"(요 19:12)는 장면이 대조적으로 잘 드러나고 있다.

이런 복음서들의 기록을 보면 예수를 죽이려고 했던 사람들은 유대 종교 지도자들과 유대인들이었고 도리어 빌라도 총독은 예수를 살리려고 했던 사람처럼 보인다. 예수의 십자가 죽음의 책임이 로마 총독인 빌라도에게 있는 것이 아니라 "예수를 시기하여"(막 15:10) 빌라도 앞에 끌고 와서 "무리를 선동한"(막 15:10) 유대 종교 지도자들에게 있었던 것으로 기록되어 있기 때문이다.

마태복음도 "빌라도는 그들이 예수를 자기에게 끌고 온 것이 질투 때문이었음을 잘 알고 있었다"(마 27:18)고 전함으로써 빌라도가 예수의 무죄함을 알고 있었다고 암시해 주고 있다. 마태복음 저자는 거기서 더 나아가 다른 복음서들의 경우와 달리 빌라도의 아내[2]까지 등장시켜 예수의 무죄를 강조하고 있는 점이 아주 특이하다. 마태복음 27:19에 따르면 빌라도의 아내가 예수를 심문하는 빌라도에게 사람을 보내어 "당신은 그 의로운 사람에게 아무 상관도 마십시오. 오늘 꿈에 내가 그분 때문에 몹시 괴로웠습니다"(마 27:19)라고 말했다는 기록이 나온다.3 예수가 "의로운 사람", 즉 십자가에 처형될만한 죄인이 아니라는 확신을 빌라도에게 전해준 셈이다. 빌라도의 아내는 예수가 "의인", 즉 무죄하다는 것을 어떻게 알았을까? "꿈 가운데서"란 말은 곧 하나님의 계시를 통해서란 의미일 것이다. 마태복음에서 **꿈** (in a dream)은 계시의 수단이라는 점을 염두에 둘 필요가 있다.4

이와 더불어 빌라도가 예수를 심문하는 장면에서 그의 아내의 이야기를 거론하는 마태의 의도가 무엇인지에 대해서도 관심을 가질 필요가 있다. 마태는 하나님의 백성인 유대인들과 그들의 지도자들이 예수를 죽이려고 하지만, 도리어 이방인들이 하나님의 계시를 잘 받아들여 예수를 살리려고 했다는 점을 대조적으로 보여주려고 했던 것으로 생각된다. 이런 의도는 마태복음 서두에서 예수가 탄생했을 때에 헤롯을 비롯한 유대인 종교 지도자들이 예수를 죽이려고 했

---

2 외경인 빌라도 행전의 부록에 보면 빌라도의 아내의 이름은 Procula로 알려지고 있으며, G.A. Mueller는 Claudia Procula란 이름의 역사성을 옹호하고 있기도 하다.(G.A. Mueller, *Pontius Pilatus*, Stuttgart: Metzler, 1885, 5; R.E. Brown, *The Death of the Messiah*, New York: Doubleday, 1994, 804. 그녀 이름이 좀 더 온전한 형태로는 Claudia Vilia Procula로 나타나기도 한다. Rosadi에 의하면 그녀는 아우구스투스 황제의 딸인 Julia의 막내딸로 알려지기도 하다(G. Rosadi, *The Trial of Jesus*, New York: Dodd, Mead, 1905, 215-217).

3 마태복음 27:19 때문에 빌라도의 아내를 가리켜 "the first Gentile to suffer for Christ"라는 견해도 있다. Cf. R.E. Brown, *The Death of the Messiah*, 807. 여기서 처음으로 빌라도의 아내 이야기를 소개한 것 때문에 생겨난 것일 수도 있다. 결국 마태는 초대교회에 빌라도의 아내에 대한 호기심과 관심을 불러일으킨 최초의 사람일 수도 있는 셈이다.

4 하나님의 계시가 천사를 통해 요셉에게 여러 번 "꿈 가운데서"(in a dream) 주어진 것 이외에 이방인 박사들에게도 꿈을 통해 하나님의 계시가 주어진 바 있다(요셉의 꿈: 1:20, 2:13, 2:19, 2:22; 박사들의 꿈: 2:12 등).

던 것과는 대조적으로, 이방인이었던 동방 박사들은 도리어 꿈에 헤롯에게 돌아가지 말라는 하나님의 지시를 받고 다른 길을 통해 자기 나라에 돌아감(마 2:12)으로써 예수의 생명을 살린 사실에서도 잘 드러나고 있다. 마태는 그의 복음서 서두에서 예수의 탄생 이야기 가운데서 꿈과 관련하여 이런 주제를 다루었는데, 그의 복음서 말미에서 예수의 수난 이야기 가운데 꿈과 관련하여 똑같은 주제를 다시 다루고 있는 것으로 보인다. 유대인들은 예수는 "십자가에 못 박으시오"라고 소리 질렀지만(마 27:22), 이방인이었던 빌라도의 아내는 예수의 재판을 맡고 있던 남편 빌라도에게 "당신은 그 의로운 사람에게 아무 상관도 마십시오. 오늘 꿈에 내가 그분 때문에 몹시 괴로웠습니다"(마 27:19)라고 당부하고 있고, 이방인인 빌라도 자신이 무리 앞에서 손을 씻으며 "나는 이 사람의 피에 대하여 책임이 없다"(27:24)고 말하고 있다. 그리고 이것은 유대인 무리들이 "그 사람의 피를 우리와 우리 자손에게 돌리시오"(27:25)라고 말하고 있는 것과 대조되고 있다. 꿈이 마태복음에서 계시적인 특징이 있는 점으로 미루어 볼 때 마태가 여기서 빌라도 아내의 꿈 이야기를 소개하고 있는 것은 빌라도의 아내를 하나님께서 믿을 만한 꿈들을 보내 주었던 요셉(1:20; 2:13, 19, 22)과 동방 박사(2:12)와 비슷한 사람으로 만들어 등장시키는 것일 수 있다.[5] 그리고 이 경우 빌라도의 아내는 마태복음 15:21-28의 경우와 마찬가지로 예수에 관한 진리를 인식한 가나안 여인의 경우에 해당되는 것으로 해석될 수 있다.[6]

---

5 W.D. Davies and D.C. Allison, *A Critical and Exegetical Commentary on the Gospel according to St. Matthew III*(Edinburgh: Clark, 1987~1991), 587.
6 Davies and Allison, *Matthew III*, 587. 마태복음 15:21-28에서도 한 가나안 여인 곧 이방인 여인이 예수 앞에서 예수를 향해 "다윗의 자손"이라고 그리고 "주님"이라고 고백하고 있다.

빌라도의 아내가 예수에 대해 이렇게 호의적인 생각을 갖고 있었다는 점 때문에 나중에는 기독교로 개종한 여인이었다는 이야기로 전해지고 있다. 그리고 빌라도에 관한 외경 문헌 가운데서 수년 후 그녀의 남편이 로마에서 황제 앞에서 참수당하는 것을 그녀가 목격하게 되지만 천사가 그의 머리를 들고 하늘로 가는 것을 보고 기뻐했다는 이야기도 전해지고 있다. 이런 점들 때문에 몇몇 초기 정통 교회들에서는, 특히 희랍교회와 에티오피아교회들에서는 그녀를 **성인**(聖人, a saint)으로 그리고 기독교 전통 가운데서는 그녀를 **순교자**(a matyr)로 여기기도 한다.[7]

결국 빌라도는 아내의 꿈 이야기를 전해 듣고는 물을 가져다가 무리 앞에서 손을 씻으며 "나는 이 사람의 피에 대하여 책임이 없으니 그대들이 알아서 하라"(마 27:24)고 말하면서 예수의 죽음에 대한 책임을 유대인들에게로 돌리고 있다. 이처럼 복음서에 기록된 예수의 수난 이야기에서는 반 유대적이며 친 로마적인 경향이 아주 분명하게 나타나고 있다. 따라서 이런 복음서의 기록을 통해서는 실제 빌라도의 모습이 어떠했는지를 제대로 찾아보기 어려운 것이 사실이다.

이처럼 복음서 기록에 따르면 예수를 죽인 사람들은 유대 종교 지도자들과 그들의 선동에 놀아난 유대 백성들이었고, 오히려 본디오 빌라도는 예수를 살리려고 했던 인물처럼 보인다. 그러나 복음서에 기록된 이런 빌라도의 모습은 실제의 빌라도의 모습이라기보다는 오히려 복음서 기자들의 변증적이며 선교적인 목적에 의해 채색된 모습이라는 점에서 문제가 있다. 즉, 복음서 기자들은 복음서 기록 당시 로마 세계를 향한 선교적이며 변증적인 목적에 따라 기독교

---

7 Cf. Davies and Allison, *Matthew, III*, 587, 39.

가 로마 당국과 적대적인 관계에 있지 않다는 점을 부각시키려고 했고, 그런 의도 때문에 예수의 십자가 죽음의 책임을 로마 총독으로부터 유대 종교 지도자에게로 돌렸다. 이 과정에서 자연히 빌라도가 상당히 호의적이며 긍정적인 관점으로 소개되었다.

그러나 복음서 이외의 다른 역사적 자료들에 따르면[8] 빌라도는 복음서의 기록에서 볼 수 있는 것과는 달리 아주 잔인하고 무정하며 완고한 사람이었던 것으로 알려져 있다. 식민지 사람들을 전혀 배려하지 않는 오만한 로마인이었다. 예를 들어 필로는 아그립바 I세가 갈리굴라에게 보낸 편지로 인용하는 가운데 본디오 빌라도를 가리켜 "천성적으로 융통성이 없고 완고하리만치 냉혹한"(naturally inflexible and stubbornly relentless) 사람이라고 묘사하면서 그가 범한 "부패, 모욕, 약탈, 백성들에 대한 폭행, 오만, 무죄한 희생자들에 대한 반복된 살인 그리고 끊임없이 못살게 구는 포악성"을 고발한 점에서도 잘 엿볼 수 있다.[9]

비록 요세푸스가 빌라도의 행동과 성격에 대해 직접적인 평가를 상당히 자제하고 있기는 하지만, 빌라도가 관련된 사건들에 대한 설명을 보면 대체로 필로의 판단을 확인해 주고 있는 편이다. 그가 언급한 두 사건 중 하나는 빌라도가 총독으로 부임한 해인 AD 26년에 그의 전임자들과 달리 유대인들의 율법을 훼손하려는 목적으로, 즉 유대교의 근간을 완전히 없애려는 목적으로 그의 군대를 가이사랴로부터 예루살렘의 동영지(冬營地, winter-quarter)로 끌고 와서 주둔시킨 것이다. 빌라도는 전임 총독들과는 달리 황제의 표상이 담긴 로마

---

8 본디오 빌라도 총독에 대한 역사적 자료는 주로 Josephus와 알렉산드리아의 Philo의 문헌에 의존하고 있다.
9 Cf. S.G.F, Brandon, *Jesus and the Zealots*(New York: Charles Scribner's Sons, 1967), 68.

군의 휘장을 예루살렘 성안에 세우도록 명령했다. 그리고 티베리우스 황제에게 헌정된 황금빛 방패, 더구나 "신(神)이신 아우구스도의 아들"이란 글자가 새겨진 방패를 예루살렘 성안에 들여놓음으로써 유대인들에게는 신성모독에 해당하는 행동을 자행하였다. 유대인들이 황제의 표상이 담긴 휘장을 제거해달라고 청원했지만, 빌라도는 로마군의 휘장을 제거하는 일은 로마 황제에 대한 모독이라고 생각하여 일축해버렸다.[10] 그러나 나중에는 유대인들의 율법에 대한 충성심에 감동을 받아 로마군의 휘장을 거룩한 성 예루살렘으로부터 옮기도록 명하기도 했다.[11]

빌라도가 유대인들과 충돌했던 두 번째 사건은 예루살렘 안으로 물을 끌어들이는 도수관을 건설하는 일과 관련된 것이었다.[12] 그 작업이 필요한 일이기는 했지만, 누가 추진한 일인지 그리고 그 비용을 어떻게 충당할 것인지 등 사전 논의에 대해서는 별로 전해진 바가 없다. 요세푸스는 그냥 빌라도가 유대인들이 예루살렘의 낡은 도수관을 다시 만들어야 한다고 하는 말을 들었을 때 그가 그 일을 벌였고, 공사 대금을 성전 금고에서 돈을 빼내 지불했다고 언급하고 있을 뿐이다. 그 작업이 유대 당국자들과 아무런 협의가 없이 시작되었는지 그리고 성전 금고로부터 어떻게 돈을 빼낼 수 있었는지에 대해서는 요세푸스도 아무런 말을 하고 있지 않다. 그 작업에 반대하는 유대인의 무리가 몰려와서 작업의 중지를 요구했던 점으로 보아 유대인들은 도수관 작업을 반대했던 것으로 보인다. 세속적인 목적을 위해 성전 금고의 돈을 빼내어 쓴다는 것은 유대인들의 입장에서 신성

---

10 Josephus, *Antiquities XVIII*, 57.
11 Josephus, *War II*, 170-171.
12 Josephus, *Antiquities XVIII*, 60-62; *War II*. 175-177.

모독에 해당하는 것이었다. 유대인들의 분노와 반발이 터질 수밖에 없었고, 총독 개인에 대한 매도로 이어졌다. 그러자 빌라도는 군대를 파견하여 유대인들을 길거리에서 잔인하게 학살함으로써 진압하였다.

예수가 십자가에 죽은 것이 AD 29~33년 사이라면 분명히 예수도 빌라도가 성전을 모독하고 백성들을 학살한 이런 이야기를 듣고, 알고 있었을 것으로 보인다. "빌라도가 갈릴리 사람들의 피를 흘려 그 피를 그들이 희생제물에 섞었다"는 소식을 어떤 사람이 예수에게 전해 주었다는 기록(눅 13:1)에서도 우리는 빌라도의 잔인무도한 성격의 일면을 볼 수 있다. 빌라도가 이처럼 유대인들에게 잔학하고 무자비했지만, 오히려 그런 점들 때문에 상당히 오랜 기간 유대에서 총독 역할을 수행할 수 있었던 것으로 보인다. 빌라도 이전의 다섯 총독의 재임 기간이 몇 년에 지나지 않았던 점을 보면 더욱 그러했다.

빌라도 직전의 총독인 발레리우스 그라투스는 자신의 재임 기간 동안 다섯 명의 대제사장을 임명하고 해임하는 일을 자행했다. 그런데 빌라도는 10년간의 예루살렘 재임 기간 동안 오로지 한 명의 대제사장만을 상대했다. 그가 바로 요셉 가야바였다(요한 18:13). 그라투스 총독이 가야바를 대제사장으로 임명한 것이 18년이었으므로 빌라도가 새로 총독으로 부임해왔을 때는 가야바가 이미 8년째 대제사장직을 수행하고 있었던 셈이다. 가야바가 유례없을 정도로 18년이나 대제사장직을 유지할 수 있었던 요인에는 본디오 빌라도와 긴밀한 관계를 유지했던 점도 있었을 것이다. 18년부터 36년까지 빌라도와 가야바가 재임한 이 기간은 1세기 전체서 가장 안정적인 시기였던 것으로 알려져 있기도 하다.

그러나 이 시기에 갖가지 메시아 운동 곧 로마에 저항하는 운동이 일어난 것도 사실이다. 빌라도가 부임한 직후 AD 28년경에 나타난 금욕주의 설교자인 세례 요한의 인기가 커지자 베레아 지역을 통치하던 분봉왕 헤롯 안티파스가 빌라도를 도와 요한을 옥에 가두고, 결국 30년경에 그를 처형했다. 그리고 2~3년 지난 후 나사렛 예수라는 인물이 나타나 백성들의 지지를 등에 업고 예루살렘 성전을 뒤집어엎어 놓자 빌라도는 예수까지 십자가에 처형해 버렸다. 그로부터 3년이 지난 뒤인 36년경에 빌라도가 로마로 소환되어 총독의 직무를 마감하게 되는 중요한 사건이 벌어졌다. 당시 사마리아 사람들은 모세가 그리심산에 감추어둔 신성한 그릇들을 보여주겠다는 거짓 예언자의 말에 선동되어 그들이 거룩하게 여기는 그리심산으로 모여들었다. 그들의 모임을 무장한 무리들이 로마 정부에 대항하는 메시아 운동의 한 형태라고 생각한 빌라도는 곧바로 군대를 파견하여 수많은 사마리아인들을 죽였고, 다른 많은 사람들도 체포했다가 나중에 처형해 버렸다. 사마리아인들은 시리아 행정 장관으로 와있던 비텔리우스(Vitellius)를 찾아가 자신들에게는 로마에 반항의 의도가 전혀 없었다고 말하면서 빌라도의 행동에 대해 강한 불만을 표시하며 항의하였다. 비텔리우스는 빌라도에게 그들이 고소한 사건에 대해 로마로 돌아가서 직접 황제에게 설명하라고 명하였지만, 그가 로마에 도착하기도 전에 디베료 황제는 죽었고, 빌라도 역시 역사의 뒤안길로 사라지게 되었다. 그러나 빌라도는 예수를 십자가형에 처하도록 마지막 결정을 한 일 때문에 모든 시대의 기독교인들이 예수 그리스도에 대한 신앙고백을 할 때마다 "본디오 빌라도에게 고난을 받으사"라고 그의 이름을 거론함으로써 기독교인들의 기억 속에서는 영원히 살아 있는 인물이 되었다.

2. 쿠스피우스 파두스(Cuspius Fadus, 44~45년)

쿠스피우스 파두스 총독 때에 로마에 대한 유대인들의 불신과 의혹을 심화시키는 일이 있었다. 무슨 이유 때문인지는 몰라도 시리아의 로마 행정 장관인 비텔리우스가 36년에 유대인들에게 허락해 준 특권, 즉 유대 당국이 대제사장의 복장을 소유할 수 있는 특권을 클라우디우스 황제가 취소하기로 결정한 것이 일의 발단이었다. 그래서 이젠 야훼 하나님에 대한 이스라엘의 예배를 상징하는 대제사장의 신성한 예복을 예루살렘 성전을 내려다보고 있는 안토니아 요새 주둔 로마군의 관리 아래 두어야 한다는 명령이 떨어졌다. 이 결정과 명령에 대한 유대인들의 반발은 예상된 그대로였다. 그러자 시리아의 로마 행정 장관인 롱지너스(Longinus)가 강력한 군대를 이끌고 예루살렘에 도착했다. 유대 당국자들은 그에게 이 문제에 관해 로마 황제에게 직접 청원하기 위한 대표단 파견을 허락해달라는 요청을 했다.

로마에서 유대 당국자들의 청원은 헤롯 대왕의 아들인 헤롯 아그립바 왕의 지지를 받아 클라우디우스 황제를 설득하여 그의 명령이 취소되었다. 이로써 로마와 유대의 관계가 호전되는 것처럼 보이기도 했다. 그러나 클라우디우스 황제는 이런 조치와 함께 칼키스(Chalcis)의 지도자로 임명된 아그립바 I세의 동생 헤롯에게 성전 및 국고에 대한 권한과 함께 대제사장 임명권까지 주었다. 이런 권한을 주었다는 것은 곧 성전과 국고 재원에 대한 로마의 지배권을 인정한다는 것을 의미한다. 그리고 이것은 곧 유대인들의 반발을 일으킬 수 있는 조짐이었다.

3. 티베리우스 알렉산더(Tiberius Alexander, 46~48년)

글라우디오(Claudius) 황제는 쿠스피우스 파두스 총독(Cuspius Fadus, 44~45년)의 뒤를 이어 티베리우스 알렉산더(Tiberius Alexander)를 유대 총독으로 임명했다. 이 사람은 알렉산드리아 태생의 유대인 출신 알렉산더의 아들이며, 필로(Philo)의 사촌이었다. 로마 황제는 그가 유대인 출신이기에 유대 땅을 지배하기에 적합하다고 생각했던 것 같다. 그러나 이 생각은 완전히 잘못된 것이었다. 왜냐 하면 티베리우스 알렉산더는 조상의 신앙을 버린 사람이었고 그래 서 도리어 유대인들에게는 로마 사람보다 더 혐오의 인물이었기 때 문이다.

요세푸스는 티베리우스가 임기 중에 했던 한 가지 일을 전해 주고 있다. 그것은 6년에 로마 당국의 호구조사에 반대하여 반항 운동을 일으켰던 **갈릴리의 유다스**(행 5:37)의 두 아들, 야곱과 시몬을 십자가 에 처형한 일이었다. 그 이유는 그들이 그들의 아비처럼 로마의 지배 가 자신들의 신앙에 위협이 된다고 생각하여 로마의 지배를 반대하 는 일에 관여했다는 것이다. 열심당 운동의 창설자에 해당하는 갈릴 리 유다의 두 아들이 조상의 신앙을 배반한 유대인 총독에 의해 살해 되었다는 사실은 로마 당국에 대한 유대인의 감정을 크게 자극하는 일이었고, 로마 당국에 대항하는 열심당 운동에 새롭게 불을 더 지르 는 일이 되고 말았다.

4. 벤티디우스 쿠마누스(Ventidius Qumanus, 48~52년)

티베리우스 알렉산더 총독은 곧바로 벤티디우스 쿠마누스 총독에 의해 대치되었다. 쿠마누스 총독 때에는 다음과 같은 두 개의 사건이 있었던 것으로 알려져 있다. AD 46년에 갈릴리의 유다스의 두 아들인 야곱과 시몬이 자신들의 할아버지와 아버지의 뒤를 이어 혁명을 일으켰지만, 둘 다 붙잡혀 십자가에 처형되는 일이 있은 지 2년이 지난 48년 유월절 축제 기간에 로마군 임명식을 보안상의 이유로 성전의 주랑 지붕 위에서 거행하던 중에 첫 번째 사건이 벌어졌다. 로마 군인 하나가 옷을 벗고 밑에 있는 군중들을 향해 자기의 엉덩이를 까서 보여주는 엉뚱한 일이 벌어진 것이다. 거룩한 성전을 모독했다는 생각에 분을 참지 못한 유대 군중들이 성전 광장에서 폭동을 일으켰다. 쿠마누스 총독은 유대 군중들을 가차 없이 학살했고,[13] 그런 와중에 로마 군단장 한 사람이 유대 군중들 앞에서 율법 두루마리를 잡아들고는 갈기갈기 찢어버리는 일까지 있어서 유대 백성들의 분노는 더욱 불타오를 수밖에 없었다.

둘째는 갈릴리와 사마리아 경계에 있는 사마리아 평야에 위치한 게마(혹은 기네) 마을에서 그 마을 사람들이 예루살렘으로 유월절을 지키러 올라가는 유대인 일행 중 한 사람을 살해한 사건이었다. 이 사건에 격분한 수많은 갈릴리 사람들이 사마리아와 싸울 생각으로 모여드는 한편 유대 당국자들은 쿠마누스 총독과 협상하여 사건을 진정시키기 위해 살해자들을 처벌해 달라고 요구했다. 그러나 사마

---

13 요세푸스의 기록에 의하면 이때 죽은 유대인이 20,000명 혹은 30,000명에 달했다고 한다. Cf *Jewish War* 2.12.1; *Antiquities* 20.5.3.

리아인들로부터 뇌물을 받은 쿠마누스 총독은 그들의 요구를 무시한 채 유대 지도자들을 그냥 돌려보냈다. 이런 살인 소식이 예루살렘에까지 전해지자 무리들은 유월절 절기까지 포기한 채 지휘관도 없이 사마리아로 몰려들었다. 그들은 엘르아살과 알렉산더를 지도자로 삼아 게마 마을을 습격, 연령을 막론하고 주민들을 모두 대량 학살하며 마을을 온통 불 질러 버렸다. 그러자 쿠마누스가 군대를 이끌고 내려가 엘르아살의 추종자들을 잡아 투옥했고 상당수를 죽여버렸다. 이 피비린내 나는 사건은 유대인들과 사마리아인들을 서로가 서로를 용납할 수 없는 미움과 증오의 대상으로 더욱 부각시켜 놓았고, 사마리아인과 유대인들 간의 갈등과 미움을 거의 극에 달하게 만든 요인이 되어버렸다.

이런 일이 있자 AD 52년에 로마 황제는 벤티디우스 쿠마누스를 유배 보내고 새로운 총독으로 안토니우스 벨릭스를 예루살렘으로 보냈다. 사도행전 23:23 이하에 보면 바울이 벨릭스 총독 앞으로 호송되어 심문받는 이야기가 나온다.

5. 안토니우스 벨릭스(Antonius Belix, 52~60년)

벨릭스가 총독으로 선임된 것은 좀 잘못된 것으로 생각된다. 비록 그가 글라우디오 황제로부터 사랑을 받기는 했지만, 그는 지금까지의 총독들이 기사 출신의 신분이었던 것과는 달리 본래 황제의 모친인 안토니아(Antonia)의 노예였다가 자유인으로 해방된 인물이다. 그렇지만 그의 형제인 팰라스(Pallas)가 티베리우스 황제를 음모의 위험에서 구한 일 때문에 황제의 두터운 신임을 받아 로마 제국의 재정 장관이 되었고, 그의 막강한 권한과 영향력으로 총독이 되었다. 그의 사회적 지위에 이런 결함이 있는 것 이외에도 성질과 행동에 있어 아주 부도덕한 사람이기도 했다. 그는 아그립바의 누이인 두루실라를 그녀의 남편으로부터 유혹해내서 그녀와 결혼함으로써(cf. 행 24:24) 그녀로 하여금 "그녀의 조상들의 법을 범하게" 만들었고 그래서 유대인들에게 모욕감을 안겨주기도 했다.

벨릭스 총독이 52년에 예루살렘에 부임했을 때 당시 예루살렘의 대제사장은 요나단이었다. 이 시기 예루살렘에서는 열심당원들을 중심으로 로마 통치에 대한 강력한 반발이 아주 빈번하게 일어나고 있었다. 그런데 벨릭스 총독이 대제사장 요나단의 도움을 받아 로마에 반란 운동을 일으키던 시카리파 지도자인 디나에우스의 아들 엘르아살을 생포하여 로마로 보내고 그를 추종하던 많은 열심당원들과 또 그들을 지원했던 일반 백성들까지 십자가에 처형하는 일이 있었다.

그런 일 때문에 56년에 갈릴리 유다스의 손자인 므나헴 소속 사람이 사건을 일으켰다. 그가 이끄는 시카리파 암살자 한 사람이 순례자들의 틈을 비집고 들어가 대제사장 요나단에게 가까이 다가가서 **시카리**(단도칼)로 요나단을 죽이는 일이 일어난 것이다. 많은 유대 백성들의 눈에 요나단과 같은 대제사장들은 로마에 빌붙어 자신의 부귀를 누리는 원수들과 같은 존재들이었다. 이 사건과 연관해서 예루살렘에서는 메시아에 대한 열정, 즉 로마에 항쟁하는 운동이 뜨겁게 달아올랐다.

이즈음에는 아나니아스의 아들 예수라는 인물이 갑자기 예루살렘에 나타나서는 예루살렘의 멸망과 메시아의 임박한 도래를 예언하거나 "애굽인"이라고 불리는 신비주의 유대인 마술사가 나타나 스스로를 유대인의 왕이라고 선포하고는 수천 명이나 되는 추종자들을 감람산에 집결시키기도 했다. 로마군은 그곳에 모인 사람들을 모두 학살해버렸지만, 정작 애굽인이라고 불리던 사람은 놓친 것으로 알려졌다. 이런 일들을 제대로 잘 처리하지 못한 것 때문에 로마 당국은 벨릭스 총독을 불러들이고 새로운 총독인 포르키우스 페스투스를 임명하였다.

6. 포르키우스 페스투스(Porcius Festus, 60~62년)

사도행전 24:27에 보면 "보르기오 베스도(포르키우스 페스투스)가 벨릭스의 후임으로 직책을 맡게 되었다"는 기록이 소개되고 있는데, 페스투스를 벨릭스의 후임으로 총독에 임명한 사람은 네로였다. 그러나 그는 62년에 사망한 것으로 알려져 있다. 사도행전 25장에는 바울이 페스투스 앞에서 재판을 받는 이야기가 나온다. 페스투스가 유대인들의 환심을 사려고 그들로부터 고소된 바울을 예루살렘으로 보내 재판을 받게 하려고 했으나 바울은 그것을 거부하고 오히려 가이사 황제에게 상소하였다. 그래서 그가 로마로 보내지긴 했지만, 그가 실제로 가이사 황제 앞에서 재판을 받았는지의 여부에 대해서는 알려진 바가 없다.

페스투스 총독 당시 유대 땅은 열심당원들의 활동으로 아주 불안했다. 요세푸스의 기록에 의하면 사카리파의 숫자가 늘어났고, 그들은 은밀하게 활동하는 대신에 공개적으로 나서기 시작했다.[14] 그래서 새로 부임한 새 총독은 곧바로 그의 전임자들과 마찬가지로 또 다른 시카리파 지도자를 따르는 사람들을 억압해야만 했다. 그런데 62년에 죽은 페스투스 총독의 짧은 임기 동안 유대인들은 아그립바 왕이 예루살렘 성전을 내려다보는 궁전을 짓는 일 때문에 그와 충돌하고 있었다. 비록 유대인들이 황후 포파이아의 중재를 통해 자신들의 주장을 관철하기는 했지만, 이 사건을 통해 아그립바 왕이 그의 아비처럼 유대교에 대한 열심이 없을 뿐만 아니라 유대 백성들에 대한 영향력도 없다는 사실이 드러나게 되었다.

7. 루체이우스 알비누스(L. Lucceius Albinus, 62~64년)

페스투스의 뒤를 이어 곧바로 루체이우스 알비누스가 후임 총독으로 임명되었는데, 그가 유대 땅에 부임하기 전에 초대교회 역사에 중요한 의미가 있는 특별한 사건이 벌어졌다. 요세푸스에 따르면 바로 이 시기에 아그립바 왕이 대제사장의 아들인 아나누스(Ananus)를 대제사장에 임명했다. 그런데 사두개파에 속한 이 아나누스는 아주 대담하고 무모한 인물이었다. 그는 새로운 총독이 아직 부임하기도 전에 산헤드린 공회를 소집하여 "그리스도라고 불리는 예수"의 형제 야고보와 또 다른 사람들을 심문하고는 곧바로 "율법을 어겼다"는 죄목으로 정죄하여 돌로 쳐 죽이는 일이 벌어졌다. 죄목에 대한 별다른 설명도 없었을 뿐만 아니라 근거도 없었던 것으로 보인다. 당

---

14 Josephus, *Antiquities*, 185-186.

시 야고보가 많은 사람들의 존경을 받고 있었기 때문에 많은 유대인들이 아그립바 왕을 찾아가 아나누스가 더 이상 그런 일을 하지 못하게 해달라고 요청했고, 또 다른 사람들은 새로 부임한 총독을 찾아가 아나누스 대제사장이 총독의 동의도 받지 않은 가운데 산헤드린 공회를 소집한 것을 문제 삼기도 했다. 아나누스는 알비누스 총독으로부터 심한 책망을 받았고, 이어 아그립바 왕에 의해 대제사장직에서 제거되었다.

결국 대부분의 로마 총독들이 악명만 높은 무능한 인물들이었고, 이들은 하나같이 갖가지 위법과 부정 그리고 탄압과 폭정으로 유대인들의 반항 운동을 유발하는 데 일조했다.

8. 게시우스 플로루스(Gessius Florus, 64~66년)

아나누스 해임 2년 후 예루살렘에 파견된 로마의 마지막 총독인 플로루스도 66년에 다시금 유대인들의 분노를 일으키는 일을 저지르게 되었다. 플로루스 총독은 갑자기 유대인들이 로마에 17달란트(10만 데나리온, 35만 달러)의 세금을 덜 냈다고 말하면서 이를 추징하기 위해 무장한 호위병들을 이끌고 성전으로 들어가 성전 금고를 약탈했다. 이방인인 로마 군인들이 거룩한 성전 안에 들어간 것도 큰 문제였지만, 유대인들로서는 하나님께 제물로 바친 돈을 약탈해간 것은 더 큰 문제였다. 이런 신성모독이 없었다. 분노한 유대인들이 폭동을 일으키자 플로루스 총독은 예루살렘 중심부로 로마군 수천 명을 보내 닥치는 대로 학살했다. 군인들은 심지어 여자와 어린아이까지 죽였고, 집 안으로 들어가 잠자고 있는 사람들까지 살육했다.

이런 가운데 제사장으로서 성전 경비대장이라는 공무를 맡고 있던 젊은 엘르아살이 하층 제사장들의 지지를 받아 성전을 장악하고, 황제를 위해 매일 드리던 제사들을 더 이상 드리지 못하게 했다. 이로써 로마에 보낸 신호는 분명했다. 예루살렘의 독립선언인 셈이다. 곧바로 유대와 갈릴리, 베레아, 사마리아, 사해 주변의 모든 도시와 마을이 뒤따라 나서게 되었다. 므나헴도 시카리파를 이끌고 한걸음에 달려가 성전 경비대장과 힘을 합쳐 예루살렘에서 이교도들을 모조리 몰아냈다. 하나님의 거룩한 성 예루살렘이 로마에 의해 점령되었다는 망령을 완전히 씻어버리려는 것이었다. 이것이 바로 조그만 유대 나라가 그 당시 거대한 군사 강국인 로마 제국에 대항하여 일으킨 이른바 **유대전쟁**(66~70년)의 시작이었다. 이 전쟁을 가리켜 유대인 역사철학자인 Max I. Dimont는 "우표딱지만 한 나라가 세계의 거대한 억압자인 로마 제국에 대항해 일어났다"고 말했다.[15]

9. 신약 시대 유대를 통치한 로마의 역대 총독들과 로마 황제 통치 기간

1대 코포니우스 총독(AD 6~10년): 아우구스투스 황제(BC 27~14년)

2대 암비비아우스 총독(AD 10~13년): 아우구스투스 황제(BC 27~14년)

3대 안니우스 루푸스 총독(AD 13~15년): 아우구스투스 임명, 티베

---

15 "A postage-stamp-size country had risen against Imperium Romanum, the giant oppressor of the world." Cf. I. Dimont, *Jews, God and History*(New York: Signet Books, 1962), 101.

리우스 해임

4대 발레리우스 그라투스 총독(AD 15~26년): 티베리우스 황제(AD
    14~37년)

5대 본디오 빌라도 총독(AD 26~36년): 티베리우스 황제(AD 14~37년)

6대 마루셀루스 총독(AD 36~38년): 티베리우스 황제 임명, 칼리쿨
    라 황제 해임

7대 마릴루스 총독(AD 38~41년): 칼리굴라 황제(AD 37~41년)

8대 쿠스피우스 파두스 총독(AD 44~46년): 클라디우스 황제(AD
    41~54년)

9대 티베리우스 줄리우스 알렉산더 총독(AD 46~48년): 클라디우
    스 황제(AD 41~54년)

10대 벤티디우스 쿠마누스 총독(AD 48~52년): 클라디우스 황제
    (AD 41~54년)

11대 안토니우스 벨릭스 총독(AD 52~60년): 클라디우스 임명, 네로
    황제 해임

12대 포르키우스 페스투스 총독(AD 60~62년): 네로 황제(AD 54~68년)

13대 루체이우스 알비누스 총독(AD 63~64년): 네로 황제(AD 54~68년)

14대 게시우스 플로루스 총독(AD 64~66년): 네로 황제(AD 54~68년)

7장 | 유대전쟁(the Jewish War, AD 66~70)

로마 총독들에 의해 계속된 폭정과 만행은 유대인들의 반발을 불러일으키기에 충분했다. 유대인들의 마음속에서는 로마의 지배로부터 독립하려는 열망이 불타올랐다. 종교적인 면에서도 유대인들은 하나님의 거룩한 땅이 무지한 이방인 군인들에 의해 짓밟히고 있는 것을 도저히 받아들이기 힘들었다. 율법에 대한 열정과 열심으로 열심당원들의 주도에 따라 시작된 로마 반항 운동은 무지한 총독들의 유대교 신앙에 대한 모독과 폭정으로 인해 더욱 무르익어갔다. 그러던 즈음에 로마의 마지막 총독인 풀로루스(Gessius Florus) 총독이 예루살렘 성전의 금고를 약탈한 사건은 유대인들에게 큰 충격을 주었다. 로마 총독의 이 같은 성전 모독과 신성모독을 유대인들로서는 도저히 참을 수가 없었다. 여기에 자극을 받은 유대인들은 사두개파, 엣세네파 그리고 그 시기에 유대 땅에 살고 있던 유대인 기독교인들까지도 모두 열심당에게 몰려들어 로마에 대한 항쟁에 나섰다. 바로 이런 점에서 "로마를 상대로 벌인 유대인들의 전쟁의 진짜 원인은 종교적인 것이었다"[1]는 Brandon의 말은 백번 옳을 것으로 보인다.

---

1 Brandon, *The Fall of Jerusalem and the Christian Church*, 16.

열심당원들을 중심으로 유대인들이 로마 항쟁에 나선 것은 자기들이 로마 사람들보다 더 강하다고 믿었기 때문이라기보다 오히려 하나님으로부터의 기적적인 도움과 구원에 대한 믿음과 소망이 더 강했기 때문이었다. 이런 믿음과 소망은 여호와 하나님께서 그들의 조상을 애굽의 종살이로부터, 산헤립의 위협으로부터, 안디오커스 에피파네스의 잔인하고도 불경스러운 지배로부터 구원해 주었던 놀라운 역사에 근거한 것이었다. 하나님의 도우심에 대한 강한 믿음과 소망으로 유대인들은 66년 열심당의 주도 아래 예루살렘 밖에 있던 로마 수비대를 습격했다. 그리고 거기 주둔해 있던 로마 군단을 축출해버렸다. 이런 작은 승리를 계기로 모든 도시, 마을, 지방에서 반란이 일어났다. 작은 유대 나라가 세계의 군사 강국인 거대 로마 제국에 대항하는 전쟁이 드디어 시작된 것이다.

처음 1년 동안은 로마에게 충격적이었다. 가까운 시리아에서 로마 장군 세스티우스 갈루스(Cestius Gallus)가 그의 군단을 이끌고 반란 진압에 가세했지만, 유대인들의 반격을 받고 비참하게 참패하여 돌아갔다. 상황이 악화되고 중대하게 되자 네로 황제는 그의 장군들 가운데서 가장 용맹이 뛰어난 베스파시아누스(Vespasianus)를 택하여 선발된 군단을 지휘하도록 명했다. 베스파시아누스가 이끈 로마군은 67년 여름과 가을에 이미 갈릴리 지역들을 점령했고(『유대전쟁사』 3:443-4:120), 요단강 동부와 유대 및 이두매의 지방 도시들은 68년 봄에 정복되었다. 마지막 남은 것은 예루살렘이었다. 68년 6월 베스파시아누스는 예루살렘 성문 앞에 도착하여 진을 치게 되었다(『유대전쟁사』 4:366-490). 그러나 바로 이런 상황에서 전쟁은 로마 정부 내의 급변하는 정세 때문에 소강상태에 빠지고 새로운 국면을 맞이하게 되었다. 69년 로마 원로원이 베스파시아누스를 황제로 임명했기 때문이다. 베스파시아누스는 황제에 취임하기 위해 로마로 향할 수밖에 없었고, 따라서 베스파시아누스는 아들 티투스 (Titus)에게 유대인과의 전쟁을 맡기게 되었다.

새롭게 전쟁의 지휘자가 된 티투스는 이미 포위되어 있는 예루살렘의 유대인을 쳐부수기 위해서 8만의 군대를 동원했다. 예루살렘을 방어하고 있던 유대인 병사는 23,400명에 불과했지만,[2] 티투스는 만에 하나를 대비해 직접 예루살렘을 공격하는 일은 피했다. 그 대신에 예루살렘을 완전 포위한 상태에서 심리전을 통해 유대인을 두렵게 만들어서 스스로 항복하기를 기다리려고 했다. 티투스는 완전 무장한 군인들로 하여금 예루살렘 성벽을 완전히 둘러싸고 가공할만한 군사력을 과시하면서 시위를 벌였다. 여러 날 동안 성 밖에서 계속된 로마군의 이런 군사 시위에도 불구하고 성안에서는 이것을 바라본 유대인들이 오히려 박수갈채를 보내며 로마군을 조소했다. 이에 화가 난 티투스는 끝내 공격 명령을 내렸다. 2주일 동안 예루살렘의 북쪽 성벽을 겨냥하여 공성포로 수많은 바윗덩어리를 쏘아댔다. 성벽에 커다란 구멍이 뚫리자 이 구멍으로 로마 군인들이 쏟아져 들어갔고, 유대인들은 필사적으로 대항했다. 그리고 유대인은 2주간의 필사적인 백병전을 통해 로마 군인들을 성 밖으로 몰아냈다. 4년간 하나님의 도성 예루살렘은 다시 한번 유대인들의 통치하에 들어가게 되었고, 유대인들은 이것 역시 하나님께서 도운 결과라고 생각했다.

그러자 티투스는 예사로운 전투로는 이길 수 없음을 깨닫고 예루

---

[2] 요세푸스의 『유대전쟁사』에 의하면 당시 유대인의 전력은 Simon bar Giora가 이끌고 있던 1만 명, John of Gisela 지휘 아래 6,000명, 이두매인 5,000명, 열심당원 2,400명이었다.

살렘을 완전 포위한 뒤 유대인들을 굶주리게 만들어 항복하게 만드는 방법을 택했다. 티투스는 밖으로부터 물이나 식량이 일체 반입 되지 못하도록 예루살렘을 완전히 외부와 차단시켰다. 포위된 예루살렘 성안은 지옥과도 같았다. 굶주림과 페스트와 같은 악역으로 인해 많은 사람들이 죽어갔다. 열심당의 주장대로 끝까지 로마에 대항하여 싸우게 되면 비극적인 종말을 맞이할 수밖에 없다는 생각에 로마와 화친하자는 것이 더 좋다는 평화주의자들도 있었지만,3 이런 주장을 하는 사람들과 예루살렘을 벗어나 도망치려고 하는 사람들은 열심당원들에 의해 성 밖으로 내던져져 죽임을 당했다. 성 밖에서 로마군이 그랬던 것처럼 성안에서는 열심당이 절대의 권위를 갖고 지배하고 있었다.

유대인들은 1년을 더 버티고 전쟁은 4년째로 접어들게 되었다. 티투스로서는 당황하지 않을 수 없었다. 그래서 마지막으로 로마군은 밖에서 예루살렘 성벽을 넘어 들어갈 수 있는 교량을 만들어 그 위로 총진군했다. 성내에 돌입한 로마군은 굶주려서 맥없는 사람들을 마구 살육했다. 유대인으로부터 멸시당한 4년간 손상된 자존심을 가혹한 살육을 통해 풀어내려 했던 것으로 보인다. 예루살렘 성전에 불을 지르고 어린아이들을 그 불길 속에 던졌다. 로마 군인들을 여자들을 마구 강간했고, 제사장들도 모두 학살했으며 붙잡힌 열심당원

---

3 이런 생각을 가진 비둘기파 화친 주의자들도 많았던 것으로 알려져 있다. 대표적인 인물이 유명한 유대인 역사가인 요세푸스일 것이다. 그가 비록 전쟁 초기에 갈릴리의 지휘관으로 발탁되어 66년 겨울부터 67년 여름까지 베스파시아누스의 로마군과 대치하여 싸웠지만, 나중에는 로마의 편에 서서 "로마는 너무 강하며, 로마의 지배는 하나님의 뜻이고, 로마는 이스라엘을 징벌하려고 하나님이 보내신 도구이기 때문에 유대 민족은 폭력을 포기하고 회개하고 로마의 지배에 적응하여 살아야 한다고 그리고 이것이 유대인의 자멸을 막는 길이라"고 유대인들을 설득하기도 했다.

들을 성벽으로 내던져 죽여 버렸다. 결국 끈질긴 유대인들의 계속된 반발에도 불구하고 결국 유대전쟁은 피비린내 나는 살육과 함께 70년 9월 26일에 예루살렘이 완전히 점령되어 성전까지 불타버리는 결과로 막을 내렸다.

이처럼 모든 것이 불에 타버렸고, 거룩한 도성은 완전히 폐허가 되었다. 예루살렘에 사람이 살았던 적이 있었나 싶을 정도로 아무것도 남지 않았다고 요세푸스가 기록할 정도였다. 마가복음은 폐허가 되어버린 예루살렘 성전을 두고, 예수가 예루살렘 성전의 멸망에 대해 미리 예언해놓은 말씀의 형태[4]로 "네가 이 큰 건물들을 보느냐 돌 하나도 돌 위에 남지 않고 다 무너뜨려 지리다"(막 13:2)고 기록했고, 누가복음 저자는 예루살렘의 멸망과 관련하여 역시 예수가 미리 예언한 말씀의 형태로 "그들이 칼날에 죽임을 당하며 모든 이방에 사로잡혀 가겠고 예루살렘은 이방인의 때가 차기까지 이방인들에게 짓밟히리라"(눅 21:24)고 기록했다. 다른 한편으로 로마의 역사가인 타키투스는 예루살렘의 포위 공격 때에 살육된 유대인들의 숫자가 60만 명에 달한다고 말하면서 "로마인은 황폐를 낳고 그것을 평화라고 한다"고 기록한 바 있다.[5]

이렇게 공식적으로는 70년을 가리켜 예루살렘과 함께 유대 나라가 멸망한 해라고 말하지만, 사실은 좀 달랐다. 예루살렘이 마지막 함락되기 직전에 일부 열심당원들이 가족들을 대동하고 예루살렘을 빠져나와 사해 바다 근처의 마사다 요새로 피신했던 것이다. 그들은

---

4 이런 예언의 말씀들을 가리켜 a vaticinium post eventum 혹은 vaticinia ex eventu라고 말한다. 복음서 기록 자체가 예루살렘 멸망 이후에 기록되었기 때문에 그런 사건들을 다 보고나서 기록한 말씀이라고 보는 것이다.
5 Max I. Dimont, *Jews, God and History*, 106.

전쟁이 아직 끝나지 않았다고, 아직 패배하지 않았다고 소리치며 계속 저항했다. 로마군이 이 요새를 정복하기 위해 다시 2~3년이나 걸려야만 했었다. 마사다 요새는 사방이 절벽인 천혜의 요새인데다가 소수에 지나지 않았지만 열심당원들의 마지막 저항이 만만치 않았기 때문이다. 그러나 로마군은 최후의 수단으로 마사다 요새의 서쪽 편에 흙으로 경사로를 쌓아 올리기 시작했고, 마침내 공사가 끝나서 마사다 요새에 대한 로마군의 마지막 총공세를 펼 수가 있게 되었다. 로마군의 총공세가 있기 전날 밤 유대인 지도자였던 엘르아살 벤 아일은 960여 명에 이르는 동지들을 모아놓고 다음과 같은 마지막 연설을 하였다:

> "형제들이여, 이제 날이 밝으면 우리의 저항도 끝날 것입니다. 이제
> 우리는 분명한 행동으로 우리의 신앙을 입증할 때가 되었습니다.
> 우리에게 아직 자유가 있을 때, 우리 스스로 명예로운 죽음을 맞이합
> 시다. 우리의 아내들이 저들에게 욕보임을 당하지 않은 채로 죽음을
> 맞이하게 합시다. 우리의 자녀들이 노예가 무엇인지 모르는 채로
> 죽음에 이르게 합시다."

이 비장한 연설에 모두 한마음이 되었다. 로마군에게 승리를 안겨주지 않기 위해서 자살을 금지하는 율법 규정에 따라 남자들은 집에 돌아가 처자식과 이별의 포옹과 키스를 나눈 뒤에 자신의 손으로 가족들을 죽였다. 그리고 제비로 뽑힌 10명이 나머지 남자들을 모두 죽였고, 다시 제비로 뽑힌 한 명이 나머지 9명의 남자들을 죽인 후에 자신은 칼 위에 엎드려 죽음을 택했다. 다음 날 아침 로마군이 마사

다 요새 안으로 쳐들어왔을 때 살아 있는 사람들은 하나도 없었고, 그들은 허망한 승리에 만족해야만 했다. 그들이 마사다 요새는 정복했지만, 유대인들을 이기지는 못했기 때문이다.

유대 나라의 마지막 멸망과 함께 유대 나라의 정치적, 종교적, 사회적 생활의 중심인 예루살렘 성전까지 "돌 위에 돌 하나 남지 않고" 무너져버림으로 인해서 유대교란 종교 자체가 심각한 타격을 받고 전무후무한 변화를 겪게 되었다. 유대인들은 예루살렘 성전이 잿더미가 됨으로 인해서 더 이상 모세 율법이 요구하는 여러 가지 각종 제사를 드릴 수 없게 되었다. 한 마디로 제사 중심의 종교인 유대교가 종말을 맞게 되었고, 자연히 유대 백성들의 실질적인 지도자들이었던 제사장 그룹 또한 더 이상 제사드릴 일이 없어지는 바람에 곧바로 역사의 무대로부터 사라지게 되었다. 이 때문에 유대교 자체가 제사장이 주도하는 제사 중심의 종교로부터 새로운 지도자로 등장하게 된 랍비들의 지도하에 회당에서 율법을 가르치며 배우는 일종의 율법 종교로 바뀌게 되었다.

이것을 두고 홀츠만(Holzmann)은 그의 저서 『유대나라의 종말』(*Das Ende des juedishen Staatswesens*, 673)에서 "유대인의 신앙을 위한 새로운 시대가 시작되어야만 했다. 성전에서 예루살렘까지, 지금까지의 유대교는 더 이상 존재하지 않게 되었다"고 말했다. 다른 한편으로 브랜든(S.G.F. Brandon)은 "유대교는 율법 연구와 회당 예배를 새롭게 결합하는 형태로 남게 되었다. 성전이 아니라 탈무드가 이스라엘 민족정신을 상징하게 되었다"고 말한다.[6] 따라서 유대 나라가

---

6 "a new bond of union in the study of the Law and the worship of the synagogue; the Talmud, not the Temple, would from hence force symbolize the spirit of

망하고 예루살렘 성전이 불타버린 70년을 기준으로 이전의 유대교와 이후의 유대교는 아주 달라지게 된 셈이다. 새로운 유대교의 탄생인 셈이고, 결국 70년은 **랍비적 유대교**(the Rabbinic Judaism)란 새로운 유대교의 기원이 되어버렸다.

1. 랍비적 유대교의 탄생과 랍비 벤 자카이(Ben Zakkai)

66년에 시작된 유대전쟁은 70년에 예루살렘이 마지막으로 함락되고, 예루살렘 성전까지 불타 잿더미가 됨으로써 끝을 맺게 되었다. 유대전쟁은 유대 나라 자체의 멸망과 함께 유대교란 종교의 뿌리까지 뽑히는 불행을 가져다주었다. 유대교란 종교의 토대이며, 그 중심이라고 말할 수 있는 예루살렘 성전이 불타고 허물어져 잿더미가 되어버렸기 때문이다. 제사 중심의 종교였던 유대교가 더 이상 제사드릴 수 없게 되면서, 제사장 계급들도 더 이상 필요 없는 존재가 되어 하루아침에 역사의 뒤안길로 사라져버리게 되었다. 제사 중심의 유대교, 제사장 중심의 유대교가 종말을 맞게 된 것이다. 그러나 놀랍게도 유대교는 70년 이후에 새롭게 율법 중심의 종교로 부활하게 되었다. 이른바 랍비적 유대교(the Rabbinic Judaism)의 출현이다. 유대전쟁 이전의 유대교와 그 이후의 유대교는 결코 같은 유대교가 아니었다. 이처럼 유대교가 유대전쟁의 와중에서 혁명적인 탈바꿈을 하는 과정에서 이런 혁명적인 변화를 미리 내다보고 준비한 중요한 인물이 있었는데, 그 사람이 바로 랍비 요하난 벤 자카이(Rabbi Johannan Ben

---

Israel's race." Cf. *The Fall of Jerusalem and the Christian Church*, 166.

Zakkai)였다.

68년이란 해는 유대전쟁 가운데서 군사적으로 별다른 의미가 없는 해였다. 그러나 유대교의 역사 가운데서는 아주 중요한 의미를 갖는 해라고 말할 수 있다. 68년에 로마군은 이미 유대 땅을 점령하고 있었기는 했지만, 마지막 목표였던 예루살렘은 아직 장악하지 못하고 있었다. 열심당원들을 중심으로 극악스럽게 버티는 유대인들의 저항을 쉽게 짓밟을 수가 없었다. 그러자 당시 로마의 지휘관이었던 베스파시아누스 장군은 예루살렘을 완전 포위하여 고립시킴으로써 굶주림으로 인해 결국 스스로 항복하기를 기대하며 기다리고 있었다. 전쟁이 소강상태에 들어간 셈이었다.

이때 예루살렘 성안에서 유대교의 미래를 염려하던 존경받는 한 노인 랍비가 있었다. 바리새파에 속한 요하난 벤 자카이란 랍비였다. 그는 열심당원의 방침과 주도에 따라 끝까지 로마에 항쟁하면 결국 유대 나라는 비극적 종말을 맞을 수밖에 없다고 생각했다. 로마에 대한 항쟁에 대해 아무런 희망을 가질 수 없었던 그는 유대전쟁 이후의 유대교를 염려하면서 유대 백성과 함께 유대교를 살아남게 할 방안에 대해 고민하던 끝에 로마의 지휘관인 베스파시아누스 장군을 만나 담판을 해 볼 계획을 하게 되었다. 유대전쟁이 비극적으로 끝나더라도, 유대인들이 로마 세계로 흩어지는 불행을 당하더라도 유대인들이 언제나 어느 곳에서나 유대인의 정신을 잃지 않고 하나님의 백성으로 살아가게 만들기 위해 하나님의 율법을 연구하며 가르칠 학교가 필요하다고 생각하게 되었다. 그래서 벤 자카이는 예루살렘을 포위하고 있는 로마군 지휘관인 베스파시아누스를 만나 이런 율법학교 설립을 놓고 담판을 벌이려고 계획했다.

그러나 벤 자카이로서는 열심당원들이 장악하고 있는 예루살렘을 어떻게 빠져나가 로마 장군을 만날 것인가가 문제였다. 당시 열심당원들은 살아남기 위해 예루살렘을 이탈하려는 사람들이나 로마와 화친할 것을 주장하는 사람들을 모조리 잡아 성 밖으로 내던져 죽이면서 예루살렘 성을 완전히 봉쇄하고 있었기 때문이었다. 벤 자카이는 열심당원들의 눈을 속이기 위해서 한 가지 계략을 짜냈고, 믿을 수 있는 몇 명의 제자들만을 불러 자신의 계략을 설명해 주었다. 제자들은 곧바로 베옷을 입고 거리에 나가 옷을 찢으며 위대한 스승이신 벤 자카이가 병으로 갑자기 돌아가셨다는 슬픈 소식을 전했다. 그리고 그들은 병의 전염을 막기 위해서 스승의 시신을 성 밖에 매장할 수밖에 없다고 신청하여 열심당의 허락을 받았다. 율법을 따르더라도 사람이 죽으면 성 밖에 매장해야 했는데, 마침 당시 성내에는 전염병 때문에 죽어가는 사람들이 많이 생기던 때였다. 슬픔에 빠진 벤 자카이의 제자들은 상복을 입고 재를 바른 채 살아 있는 벤 자카이를 관 속에 넣었다. 그리고 예루살렘을 빠져나와 곧바로 베스파시아누스의 천막까지 가서 관을 열고 살아 있는 랍비 벤 자카이를 나오게 했다. 패망하는 유대 나라의 종교 지도자 가운데 한 사람인 랍비 벤 자카이와 예루살렘 점령을 눈앞에 둔 로마의 지휘관인 베스파시아누스 장군의 만남은 이렇게 이루어졌다.

　　랍비 벤 자카이가 로마의 장군에게 예언할 것이 하나 있고 또 청원할 것이 하나 있다고 입을 열었다. 벤 자카이는 대담하게도 베스파시아누스 장군이 머지않아 로마의 황제가 될 것이라고 예언했고, 그렇게 되었을 때 자기와 자기 제자들이 옛적부터 전해오는 유대교의 율법을 조용히 연구할 수 있는 학교를 팔레스틴의 어느 마을에 세울 수 있도록 허락해달라고 청원했다. 이런 벤 자카이의 예언은 특별한 초능력에서 나온 것이라기보다 그의 빈틈없는 정세 판단과 계산에 의한 것이었다. 바로 그 해에 네로 황제가 자살했었던 데다 당시 로마는 황제 계승에 대해서 따로 법을 두지 않았기에 늘 가장 강한 인물이 황제의 자리에 오르곤 했었다. 벤 자카이의 판단으로는 당시 로마 황제의 자리에 오를 수 있는 가장 강력한 인물이 바로 베스파시아누스 장군이었다. 이후 세 사람의 무능한 인물이 황제의 자리에 차례로 올랐지만, 수개월 안에 모두 암살되는 일이 벌어졌다. 그래서 벤 자카이의 예언이 그대로 적중하게 되었다. 아직 유대전쟁이 끝나지도 않은 69년에 로마 원로원은 당시 예루살렘을 포위 공격하고 있던 베스파시아누스 장군을 로마의 황제로 소환했다. 베스파시아누스는 유대전쟁을 자기의 아들 티투스(Titus)에게 맡기고 로마로 돌아갔다. 베스파시아누스는 수염 난 늙은 랍비의 예언에 두려움을 느끼면서 기꺼이 벤 자카이와의 약속을 지켰다. 그래서 요하난 벤 자카이는 예루살렘의 북쪽 야부네(일명 얌니아) 마을에 최초의 예쉬바(Yeshiva), 즉 유대 율법 학교를 창설했다. 이것이 바로 유대전쟁 이후 유대교를 다시금 율법 종교로, 랍비적 유대교로 부활시킨 중요한 발판이 된 셈이다.[7]

---

7 Cf. Max I. Dimont, *Jews, God and History*(New York: Signet Books, 1962), 102-104.

8장 | 유대인의 18 기도문(the Eighteen Benedictions)

70년에 있었던 유대 나라와 예루살렘 성전의 멸망은 성전 중심의 제사 제도에 종말을 고하게 되었고, 제사 제도의 종말은 제사장 계급의 종말을 가져오게 되었다. 유대교 자체가 성전 중심에서 회당 중심으로, 제사장 중심에서 랍비 중심으로 바뀌는 결정적인 계기가 되었다. 이른바 **랍비적 유대교**(the Rabbinic Judaism)의 시작이었다. 유대 나라와 예루살렘 성전의 멸망 직후 유대교 지도자들은 랍비 벤 자카이(Johannan ben Zakkai)를 중심으로 얌니아에 율법 학교를 세워서 민족적 재난에도 불구하고 유대교를 계속 보전하고, 유대 백성들로 하여금 계속 하나님의 백성으로 살아가도록 율법 교육에 매진하게 되었다.

특히 얌니아 종교회의에서 랍비들이 신경을 썼던 일은 당시 유대교가 직면했던 두 가지 위협, 즉 안과 밖으로부터 오는 위협에 대해 적절한 조치를 강구하여 유대교를 잘 지키는 일이었다. 첫째는 전무후무한 국가적인 재난 속에서 무엇보다도 유대교를 내부의 분열과 와해로부터 지켜내는 일이었다. 그것을 위해서는 먼저 내적인 결속과 통합을 강화하는 일이 중요했다. 이미 유대전쟁의 패배로 열심당원들 그리고 사두개파의 제사장 계급은 자연히 사라져버리게 되었다. 그래서 이제는 바리새인들을 중심으로 힐렐(Hillel)파와 샴마이(Shammai)파 간의 차이와 갈등을 치유하고, 구약성서를 경전화시키고, 모든 유대인들을 위한 공통된 달력을 제정함으로써 바리새적 유대교 곧 랍비적 유대교를 확립하게 되었다.

둘째는 유대교 외부로부터의 위협에 대한 것이다. 즉, 이교 사상을 막아내며, 특히 새로이 시작된 기독교의 선교적 확장에 적절히 대처하여 유대교를 지키는 일이었다. 이 일을 위해서 취했던 정책의 주요 방향은 무엇보다도 '이단 배척'이었다. 영지주의와 같은 이교 사상뿐만 아니라 당시 유대교로서는 무엇보다도 기독교회의 활발한 선교 활동의 결과로 많은 유대인들이 유대교를 떠나 개종해가는 것을 막는 일이 시급했다. 기독교의 성장이 유대교의 부분적인 와해를 의미하는 것으로 생각되었기 때문이다. 그러나 예수를 믿으며 기독교로 개종하는 유대인들만이 문제가 아니었다. 더 골칫거리는 예수를 메시아로 믿으면서도 여전히 다른 유대인들과 똑같이 회당에 남아 있는 유대인들이었다. 회당 안에 "숨어 있는 기독교인들"이 많이 있었다.

그래서 85년경에 이르러 랍비 가말리엘 II세 때에 랍비들은 유대교를 지키며 유대인들의 내적인 결합을 공고화하기 위해서 회당 예배를 위한 기도문을 새로이 채택하여 도입하게 되었다. 이른바 18기도문(Eighteen Benedictions, "Shemoneh Esreh")이다. 이 기도문을 도입하면서 유대 당국자들은 유대인들 가운데서 예수를 메시아로 믿고 기독교로 개종하는 사람들을 막아내기 위해서 그리고 또한 예수를 메시아로 믿으면서도 여전히 유대인으로서의 가정생활 및 사회생활을 그대로 견지하기 위해 회당 예배에 그대로 참석하고 있는 사람들을 찾아내 축출하기 위해서 이 18개의 기도문 가운데 열두 번째 기도문인 **이단자들을 위한 저주 기도문**(the Birkat ha-Minim)을 도입하여 첨가하였다. 우선 그 18 기도문의 전체 구조와 주제를 살펴보면 대략 다음과 같다:

서론: 하나님께 대한 찬양

1. 하나님을 아브라함, 이삭, 야곱의 하나님으로 찬양한다.
2. 삶과 죽음에 대한 권능을 가진 하나님을 찬양한다.
3. 하나님의 거룩하심을 찬양한다.

본론: 하나님께 대한 청원

4. 하나님께 생각하고 이해할 수 있는 능력을 달라고 구하며 간구한다.
5. 하나님께 우리가 그분의 토라의 율법을 따르도록 도와달라고 간구한다.
6. 하나님께 우리의 죄를 용서해 달라고 간구한다.
7. 하나님께 여러 문제들로부터 우리를 구해 달라고 간구한다.
8. 하나님께 아픈 자를 고쳐 달라고 간구한다.
9. 하나님께 농산물을 축복하고 우리에게 생계를 제공하도록 간구한다.
10. 유대인 망명자들을 이스라엘 땅으로 돌려보내 달라고 하나님께 간구한다.
11. 하나님께 지구상에서 공정한 판사를 주십사고 간구한다.
12. 하나님께 유대인들을 비방하는 이단자들을 처벌해 달라고 간구한다.
13. 하나님께 의로운 사람들을 지지해 달라고 간구한다.
14. 하나님께 예루살렘 성전의 재건을 간구한다.

15. 하나님께 메시아를 보내달라고 간구한다.
16. 하나님께 우리의 모든 기도를 들어달라고 간구한다.

결론: 하나님께 대한 감사
17. 우리의 기도를 들어주신 하나님께 감사한다.
18. 하나님의 일반적인 축복에 대해 감사한다.

이 18개 기도문들 가운데 특히 초기 기독교인들과 관련하여 아주 중요했던 기도문은 18 기도문 가운데 나오는 열두 번째 기도문 곧 이단자들을 위한 저주 기도문(the Birkat ha-Minim)이었다. 그 기도문의 내용은 다음과 같이 되어 있다.

> "중상하는 자들은 소망이 없게 하시며, 모든 사악한 것이 한순간에 사라지게 하시며, 당신의 모든 원수들이 당장에 죽임을 당하게 하시며, 교만의 지배를 근절하고 우리 시대에 곧 겸손케 하시옵소서. 원수들을 치시며, 오만한 자들을 겸손케 하신 주님 당신은 복되시옵니다."

그러나 이 기도문의 지금 형태는 후대에 다시 수정된 것으로 알려져 있고, 초기의 본래 형태는 다음과 같았던 것으로 전해지고 있다.

> "박해자들에게는 소망이 없게 하시고, 오만의 지배를 우리 시대에 당장 근절시키시오며, 기독교도들과 미님(minim: 이단자)들을 일순간에 멸하시오며, 그들의 이름을 생명의 책에서 도말하시사 의인들과 함께 기록되지 않게 하옵소서."

유대인의 18 기도문 가운데 열두 번째 기도문인 '이단자들을 위한 저주 기도문'이 포함되게 된 것은 유대인들의 기독교 개종을 경계했던 유대 당국자들의 의도 때문일 것이다. 우리는 요한복음의 다음과 같은 본문들 가운데서 그런 의도와 배경을 잘 찾아볼 수 있다고 생각된다.

요한복음 9:22에 의하면 "이미 유대인들이 누구든지 예수를 그리스도로 시인하는 자는 출교하기로 결의하였다"(ἤδη γὰρ συνετέθειντο οἱ Ἰουδαῖοι ἵνα ἐάν τις αὐτὸν ὁμολογήσῃ Χριστόν ἀποσυνάγωγος γένηται)는 언급이 나온다. 이 본문은 "요한복음이 기록되기 이전 어느 시기에 유대교 내의 권위 있는 집단이 예수를 메시아로 믿는 신앙에 대해 공식적인 결정을 내렸다"는 것을 의미한다. 유대 당국이 예수를 메시아라고 믿는 사람은 누구든지 회당에서 쫓아내기로 이미 결의한 바 있다고 언급되고 있기 때문이다.

그리고 이 본문은 이미 유대인들 중에 예수를 메시아로 믿고 따르는 사람들이 이미 많이 생겨났음을 암시하기도 한다. 실제로 초대교회가 시작된 이후 세례를 받으며 신도가 된 사람들의 숫자가 삼천 명(행 2:41)으로 그리고 또 오천 명(행 4:4)으로 늘어났고, 그 가운데는 제사장들(행 6:7)과 바리새인들(행 15:5)도 있었던 것으로 알려지지 않았던가? 그들은 예수를 믿으면서도 여전히 자신이 유대교인이라는 사실을 부인하지 않았고, 따라서 다른 유대인들과 똑같이 성전을 출입하며(행 3:1) 회당 예배에 참석했던 것으로 보인다. 당시 대부분의 유대인들은 예수를 메시아로 믿는 것과 그러면서도 계속 회당의 일원으로 남는다는 것이 결코 상충 혹은 대치되는 것으로 생각하지 않았다. 이런 사람들의 숫자가 자꾸 늘어나는 것이 유대 당국으로서는 적지 않은 위협으로 생각되었을 것이고, 분명히 그것을 막기 위한 어떤 조치가 필요하다고 생각했을 것이다.

요한복음 12:42에서는 좀 더 다른 상황을 보게 된다: "의회원 중에서도 예수를 믿는 사람이 많이 있었으나 바리새파 사람들을 꺼려 고백은 하지 않았습니다. 그들이 회당에서 쫓겨날까 두려워했기 때문입니다"(διὰ τοὺς Φαρισαίους οὐχ ὡμολόγουν ἵνα μὴ ἀποσυνάγωγοι γένωνται). 물론 예수를 메시아로 고백하는 것 때문에 스스로 회당을 떠난 사람들도 있었겠지만 아마도 더 많은 사람들은 유대 당국에 의해 강제로 회당으로부터 축출되기도 했을 것이다. 그러나 그런 사람들만 있었던 것도 아니었다. 유대인들 중 상당수가 그것도 의회원 중에서도 예수를 메시아로 믿는 사람들이 늘어나고 있었다. 더구나 예수를 메시아로 고백하면서도 바리새인들에 의해 회당으로부터 축출되어 유대인으로서의 정상적인 가정생활 및 사회생활을 하지 못하게 되는 것을 두려워하여 기독교인으로서의 자신의 정체성을 숨긴 채 여전히 회당 예배에 참석하는 사람들도 많이 있었다. 흔히 "숨어 있는 기독교인들"(the crypto-Christians 또는 the secret Christians)이라고 불리는 사람들이다. 이런 사람들의 숫자가 많아지자 자연히 유대 당국자들이 이런 사실을 알게 되었다. 그런 사람들을 찾아내고 회당으로부터 축출하기 위해서 열두 번째 기도문, 이른바 이단자들을 위한 저주 기도문을 도입한 것으로 보인다. 회당 예배 때에 다 같이 서서 큰 소리로 18 기도문을 드릴 때 이런 사람들이 쉽게 발견될 수 있다고 생각했기 때문이다.

유대 당국자의 입장에서는 유대인으로서 **예수의 제자**이면서 동시에 **모세의 제자**가 될 수 없다는 것을,[1] 즉 유대인으로서 예수를 믿으면서 동시에 회당에 출입할 수 없다는 것을 분명히 할 수밖에 없었을 것이다. 따라서 초기 기독교와 유대교는 이제 서로 **예수의 제자**와 **모세의 제자**로 분명히 갈라서서 완전히 적대적인 관계(the synagogue-church rivalry)에 들어가게 되었다. 그리고 이런 상황은 결과적으로 지금까지 회당 안에 머물러 있던 "기독교적인 유대인들"(the Christian Jews)이 드디어 "유대적인 기독교인들"(the Jewish Christians)로 다시 태어나는 결정적 계기가 되었다.

16:2에서는 우리가 또 다른 상황을 만나게 된다: "사람들이 너희를 출교할 뿐 아니라 때가 이르면 무릇 너희를 죽이는 자가 생각하기를 이것이 하나님을 섬기는 일이라 하리라"(ἀποσυναγώγους ποιήσουσιν ὑμᾶς ἀλλ᾽ ἔρχεται ὥρα ἵνα πᾶς ὁ ἀποκτείνας ὑμᾶς δόξῃ λατρείαν προσφέρειν τῷ θεῷ). 유대 당국자들은 예수를 메시아로 고백한 유대인들을 회당에서 축출했을 뿐만 아니라 그들을 잡아 죽이기까지 했었다는 사실이 언급되고 있다. 그들로서는 이런 이단자들을 잡아 죽이는 일이 하나님을 섬기는 일이라고 생각했다는 의미이다.[2] 그러나 아이러니하게도 후대 역사 속에서는 오히려 기독교인들이 유대인들을 잡아 죽이는 일이 벌어졌고, 그때 기독교인들 또한 그것이 하나님에 대한 충성이라고 생각하기도 했었다.

예수를 믿는 기독교인들이 유대인들의 회당으로부터 쫓겨나는 상황에 대한 언급이 요한복음에서만 나오는 것은 아니다. 누가복음에서도 이런 상황을 반영하는 본문이 발견되기 때문이다. 4:29에 보

---

1 요한복음 9:28에 보면 바리새파 사람들이 "그대는 그 사람(=예수)의 제자이지만, 우리는 모세의 제자요"라고 말하고 있다.
2 *Midrash Rabbah* xxi 3 on Num 25:13 remarks: "If a man shed the blood of the wicked, it is as though he had offered a sacrifice."

면 예수가 안식일에 나사렛 회당에서 그의 공생애 첫 설교를 마쳤을 때 "회당에 있는 자들이 이것을 듣고 다 크게 화가 나서 일어나 (그를) 동네 밖으로 쫓아냈다(ἐξέβαλον αὐτὸν)"고 했다(눅 4:29-30). 이때 사용된 헬라어가 ἐκβάλλω이다. "밖으로 쫓아내다"란 의미이다. 누가가 비록 "회당으로부터의 축출"(ἀποσυνάγωγος)이란 단어를 사용하지는 않았지만, 예수가 회당에서 쫓겨난 것이기에 요한복음에서 언급된 바 있는 ἀποσυνάγωγος와 똑같은 일이 벌어진 셈이다. 예수가 나중에 그의 제자들을 향해서 "사람들이 너희를 미워하고 또 인자 때문에 너희를 배척할 것(ἐκβάλωσιν)"이라고 말했는데, 여기에 사용된 헬라어도 역시 ἐκβάλλω이다. 그래서 E. Schuerer는 예수가 "인자를 인하여 사람들이 너희를 미워하여 멀리하고 욕하고 너희 이름을 악하다 하여 쫓아낼 것(ἐκβάλωσιν)"(눅 6:22)이라고 말한 이 구절이 요한복음 9:22; 12:42; 16:2과 똑같이 유대 당국의 파문 조치에 대한 언급(reference to the Jewish ban)을 의미하는 것으로 받아들이고 있다.3 따라서 누가복음 저자도 요한복음의 경우와 마찬가지로 1세기 말경에 그의 복음서를 기록하면서 예수의 제자들이 회당으로부터 축출을 당해 쫓겨나는 상황을 염두에 두고 기록했던 것으로 생각된다.

결국 유대 당국이 회당 예배를 위해 18 기도문(the Eighteen Benediction)을 도입하면서 그 가운데 열두 번째 기도문으로 이단자들을 위한 저주 기도문(the Birkat ha-Minim)을 포함시킨 것은 본래 의도와는 별도로 유대인들 가운데서 시작된 예수 운동이 유대교

---

3 Cf. Louis Martyn, *History & Theology in the Fourth Gospel*(Nashville: Abingdon, 1979), 156.

로부터 완전히 독립된 기독교 운동으로 발전하는 중요한 결과를 가져왔다고 말할 수 있다. **모세의 제자들**이 **예수의 제자들**로 바뀌었고, 기독교적 유대인들(the Christian Jews)이 유대적 기독교인들(the Jewish Christians)로 바뀌었으며 끝내 세계적인 종교로 발전한 기독교의 일원으로 다시 태어날 수 있게 되었기 때문이다.

9장 | 유대교 내의 여러 종파들*

1. 사두개파와 바리새파(the Sadducees & the Pharisees)

사두개파와 바리새파는 분명 서로 다른 종파로 구분되지만, 복음서에서는 함께 언급되는 일이 자주 있는 편이다.[1] 그들이 예수를 잡아 죽이는 데 뜻을 같이했던 공동의 적이었기 때문이라고 생각된다. 두 종파의 차이를 좀 더 분명히 알기 위해서라도 그 둘을 함께 비교하며 다루는 것도 좋을 것 같아서 여기서는 같은 항목에서 함께 다루어 보고자 한다.

사두개파는 지도계층의 제사장들과 세력 있는 가문으로 이루어진 권력층을 통칭하는 용어이다. 사두개인(Sadducees)이라는 명칭은 다윗 시대의 대제사장 사독(Zadok)의 후손을 지칭한다(대상 1:28-45, 5:30-41; 왕상 2:35). 특히 에스겔이 "레위의 후손 중 사독의 자손들이 여호와께 가까이 나아가 수종 드는 자"(겔 40:46)라고 지칭하였기 때문에 사두개파는 자신들이 합법적인 제사장 계층이라는 것을

---

* 종파(sect)란 말보다는 오히려 파벌, 분파, 학파 혹은 운동이란 말이 더 적절할 수도 있다.
1 마태복음 3:7; 16:1, 6, 11, 12 등.

주장하였다. 이들이 정치적 그룹으로서 대두된 것은 히루카누스 (Hyrcanus, BC 135~105년)의 통치 때부터였다. 이들은 헬라화된 하스모니아 왕가와 밀접한 관계를 유지했는데, 이런 이유 때문에 유대 국가의 정통성을 유지하려 했던 바리새파들과는 대립 관계에 놓이게 되었다. 사두개파와 바리새파 간의 오랜 차이와 갈등의 뿌리는 하스모니아 왕가의 정치적 분열에까지 소급되는 것으로 생각된다. 하스모니아 왕가에서는 형제끼리 서로 물어뜯고, 아비와 자식이 서로 으르렁거리며 다투었다.

유대인의 역사 가운데서 두 형제간의 대립은 여러 번 반복적으로 나타났다. 예를 들어 가인과 아벨, 이삭과 이스마엘, 야곱과 에서, 솔로몬과 아도니아 간의 대립이 바로 그러했다. 그런데 이것이 하스모니아 왕가에서는 알렉산드라(BC 78~69년)의 두 아들, 히르카누스 II세와 아리스토불로스 II세 간의 다툼으로 나타났다. 알렉산드라 여왕은 여자라서 대제사장이 될 수 없었기 때문에 그녀는 장남인 히르카누스를 그 자리에 앉히려고 했었다. 그런데 히르카누스는 바리새파였다. 알렉산드라가 죽은 후 히르카누스 II세가 재빠르게 왕위에 즉위하자 사두개파에 속한 동생 아리스토불로스 II세는 이 왕위 강탈에 항의하여 반란을 일으켰다. 그리고 제사 계급에 속한 사람들이 이에 동조했기 때문에 끝내 히르카누스 II세는 퇴위당하는 결과를 맞게 되었다. 결국 내란이 시작된 셈이다. 바리새파에 속한 히르카누스가 나바티아 인들의 도움을 받아 다시 곧바로 왕위를 탈환하기는 했다. 그러나 사두개파에 속한 아리스토불로스 II세는 이에 대항하면서 로마의 도움을 청했고, 로마 당국이 히르카누스를 퇴위시켜 국외로 추방하자 아리스토불로스가 다시 집권하게 되었다. 사두개파가 로마의 지배에 호응하며 외세에 협조하는 입장은 이미 이때부터 드러나고 있었던 셈이다.

예수 시대에 사두개파는 제사장들 그리고 세습 귀족들과 신흥 부자들로 주축이 되어 있었다. 이들은 예루살렘 공의회였던 산헤드린을 장악하고 있었으며, 공의회 의장이었던 대제사장은 막강한 권력을 행사하였다. 사두개인들은 그들의 신분과 지위를 이용하여 유대 사회에서 막강한 권력을 휘둘렀지만, 대중적인 인기를 얻지는 못하였다. 그들이 바리새인들에 비해 대중적으로 인기가 없었던 주요 원인은 사두개인들이 자신들의 현재 권력을 그대로 유지하기 위해 이방 세력인 로마와 손을 잡고 있었기 때문이다. 특히 산헤드린은 세금을 징수하는 일을 관할하고 있었기 때문에 로마 총독의 입장에서는 주요 지배 계급인 이들과의 우호적인 관계가, 사두개인들로서는 자신들의 권력 유지를 위해서 로마의 지지가 절대적으로 필요했다. 더구나 당시 로마 당국이 대제사장을 임명하기도 했던 때였기에 더욱 그러했다.

지체 높은 제사장 가문인 사두개파와는 달리 바리새파는 일종의 중간 계층을 대변하는 그룹이었다. 주로 율법을 연구하는 서기관들, 예루살렘 성전 제사에 소외된 하급 제사장들 그리고 율법에 따라 살기를 다짐하는 중산층들로 구성되어 있었다. 그들은 성전 중심의 사두개파와 달리 바벨론 포로기에 페르시아에서 시작된 회당을 종교 활동의 중심지로 여겼다. 따라서 성전에서의 제사 행위 이상으로 회당에서 율법을 읽고 토론하며 해석하는 일과 기도하는 일을 중요한 종교의식으로 발전시켰다.

바리새파는 이스라엘이 포로기를 지날 때 이교도들과 그들의 우상 숭배적인 문화에 크게 노출되었기 때문에 유대교의 종교적 순수성을 지키기 위해서, 즉 이교도들의 불결한 종교적 문화적 영향으로부터 자신들을 구별하기 위해서 노력하였다. '바리새'란 말 자체가 '구별'이란 의미를 갖고 있었다. 그들은 구약 외경인 에스드라서(Esdra)에 나오는 다음과 같은 말씀에 의거 하여 이교도들의 영향으로부터 자신들을 구별하고자 애썼다: "이제 당신의 조상들의 하나님 주께 죄를 고백하고 그를 기쁘시게 하며 이 땅의 사람들과 당신의 이방인 아내들로부터 당신 자신을 구별하시오." 결국 이들은 유대교를 위협하는 이교도와 이교적 영향에서 구별되는 사람들이라는 의미에서 바리새파(Pharisees)로 불리게 되었다.

사두개파와 바리새파는 복음서에서 가장 많이 언급되는 분파들이다. 사두개파는 예언자 시대 이전의 유대교 주요 사상인 성전과 제사장과 제사를 대표하는 데 비해서 바리새파는 예언자 시대 이후의 유대교 사상인 시나고그(회당)와 랍비와 기도를 대표한다.[2] 사두개파는 성전을 중심으로 제사장들로 구성된 귀족 계급인 반면에 바리새파는 회당을 중심으로 랍비들로 구성된 대중적인 계급이었다. 사두개파는 좀 더 정치적이었으며, 바리새파는 좀 더 종교적이었다고 말할 수도 있다. 그러나 사두개파는 정치적으로 아주 자유주의적이며 진보적인 입장을 갖고 있었다. 그래서 그들은 로마의 지배라는 현실을 그대로 받아들이며, 자신들의 지위와 권력을 그대로 유지하기 위해 로마와 협력하여 현상을 유지하려는 정책을 썼다. 그리고 그들의 이런 자유주의적이며 진보적인 입장 때문에 그들은 이방 문화인 헬라 사상의 영향도 유대교에 위협이 되지 않는 한 그대로 받아들이

---

2 Max I. Dimont, *Jews, God and History*, 88.

는 것이 마땅하다고 생각하였다.

그러나 바리새파는 정치적으로 아주 보수적이어서 이방 세력인 로마의 지배를 용납할 수 없었고, 바로 이런 점에서 로마의 통치에 협력하는 사두개파와는 분명한 차이를 보였다. 그렇지만 종교적인 면에 있어서는 아주 진보주의적인 편이어서 모세 율법의 권위만을 고집하는 사두개파와 달리 모세 율법을 재해석한 새로운 "구전 율법"의 권위도 폭넓게 인정하였다. 그리고 바리새파는 죽은 자의 부활을 믿었고, 메시아의 도래 그리고 영혼의 불멸도 믿었다. 70년에 유대교가 로마에 의해 멸망 당하는 전무후무한 불행에도 불구하고 유대교가 살아남을 수 있었던 것도 바리새파 랍비들이 갖고 있었던 이와 같은 융통성과 탄력성 때문이었다는 평가를 받고 있기도 하다. 그러나 사두개파는 종교적으로는 오히려 아주 보수적이었다. 그들은 영혼의 불멸과 부활을 믿지 않았고, 죽은 뒤의 세계도 인정하지 않았다. 모세의 율법에 이에 대한 직접적인 언급이 없다는 이유에서였다.

복음서에는 바리새파나 사두개파가 모두 부정적으로 묘사되고 있다. 예수의 공생애 사역 초기부터 예수를 잡아 죽이려고 했던 사람들이 바로 "대제사장들과 바리새인들"(요 7:32, 45; 11:57; 18:3)이었고, 예수를 심문하고 빌라도에게 넘겨 십자가에 처형하게 했던 인물들이 바로 "대제사장과 온 공회"(마 14:55; 눅 22:66)였다.[3] 결국 사두개파와 바리새파 사람들이 함께 예수의 공생애 초기부터 예수를 죽이려고 했던 사람들이었다.[4] 이와 함께 예수가 예루살렘에 입성한

---

3 요한복음 11:47-53에 의하면 대제사장과 바리새인이 함께 공회를 소집하여 예수를 죽이려고 모의했다.
4 바리새파 사람들과 사두개파 사람들에 대한 복음서 저자의 부정적인 관점은 세례 요한이 세례를 받으러 나오는 바리새파 사람들과 사두개파 사람들을 향해서 "독사의 자식들아"

직후에 대제사장과 제사장 계급의 활동 중심지인 성전에 들어가 제사 행위에 직접 관련이 있는 제물 매매와 환전 업무를 공격한 사실에서 우리는 예수가 사두개파와는 아주 대립적인 관계에 있었음을 확인할 수 있다. 그리고 또 예수가 일곱 번씩이나 반복해서 "화 있을진저 외식하는 서기관들과 바리새인들이여"(마 23:13, 15, 16, 23, 25, 27, 29)라고 바리새인들을 공격했던 사실 등에서 우리는 예수가 바리새파와도 적대적인 입장을 취했던 점을 확인할 수 있다.

그러나 예수는 사두개파와는 달리 바리새인들과는 더러 우호적인 관계를 유지하고 있었다. 바리새인들 중에서는 예수를 만찬에 초대한 사람들이 여러 명 있었고(눅 7:36; 11:37; 14:1) 또 헤롯이 예수를 죽이려고 한다는 정보를 미리 예수에게 직접 전해 주었던 사람도 바리새인이었다(눅 13:31). 더구나 바리새인이었던 니고데모는 밤에 예수를 찾아와 거듭나는 것에 대해 문의했을 뿐만 아니라(요 3:1-12), 예수가 십자가에 처형된 직후 "몰약과 침향 섞은 것을 백 리트라쯤 가지고 와서" 그 향품과 함께 세마포로 예수의 시신을 싸매어 유대인의 장례 법대로 매장해주기도 했다(요 19:39-40). 이런 모든 점으로 미루어 볼 때 예수와 바리새인들과의 관계는 사두개인들과의 관계와는 좀 달랐던 것으로 보인다. 비록 예수가 바리새인들의 위선에 대해 여러 번 공격하기는 했지만, 그것은 어디까지나 그들의 '위선'에 대한 것일 뿐[5] 바리새파 자체에 대한 공격이라고 보기는 어렵다. 이런 점은 예수가 제자들에게 "너희 의가 서기관과 바리새인보다 더 낫지 못하면 결코 천국에 들어가지 못하리라"(마 5:20)고 바리

라고 공격하는 데서도 드러나고 있다(마 3:7).
5 누가복음 18:9-14에서도 바리새인들의 잘못된 기도에 대해 비판하고 있다.

새인들을 높이 평가한 데서도 엿볼 수 있다. 예수가 유대 종교 지도자들 중 특히 몇몇 바리새인들과 가까운 친분을 갖고 있었다는 사실이나 초대교회의 대표적인 이방인의 사도가 자신을 소개하면서 "히브리인 중의 히브리인이요, 율법으로는 바리새인"(빌 3:5)이라고 자랑했던 점으로 볼 때, 바리새파에 대한 예수나 초대교회의 태도는[6] 그렇게 부정적이지만은 않았던 것으로 생각된다.

2. 엣세네파(the Essenes)

엣세네파를 형성한 것은 이전 하시딤(경건당)의 핵심 세력들이었다. 그런데 엣세네파는 자신들의 권력을 그대로 유지하려고 애썼던 타락한 제사장들과 결별한 채, 현실 정치는 물론이고 일반 세속적 활동에서 모두 손을 끊고 사해 광야로 물러나 그곳에서 쿰란 공동체와 같이 자기들의 특별한 신앙 공동체를 형성하여 일종의 수도원 같은 생활에 전념했다. 그러나 엄밀히 말하자면 엣세네파는 완전히 은둔 생활을 지향하는 그런 당파는 아니었다. 엣세네파에 속한 사람들 가운데 유대 지역의 소도시나 마을에 사는 사람들도 많이 있었다. 그러나 공동체 생활을 하는 사람들은 독신으로 살았고, 모든 재산을 공유했다. 그리고는 자기들 나름의 독특한 메시아 사상을 발전시키면서, 생활 전부를 종교적 명상과 율법 연구 및 사본 제작과 보존에 전념하

---

6 사도행전 5:34-42에 보면 초대교회 시절에 예루살렘에서 사도들이 박해를 당할 때 공회 중에 일어나서 공개적으로 사도들을 변호한 인물이 "율법 교사로 모든 백성에게 존경을 받는 자"였던 바리새인 가말리엘이었다.

였다.

제사장 계급으로 구성된 사두개파가 우익이었다면, 거의 같은 제사장 계급으로 구성된 엣세네파는 극좌파에 속한다고 볼 수 있다.[7] 하스모니아 왕조 시대에 이미 정치에서 손을 뗀 그들은 로마가 유대를 점령하고 있던 시대에도 정치에 전혀 관여하지 않았다. 로마에 대한 반란 운동이 일어났을 시기에도 그들은 소도시 주변에서 자기들만의 신앙 공동체를 형성하여 살고 있었다. 엣세네파는 바리새파처럼 영혼의 불멸과 부활 그리고 메시아 사상을 믿고 있었다. 악인은 영원한 지옥에서 처벌되며 마음이 정직한 자는 천국에서 그 보상을 받는다고 믿고 있었다. 엣세네파가 본래 제사장들 그룹으로 구성되었기 때문에 그런지 엣세네파는 분명히 구분되는 두 종류의 메시아를 기다리고 있었는데, 하나는 왕적인 메시아였고 다른 하나는 제사장 적인 메시아였다. 물론 대부분의 유대인들은 메시아가 이 두 모습을 다 지니고 있다고 생각하기는 했었지만 말이다.

엣세네파는 치밀한 일련의 성결 의식을 생각해냈는데, 대표적인 것이 바로 세례 예식이었다. 이 시대에 물을 이용한 예식으로 가장 유명한 집단이 바로 엣세네파였다. 엣세네파 사람들은 육체를 천하고 부정한 것이라고 생각했기 때문에 몸을 완전히 물속에 담가 정화시키는 엄격한 예식을 만들어냈다. 그리고 이런 예식을 지속적이고 반복적으로 실시해야 제의적으로 정화된 상태를 유지할 수 있다고 여겼다. 그들의 세례 자체가 죄의 용서와 새로운 삶으로의 출발을 목적으로 행해진 것이기 때문에 물속에 신체 전부를 잠그는 침례일 수밖에 없었다. 그리고 엣세네파는 물을 이용한 일회적인 허입 예식을

---

7 Max I. Dimont, *Jews, God and History*(New York: Signet Books, 1962), 99.

행하기도 했는데, 바로 공동체에 새로운 사람을 받아들일 때 행하는 예식이었다.

엣세네파는 독신 생활을 하는 편이 좋다고 생각했다. 역사가 요세푸스의 말대로 "쾌락을 악한 것으로 배격하며 금욕과 자제를 미덕으로 높이 평가하고 있었다." 그러나 엣세네파는 공동체 구성원의 감소를 염려하여 사도 바울이 "자제하기 어려우면 결혼하는 것이 좋다. 정욕을 불태우는 것보다 결혼하는 편이 낫다"고 말했던 것처럼 나중에는 결혼을 허락하기도 했다. 그러나 새로이 엣세네파에 가담한 구성원 대부분은 다른 종파들로부터 양자로 데려온 자제들로 엣세네파의 금욕주의로 교육을 받아 성장한 사람들이었다.

세례 요한이 엣세네파 사람이라는 지적이 제기되기도 했다. 엣세네파와 세례 요한 간의 유사성이 너무 분명해 보이기 때문이다. 무엇보다도 엣세네파나 세례 요한이 모두 거의 같은 시기에 똑같이 유대 광야를 근거지로 활동했다. 또 엣세네파가 예루살렘 성전 제사장들을 아주 부정적으로 보고 그들과 결별하여 광야로 나갔는데, 세례 요한도 자기에게 다가오는 사두개파 사람들을 아주 부정적으로 보고 그들을 향해 "독사의 자식들아"(마 3:7) 하고 저주를 퍼부었다. 세례 요한도 엣세네파처럼 새로 거듭나는 회개의 세례를 베풀었으며, 광야에서 메뚜기와 석청을 먹으며 일종의 금욕생활을 했다(막 1:6). 세례 요한이 '아비야의 반열'에 속한 제사장 사가랴(눅 1:5)와 '아론의 자손'인 엘리사벳(눅 1:5)의 몸에서 태어난 제사장 집안의 자손이란 점으로 미루어 볼 때에도 세례 요한과 엣세네파의 밀접한 연관성은 거의 확실시되는 것으로 생각된다.

그러나 다른 한편으로 엣세네파와 세례 요한 간의 차이점에 대한 지적이 제기되기도 한다. 가령 엣세네파는 쿰란 공동체의 경우에서 보듯이 공동체 생활을 하는 데 비해서 세례 요한은 공동체 생활을 하지 않고 광야에서 홀로 외치는 고독한 인물이었다. 더구나 그의 메시지는 특정 공동체 구성원들을 향한 것이 아니라 불의하고 부정한 생활을 벗어던지고 하나님 앞에 올바른 생활을 하겠다고 다짐하는 유대인 모두를 위한 것이었으며, 세례 요한의 세례는 엣세네파의 지속적으로 반복되는 정결 예식이라기보다는 오히려 죄 사함을 받기 위한 일회적인 회개의 예식이었다(막 1:4).

다른 한편으로 예수도 엣세네파와 연관이 있다는 지적들이 간혹 제기되기도 했다. 그런 생각의 근거는 예수가 공생애 활동에 나서기 전에 광야에 나가 세례 요한에게 세례를 받았다는 점에서 비롯된, 예수가 처음에는 세례 요한의 제자였을 것이라는 생각 때문이기도 하다. 그리고 특히 제1세기 팔레스틴에서 독신은 매우 이례적이었는데, 예수도 다수의 엣세네파들이 독신으로 금욕주의의 삶을 살았던 것처럼 독신으로 지낸 것 역시 엣세네파와의 연관성 혹은 그 영향 등을 생각하게 만드는 요소 중 하나가 되었던 것으로 보인다.

3. 열심당(the Zealots)

제1세기 팔레스틴에는 자기 나름대로 하나님의 뜻에 따라, 특히 율법에 따라 '열심'의 삶을 살려고 애쓰는 유대인들이 적지 않았다. '열심'이라는 말은 토라 곧 모세의 율법을 엄격히 준수하고 하나님 이외에 다른 이방 주인을 주님으로 섬기지 않으며 하나님의 주권에 대해 무조건적으로 헌신하는 것을 의미했다. 하나님에 맞서는 존재를 결코 묵인하지 않는 것, 온 세상의 왕이신 하나님 한 분 이외에는 그 누구도 섬기지 않는 것, 우상뿐 아니라 하나님의 율법을 어긴 사람들을 무자비하게 척결하는 것 등을 의미했다. 지금의 이스라엘 땅도 결국은 바로 이 열심으로 차지한 것이 아니었던가? 이런 열심을 갖고 사는 유대인들을 가리켜 **젤롯**(zealots)이라고 불렀다.[8]

헬라어 열심(ζηλωτής)이란 말이 신약성서에서도 "율법에 대한 열심"(행 21:20), "하나님에 대한 열심"(행 22:3), "조상의 전통에 대한 열심"(갈 1:14)이란 말로 사용되고 있는 점만 보더라도 유대인들에게 있어서 열심이란 말이 갖고 있는 의미가 어떤 것인지 미루어 짐작할 수 있다. 그런데 당시 유대 나라가 로마의 지배 아래에서 하나님의 뜻에 따라 율법의 가르침대로 살기 어려운 상황에 처하게 되자 그들의 열심이 점차 종교적인 차원을 넘어 정치적인 차원으로 발전하기에 이르렀다. 팔레스틴을 지배하고 있는 로마군을 몰아내서 거룩한 땅을 하나님의 뜻에 따라 다시 회복시켜야 한다는 열심 때문이었다. 유대인들의 열심이 순전히 종교적인 차원을 넘어 정치적인 차원으로 옮겨질 수밖에 없었던 이유 그리고 열심당원들이 정치적인 독립운동가와 혁명가의 모습을 갖게 된 이유가 바로 거기에 있었다.

열심당 혹은 젤롯당이라는 종파 혹은 운동의 창시자는 갈릴리 사람 유다스(Galilaean Judas)로 알려져 있다. 요세푸스는 유다스가 다른 종파들과는 공통점이 없는 "자기 나름의 종파"(idias haireseos)를 창설했다고 전하면서,[9] 갈릴리 유다스를 가리켜 두 번이나 "sophistes"

---

8 레자 아슬란/민경식 옮김, 『젤롯』(서울: 와이즈벨리, 2013), 84-85.
9 *War II*. 118(trans. H. St J. Thackeray, Loeb ed. Josephus, II, 367, 369).

라고 불렀다. 이 단어는 학식 있는 사람 혹은 교사라고 번역될 수 있는 말이다. 그리고 그 당시 유대인 사회에서는 토라에 학식이 있는 사람 그리고 토라에 대한 숙련된 해설가를 의미하는 것이기도 했다.[10] 이 점에서도 그가 창설했다는 '열심당'이란 당파 혹은 운동은 그 정신과 목적에 있어서 본질적으로 종교적인 것이었다는 점을 부인할 수 없다.

요세푸스가 말했던 "다른 종파들"이란 그 당시 바리새파, 사두개파 그리고 에세네파를 가리킨다. 요세푸스는 이 세 다른 종파들과 구별하여 젤롯당 운동을 가리켜 "제4의 사상"이라고 부르기도 했다. 그런데 열심당이 다른 세 종파와 달랐던 가장 중요한 차이점은 외세의 압제로부터 이스라엘을 해방시키겠다는 뜨거운 열심과 열정이었다. 바로 이 점 때문에 열심당원들이 정치적인 투쟁가의 의미를 갖게 된 것으로 생각되지만, 이와 관련해서 우리는 유다스의 집안 자체가 정치적 운동에 앞장을 섰던 지도자의 가정이었다는 점을 염두에 둘 필요가 있다. 요세푸스가 "ἀρχιληστής", 즉 "강도 두목"이라고 말한 바 있는 에스기아(Ezekias)가 바로 유다스의 아버지였다. 에스기아는 일찍이 메시아 운동을 일으켰다가 시골 지역 강도떼 토벌 작전을 벌이던 헤롯 대왕에게 붙잡혀 목이 잘린 인물이었다. 그리고 유다스의 두 아들이 로마 총독 디베리우스 알렉산더(46~48년)에 의해 십자가에 처형되었는데, 또 다른 아들인 므나헴(Menahem)은 66년에 시작된 로마 항쟁 초기에 지도자로 활동했었으며, 마사다 요새에서의 최후 전투를 지휘했던 시카리파의 지도자였던 엘르아살(Eleazar)도 유다스의 자손이었다.

---

10 Brandon, *Jesus and the Zealots*, 32.

비록 요세푸스는 열심당원들을 가리켜 약탈자 혹은 강도들이라고 그들을 폄하하여 부정적으로 말했지만, 그가 열심당원들을 가리켜 그렇게 부정적으로 말할 수밖에 없었던 이유는 그 당시 요세푸스 자신이 친 로마적인 입장을 취했던 인물이었기 때문이다. 요세푸스는 로마의 장군 티투스가 예루살렘 정복에 나섰을 때 그의 수행원이 되어 그를 도와서 예루살렘 성안에 포위된 저항군의 항복을 설득했던 인물이기도 했다. 당시 요세푸스는 정치적이며 신학적인 동기를 근거로 폭력을 수반한 민족주의 및 메시아 주의에 대한 포기를 촉구하기도 했었다. 그가 그런 입장을 취했던 이유는 로마가 너무 강한 세력이며, 심지어 로마의 지배는 하나님의 뜻이고, 로마는 이스라엘을 징벌하려고 하나님이 보낸 도구라는 생각을 했기 때문이라고 알려져 있기는 하다. 그러나 그가 베스파시우스 플라비우스 황제 가문의 보호를 받았고 그래서 요셉 벤 맛티아스라는 유대식 이름 대신에 요세푸스 플라비우스라는 로마식 이름을 사용한 사실에서 잘 그의 진정한 정체성이 드러나고 있다. 이 점에서도 요세푸스의 친 로마적인 입장이 잘 드러나고 있는 것으로 생각된다.[11]

따라서 열심당원들은 요세푸스가 말했던 것처럼 단순한 강도들이나 약탈자들이 아니었다. 오히려 '율법에 대한 열심' 혹은 '하나님에 대한 열심' 때문에 유대 나라를 로마의 지배로부터 해방시키려고 애썼던 독립운동가 혹은 투쟁가들을 가리키는 말로 이해하는 것이 더 옳을 것으로 보인다. 로마는 유대 나라를 지배하면서 유대 백성들

---

11 따라서 요세푸스의 기록들 역시 순수한 객관적 자료라고 생각하기보다는 오히려 그에 의해 해석된 역사 기록이라고 생각하는 것이 옳을 것이다. Cf. 박찬웅, 『초기 기독교와 요세푸스』(서울: 동연출판사, 2018), 13-37.

을 착취하기 시작했다. 로마의 폭정 때문에 땅 없는 소농들은 재산을 몽땅 빼앗기고 먹고살 길이 막막해졌다. 그래서 많은 소농들은 일거리를 찾아 도시로 이주하기도 했고, 쫓겨난 농민들과 지주들이 쟁기를 검으로 바꾸어 자신을 고통으로 몰아넣은 사람들을 상대로 싸우기 시작했다. 그들은 이 지방 저 지방으로 돌아다니며 고통받는 사람들과 재산을 빼앗긴 사람들을 끌어모아 마치 유대인 로빈후드나 되는 것처럼 로마에 빌붙어 부자가 된 사람들의 재산을 털어 가난한 사람들에게 나누어 주기도 했다. 가난한 백성들의 눈에는 이들이야말로 유대인 반역자들에게 하나님의 정의를 실현하는 영웅들이었지만, 로마인들의 눈에 그리고 요세푸스의 눈에는 단지 약탈자 혹은 강도들[12]에 지나지 않았을 것이다. 그러나 이들은 단순한 강도들이나 약탈자들이 아니었다. 로마로부터의 해방과 하나님 나라의 회복을 갈구하는 많은 유대인들의 눈에는 이들이 하나님의 징벌의 대리자들로 보였을 것임에 틀림없었다. 이 땅에 다시 하나님의 통치를 실현하기 위해 "열심히" 투쟁하는 애국자들 곧 독립운동가들이기도 했다.

여기서 우리는 예수의 열두 제자들 가운데 '젤롯이라는 시몬'이 있었다는 사실에 주목할 필요가 있다(눅 6:15; 행 1:13). 학자들 중에서는 이 시몬만 아니라 다른 제자들도 열심당에 속한 사람들이었을 가능성에 무게를 두고 있다. 이와 관련해서 예수의 공생애 첫 메시지가 가이사의 통치 밑에서 신음하는 백성들을 향해 이제 가이사의 통치가 끝나고 바야흐로 "하나님의 통치가 가까웠다"는 선포였다는 점도 아주 의미가 크다. 엠마오로 가던 두 제자가 예수를 두고 "우리는 이스라엘을 구원하실 분이 바로 그분이라는 희망을 가지고 있었다"

---

12 예수가 처형될 때 함께 처형된 두 강도(lestes)들도 열심당원이었을 것으로 추론되고 있다.

(눅 24:21)고 말한 것이나 제자들이 "예수께 여쭈어 이르되 주께서 이스라엘 나라를 회복하심이 이때니이까?"(행 1:6)라고 물었던 사실에서도 우리는 예수 자신 역시 열심당의 이념에서 자유롭지 않았음을 보게 된다.

특히 이 열심당원 중 극렬 주의자에 속하는 사람들을 가리켜 흔히 시카리파(Sicarii)라고 부르는데 이들은 극단적인 민족주의자들로서 단검(sica)을 품고 다니며 로마군이나 그들에게 협력하는 자들을 살해하곤 했었기 때문이다. 그런데 복음서에 보면 예수가 겟세마네 동산에서 체포될 때 예수의 주변에 있던 제자들이 "주여 우리가 칼로 치리이까?"(눅 22:49)라고 말했고, 실제로 제자 중 하나(막 14:47; 마 26:51; 눅 22:50)였던 시몬 베드로가 칼을 가지고 대제사장의 종의 귀를 쳐서 오른편 귀를 베어버린 일도 있었다(요 18:10). 또 사도행전 21:38에서 로마의 천부장이 바울에게 "네가 이전에 소요를 일으켜 자객 사천 명을 거느리고 광야로 가던 애굽인이 아니냐?"고 물었을 때 사용된 자객(혹은 암살자)이란 단어가 헬라어로 '시카리'였다. 로마 천부장의 눈에는 사도 바울 역시 시카리파의 일원으로 여겨졌던 것으로 보인다. 이런 점들 때문에 예수와 그의 제자들이 열심당원, 그중에서도 시카리파에 속했다고 주장하는 사람들도 있다. 예수가 그의 공생애 활동 중 유대교의 다른 종파들, 즉 바리새파와 사두개파 등에 대해서는 비판과 저주를 퍼붓는 등 간혹 공격적이었음에도 불구하고 복음서 어느 곳에서도 열심당에 대한 비판이나 부정적인 언급이 전혀 없었다는 사실도 그 점을 어느 정도 뒷받침해주는 요소로 간주되고 있기도 하다.

그런데 이 열심당은 사두개파와 마찬가지로 유대 나라가 70년에 로마에 의해 완전히 멸망 당하면서 역사의 무대에서 사라지게 되었다. 유대인들 가운데서는 유대 나라의 멸망이 로마에 항쟁에만 전념했던 열심당의 책임이라는 비난까지 나타나게 되었다. 그리고 유대 나라의 멸망과 함께 성전이 잿더미가 됨으로써 유대교는 이제 더 이상 성전 중심, 제사 중심, 제사장 중심의 종교로 계속될 수 없었다. 도리어 랍비 중심, 회당 중심의 종교인 '랍비적 유대교'로 바뀌게 되면서 제사장 계급의 사두개파도 역사의 무대 뒷전으로 완전히 사라지게 되었다.

10장 | 또 다른 예수(Another Jesus) 이야기

1. 예수라는 또 다른 인물(Another Jesus) 이야기

유대인 중에는 동명이인들이 많다. 대표적으로 남자의 이름 중에는 요셉, 야고보, 유다 등이 그렇고, 여자의 이름 중에는 마리아, 살로메, 수산나 등이 그러하다. 예수라는 이름도 본래는 히브리어 '여호수아'에서 나온 이름으로, 유대인들 가운데서는 흔히 볼 수 있는 이름 가운데 하나이다. 우리는 성경에서 주로 **나사렛 예수**만을 알고 있지만, 예수가 살았던 제1세기에 나사렛 예수 말고 또 다른 예수의 이야기도 전해지고 있었다.

유대인 역사가인 요세푸스는 그가 기록한 『유대전쟁사』(*The Jewish War*)에서 나사렛 예수가 아닌 **예루살렘 출신의 예수**에 대한 이야기를 전해 주고 있다. 유대전쟁이 터지기 4년 전인 66년에 예루살렘이 아직은 평온을 유지하고 있었지만, 전쟁의 위기가 날로 극대화되어갈 때였다. 이 시기 예루살렘에서 무지한 농부인 아나니아스(Ananias)의 아들로 **예수**라는 이름을 가진 자가 명절에 나타나서 성전을 저주하는 소리를 외치기 시작했다: "동쪽에서 들려오는 음성이로다, 서쪽에서 들려오는 음성이로다, 사방에서 들려오는 음성이로다, 예루살렘과 성소를 저주하는 음성이로다, 신랑과 신부를 저주하는 음성이로다, 모든 백성들을 저주하는 음성이로다." 예루살렘 성의 좁은 골목길을 다니면서 밤낮으로 이런 소리를 노래의 후렴처럼 계속 외쳤다. 성안에 사는 시민들 몇이 이 사람이 계속 심판과 저주를 예언하는 소리에 짜증이 나서 이 사람을 붙잡아 채찍을 가지고 매질을 하였다. 그런데도 이 사람은 자신에게 매질하는 사람들을 향해 아무런 변명의 말 한마디도 없이 그냥 그가 하던 그대로 계속 저주의 예언을 퍼부었다.

지도자들은 그가 어떤 마귀의 세력에 의해 지배당하고 있다고 생각했고, 흔히 그랬듯이 이번에도 그를 잡아 로마 총독 앞으로 끌고 갔다. 뼈가 보일 정도로 채찍질을 당했지만, 그는 자비를 청하지도 않았고 눈물을 보이지도 않았다. 도리어 그는 그의 탄식의 소리를 더 크게 높였고, 매질할 때마다 "예루살렘이여, 저주받을지어다"라고 외쳤다. 당시의 총독이었던 알비누스(Albinus)가 "네가 도대체 누구냐?" "너는 어디 출신이냐?" 그리고 "왜 계속 그렇게 외쳐대고 있느냐?"고 심문하였지만, 그는 이런 질문들에 대해 한 마디도 대답하지 않고 오히려 예루살렘에 대한 애도의 외침을 계속 되풀이하였다. 그러자 알비누스 총독은 그를 미치광이라고 선포하며 그냥 놓아주었다.

풀려난 이후 그는 예루살렘이 포위되어 그의 예언이 이루어지던 때까지 7년 5개월 동안 계속 성내를 돌면서 저주의 예언을 퍼부었다. "친애하는 예루살렘 성이여, 너희 백성들아, 너 성전아, 저주받을지어다." 그리고 마지막으로 한 마디를 덧붙였다. "그리고 나 역시 저주받을지어다." 그때 투석기에 의해 날아온 돌에 맞아 그는 그 자리에

서 즉사해 버렸다.[1]

요세푸스가 전해 주는 이 **예루살렘의 예수**에 대한 이야기가 흥미로운 것은 예루살렘 출신 예수가 나사렛 예수와 똑같이 **예수**라는 이름을 갖고 있었다는 것 때문만이 아니다. 우리가 더 주목해야 할 점은 나사렛 예수도 예루살렘의 예수와 마찬가지로 그의 공생애 활동 가운데서 예루살렘과 그곳 성전에 대한 저주 선언을 퍼부었다는 사실 때문이다. 예수도 제자들에게 예루살렘 성전을 두고 "네가 이 큰 건물들을 보느냐? 돌 하나도 돌 위에 남지 않고 다 무너뜨려 지리라"(막 13:1-2; 마 24:1-2; 눅 21:5)고 예루살렘 성전의 멸망을 예언한 바 있다. 뿐만 아니라 예루살렘과 그 성전을 두고 "예루살렘아, 예루살렘아, 선지자들을 죽이고 네게 파송된 자들을 돌로 치는 자여, 암탉이 그 새끼를 날개 아래에 모음과 같이 내가 네 자녀를 모으려 한 일이 몇 번이더냐? 그러나 너희가 원하지 아니하였도다. 보라, 너희 집이 황폐하여 버려진 바 되리라"(마 23:37-38; 눅 13:34-35)고 예루살렘과 성전에 대한 저주 예언을 한 바 있었다.

또 예수는 예루살렘과 성전이 당할 환난을 예고하면서 "예루살렘은 이방인의 때가 차기까지 이방인들에게 밟히리라"(눅 21:24)고 말했고, 자기가 십자가형에 언도된 것을 알고 슬피 우는 여자들의 무리들을 향해서는 "예루살렘의 딸들아 나를 위하여 울지 말고 너희와 너희 자녀를 위하여 울라. 보라, 날이 이르면 사람이 말하기를 잉태하지 못하는 이와 해산하지 못한 배와 먹이지 못한 젖이 복이 있다 하리라. 그때에 사람이 산들을 대하여 우리 위에 무너지라 하며 작은 산들을 대하여 우리를 덮으라 하리라"(눅 23:28-30)고 말한 바 있다.

---

1 Josephus, *The Jewish War* 6, 300-309.

유대 역사가인 요세푸스가 언급한 이 예루살렘의 예수가 실제 인물이란 점을 받아들일 때 우리는 이 예수 역시 과거 나사렛 예수와 마찬가지로 그 당시에 예루살렘과 예루살렘 성전의 죄악을 비판하며 그 멸망을 예고했던 예수와 같은 예언자였을 것이라고 생각할 수 있다. 그리고 바로 여기에서도 예루살렘과 그 성전의 멸망을 제사장 계급의 타락과 이스라엘 백성들의 죄악에 대한 하나님의 심판으로 보는 시각을 확인할 수 있다.

2. 예수처럼 귀신을 쫓아낸 엘르아살(Eleazar)

복음서에 보면 예수가 행한 기적들 중에는 귀신들린 사람을 고쳐주는 기적 곧 귀신 축출 기적(exorcism) 이야기도 있다. 그렇다고 예수 당시에 예수만이 귀신을 쫓아내는 일을 했던 것은 아니다. 예수와 거의 같은 시대에 살았던 유대인 역사가인 요세푸스(37년경에 태어나 69년경에 죽었다)는 두 권의 방대하고도 중요한 저서를 남겼다. 하나는 70년에 유대전쟁이 예루살렘과 성전의 파괴로 끝날 때까지의 사건들에 대한 『유대전쟁사』(*The Jewish War*)이고, 다른 하나는 로마와의 전쟁이 있기까지 유대인들의 역사를 20권에 걸쳐 기록한 『유대 고대사』(*The Antiquities*)이다. 이 두 권의 책은 예수의 직전 및 직후 시대에 관한 역사적 정보를 얻을 수 있는 일차적인 자료들이다.

귀신 축출(exorcism)은 예수 당시에도 백성들 가운데서 아주 강력한 치료 기적 가운데 하나였다. 그런데 요세푸스는 엘르아살이란 인물이 베스파시아누스 장군과 그의 아들들 그리고 많은 군인들이 지켜보고 있는 앞에서 귀신에 사로잡혀 고통당하고 있는 사람에게서 귀신을 쫓아내는 일을 했다는 기록을 다음과 같이 전해 주고 있다.

> 그 사람은 솔로몬 왕이 날인하여 처방한 뿌리들 가운데 하나로 만든 반지 모양의 고리를 귀신들린 사람의 코에 갖다 대었다. 그리고 귀신들린 사람이 그 뿌리를 콧바람으로 내뿜었을 때, 그는 귀신을 귀신들린 사람의 콧구멍을 통해 내어 쫓았다. 귀신들린 사람이 그 자리에 넘어지자 엘르아살은 솔로몬 왕의 이름을 부르면서 그리고 솔로몬 왕이 만든 주문을 암송하면서 귀신에게 다시는 그 사람에게 들어가지 말라고 명했다.

엘르아살이 이처럼 늘 그의 청중들의 마음을 사로잡으면서 자신이 이런 능력을 가지고 있음을 보여주고 있는 가운데, 그는 귀신들린 사람으로부터 멀리 떨어지지 않은 곳에 물이 가득 찬 컵 혹은 대야를 갖다 놓고는 귀신에게 이 그릇들은 뒤집어엎으라고 명해서 보는 사람들에게 귀신이 실제로 귀신들렸던 사람으로부터 떠났다는 것을 증명해 보였다.[2]

3. 예수처럼 죽은 자를 살린 아폴로니오스(Apollonius)

예수 시대에 예수처럼 죽은 사람을 살려낸 것으로 알려진 인물들도 있었다. 그런 사람들 중에서 가장 유명한 사람은 예수와 같은 시

---

2 Cf. *The Jewish Antiquities* 8, 46-49.

대의 인물이며 예수처럼 방랑하며 가르치던 현자(sage)인 아폴로니오스(Apollonius)란 인물이다. 필로스트라투스(Flavius Philostratus, 170~245년)가 전해 주는 이야기에 따르면 아폴로니오스는 결혼 직후에 죽은 젊은 신부를 살려낸 것으로 전해지고 있다. 그녀가 실제로 죽은 상태였는지에 대해서는 약간의 의문이 있기는 하다. 복음서에서도 예수가 야이로의 죽은 딸을 살렸을 때 예수는 그녀가 죽은 것이 아니라 잠을 자고 있다고 말한 바 있고(막 5:35-43) 또 죽은 지 나흘이 지난 나사로를 살렸을 때 예수는 "친구 나사로가 잠들었도다. 그러나 내가 깨우러 가노라"(요 11:11)고 말한 적이 있다.

소아시아 갑바도기아에 있는 티아나(Tyana) 출신인 아폴로니오스는 신 피타고라스파의 현자(a Neopythagorean sage)였다. 그는 철학자 피타고라스의 교훈을 따르는 자였다. 아폴로니오스는 예수와 거의 같은 시기에 태어났고, 제1세기 말경까지 살았었다. 아폴로니오스는 예수와 마찬가지로 때로는 누구로부터 아무런 초대를 받지 않았음에도 이곳저곳으로 다니며 사람들에게 유익한 충고의 말을 해주곤 하였다. 그는 채식주의자로서 면으로 만든 옷을 입고 목욕을 하지 않았고, 자주 금식을 했다. 그는 귀신을 쫓아내는 기적을 행했고, 병든 사람들을 고쳐주었으며, 장래의 일에 대해 예언을 하기도 했다. 제3 세기 기독교인 중에서는 그를 예수의 직접적인 경쟁자로 생각하기도 했었다.

필로스트라투스는 셉티미우스 세베루스(Septimius Severus) 황제의 부인인 율리아 돔나(Julia Domna)의 후원과 제안에 따라 『아폴로니오스의 생애』를 기록하였다. 여기에 그가 행한 것으로 알려진 많은 기적 이야기들이 소개되고 있는데, 그중에서 아폴로니오스가 젊은 신부를 살려낸 이야기 내용은 다음과 같다.

> 한 소녀가 막 결혼을 하려던 즈음에 죽은 것으로 보인다. 신랑이 결혼
> 식을 마치지도 못한 채 죽어버린 그녀의 관 곁을 따라가며 걷고 있었
> 다. 그 소녀가 한 집정관의 가문에 속한 여자아이였기에 온 로마가
> 신랑과 함께 슬퍼하고 있었다. 마침 이 슬픈 장면 앞에 나타난 아폴로
> 니오스는 "관을 내려놓으라. 너희들이 이 젊은 소녀 때문에 흘리고
> 있는 눈물을 내가 끝내주리라"고 말했다. 그리고는 소녀의 이름이
> 무엇이냐고 물었다. 물론 주변 사람들은 그가 장례식에서 흔히 볼
> 수 있는 것과 같이 슬픔을 유발하는 송덕문을 시작하는 것이라고
> 생각했다. 그러나 그는 그런 일을 한 것이 아니었다. 그 대신에 그는
> 그 소녀에 손을 얹고는 그녀를 향해 알아들을 수 없는 말을 해댔다.
> 그러자 갑자기 그 젊은 신부가 죽은 것과 같은 상태에서 깨어났다.
> 소녀는 몇 마디 소리를 내더니 그녀 아비의 집으로 돌아갔다. 소녀의
> 친척들이 보상으로 아폴로니오스에게 은전 십오만을 주려 했지만,
> 그는 그 돈을 소녀에게 주라고 말했다.

아폴로니오스가 그녀를 돌보던 사람들이 미처 알아채지 못했던,
그녀 안에 아직 남아 있던 생명의 불꽃을 감지했던 것인지 혹은
그녀가 실제로 죽었는데 아폴로니오스가 그녀의 차가운 몸을 덥게
만들어 다시 살려낸 것인지는 설명해내기 어렵다.[3]

---

3 *Life of Apollonius of Tyana* 4, 45.

복음서 본문 해석

3부

1장 ㅣ 예수의 애굽 피난 이야기

(마 2:13-15)

　　마태복음이 전해 주는 예수의 탄생 이야기들(infancy narratives) 가운데는 예수가 태어났을 때 헤롯 대왕의 유아 학살 명령 때문에 예수의 부모인 요셉과 마리아가 아기 예수를 데리고 애굽으로 피난했다는 이야기 그리고 "헤롯이 죽기까지"(마 2:15), 다시 말해서 "아겔라오가 그의 아버지 헤롯을 이어 유대의 임금 됨을 듣고"(마 2:22) 난 이후 갈릴리 나사렛으로 다시 돌아올 때까지 상당한 기간을 애굽에서 체류했었다는 이야기가 나온다. 그런데 이런 이야기는 복음서들 가운데서 오직 마태복음에서만 나온다. 그뿐만 아니라 마태복음 이외에 이런 사실을 뒷받침해주는 다른 어떤 역사적 기록도 전혀 없는 것으로 알려져 있다. 따라서 예수의 애굽 피난 이야기가 다른 복음서도 아닌 마태복음에서 그리고 오직 마태복음에서만 기록되었다는 사실 자체도 좀 의외의 일이며, 상당히 놀라운 일이라고 생각하지 않을 수 없다. 그렇게 생각하는 데에는 다음과 같은 몇 가지 이유가 있다.

　　첫째는 무엇보다도 먼저 예수의 탄생과 헤롯 대왕에 관련된 여러 역사 기록 가운데서 예수의 애굽 피난에 관한 언급이나 기록은 전혀 찾아볼 수 없기 때문이다. 예수가 애굽으로 피난을 갈 수밖에 없었던 주요 요인으로 생각되는 '헤롯 대왕의 유아 학살 명령' 자체에 대해서도 그런 사실을 뒷받침하는 어떠한 역사적 근거를 전혀 찾아볼 수가 없다. 이와 관련해서 브라운(R.E. Brown)이 다음과 같이 언급하고 있는 점에 주목할 필요가 있다:

> "애굽으로의 피난과 베들레헴에서의 유아 학살이 역사적인 것이 아 닐 수 있다고 생각할만한 중대한 이유들이 있다."[1]

> "유대인 역사가인 요세푸스(Josephus)가 헤롯 대왕의 통치 말년에 대해서, 특히 그의 잔인성을 중심으로 비교적 상세한 기록을 많이 남겼음에도 불구하고 헤롯 대왕에 관한 기록 어느 곳에서도 베들레헴 의 어린아이 학살에 대한 언급은 전혀 찾아볼 수가 없다."[2]

결국 헤롯 대왕의 유아 학살 명령과 함께 예수의 애굽 피난 이야 기는 실제의 역사적 사실에 대한 기록으로 보기 어렵다는 말이다.[3]

---

1 R.E. Brown, *The Birth of the Messiah: A Commentary on the Infancy Narratives in Matthew and Luke*(New York: Doubleday & Company, 1979), 227. 그러나 다른 한편으로 R.T. France에 의하면 당시 베들레헴의 인구가 1,000명 정도였고, 따라서 죽임을 당한 어린아이의 숫자가 아마도 20명도 안 될 것이었기에 현대적인 표준에 따라 '유아 학살'이 라고 말할 정도가 아니었다. 더구나 요세푸스의 기록에 의하면 헤롯 통치의 마지막 4년 동안에 헤롯이 왕위찬탈을 음모한 사람들을 수없이 처형했고, 심지어 자기의 세 아들까지 같은 이유로 처형한 사실 등을 근거로 유아 학살 명령 자체는 어느 정도 역사성이 있다고 보고 있다. Cf. "The 'Massacre of the Innocents'-Fact or Fiction?" *Journal for the Study of the New Testament Supplement Series 2*(The University of Sheffield, England, 1980), 89. 그럼에도 불구하고 그 역시 "마태복음의 유아기 설화 전체가 실제의 사건들을 예수에 대한 신학적 설명을 위한 출발점으로 이용하고 있다"고 보고 있다(91).
2 R.E. Brown, *The Birth of the Messiah*, 226.
3 레자 아슬란은 "당시의 유대 문헌과 기독교 문헌, 로마 문헌 가운데 이 사건을 다룬

둘째는 예수의 탄생 이야기를 비교적 상세히 전해주고 있는 외경 야고보의 유아기 복음서(*The Infancy Gospel of James*)를 보더라도 '동방 박사의 방문 이야기'(21장)와 더불어 '헤롯의 유아 학살 명령 이야기'4(22장)에 대한 언급은 나오지만, '예수의 애굽 피난 이야기'에 대한 언급은 전혀 찾아볼 수가 없다. 오히려 야고보의 유아기 복음서에서는 헤롯이 어린아이들을 죽인다는 소식을 듣고 마리아가 아기 예수를 강보로 싸서 가축들이 사용하는 말구유에 감추어 생명을 구한 것처럼 기록되어 있다(22:3-4). 정경 복음서들 가운데서 마태 이외에 그러나 마태에 못지않게 예수의 탄생 이야기를 상세히 전해 주고 있는 누가복음에서도 헤롯 대왕의 유아 학살 명령은 물론 예수의 애굽 피난 이야기에 대해서는 전혀 아무런 언급도 없다. 오히려 누가복음에 의하면 아기 예수가 태어난 직후에 "여드레가 차서 아기에게 할례를 행할 때가 되어"(눅 2:21), 예수의 부모가 "모세의 법대로 정결예식의 날이 차매" 첫 태에서 처음 난 남자마다 주의 거룩한 자라서 주께 드리고 제사하였다(눅 2:22-24)는 기록이 나오는데, 누가복음의 이런 기록이 보다 더 역사적 사실에 부합하는 것으로 생각된다. 그렇다면 예수의 탄생과 관련된 이야기들을 마태에 못지않게 비교적 상세히 전해 주고 있는 누가복음이나 외경인 야고보의 유아기 복음서 그리고 다른 어느 역사적 문헌 가운데서 전혀 찾아볼 수 없는 이야기가 오직 마태복음에만 기록되어 있다는 사실을 우리는 어떻

연대기나 역사 자료는 단 하나도 없다. 헤로데스 대왕은 로마 영토 전체에서 가장 유명한 유대인이 아닌가? 그야말로 유대인의 왕이었다. 그런데 헤로데스 대왕에 대한 많은 연대기와 설화에서 이 사건이 언급조차 되지 않는다는 점은 주목할 만하다"고 말한다. Cf. 『젤롯』(서울: 와이즈벨리, 2013), 72.

4 야고보의 유아기 복음서에 나오는 헤롯의 유아 학살 명령 이야기는 일반적으로 마태복음에 의존하여 기록된 것으로 생각되고 있다.

게 이해해야 할 것인가?

또 다른 관점에서 마태가 예수의 애굽 피난 이야기를 그의 복음서 서두에서 기록했다는 사실 자체를 마태복음의 성격과 특징을 조금이나마 알고 있는 사람이라면 쉽게 이해하기 어렵다. 왜냐하면 마태복음이 복음서들 가운데서는 "가장 유대적인 복음서"(the most Jewish Gospel)로 알려진 복음서이기 때문이다. 이런 복음서에서 경건한 유대인인 요셉5과 마리아6가 어린아이인 예수를 데리고 이방인의 땅이요, 유대인들의 눈에는 우상의 나라로 생각되는 이방 땅 애굽으로 피난을 갔다는 이야기 그리고 그곳에서 상당한 기간 동안 머물렀었다는 이야기가 어떻게 기록될 수 있을까? 하는 의문 때문이다. 그런 일이 실제로 있었다고 하더라도 마태로서는 오히려 언급을 회피하며 감추어야 했을 터인데도 말이다. 정말이지 쉽게 이해하기 어려운 일이 아닐 수 없다.

더구나 다른 복음서들은 물론이고 마태복음에서도 예수는 그의 공생애 활동 중에 유대인들이 거룩한 땅(the holy land)으로 여기는 팔레스틴을 벗어난 적이 거의 없는 분으로 소개되고 있다. 뿐만 아니라 예수는 자신의 공생애 사역과 관련해서 "나는 이스라엘 집의 잃어버린 양 외에는 다른 데로 보내심을 받지 아니하였노라"(마 15:24)고 말씀하신 분이고, 자신이 불러낸 제자들을 전도 파송할 때에도 그들

---

5 마태는 요셉을 가리켜 의인(δίκαιος)이라고 말했는데(마 1:19), 이 헬라어가 구약성서에서 의인을 가리키는 sedeq의 뜻을 갖고 있을 뿐만 아니라 어떤 사람이 모세의 율법인 토라를 실천하는 하나님의 계약 가운데 있기 때문에 하나님과의 올바른 관계에 있다는 것을 뜻하기도 한다.
6 야고보의 유아기 복음서에 의하면 마리아는 세 살부터 세상의 불결하거나 더러운 것을 피하여 성전에 봉헌되어(6:4) 요셉과 정혼할 때까지 성전에서 순결하게 지내 온 동정녀로 강조되고 있다.

에게 "이방인의 길로도 가지 말고, 사마리아인의 고을에도 들어가지 말고, 오히려 이스라엘 집의 잃어버린 양에게로 가라"(마 10:5-6)고 명령했던 분이다. 그 당시 유대인들은 거의 같은 동족이기도 한 사마리아인들과도 상종하지 않았고(요 4:9),7 유대 사람으로서 다른 나라 사람들과 사귀거나 가까이하는 일을 불법(행 10:28) 곧 율법에 어긋나는 것으로 다 알고 있던 때가 아니던가?

더구나 **가장 유대적인 복음서**인 마태복음의 저자는 유대인 출신으로서 다른 어느 복음서 저자들보다도 이방인과 이방인의 땅에 대해 아주 부정적이며 배타적인 성향을 갖고 있었던 사람이었다. 우리는 그런 사실에 대한 증거를 다음과 같은 마태의 기록들에서 잘 찾아볼 수가 있다. 첫째로 마태는 마가가 전해 주는 예수의 기적 이야기, 곧 예수가 수로보니게 여인의 딸을 고쳐준 이야기(막 7:24-30)를 자기 복음서에 소개하는 과정에서 예수가 유대 땅을 벗어나지 않았다는 점을 분명히 암시하기 위해 마가복음 본문의 일부를 의도적으로 삭제하거나 수정하여 소개하고 있는 점에 주목할 필요가 있다. 마태가 그의 복음서 15:21-28에서 소개한 마가 본문의 첫 구절(막 7:24)은 본래 다음과 같이 시작되고 있다: "예수께서 거기를 떠나 두로와 시돈 지방으로 가셨다(ἀπῆλθεν εἰς τὰ ὅρια Τύρου). 그리고 어떤 집에 들어가셔서(εἰσελθὼν εἰς οἰκίαν) 아무에게도 알리지 않고 유하려 하셨다." 마가복음에서는 예수가 이방인들의 거주 지역인 두로와 시돈 지방으로 들어가셨을 뿐만 아니라 그 지방에 있는 어떤 사람(이방인?)

---

7 유대인과 사마리아인이 서로 "상종하지 않았다"는 헬라어 동사 "οὐ συγχρῶνται"의 본래 의미는 "같은 그릇을 함께 사용하지 않는다"란 뜻이다. 유대인들은 그들의 정결법에 따라 부정한 사마리아 사람들이 사용하는 부정한 그릇을 함께 사용할 수가 없었다.

의 집에도 들어가셨다고 기록되어 있다. 마가복음이 이방인들을 위해 기록한 **이방인의 복음서**라는 점을 감안할 때 마가의 이런 기록은 아무런 문제가 될 이유가 없어 보인다. 그러나 마가 역시 "아무에게도 알리지 않고 유하려 하셨다"는 말을 하고 있는데, 이 언급은 유대인인 예수가 이방인의 거주 지역에 들어갔다는 사실과 함께 이방인의 집에 들어갔다는 사실 자체가 다른 유대인들에게 알려지는 것을 전혀 원하지 않았다는 사실을 암시하는 것으로 생각된다.

그런데 마태는 마가복음에 기록된 이 이야기를 자기 복음서에 소개할 때 몇 가지 중요한 수정 작업을 가했다. 첫 번째로 주목해야 할 가장 중요한 수정 작업은, 마태가 마가복음의 경우처럼 "예수가 두로와 시돈 지방에 들어가셨다"는 말은 하면서도 그 지역의 "어떤 집에 들어가셔서(εἰσελθὼν εἰς οἰκίαν) 아무에게도 알리지 않고 유하려 하셨다"(막 7:24)란 구절은 아예 삭제해버린 것이다. 마태로서는 예수가 이방인 거주 지역에서 이방인의 집에 들어가 체류했다는 사실 자체를 전혀 언급하고 싶지 않았기 때문일 것이다. 두 번째 작업은 마태가 15:21에서 마가의 본문과는 다르게 "가나안 여자 하나가 그 지경에서 나와서"(ἀπὸ τῶν ὁρίων ἐκείνων ἐξελθοῦσα) 예수에게 소리 질러 자기 딸을 고쳐 달라고 요청한 것으로 수정했다. 즉, 가나안 여인이 "그 지경(곧 두로와 시돈이라는 이방인 거주 지역)에서 나와서" 예수를 만났다고 기록하였다. 따라서 마태가 기록한 본문만 가지고 본다면 예수는 분명히 이방인 지역의 "어떤 집에 들어간 것"도 아니고, 예수가 가나안 여인을 만난 곳도 여인이 "그 지경에서 나와서", 즉 이방인 거주 지역인 두로와 시돈 지경이 아닌 곳에서 만난 셈이 된다. 마태가 이처럼 마가복음의 본문을 수정한 의도는 아주 분명해 보인다. 마태에게 있어서 이스라엘의 메시아이신 예수는 이방인들의 거주 지역의 "어떤 집에" 들어가 그곳에서 이방인들을 만날 수는 없는 분이기 때문이다.

둘째로 이것이 전부가 아니다. 마태복음에 보면 이와 거의 유사한 또 다른 사례가 하나 더 나온다. 마가복음에 보면 예수가 갈릴리 바다 건너편에 있는 이방인들의 거주 지역인 거라사[8] 지방에 들어가 귀신들린 사람을 고쳐준 이야기(막 5:1-20)가 소개되어 있다. 그런데 마태는 이 이야기를 자기 복음서에 소개할 때에도 같은 의도로 거의 비슷한 수정 작업을 반복하고 있다. 마가의 본문에 의하면 예수는 "거라사인의 지방에 이르러"(막 5:1) 무덤 사이에서 나온 귀신들린 사람을 고쳐주는 과정에서 이천 마리나 되는 돼지 떼를 바다에 빠뜨려 몰사시켰다(막 5:10-13)고 했다. 돼지 떼에 대한 언급만 보더라도 우리는 이 사건이 일어난 곳이 이방인 거주지임을 금방 알 수 있다. 그리고 마가 본문에서 이 일을 목격했던 사람들 곧 그 지역에 살던 이방인들이 두려움에 사로잡혀 "예수께 (나아와) 그 지방에서 떠나시기를 간구했다"(막 5:17)고 기록되어 있다. 그런데 마태가 그 이야기를 자신의 복음서에 기록할 때는 귀신들린 사람이 고침을 받은 일에 대한 이야기를 들었던 사람들에 관해 "온 시내가 예수를 만나려고 나와서(πᾶσα ἡ πόλις ἐξῆλθεν εἰς ὑπάντησιν τῷ Ἰησοῦ) 보고, 그 지방에서 떠나시기를 간구하더라"(마 8:34)라고 수정하였다. 따라서

---

8 이 지명이 공관복음에서 서로 다른 형태로 언급되고 있다. 가령 마태에서는 가다라, 마가와 누가에서는 거라사로 기록되어 있다. 분명한 것은 갈릴리 "바다 건너편"이란 말에서 암시된 바와 같이 '이방인들의 지역'이란 점이다. '무덤'과 '돼지'에 대한 언급 자체가 이방인의 불결한 분위기를 반영하고 있다. 이사야 65:4-5에서는 실제로 하나님의 "이름을 부르지 아니하는 나라"와 관련하여 무덤과 돼지란 단어가 함께 사용되고 있다.

마태의 본문만 가지고 본다면 거라사 지방 사람들이 예수를 찾아와 떠나시기를 요청한 곳이 거라사 지방 "안에서"가 아니라 그들이 "그곳에서 나와서"(ἐξῆλθεν) 마치 이방인들의 지역이 아닌 다른 곳에서 예수를 만나 요청한 것처럼 기록되어 있다. 마태로서는 유대인인 예수가 거라사 지역에 살고 있던 이방인들을 만났던 곳이 거라사 지역 "안에서"가 아니라 그들의 땅 "밖에서"였다는 의미를 드러내려고 했던 것으로 생각된다.

이처럼 마태는 상당히 용의주도하게 마가의 본문을 수정하면서까지 예수가 이방인들의 거주 지역에 들어가 이방인을 만난 사실을 인정하거나 언급하지 않으려는 분명한 경향을 보이고 있다. 그런데 그런 마태가 그의 복음서 서두에서 예수의 탄생 이야기와 관련하여 아기 예수가 그의 부모와 함께 이스라엘을 벗어나 이방인의 땅인 애굽으로 가서, 그곳에서 일정한 기간 동안 체류했다고 기록한 점은 정말이지 쉽게 이해하기 어려운 일이 아닐 수 없다. 물론 예수와 그의 부모가 애굽으로 피난할 수밖에 없었던 이유가 헤롯 대왕이 예수가 태어났을 때 "베들레헴과 그 모든 지경 안에 있는 사내아이를… 두 살부터 그 아래로 다 죽이려고"(마 2:16) 했기 때문이고, 더구나 주의 천사로부터 "애굽으로 피하여 가서 내가 일러줄 때까지 그곳에 있으라"(마 2:13)는 지시가 있었기 때문이라고 언급되어 있기는 하다. 그러나 헤롯 왕이 내렸다는 유아 학살 명령의 역사성도 문제이거니와 설사 그것이 사실이라고 하더라도 베들레헴에서 애굽까지의 지리적 거리나 당시의 열악한 이동 수단 등을 고려할 때 그리고 헤롯의 직접적인 통치 영역을 벗어난 다른 어떤 가까운 곳으로 피난할 수도 있었을 가능성 등을 고려할 때, 경건한 유대인인 예수의 부모가 어린 아기 예수를 데리고 멀고 먼 이방인의 땅이며 우상의 나라로 생각되던 애굽으로 피난해서 그곳에서 상당한 기간 동안 머물렀다고 생각하기는 그리고 그것을 자신의 복음서에 기록으로 남기는 일은 정말이지 결코 쉬운 일이 아니다.

이 문제와 관련해서 우리는 마태가 예수의 애굽 피난을 "주의 천사의 지시"로, 그것도 **꿈** 이야기로 전하고 있는 점에 주목할 필요가 있다.[9] 마태복음의 기록에 따르면 "주의 사자가 꿈에 요셉에게 나타나 헤롯이 아기를 찾아 죽이려 하니 일어나 아기와 그의 어머니를 데리고 애굽으로 피하여 내가 네게 이르기까지 거기 있으라"(마 2:13)고 되어 있다. 더구나 마태는 그런 기록에 이어 애굽으로의 피난과 애굽에서의 체류가 "주께서 선지자를 통하여 말씀하신바 '애굽으로부터 내 아들을 불렀다' 함을 이루려 하심이라"(마 2:15)는 자신의 해석을 덧붙임으로써 이스라엘 백성들의 출애굽과 연관시키고 있다. 바로 여기서 마태가 모세의 출애굽(exodus)를 생각했고[10] 그래서 예수를 두 번째 모세(the second Moses) 혹은 새로운 모세(the new Moses)로 제시하려 했다고 말한 데비스(Davis)의 지적에[11] 주목할 필요가 있다. 모세가 태어났을 때 바로가 사내아기를 다 죽이라고 명령했

---

9 "the connections of Joseph's dream... suggest edifying application rather than fact." Cf. Herman Hendrickx, *Infancy Narratives*(London: Geoffrey Chapman, 1984), 20.

10 마태복음 2:15는 호세아 11:1의 인용인데, "이 구절은 본래 하나님이 그의 아들인 이스라엘을 출애굽 때에 애굽에서 불러냈다는 것을 가리키고 있다"(It referred originally to God's calling Israel, his son, from Egypt at the time of the Exodus). Cf. Herman Hendrickx, *Infancy Narratives*, 47.

11 W.D. Davis, *The Setting of the Sermon on the mount*(Cambridge: University Press, 1963), 78 ff. 다른 한편으로 Dale C. Allison은 이것을 "a new exodus theme"이라고 말하기도 한다. Cf. *The New Moses: A Matthean Typology*(Minneapolis: Fortress Press, 1993), 293.

었듯이(출 1:15-22) 예수가 태어났을 때에도 헤롯이 두 살 아래의 모든 사내아이를 죽이라는 명령을 내렸다. 모세가 그 학살 명령에서 살아났듯이 예수도 그 학살 명령에서 살아남았다. 마태가 이처럼 예수의 애굽 피난 이야기를 유아 학살 명령과 연관시켜 기록한 것은 예수의 애굽 피난을 "내가 애굽에서 내 아들을 불러내었다"(마 2:15)는 예언(호세아 11:1)의 성취로 보고 있는 점에서 드러나고 있다. 결국 모세가 애굽에 살다가 하나님의 백성을 애굽으로부터 출애굽 시킨 지도자였던 것처럼 예수도 **모세와 같은** 이라는 점을 부각시키려고 했던 것으로 생각된다. 우리가 예수의 애굽 피난 이야기를 역사적 사실에 대한 기록이라고 생각하기보다는 오히려 신학적 해석의 결과(theologumenon)으로 보아야 한다는 주장[12]에 관심을 기울여야 할 이유가 바로 여기에 있다.

이방인들을 '개' 혹은 '돼지'로 그리고 이방인의 땅을, 특히 애굽을 '우상의 땅'이라고 비난하며 배격하던 그 당시 유대인들의 관점을 가장 잘 드러내고 있는 것이 마태복음이다. 그렇기에 예수가 공생애 활동 중 이방 땅에 발을 들여놓지 않았음을 애써 강조하고 있는 마태복음에서 **애굽**을 예수가 한때 피난했던 땅이요 잠깐이나마 체류했던 땅이라고 강조하고 있는 점은 정말로 아주 특이한 일이 아닐 수 없다. 그렇다면 과연 마태가 다른 복음서 기자들과는 달리 굳이 예수의 탄생 이야기와 관련하여 애굽을 예수의 피난처와 체류지로 소개하

---

12 Herman Hendrickx는 헤롯의 유아 학살 명령과 예수의 애굽 피난 이야기 같은 것들은 모두 "사실을 근거로 작성된 기록이기보다는 교리 문답적인 교훈이나 설교"(the appearance of a catechetical instruction or homily rather than a documentary composition)라고(*Infancy Narratives*, 49), 즉 그런 일들이 기록된 것은 "not simply because they happened, but primarily because they could be used to bring out Matthew's didactic and apologetic purposes"라고 말한다(*Infancy Narratives*, 20).

는 이유는 과연 무엇일까? 이 의문에 대한 해답의 실마리를 브랜든의 다음과 같은 주장에서 찾아보는 것이 옳을 것이라고 생각한다. 그에 의하면 마태복음이 애굽에서 보다 구체적으로는 애굽의 알렉산드리아에서 기록된 복음서라는 점 때문이다. AD 70년 유대전쟁의 결과로 예루살렘과 유대 나라가 로마에 의해 멸망 당했을 때 많은 유대인들, 특히 예루살렘을 중심으로 신앙생활을 해 오던 다수의 유대 기독교인들이 남쪽 애굽으로 피난을 내려왔다. 그리고 애굽, 특히 알렉산드리아를 중심으로 유대 기독교 공동체를 구성하고 발전시켰다. 그러면서 그들은 자기들이 이방인의 땅이요 우상의 땅인 애굽으로 피난 온 것을 합리화 혹은 정당화하기 위해서, 마치 주님이 과거에 자기들보다 먼저 그리고 자기들처럼 애굽으로 피난 왔었다는 이야기를 소개했다. 그렇게 함으로써 자기들의 교회가 뿌리내리고 있는 애굽을 오히려 일종의 **성지화**(聖地化)하고 있는 것으로 생각된다.

이런 관점에서 볼 때 "주님이 한때 애굽 땅에 피난하여 한동안 실제로 살았다"는 마태의 이 전승은 오히려 애굽에 정착하여 뿌리내리며 발전하고 있던 "알렉산드리아 교회만의 자랑스런 주장"(the proud boast of the Church of Alexandria alone)[13]이 될 수 있었고 그래서 마태도 자기 복음서에 의도적으로 기록하려고 했던 것이라고 생각된다. 결국 브랜든(Brandon)이 지적한 바와 같이 마태가 이렇게 특별히 애굽에 대해 관심을 갖고 예수의 애굽 피난 이야기를 그의 복음서에 기록한 구체적인 이유는 마태의 신앙 공동체가 애굽과 연관성이 있기 때문이라고 보아야 할 것이다. 그리고 바로 이런 점이 마태

---

13 S.G.F. Brandon, *The Fall of Jerusalem and the Christian Church*(London: SPCK, 1981), 227.

복음은 애굽에서 발전하던 알렉산드리아 교회의 복음서(the Gospel of the Church of Alexandria)이며 따라서 마태복음이 애굽에서 기록되었다는 점(the Alexandrian origin of the Matthean Gospel)을 잘 확인해 주고 있는 것으로 생각된다.[14]

---

14 S.G.F. Brandon, *Jesus and the Zealots*(New York: Charles Scribner's Sons, 1967), 297-299. 고린도 교회 안에 알렉산드리아 태생인 아볼로를 지도자로 추종하는 그룹이 있었다는 사실(고전 1:12; 3:4-7) 그리고 아볼로가 에베소에서 "성경에 능통한 자"로서 "일찍이 주의 도를 배워 열심히 예수에 관한 것을 말하며 가르쳤다"는 사실(행 18:24-25) 등을 통해서도 우리는 알렉산드리아에 일찍이 유대 기독교회가 존재하고 있었다는 점을 확인할 수 있다.

2장 | 예수는 다윗의 자손인가?

(막 12:35-37)

예수는 정말로 다윗의 자손인가? 이런 의문을 제기하는 것 자체가 언뜻 어처구니없는 일처럼 보이기도 한다. 기독교 역사상 가장 초기에 기록된 문서 중 하나인 로마서[1]에서부터 바울은 누구보다도 먼저 예수가 "육신으로는 다윗의 혈통에서 나셨다"(롬 1:3)고 말한 바 있고, 그 후에 기록된 복음서들을 보더라도 예수가 **다윗의 자손**이라는 사실은 너무나도 당연시되고 있는 편이기 때문이다. 신약성서의 첫 책인 마태복음은 그 서두에서 예수를 가리켜 "아브라함의 자손이며 다윗의 자손"(마 1:1)이라고 밝히고 있다. 그리고 복음서들 가운데서 가장 먼저 기록된 것으로 알려진 마가복음을 보더라도 다윗의 자손은 예수의 별명처럼 사용되고 있다. 가령 마가복음 10:46-52에 나오는 맹인 바디매오는 예수를 향하여 "다윗의 자손, 예수여"(막 10:47)라고 불렀을 뿐만 아니라 예수를 향해서 마치 이름을 대신하듯 그냥 "다윗의 자손이여"(막 10:48)라고 부르기도 했다. 그리고 이것은 마태복음의 평행 본문 가운데서도 똑같이 그대로 반복되고 있

---

1 바울이 기록한 로마서는 복음서들보다 앞서서 AD 50년대 후반에 기록된 것으로 생각된다.

다(마 20:30-31).

그러나 복음서를 좀 더 깊이 살펴보면 예수가 다윗의 자손인가에 대한 의문이 전혀 근거 없는 것만은 아니라는 생각을 하게 된다. 물론 마태복음에서는 복음서 서두와 이어지는 예수의 족보를 통해서 예수가 다윗의 자손임을 분명히 밝히고 있는 것이 사실이다. 그리고 마태복음에서는 예수의 족보(마 1:1-17)가 누가복음의 족보(눅 3:23-38)와 달리 예수를 다윗의 자손으로 밝히는 데 초점을 맞추고 있기도 하다. 마태가 이처럼 예수를 다윗의 자손으로 강조하는 이유는 한편으로 마태복음이 기록될 당시 유대인들은 메시아가 당연히 다윗의 자손이어야 한다는 생각을 갖고 있었기 때문이며, 다른 한편으로는 예수가 메시아임을 받아들이지 않고 도리어 예수가 메시아라고 믿는 기독교인들의 주장을 반대하는 유대교 회당을 겨냥한 논쟁의 목적 때문일 수도 있다.[2]

그런데 우리는 먼저 마태와 누가가 전하는 두 족보 간에 많은 차이점들이 있다는 사실에 주목할 필요가 있다. 그중에서도 가장 두드러지고 가장 중요한 차이점은 누가가 소개하는 예수의 족보에서는 다윗이란 이름이 여러 조상들의 수많은 이름들[3] 가운데서 오직 한 번만 언급되고 있을 뿐인데(눅 3:31), 마태의 예수 족보에서는 다윗이란 이름이 5번이나 반복되고 있는 점일 것이다.[4] 그런데 다윗이란 이름의 사용 빈도수보다 더 중요한 것이 있다. 그것은 마태복음에서

---

2 Cf. J.M. Gibbs, "Purpose and Pattern in Matthew's Use of the Title 'Son of David'," *NTS*, 10(1963-64), 446-64.
3 마태의 족보에서는 예수의 조상으로 42명의 이름이 언급되고 있는 반면에 누가의 족보에 등장하는 예수 조상은 77명이다(눅 3:23-38).
4 마 1:1, 마 1:6에서 두 번, 마 1:17에서 두 번.

는 예수 족보 자체가 다윗을 중심으로 세 시기, 즉 첫째는 아브라함에서부터 다윗까지 14대, 둘째는 다윗으로부터 포로로 잡혀가기 이전까지 14대, 셋째는 포로 생활로부터 그리스도까지 14대로 구분되고 구성되어 있다는 점이다. 마태의 예수 족보가 이처럼 14대씩 세 시대로 구분되어 있는 이유 자체도 다윗이란 이름을 구성하고 있는 세 개의 히브리어 자음(d+w+d)이 갖고 있는 숫자적 가치가 4+6+4=14이기 때문인 것으로 알려져 있다. 이것은 마태가 예수의 족보를 소개할 때 얼마나 다윗을 의식하고 있었는지를 잘 보여주는 증거가 아닐 수 없다. 따라서 마태가 전해 주는 예수의 족보는 한 마디로 예수를 다윗의 자손으로 강조하려는 **다윗 중심적**(David-centric)인 족보라고 말할 수 있다.

마태의 예수 족보가 다윗 중심적이란 점은 마태가 예수의 족보를 소개하기 전에 먼저 예수를 "다윗의 자손이며 아브라함의 자손"(마 1:1)이라고 밝히고 있는 점에서만이 아니라, 마리아의 예수 잉태와 관련하여 요셉에게 나타난 주의 천사가 예수의 육신의 아비로 알려진 요셉을 가리켜 '다윗의 자손'이라고 부르고 있는 점에서도 다시 확인되고 있다. 그러나 이와 달리 누가복음에 나오는 예수 족보에서는 다윗이 예수의 조상으로 거론된 77명 가운데 한 사람으로서 오직 한 번만 언급되고 있을 뿐이다. 예수의 탄생 이야기와 관련해서도 단지 요셉이 "다윗의 집 족속이므로"(눅 2:4) 갈릴리 나사렛으로부터 유대의 베들레헴으로 호적 등록하러 올라갔다고 언급하는 가운데, 다윗의 이름이 한 번 언급되고 있을 뿐이다. 그러나 여기서도 다윗이 예수와 관련해서가 아니라 요셉과 관련해서 언급되었을 뿐이다.

이런 사실들로 볼 때 우선 예수를 다윗의 후손 혹은 다윗의 자손이라고 보는 관점이 '마태복음 저자' 자신의 독특한 관점이라고 생각하지 않을 수 없다.[5] 이점은 누가복음의 예수 족보에서 그런 관점이 별로 강조되고 있지 않은 점에서도 확인할 수 있다. 누가복음의 족보에서는 예수의 조상 명단이 **아담**을 거쳐 **하나님**에게까지 소급됨으로써(눅 3:38), 예수가 오히려 **아담의 자손**(the son of Adam)이며 **하나님의 자손**(the son of God)임이 더 강조되고 있는 편이다. 이것을 두고 헨드릭스(Herman Hendrickx)는 다음과 같이 지적하고 있는 점에 주목할 필요가 있다.

> "누가복음의 족보에서는 다윗적인 요소가 강조되어 있지 않다. 요점은 분명히 하나님의 아들이다."[6]

누가복음에서는 예수를 다윗과 연관시키려는 혹은 예수를 다윗의 자손으로 소개하려는 의도가 그렇게 두드러지게 드러나고 있지 않다는 말이다. 이런 의도는 예수가 예루살렘에 입성할 때 무리들이 외쳤던 소리에 대해서 마태는 "호산나, 다윗의 자손이여, 찬송하리로다. 주의 이름으로 오시는 이여"(마 21:9)라고 전해 주고 있는데, 누가복음에서는 다윗에 대한 언급이 생략된 채 그냥 "찬송하리로다. 주의 이름으로 오시는 왕이여"(눅 19:38)라고 수정되어 '다윗의 자손'이란 용어를 일부러 회피하고 있는 것으로 보이는 점에서도 다시 확

---

5 '다윗의 자손'(the son of David)이란 명칭이 마태복음에서는 11번(1:1, 20; 9:27; 12:23; 15:22; 20:30, 31; 21:9, 15; 22:42, 45), 마가복음에서는 3번(10:47, 48; 12:35), 누가복음에서는 4번(18:38, 39; 20:41, 44) 사용되고 있다. 요한복음에서는 '다윗의 씨'(the seed of David)란 용어가 7:2에서 한 번 사용되었을 뿐이고, '다윗의 자손'이란 명칭은 사용된 적이 없다.
6 Herman Hendrickx, *Infancy Narratives*(London: Geoffrey Chapman, 1984), 3.

인할 수 있다.

마태복음에 따르면 요셉과 마리아는 베들레헴에 살고 있었고, 예수는 헤롯왕 때에 유대 베들레헴에서 나셨다(마 2:1). 베들레헴은 다윗의 고향이었고 그래서 "유대 땅 베들레헴아…네게서 한 다스리는 자가 나와서 내 백성 이스라엘의 목자가 되리라"(마 2:6)는 예언까지 소개되고 있다. 그러나 누가복음에 의하면 요셉과 마리아는 나사렛에 살고 있었고, 그들이 베들레헴에 갔던 것은 오직 호적을 등록하기 위한 것이었다(눅 2:4-5). 비록 예수가 베들레헴에서 태어났다는 암시가 있기는 하지만(눅 2:15), 요셉과 마리아는 곧바로 갈릴리로 돌아가 "본 동네7 나사렛에 이르렀다"(눅 2:39)는 말이 나오고 있는 점과 예수가 '나사렛 사람'이라고 불렸던 점을 보더라도 누가복음에서는 베들레헴보다는 오히려 나사렛이 더 크게 부각되어 있는 셈이다. 이처럼 예수의 탄생과 관련된 마태와 누가의 기록 목적과 의도가 너무나 다르기 때문에 브라운(R.E. Brown)은 마태와 누가의 두 기록들은 "둘 다 전혀 역사적인 것일 수가 없다"고 결론짓기도 했다.8

더욱 우리가 주목해야 할 점은 마가복음에서는 오히려 예수를 다윗의 자손으로 보는 것에 반대하는 관점이 드러나고 있다는 사실이다. 가령 마가복음 12:35-37에 의하면 율법 학자들이 그리스도는 다윗의 자손이라고 주장하지만, 예수는 오히려 시편 110:1을 인용하면서 "다윗이 그리스도를 주(Lord)라 하였은즉, 어찌 그의 자손이 되겠느냐?"고 반문하면서 그리스도(=메시아)가 다윗의 자손이라는 점을 부인하고 있다. 이 본문에서 드러나고 있듯이 우리는 마가복음

---

7 우리나라 공동번역과 새번역 성경에서는 모두 '고향'이라고 번역했다.
8 "they can not both be historical in toto." Cf. R.E. Brown, *The Virginal Conception and Bodily Resurrection of Jesus*(London: Geoffrey Chapman, 1974), 54-4.

에 "다윗의 자손 기독론으로부터 이탈하는 움직임"(a move away from a 'Son of David' Christology)이 분명히 있음을 확인할 수 있다.9 마가는 예수를 다윗의 자손(a son of David)이 아니라 오히려 하나님의 아들(the son of God)로 보고 있기 때문에(막 1:1; cf. 막 1:11; 9:7; 15:39) 마가는 예수를 다윗의 자손 메시아로 보는 유대 기독교적 관점을 반대하고 있는 것으로 생각된다.

다른 한편으로 요한복음에 "성경에 이르기를 그리스도는 다윗의 씨(the seed of David)로 또 다윗이 살던 마을 베들레헴에서 나오리라 하지 아니하였느냐?"(요 7:42)는 말은 있어도 '다윗의 자손'이란 명칭 자체가 사용된 적 없다. 더구나 예수와 관련해서 '다윗'이란 단어가 사용된 적도 없다. 다윗의 자손이란 명칭과 함께 예수를 다윗의 자손으로 보는 관점이 요한복음 저자에게도 전혀 익숙하지 않았다고 보아야 마땅할 것이다.10

예수의 탄생 및 유아기를 포함하여 예수의 부모인 마리아와 요셉의 만남과 정혼 이야기를 전해 주고 있는 외경 야고보의 유아기 복음서에 보더라도 요셉이 다윗의 자손이라던가 예수가 다윗의 후손이란 언급 자체가 전혀 나오지 않고 있다. 야고보의 유아기 복음서가 요셉의 또 다른 아들이며 예수의 형제인 야고보의 이름으로 기록되었음에도 불구하고, 예수의 부친인 요셉과 예수의 탄생과 관련하여 상당히 많은 기록을 남기고 있음에도 불구하고 다윗 가문(the royal

---

9 W.R. Telford, *The Theology of the Gospel of Mark*(Cambridge University Press, 1999), 37. Telford는 이것을 달리 "tilting against a Messianic 'Son of Daid' Christology"라고 말하기도 했다. Cf. 52.

10 다만 요한 공동체의 산물인 요한 계시록에서 '다윗의 열쇠'(계 3:7), '다윗의 뿌리'(계 5:5; 22:16)란 문구가 사용된 바가 있을 뿐이다. 그러나 요한 문서 어디에서도 '다윗의 자손'이란 말은 찾아볼 수가 없다. ,

house of David)과의 연관성에 대해 아무런 언급이 없다는 사실을 보아 예수를 다윗의 자손으로 보는 관점이 전혀 없었다고 볼 수밖에 없다.

이런 모든 점들로 미루어 볼 때 예수를 다윗의 자손 혹은 다윗의 후손으로 보는 관점이 역사적 사실에 근거한 것이라기보다는 오히려 신학적 해석(a theologoumenon), 즉 본래는 신학적 진술이었던 것을 역사적으로 사실화(historicizing)한 것이 아닐까 하는 생각을 해보게 된다.[11] 브라운(R.E. Brown)은 이것을 다음과 같이 설명하고 있다.

> 기독교인들은 예수가 이스라엘의 소망을 성취한 분이라고 믿고 있다. 그런데 이스라엘이 갖고 있던 소망들 가운데 가장 대표적인 것은 메시아 대망이었다. 그래서 '메시아'란 전통적인 명칭이 예수에게 붙여지게 되었다. 그러나 유대인들의 사상에서는 메시아가 다윗의 후손이어야 했다.[12]

그래서 결과적으로 예수는 다윗의 자손으로 여겨지게 되었고, 마태복음에서처럼 다윗의 자손임을 밝히는 족보까지 나오게 된 것으로 생각된다.

우리는 이와 비슷한 사례를 역대상 6:1-8에 소개된 대제사장 사독(Zadok)의 족보에서도 엿볼 수 있다. 레위의 자손들을 소개하는 이 족보에서는 사독이 레위 가계의 아히둡의 아들로 소개되고 있다

---

11 "the historicizing of what was originally a theological statement." Cf. Raymond E. Brown, *The Birth of the Messiah: A Commentary on the Infancy Narratives in Matthew and Luke*(New York: Image Books, 1979), 505.
12 Cf. 막 12:35; 요 7:42 등등.

(6:8). 그런데 사독의 역사적 기원에 대해서는 실제로 전혀 알려진 바가 없다. 그가 어쩌면 가나안 사람이었을 수도 있다는 주장도 있었으나 사독은 나중에 대제사장이 되었다. 유대 전승에 따르면 대제사장은 마땅히 아론의 레위 집안에 속한 인물이어야 했다. 그래서 사독이 아론의 레위 집안 소속이라는 것을 보여주는 족보가 나중에 만들어짐으로써 그의 대제사장직의 합법화가 이루어지게 되었다.[13]

이와 관련해서 우리는 복음서에 나오는 예수의 족보와 그의 탄생 이야기들이 모두 후대에 예수를 **메시아와 하나님의 아들**로 믿는 기독교인들에 의해 기록된 신앙적인 목적의 기록들이란 사실을 기억할 필요가 있다. 세상의 어느 누구도 위대한 사람이 출생하는 것을 보기 위해 병원이나 집 밖에서 기다리지 않는다. 어떤 사람이 위대한 인물이 된 이후에야 비로소 그 사람이 어떤 집안에서 어떻게 태어난 사람인지가 중요하게 된다. 족보의 경우도 마찬가지이다. 세상의 어떤 위대한 사람도 그의 족보가 먼저 있고 나서 그 족보에 따라 태어나지는 않는다. 위대한 인물이 된 이후에야 그가 어떤 집안에서, 누구의 후손으로 태어났는지가 중요하게 된다. 이것의 순서가 뒤바뀌는 경우는 결코 없을 것이다. 예수가 다윗의 자손이라는 확신은 예수의 족보나 예수의 탄생 이야기와 더불어 나중에 예수를 메시아와 하나님의 아들로 믿게 된, 예수는 다윗의 자손이라고 믿게 된 신앙 공동체의 후대 산물로 보아야 하는 이유가 바로 여기에 있다.

---

13 이와 함께 우리는 구약에서 이미 메시아 대망이 왕으로부터 제사장에게로 옮아가는 다른 형태를 보여주고 있다는 점(겔 40-48장)에도 주목할 필요가 있다. Cf. R.H. Fuller, *The Foundations of New Testament Christology*(London: Collins Clear-Type Press, 1965), 26-27.

3장 ┃ 예수의 나사렛 회당 설교 다시 읽기

    대부분의 누가복음 연구가들은 예수의 취임 설교(the inaugural sermon)라고도 불리는 예수의 공생애 첫 설교인 나사렛 회당 설교 (눅 4:16-30)를 두고, 누가복음을 이해할 수 있는 주요 본문(a key text for understanding the Gospel)으로 간주하고 있다.[1] 필그림 (Walter E. Pilgrim)은 "누가가 기록한 두 권의 책을 이해하려면 이 본문보다 더 중요한 것은 없다"[2]고 말하면서, 이 설교 본문이 "누가 문서들을 위한 프로그램적인 본문" 혹은 "복음서와 사도행전의 전체적인 개요"이며 "뒤에 이어지는 내용을 모두 읽기 위한 안경"[3]이라고

---

1 Frank J. Matera, *Passion Narratives and Gospel Theologies: interpreting the Synoptics through Their Passion Stories*(New York: Paulist Press, 1986), 207. Fitzmyer는 이 본문을 가리켜 "어떤 의미에선 유아기 설화에 나오는 시므온의 말(2:34) 가운데 예시된 그리고 어느 정도는 뒤에 이어질 전체 공생애 활동에 대한 설명 가운데서 예시되고 있는 누가복음에서 중요한 이야기"라고 말한다. Cf. *The Gospel According to Luke*(New York: Doubleday, 1981), 526. Schuermann은 이 본문을 "ein Evangelium im Evangelium"이라고 부른다. Cf. Luke T. Johnson, *The Literary Function of Possessions in Luke-Acts*(SBLDS 39, Montana: Scholars Press, 1977), 92, 2.

2 Walter E. Pilgrim, *Good News to the Poor: Wealth and Poverty in Luke-Act*(Minnesota: Ausburg, 1981), 64.

3 같은 책, 64-65. 거의 같은 의미에서 Fred B. Craddock은 이 본문을 가리켜 "a preview of Luke's understanding of the mission of Jesus"라고 말하기도 했다. Cf. *The Gospels*(Nashville: Abingdon, 1981), 107.

말하기도 했다. 다른 한편 탈버트(C.H. Talbert)는 예수의 이 첫 설교 본문을 가리켜 예수의 공생애 활동 전체를 소개하며 해석해 주는 "복음서의 권두 그림"(the frontispiece to the gospel)이라고[4] 말하면서 이 설교 본문의 중요성을 강조하기도 했다.

이처럼 중요한 본문임에도 불구하고 복음서 해석가들은 이 본문을 해석함에 있어서 많은 이견을 보여온 것이 사실이다. 본문에 대한 이해와 해석에 많은 어려움이 있었다는 말이기도 하다. 우리가 이 본문을 다시 한번 더 주의 깊게 연구해보아야 할 이유가 바로 여기에 있다.

예수의 이 공생애 첫 설교 본문은 다음과 같이 크게 두 부분으로 구분되고 있다.[5]

첫 번째 부분인 4:18-21에서는 예수가 회당에 서서 성경 본문을 펼쳐 읽고 "이 성경 말씀이 오늘 너희에게 이루어졌다"고 해석해 주고 있다. 여기에 인용된 구약성경은 주로 이사야 61:1과 2 상반절을 약간 변형하여 인용한 것이며 이사야 58:6("눌린 자를 자유케 한다")의 일부가 포함되어 있다. 아울러 이사야 61:2에서 '여호와의 은혜의 해'를 언급하면서도 '보복의 날'은 생략함으로써 '희년 선포'에 대한 관심이 두드러지게 나타나고 있다. 그리고 이 설교 직후에 4:22에서는 설화적인 형태로 이 설교 말씀을 들은 사람들의 긍정적이며 호의적인 반응을 소개하고 있다("사람들은 모두 감탄하고 그의 은혜로운 말씀에 놀라 '이 사람이 요셉의 아들이 아닌가?'하고 말했습니다").

두 번째 부분인 4:25-27에서는 예수가 계속하여 열왕기의 내용

---

4 C.H. Talbert, *Reading Luke: A Literary and Theological Commentary on the Third Gospel* (New York: Crossroad, 1982), 52.
5 Donald Juel, *Luke-Acts*(London: SCM Press, 1984), 28; Cf. E. Schweizer, *The Good News According to Luke*(Atlanta: John Knox Press, 1984), 85.

가운데 엘리야와 엘리사의 사역을 예로 들면서, 엘리야가 **시돈 지방 사렙다 과부**에게 그리고 엘리사는 **수리아 사람 나아만**에게 각각 보냄을 받아 그들에게 특별한 은혜를 베풀었지, 이스라엘의 과부나 이스라엘의 나병 환자에게 보냄을 받지 않았다고 설교한다. 그리고 이 말씀 직후에 4:28-29에서는 다시금 설화적인 형태로 듣는 사람들의 반응을 소개하는데, 이번에는 그 반응이 아주 부정적이며 적대적이었다고 소개한다("사람들이 회당에서 이 말씀을 듣고 모두 화가 났습니다. 그들이 일어나 예수를 동네에서 쫓아내어 동네 밖 산벼랑까지 끌고 갔습니다. 벼랑 끝에서 예수를 밀쳐 떨어뜨리려고 했던 것입니다").

따라서 우리는 누가가 소개하는 예수의 공생애 첫 설교 내용과 구조를 우선 다음과 같이 간단히 요약할 수 있다.

> 이사야 본문을 근거한 설교의 전반부(4:18-21)
> 예수의 설교 말씀에 대한 호의적인 반응(4:22-23)
> 엘리야와 엘리사 사역을 근거한 설교의 후반부(4:25-27)
> 예수의 설교 말씀에 대한 적대적인 반응(4:28-29)

누가가 다른 복음서 기자들과는 달리 예수의 나사렛 회당 설교(4:16-30)를 그의 공생애 첫 설교로 소개하는 이유는 무엇일까? 그리고 이 나사렛 회당 설교에서 드러나고 있는 누가의 중요한 신학적 관점은 도대체 과연 무엇일까?

1. 이스라엘이 배척한 복음이 이방인에게로 옮겨진다는 설교란 해석

대부분의 연구가들은 예수의 이 설교를 읽고 해석하는 가운데서 엘리야가 이스라엘 과부가 아닌 사렙다 과부에게 보냄을 받았고(4:26), 엘리사가 이스라엘의 나병 환자가 아닌 수리아 사람 나아만을 깨끗하게 해 주었다(4:7)는 말씀과 더불어 그 말씀을 들었던 사람들이 아주 분노했고, 그 때문에 예수가 배척을 당하여 고향을 떠나게 되었다는 언급(4:30)에 특히 주목하는 경향을 보였다. 그리고 이런 관점에서 예수의 이 설교는 예수가 유대인들에 의해 배척될 것을 예시하면서 동시에 복음이 유대인들로부터 이방인들에게로 옮겨지게 되는 것을 예고해 주는 것이라고 해석했다. 이른바 누가 문서의 주요 주제인 유대인들에 의한 복음의 배척과 이방인들에 의한 복음 수용(the rejection of the gospel by the Jews and the acceptance of the gospel by the Gentiles)이란 견해 그리고 그와 함께 누가의 반 유대적이며 친 이방적인 견해를 드러내 주는 본문으로 해석하는 입장이었다.

이런 해석 경향을 주도했던 것은 아마도 크리드(John M. Creed)의 다음과 같은 주장이었을 것으로 생각된다: "엘리야와 엘리사의 생애로부터 인용된 사건들은 이방인들에 대한 선교를 위한 좋은 선례들을 제공해 주고 있다. 그리고 확실히 이것이 복음서 기자에게는 그 사건들이 뜻하는 진짜 의미였다."[6]

엘리스(E. Earle Ellis)도 그의 누가복음 주석 가운데서 다음과 같이 말한 바 있다: "엘리야와 엘리사 말씀들은… 나사렛에서 배척당

---

6 John M. Creed, *The Gospel According to St. Luke*, 66.

한 일의 참된 의미를 강조하고 있는데, 그것은 곧 하나님이 반역하는 이스라엘을 건너뛰어서 이방인들에게 그의 축복을 베푼다는 점이다."[7]

똑같은 관점에서 에슬러(Philip Francis Esler)는 누가복음 4:25-27에 엘리야와 엘리사에 대해 "이 세 구절에서 예수 시대 이후에야 비로소 시작된 이방 선교에 대한 예언과 그에 대한 공식적인 승인(prediction and authorization)을 보는 것은 누가 연구의 일종의 상식이다"[8]라고 말했다. 어쩌면 이런 해석들은 누가복음 4:25-27에 나오는 엘리야와 엘리사 이야기가 사도행전에서 바울이 유대인들이 복음을 배척하기 때문에 이방인들에게로 간다고 거듭 말했던 것(행 13:46; 18:6)을 염두에 둔 것일 수 있다.

그러나 누가복음 4:16-30을 유대인들이 복음을 받아들이지 않고 배척했기 때문에 복음이 이방인들에게로 전해지게 되었다는 점을 예고해 주는 혹은 정당화하는 본문으로 해석하는 데에는 분명히 문제가 많아 보인다. 첫째로 우선 이런 해석은 예수의 나사렛 회당 설교의 첫 번째 부분(4:18-21)을 거의 도외시한 채, 오로지 두 번째 부분(4:25-27)에만 치중하고 있다는 지적을 피할 수 없어 보인다. 오히려 설교의 첫 번째 부분에서 앞으로 벌어질 예수 사역에 형태와 의미가 '희년 선포'와 관련해서 더 중요하게 부각되어 있는데도 말이다.

둘째로 이방인인 사렙다 과부와 이방인 수리아 나아만에 대한 엘리야와 엘리사의 사역을 그들이 이스라엘로부터 배척을 받은 후속

---

7 E. Earle Ellis, *The Gospel of Luke*, 98. 거의 비슷한 관점에서 J. Fitzmyer도 엘리야와 엘리사의 사역에 대해 "이 25절에서 27절은 이방인들에 대한 기독교 선교를 위한 정당성을 구약성경으로부터 제공하고 있다"고 말한다. Cf. *The Gospel According to St. Luke*. 2 vol.(Garden City N.Y.: Doubleday & Company, 1985), 537.

8 Philip Francis Esler, *Community and Gospel in Luke-Acts: The Social and Political Motivation of Lucan Theology*(Cambridge University Press, 1987), 35.

결과로 보는 것에 문제가 있다. 왜냐하면 엘리사는 이방인인 수리아 나아만에게 보냄을 받은(4:26) 선지자이지, 자기 백성들로부터 배척을 받은 선지자가 아니기 때문이다. 엘리야도 "여호와의 말씀이…임하여 이르시되 너는 일어나 시돈에 속한 사르밧으로 가서 거기 머물라"(왕상 17:8-9)는 말씀에 따른 것뿐이다. 자기 백성이나 고향으로부터 배척을 받았기 때문에 이방인을 찾아간 것이 아니라 하나님에 의해 보내진 것이었다. 그래서 탄네힐(R.C. Tannehill)은 "예수가 배척을 받았기 때문에 다른 곳으로 간 것이 아니라 예수가 다른 곳으로 가는 것이 하나님의 뜻이며 자신의 선교라고 선포했기 때문에 배척을 받은 것이라"[9]고 지적한 바 있다. 더구나 예수가 고향 나사렛에서 배척을 당한 직후에 그곳을 떠나 다른 갈릴리 동네인 가버나움(4:31)으로 갔을 뿐이지 곧바로 이방인들이 사는 동네를 찾아간 것도 아니었다.

셋째로 예수가 유대인들을 상대로 공생애 사역을 하는 동안에 유대인들로부터 반대와 배척을 받은 것은 처음부터 수시로 반복된 일이었다. 중풍 병자를 고쳤을 때는 예수가 신성모독을 했다고 비판을 받았고(눅 5:21), 안식일에 회당에서 손 마른 사람을 고쳐 주었을 때에도 유대인 종교 지도자들이 분을 내며 예수를 처치할지 의논하기도 했다(눅 6:11). 그러나 그렇다고 유대인들로부터 반대와 비난을 받을 때마다 예수가 유대인을 등지고 이방인들에게 향했던 것도 아니었다. 유대인들 가운데는 늘 예수를 환영하는 사람들도 있었다. 따라서 누가복음 4:16-30을 근거로 유대인들이 복음을 배척했기 때

---

9 R.C. Tannehill, "The Mission of Jesus according to Luke" (4:16-30), in *Jesus in Nazareth*, ed. W. Eltester(Berlin: de Gruyter, 1972), 62.

문에 복음이 이방인들에게로 옮겨가게 되었다는 주장을 하는 것과 위 구절이 그것을 예고해 주는 프로그램적 본문이라고 생각하는 것은 지나친 억측이라고 생각된다. 누가에 의하면 하나님은 복음을 배척한 이스라엘을 완전히 배척한 것이 결코 아니었다.

그리고 이것은 사도행전의 경우에서도 마찬가지이다. 복음은 유대인들로부터만 배척을 받은 것이 아니라 이방인들로부터도 배척을 받았다. 바울과 바나바가 이고니온에서 복음을 전파했을 때 유대인들뿐만 아니라 **이방인들** 역시 "두 사도를 모욕하며 돌로 치려고 달려들었고"(행 14:5) 그래서 그곳을 떠나 "루가오니아의 두 성 루스드라와 더베와 그 근방으로 가서 거기서 복음을 전하기도" 했다(행 14:6-7). 유대인들과 마찬가지로 이방인들 가운데서도 복음을 받아들인 사람이 있었는가 하면 복음을 배척한 사람들도 있었다. 유대인이 복음을 배척했기 때문에 복음이 이방인에게로 옮겨가게 된 것이란 그런 도식적인 생각을 그대로 받아들이기 어려운 점이 바로 여기에 있다.

사도행전을 보더라도 유대인들이 모두 복음을 배척한 것이 결코 아니다. 사도행전에 나오는 "유대인들의 대대적인 개종에 대한 수많은 언급들"(numerous references to mass conversion of Jews)[10]을 우리는 다음과 같은 본문들에서 쉽게 찾아볼 수 있다.

"그의 말을 받아들인 사람들은 세례를 받아 그날에 신도의 수가 약 삼천 명이나 더 늘었습니다"(행 2:41).

"하나님을 찬양하며 모든 사람에게서 호감을 샀습니다. 주께서는

---

10 J. Jervell, *Luke and the People of God*(Minneapolis: Augsburg, 1972), 42.

구원을 받은 사람을 날마다 더하게 하셨습니다"(행 2:47).

"그런데 사도들의 말을 들을 사람들 중에 많은 사람이 믿어 남자의 수효만도 오천 명이나 되었습니다"(행 4:4).

"그리하여 주를 믿고 그들에게 가담하는 남녀가 점점 더 많아졌습니다"(행 5:14).

"이 기간에 제자들이 점점 많아졌습니다"(행 6:1).

"하나님의 말씀이 더욱 더욱 널리 퍼져서 예루살렘에 있는 제자들의 수효가 부쩍 늘어나고 수많은 제사장들도 이 믿음을 받아들이게 되었습니다"(행 6:7).

"그 일이 온 욥바에 알려지자 많은 사람이 주를 믿게 되었습니다"(행 9:42).

"주의 말씀이 점점 더 널리 퍼져 믿는 사람이 많아졌습니다"(행 12:24).

"회중이 흩어진 후에도 많은 유대 사람과 유대교에 입교한 경건한 사람들이 바울과 바나바를 따라갔습니다. 바울과 바나바는 그들과 말을 주고받으며 항상 하나님의 은혜 가운데 있으라고 권했습니다"(행 13:43).

"바울과 바나바는 이고니온에서도 함께 유대 사람의 회당에 들어가서 말했습니다. 수많은 유대 사람과 헬라 사람이 믿게 되었습니다"(행 14:1).

"형제들은 그 밤에 급히 바울과 실라를 베뢰아에 보냈습니다. 두 사도
는 거기 이르자 유대 사람의 회당으로 들어갔습니다. 그곳 사람들은
데살로니가 사람들보다 마음이 넓어서 열심히 말씀을 받아들였으며,
그것이 다 사실인가 알아보려고 날마다 성경을 자세히 공부했습니다.
이리하여 그들 가운데 많은 사람이 믿었습니다"(행 17:10-12).

"(에베소에서) 이렇게 하여 주의 말씀이 능력있게 퍼져나가고 점점
강해졌습니다"(행 19:20).

"그들이 이 말을 듣고 하나님께 영광을 돌리고 바울에게 말했습니다.
형제들이여, 당신이 아는 대로 유대 사람들 가운데는 이미 믿는 사람이
여러 만 명이나 되며 그들은 모두 율법에 골똘한 사람들입니다"(행 21:20).

이런 본문 증거들은 유대인들이 복음을 배척했기 때문에 복음이
이방인들에게 전파되기 시작했다는 생각을 그대로 받아들일 수 없
게 만든다. 더구나 이스라엘이 다 하나님을 배척한 것이 아니듯이 하
나님께서도 이스라엘을 완전히 배척한 것이 결코 아니었다. 바로 이
런 점들 때문에 제벨(Jacob Jervell)은 유대인들이 복음을 배척했기
때문에 이방 선교가 시작된 것이 아니라 도리어 유대인들이 복음을
받아들인 사실이 오히려 이방 선교를 위한 전제가 되고 있다고 강력
히 주장하면서,[11] 이방인들이 복음을 받아들이고 구원을 받게 된 일

---

11 Jacob Jervell, *Luke and the People of God: A New Look at Luke-Acts*(Minneapolis:

을 유대인들이 복음을 배척했기 때문인 것으로 보는 관점을 잘못된 (mistaken) 해석이라고 말한다. 마찬가지로 브롤리(Robert L. Brawley) 도 누가복음 4:18-30의 설교에 대해서 복음이 유대인들로부터 이방 인들에게로 옮겨가는 것을 보여주는 프로그램적 메시지라고 보는 해석을 가리켜 "부적절한"(inadequate) 그리고 "빈약한"(poor) 해 석이라고 일축하고 있다.[12]

2. 예수의 정체를 선지자로, 특히 배척받은 선지자로 밝히는 설교란 해석

브롤리(Robert L. Brawley)는 누가복음 4:16-30에 대해 "더 이 상 복음이 유대인들로부터 이방인들에게로 옮겨가는 것을 프로그램 적으로 보여주는 것이라고 이해될 수 없다"고 말하면서, 도리어 "누 가는 예수의 고향 사람들이 예수에게 상당히 당혹스럽고도 부정적 인 반응을 보인 이야기를 가지고 예수의 정체(identity)를 확인해 주 는 이야기로 변형시키고 있다"고 주장한다.[13] 누가가 소개하는 예수 의 나사렛 회당 설교는 누가의 진정한 예수상을 제시하고 있다는, 즉 예수가 누구인지를 밝혀주고 있다는 주장이다. 달리 말한다면 "엘리 야와 엘리사에 대한 언급이 교회 역사에서 이방인 선교 단계를 예고

Augsburg, 1972), 43.

12 Robert L. Brawley, "The Identity of Jesus in Luke 4:16-30 and the Program of Luke-Acts," in: *Luke-Acts and The Jews: Conflict, Apology, and Conciliation* (Society of Biblical Literature Monograph Series, Geogia, Atlant: Scholar Press, 1987), 7-8.

13 *Ibid.*, 7.

하고 있는 것이 아니라, 도리어 예수가 엘리야와 엘리사와 같은 예언자, 특히 자기 고향에서 환영받지 못하는 예언자임을 보여준다… 예수와 이스라엘 두 예언자 간의 유비는 어느 선지자도 자기 고향에서는 영접을 받지 못한다는 24절에 나온 속담의 진리를 예증해 준다… 그래서 예수의 첫 설교는 그가 누구인지 그리고 그가 무슨 일을 할 것인지에 대한 기본적인 프로그램을 제공해 준다는 의미에서 프로그램적"[14]이라고 주장한다.

따라서 그에 의하면 나사렛 사람들이 예수를 배척한 이유는 그가 예언자이기 때문이란 것이며, 아이러니하게도 나사렛 사람들의 배척은 예수의 정체를 부정하거나 부인하는 것이 아니라 도리어 그것을 확인해 주고 입증해 준다는 말이다. 즉, 나사렛 사람들이 예수를 배척함으로써 그들은 바로 그들의 속담대로 예수가 예언자임을 역설적으로 증명해 주었다는 것이다. 특히 누가는 이 회당 설교를 통해 예수가 (단지) 요셉의 아들에 지나지 않는다는 그런 인식(4:22)에 대한 반박과 대응의 형태로 선지자로서의 그의 진정한 정체성을 증명하기 위해 "선지자가 자기 고향에서는 환영을 받지 못한다"는 속담을 판단의 근거로 제시하고 있는 셈이다. 결과적으로 "나사렛 사람들은 예수의 고귀한 정체성을 받아들일 수 없어서 그를 배척했지만, 그렇게 함으로써 그들은 결국 예수의 고귀한 정체성을 증명한 것뿐"[15]이라는 말이다.

물론 누가복음이 다른 복음서와는 달리 예수를 '선지자'로 알고 있고 또 그렇게 강조하고 있다는 점은 분명해 보인다. 누가는 이미

---

14 *Ibid.*, 26-27.
15 *Ibid.*, 18.

그의 복음서 서두에서 예수의 탄생 및 출현과 관련해서 사가랴 제사장의 입을 통해 예수가 "지극히 높으신 이의 선지자"라 일컬음을 받을 것이라고 밝힌 바 있다(눅 1:76). 그래서 예수가 그의 공생애 중에 나인 성 과부의 아들을 살려주었을 때 "모든 사람들이 두려워하며 하나님께 영광을 돌려 이르되 큰 선지자가 우리 가운데 일어나셨다"(눅 7:16)고 외친 바 있다. 예수가 제자들에게 사람들이 나를 누구라 하느냐고 물었을 때 제자들의 대답 가운데 하나도 "옛 선지자 중의 한 사람이 살아났다 하더이다"였다(눅 9:19). 예수 자신도 자신의 죽음과 관련하여 "선지자가 예루살렘 밖에서는 죽는 법이 없다"고 말하면서(눅 13:33) 자신이 선지자임을 암시하기도 했다. 그의 제자들은 예수를 "하나님과 모든 백성 앞에서 말과 일에 능하신 선지자"로 알고 있었고(눅 24:19), 사도행전에서도 베드로는 솔로몬 행각 설교 가운데서 모세가 예수를 두고 "주 하나님이 너희를 위하여 너희 형제 가운데 나 같은 선지자 하나를 세울 것이니…16 누구든지 그 선지자의 말을 듣지 아니하는 자는 백성 중에서 멸망을 받으리라"(행 3:22-23)고 증거했음을 강조한다. 예수의 정체를 선지자로 강조하는 누가 문서의 바로 이런 특징 때문에 존슨(Luke Timothy Johnson)은 누가의 예수상을 다른 복음서들과는 달리 선지자, 특히 '모세와 같은 선지자'로 정의 내리고 있기도 하다.17 그러나 누가에게 있어서 예수가 선지자라는 사실은 처음부터 이미 사가랴의 예언을 통해(눅 1;76) 선포되었기 때문에 누가가 예수의 나사렛 회당 설교를 통해서

---

16 사도행전 7:37에서 다시금 스데반의 설교 가운데서 예수가 모세와 같은 선지자임이 선포되고 있다.
17 Luke Timothy Johnson, *Living Jesus: Learning the Heart of the Gospel*(New York: HarperCollins, 1999), 161.

예수를 선지자로 다시 확인시키고자 했다고 생각하기는 어려워 보인다.

더구나 "선지자가 고향에서는 환영을 받는 자가 없다"(눅 4:24)는 속담을 근거로 예수가 고향 나사렛에서 배척을 받은 사실은 역설적으로 예수가 선지자임을 증명해 준다면서 누가복음 4:16-30이 예수의 정체성을 선지자로 밝히기 위한 본문이라고 해석하고 있는 브롤리(Brawley)의 주장에는 다음과 같은 문제들이 있다. 첫째로 누가가 예수의 나사렛 회당 설교 본문을 통해 예수의 정체를 선지자로 밝히는 것이 정말로 주요 목적이었다면 그래서 자기 고향에서 배척을 받는 예언자로 드러내기 위한 의도를 가졌다면, 북부 사마리아 지역 선지자들인 엘리야와 엘리사(왕하 5:3) 대신에 오히려 유대 지역 출신인 이사야와 예레미아와 같은 선지자들을 거론하는 것이 더 적절하다는 생각이 들기 때문이다.[18] 그들이야말로 자기 백성들로부터 배척을 받은 대표적인 선지자들이 아니던가?

둘째로 엘리야와 엘리사가 이방인들인 사렙다의 과부와 수리아의 나아만에게 나아가 그들을 돕고 은혜를 베푼 것은 앞에서도 잠깐 지적한 바와 같이 그들이 그들에게 보내심을 받았기(4:26) 때문이지 이스라엘로부터 배척을 받았기 때문이 아니다. 엘리야와 엘리사를 고향에서 혹은 자기 백성들로부터 '배척받은 선지자'라 보는 그의 전

---

18 누가는 예수의 나사렛 회당 설교에서 이미 이사야서를 인용하였고, 세례 요한의 제자들이 예수에게 "오신다는 분이 당신입니까?"라고 예수의 정체에 대한 질문을 던졌을 때에도 이사야 35:5-6과 61:1을 인용하여 답변하는 등 누가복음에서 예수가 인용한 이사야 선지자의 말씀이 아주 많이 나타나고 있다. 예를 들면 눅 8:10; 9:35; 10:15; 19:46; 20:9; 21:34-35; 27:37 등등. 누가복음에 예레미아 선지자의 말씀 인용은 두 번(눅 13:35; 눅 19:46b)뿐이지만, 두 선지자 모두 존경받는 선지자로서 모두 동족들로부터 배척받아 순교한 선지자로 알려져 있다.

제부터가 문제라고 생각된다. 더구나 브롤리(Brawley)는 나사렛 설교의 두 번째 부분(4:25-27)의 메시지, 이른바 하나님에 의해서 이방인들인 '사렙다 과부'와 '수리아 나아만'에게 특별한 은혜가 베풀어졌다는 메시지가 갖고 있는 의미와 그 중요성을 너무 도외시하거나 무시하고 있는 것으로 생각된다.

셋째로 예수를 배척당한 선지자로 보는 이런 해석의 또 다른 문제점은 예수의 나사렛 설교에서 보다 더 중요한 부분인 전반부 곧 가난한 자, 포로 된 자, 눈먼 자, 눌린 자들에 대한 희년의 기쁜 소식 부분을 전혀 고려하지 않고 있다는 점에 있다. 바로 이런 점 때문에 브롤리(Brawley)의 해석 역시 "부적절한"(inadequate) 그리고 "빈약한"(poor) 해석이란 지적을 받아 마땅할 것으로 생각된다. 따라서 우리는 누가가 소개하는 "나사렛 회당 설교"의 의도를 다른 곳에서 찾아야만 할 것으로 생각된다.

3. 나사렛 회당 설교와 큰 잔치 비유 설교의 문학적이며 신학적인 유사성

누가가 소개하는 예수의 나사렛 회당 설교의 의도를 올바르게 이해하기 위해서는 거의 동일한 관점을 보여주는 누가복음의 다른 본문을 살펴보는 일이 중요할 것으로 생각된다. 그런데 다행히도 누가복음에는 문학적 구성과 신학적 메시지에 있어서 나사렛 회당 설교와 매우 비슷한 본문이 있다. 그것은 누가가 소개하는 예수의 큰 잔치 비유 설교(눅 14:15-24)이다. 따라서 큰 잔치 비유 설교에 대한 해석이 나사렛 회당 설교의 의도를 제대로 이해하는 데 큰 도움이 될 수 있다는 생각을 해 보게 된다.

우리는 먼저 누가복음에만 나오는 이 두 설교 간에 다음과 같은 유사성이 있다는 사실에 주목할 필요가 있다.

① 나사렛 회당 설교와 큰 잔치 비유 설교는 둘 다 누가가 자기에게 전해진 전승 자료에 많은 수정을 가하여 자신의 독특한 신학적 의도를 드러내 주는 설교들이다. 나사렛 회당 설교는 예수가 고향에서 배척당하는 이야기(막 6:1-6)를 기초로 발전시킨 누가 나름의 독특한 문학적 구성이다.[19] 마찬가지로 큰 잔치 비유 설교는 마태복음(22:1-10)과 도마복음에도 소개된 바 있는 비유를 자신의 신학적 의도에 맞게 수정하여 발전시킨 누가 나름의 독특한 문학적 구성이다.[20]

② 예수의 나사렛 회당 설교는 안식일에(눅 4:16) 있었던 설교인데, 예수의 큰 잔치 비유 설교도 안식일에(눅 14:1) 있었던 설교이다. 예수가 안식일에 병자를 고치는 기적들을 더러 행하기는 했지만(눅 6:6-11; 13:10-17 등), 안식일에 설교 말씀을 주신 경우는 누가복음에서 나사렛 회당 설교와 큰 잔치 비유 설교뿐이다. '안식일 설교'라는 점에서 두 설교는 모두 중요한 의미를 갖는 것으로 생각된다.

③ 예수의 첫 설교는 나사렛에 있는 한 회당(눅 4:16)에서 그리고

---

19 마가에 의하면 예수의 첫 설교는 "때가 찼다. 하나님의 나라가 가까이 왔다. 회개하고 복음을 믿으라"(막 1:14-15)이고, 마태에 의하면 "회개하라. 천국이 가까웠느니라"(마 4:17)이다. 이것과 비교할 때 누가가 전하는 예수의 첫 설교는 완전히 다른 누가 자신의 독특한 구성임을 알 수 있다. 그리고 예수가 고향 사람들로부터 배척당하는 이야기도 마가복음(6:1-6)과 마태복음(13:53-58)의 경우와는 아주 다른 문맥에서 다른 목적으로 소개되고 있다.

20 누가가 전하는 예수의 큰 잔치 비유는 마태복음과 도마복음에도 소개되고 있는데, 세 비유 형태를 비교해서 살펴보면 금방 누가가 소개하는 큰 잔치 비유가 마태복음과 도마복음과는 아주 다른 형태로 크게 발전되어 있는 것을 알 수 있다.

예수의 큰 잔치 비유 설교는 "바리새파 지도자의 집 만찬 석상에서"(눅 14:1) 주어졌다. 회당은 제사장들의 주도 아래 제사를 드리는 성전과 달리 바리새인들이 주로 율법을 가르치는 곳이다. 두 설교가 모두 바리새인이 중요한 역할을 하는 곳에서 주어진 것으로 소개되고 있다.

④ 특히 예수의 나사렛 회당 설교와 큰 잔치 비유 설교 사이에는 그 문학적 구성에 있어서 다음과 같은 유사성이 있다. 나사렛 회당 설교는 크게 두 부분으로 구성되어 있다.

- 전반부(눅 4:18-19): 가난한 자들에 대한 기쁜 소식과 '은혜의 해' 선포.
- 후반부(눅 4:25-27): 이방인 사렙다 과부와 수리아 나아만 장군에게 베풀어진 은혜 선포.

그리고 큰 잔치 비유 설교도 크게 다음과 같이 두 부분으로 구성되어 있다.

- 먼저 잔치에 초청을 받은 세 부류의 사람들에 대한 이야기(눅 14:17-20).
- 그들 대신에 다시 초청을 받아 잔치에 참석하게 된 사람들에 대한 이야기(눅 14:21-24).

⑤ 나사렛 회당 설교에서는 기쁜 소식과 은혜의 해가 "가난한 자, 포로 된 자, 눈먼 자, 눌린 자들"(눅 4:18)에게 선포되었는데, 큰 잔치 비유 설교에서는 초청의 기쁜 소식이 "가난한 자, 불구자, 눈먼 자,

절뚝발이들"에게 전해지고 있다(눅 14:21). 서로 거의 비슷한 목록으로[21] 언급되고 있는데, 이들이 모두 누가복음에서는 아주 중요한 관심 대상자들이다.

⑥ 큰 잔치 비유에서 첫 번째로 초청받은 사람들이 참석을 거절하여 다른 사람들을 다시 잔치에 불러들일 때에도 다시 두 부류의 사람들로 구분되고 있다.

먼저 '동네 큰 거리와 골목'에서 온 가난한 자, 불구자, 눈먼 자, 절뚝발이들을 불러들였고, 그래도 자리에 여유가 남게 되자 이번엔 '큰길과 울타리 밖'에 나가서 그곳으로부터 사람들을 불러들였다.

일차로 언급된 '동네 큰 거리와 골목'이 유대 땅을 암시한 것이라면 '큰길과 울타리 밖'은 유대 땅 밖의 이방 지역을 가리키는 것일 수 있다. 이 때문에 린지(Sharon Ringe)는 큰 잔치 비유 설교에 대한 주석 가운데서 "나중에 대신 초청을 받은 사람들 중 첫 번째 그룹이 예수의 설교 대상이었던 이스라엘에서 소외된 자들인 반면에 두 번째 그룹은 (동네 밖으로부터 온) 이방인들이라는 것"이라고 말했고,[22] 댄커(F.W. Danker)는 큰 잔치 비유 설교를 두고 "누가는 이들이 이스라엘의 가난한 자들과 기성 종교 그룹 밖에 있는 이방인들을 포함하는 것으로 분명히 이해하고 있다"[23]고 말한 바 있다. 바로 이 점이 예수의 나사렛 회당 설교에서 전반부는 불쌍한 유대인들에, 후반부는 이방인들에 관심을 기울이는 것과 아주 비슷하다고 볼 수 있다.

---

21 이와 유사한 목록들이 누가복음 6:22에서는 "눈먼 자, 절뚝발이, 나병환자, 귀머거리, 죽은 사람들"로 그리고 14:13에서는 "가난한 자, 불구자, 절뚝발이, 눈먼 자들"로 제시되고 있다.
22 Sharon H. Ringe, *Luke*(Westminster: John Knox Press, 1995), 198.
23 F.W. Danker, *Jesus and the New Age: A Commentary on St. Luke's Gospel*(Philadelphia: Fortress Press, 1988), 271.

이런 점들을 고려할 때 나사렛 회당 설교에서 드러나고 있는 누가의 신학적 관심이 다시금 큰 잔치 비유 설교에서도 거의 동일하게 반복적으로 드러나고 있다고 생각하지 않을 수 없다. 결국 누가는 예수의 나사렛 회당 설교와 큰 잔치 비유 설교를 통해 하나님의 구원의 은혜가 먼저는 이스라엘에서 차별을 받고 있는 불쌍한 사람들(les Miserables) 곧 가난한 자, 눌린 자, 눈먼 자와 같은 사람들에게 주어질 것이고, 이어서 이스라엘 사람들로부터 차별을 받고 있던 이방인들에게도 베풀어진다는 점을 강조하고 있는 것으로 생각된다. 마치 바울이 "먼저는 유대인에게요 그리고 헬라인에게로다"(롬 1:16)라고 말한 것처럼 말이다.

그래서 실제로 누가복음에 보면 예수는 나사렛 회당 설교를 한 이후에 곧바로 이스라엘의 불쌍한 사람들, 즉 귀신에 눌려 포로가 된 자(4:31-37), 나병 환자(5:12-16), 중풍 병자(5:17-26), 손이 오그라진 불구자(6:1-11) 등을 고쳐 주었다. 이어서 엘리사가 이방인인 수리아의 나아만을 고쳐 주었듯이 예수는 이방인 로마 백부장의 종을 고쳐 주었고(7:1-10), 엘리야가 사렙다 과부의 아들을 살려주었듯이 예수도 나인 성 과부의 죽은 아들을 살려주었으며(7:11-17),[24] 이어서 예수는 갈릴리 바다 건너편 이방인 지역인 거라사인의 땅에 들어가 귀신 들린 자를 고쳐준 것(8:26-39)으로 소개되고 있다. 다른 복음서들의 경우와 다르게 예수가 일차로 열두 제자들을 전도 파송한(눅 9:1-6) 이후 다시금 70인 제자들을 전도 파송했다고 전하고 있는 것(눅 10:1-12)도 처음엔 열두 제자들을 통해서 먼저 유대인들

---

24 그래서 J. Fitzmyer는 누가복음에서 "Jesus is another Elijah and another Elisha"라고 말한다. Cf. *The Gospel According to St. Luke*(New York: Doubleday, 1986), 537.

에게 그리고 이어서 70인 제자들을 통해서 이방인들에게 복음이 전파되는 것을 염두에 둔 것이라고 생각된다.

이런 점들을 고려할 때 누가는 예수의 나사렛 회당 설교 전반부(4:18-21)에서 이사야 선지자의 예언을 통해 예수가 유대인들 가운데서도 가난한 자, 포로된 자, 눈먼 자 그리고 눌린 자들에게 "보내졌다"(눅 4:18)는 것을 강조하면서 '은혜의 해'를 선포했고, 이어서 후반부(눅 4:25-27)에서는 다시 엘리야가 시돈 지방의 가난한 사렙다 과부에게 그리고 엘리사가 수리아 사람 나아만에게 보냄을 받아 각각 그들에게 은혜를 베풀었던 것처럼 예수의 공생애 사역이 이스라엘의 가난한 자와 이방인들에게까지 확대될 것임을 예고하고 있다고 보아야 할 것이다. 바로 이런 의도가 큰 잔치 비유 설교에서도 먼저는 유대인들 가운데 불쌍한 사람들인 "가난한 사람들과 불구자들과 맹인들과 절뚝발이들"을 초청하고, 다음으로 "큰길이나 울타리 밖에" 나가서 이방인들을 불러들이는 일에서도 그대로 다시 나타나고 있지 않은가? 예수는 분명히 누가에게 있어서 유대인과 이방인 모두에게 보내진 선지자이다. "먼저는 유대인에게요 다음으로는 헬라인에게로다"(롬 1:16)라는 바울의 말대로 말이다.

나사렛 회당 설교에서 드러나고 있는 이런 누가의 의도는 누가복음에서만 아니라 그 속편으로 생각되는 사도행전에서도 다시 그대로 반복되고 있는 것으로 보인다. 가령 베드로가 처음에는 성령에 충만하여(행 2:4; 4:8) 예루살렘과 유대인들을 중심으로 복음을 전파했지만(행 2-5장), 나중에는 "성령의 지시에 의해서"(행 10:19) 이방인 백부장 고넬료를 찾아가 그와 그의 가정에 복음을 전파했다. 마치 예수가 "주의 영에 의해서"(눅 4:18) 유대인들과 이방인들에게 기쁜 소식을 전했듯이 말이다. 이런 점에서 크로켓(Larrimore C. Crockett)이 "누가복음 4:25-27이 사도행전 1-11장과 연관되어 있다"라고 말한 것도 어느 정도 이해할 수 있게 된다.[25] 이 점은 특히 수리아 사람 나아만과 로마 백부장 고넬료의 유사성이 분명하게 드러나고 있는 점에 주목할 필요가 있다.

나아만과 고넬료는 모두 군대 '지휘관'이다. 나아만은 "그의 주인 앞에서 크고 존귀한 자"(왕하 5:1)이고, 고넬료는 "이달리야 부대라 하는 군대의 백부장"(행 10:1)이다. 그리고 나아만은 그의 나병 때문에 부정(unclean)하였지만 엘리사의 지시대로 요단강 물에 일곱 번을 씻어 하나님에 의해 정결하게 되었다. 마찬가지로 고넬료를 두고 베드로는 "유대인으로서 이방인과 교제하며 가까이하는 것이 위법인 줄을 너희도 알거니와 하나님께서 내게 지시하사 아무도 속되다 하거나 깨끗하지 않다(unclean) 하지 말라 하셨다"(행 10:28)고 말함으로써 부정하고 불결하다고 생각되던 이방인 고넬료를 가리켜 이제 "정결하다(clean)"고 선언했다. 또 실제로 고넬료는 "성령으로 세례를 받아"(행 11:15) 정결케 되었다. 나아만이 요단강 물로 씻음을 받은 일이 누가에게는 나중에 이방인들이 세례받게 될 것의 예표가 되고 있고 또 이것이 이방 세계를 정결케 하려는 하나님의 의도를 드러내는 것으로 해석될 수 있다.

바로 이런 점에서 누가가 소개하는 예수의 나사렛 회당 설교는 유대인이 복음을 배척하여 복음이 이방인에게로 넘어가게 되었다는 것을 그리고 단순히 예수가 고향에서 배척을 받은 선지자라는 것을

---

25 Larrimore C. Crockett, "Luke 4:25-27 and Jewish-Gentile Relations in Luke-Acts," *Journal of Biblical Literature* 88(1969), 181.

증거하는 데에 주요 강조점이 있는 것이 아니라, 도리어 예수의 '기쁜 소식'이 유대인(누가복음)과 이방인(사도행전) 모두에게 전해져야 한다는 것을 증거해 주는 '누가 문서의 전체적인 개요'로 읽어야 할 것으로 생각된다. 예수의 나사렛 회당 설교가 첫 번째 부분에서는 유대인들에 대한 기쁜 소식(4:18-21)을 그리고 두 번째 부분에서는 이방인들에 대한 은혜(4:25-27)를 언급하고 있기 때문이며, 결국 누가에게 있어서는 사도행전에서 베드로가 말했듯이(행 10:34-36) "하나님은 사람의 외모를 보지 아니하시고 각 나라 중 하나님을 경외하며 의를 행하는 사람은 다 받으시는 분"이며, "만유의 주 되신 예수 그리스도로 말미암아 화평의 복음"을 우리에게 전해 주는 분"이기 때문이다.

유대인들은 모세 율법의 의해 다른 나라 사람들과 사귀거나 가까이하는 일을 율법을 어기는 '불법'으로 알고 있었다(행 10:28). 더구나 모세의 정결법 때문에 이방인과는 물론이고 사마리아인들과도 "같은 그릇을 사용하지 않았고"(요 4:9)[26] 함께 음식을 먹거나 동거하거나 유숙할 수가 없었다. 그럼에도 불구하고 엘리야가 사렙다 과부에게 보내졌을 때 엘리야는 사렙다 과부가 제공해 주는 음식을 받아먹었을 뿐만 아니라 사렙다 과부의 죽은 아들을 받아 안고 자기 거처로 데리고 와서 하나님께 기도하여 살려 주었다. 그때 과부는 "내가 당신은 하나님의 사람이시오 당신의 입에 있는 여호와의 말씀이 진실한 줄 아노라"(왕상 17:24)라고 고백하였다. 마찬가지로 엘리

---

26 요한복음 4:9가 우리말 성경에서는 대부분 "유대인이 이방인과 서로 상종하지 않았다"라고 번역되어 있지만, 헬라어 원문 "οὐ γὰρ συγχρῶνται"의 본래 의미는 유대인의 정결법 때문에 유대인들이 이방인들이나 사마리아인들과 "같은 그릇을 함께 사용하지 않았다"는 뜻이다.

사가 수리아 사람 나아만에게 보내져서 그를 고쳐 주었을 때에도 나아만은 "내가 이제 이스라엘 외에는 온 천하에 신이 없는 줄을 아나이다"(왕하 5:15)라고 말하면서 "이제부터는 종이 번제물과 다른 희생 제사를 여호와 외 다른 신에게는 드리지 아니하고 다만 여호와께 드리겠나이다"(왕하 5:17)고 고백하였다.

이것은 사도행전에서도 마찬가지이다. 베드로가 스스로 "유대 사람으로서 다른 나라 사람들과 사귀거나 가까이하는 일이 불법이라"(행 10:28)고 말하면서도 "성령의 지시에 따라서"(행 10:19; 11:12) 그리고 "아무도 속되다 하거나 깨끗하지 않다고 하지 말라"(행 10:28)는 지시에 따라서 고넬료가 보낸 사람들을 자기 집에 맞아들여 함께 유숙했다(행 10:23). 그뿐만 아니라 자신도 고넬료의 집을 찾아 들어가 말씀을 전해 주었고, 말씀을 들은 모든 사람들에게 성령을 받게 해 주었다(행 10:44). 이를 두고 베드로는 나중에 "성령이 처음 우리에게 임하셨던 것같이 그들에게 임하셨다"(행 11:15)고 또 "우리가 주 예수 그리스도를 믿을 때에 주신 것과 같은 선물을 그들에게도 주셨다"(행 11:17)고 말하면서 "이제 하나님께서 이방 사람들에게도 회개하여 생명에 이르는 길을 열어주셨다"(행 11:18)라고 했다. 베드로가 고넬료 및 그가 보낸 사람들과 "함께 유숙하면서"(행 10:23, 48) "함께 같은 그릇으로 식사를 했던" 일들(행 11:3)을 통해서 이루어진 일이었다.

이처럼 예수의 나사렛 회당 설교는 누가가 이해하고 있는 예수 사역의 목표가 유대인과 이방인 모두임을 그리고 그들을 모두 받아들여 유대인과 이방인이 하나가 되어 함께 같은 그릇으로 식사를 나누게 되는 그런 구원의 때를 실현하는 것이라는 점을 보여준다. 누가는 "사람들이 동과 서에서 그리고 남과 북에서 하나님 나라 잔치에 참석하기 위하여 모여들 것이다"(눅 13:28)란 예수의 말씀을 소개하였을 때 바로 그런 구원의 때를 바라보고 있었을 것으로 생각된다. 그래서 크로켓(Crockett)은 누가복음 서두에 나오는 예수의 나사렛 회당 설교의 주제를 두고 "이방인이 정결케 됨으로써 유대인과 이방인들이 새로운 시대에 함께 먹고 함께 살 수 있는 유대인과 이방인의 화해(reconciliation)"[27]를 가리키는 것이라고 말했지만, 오히려 우리는 이것을 달리 유대인과 이방인이 예수 안에서 하나가 되는 것(unification)을 가리키는 것이라고 말할 수도 있을 것이다. 마치 바울이 "유대인이나 헬라인이나, 종이나 자유인이나, 남자나 여자나 다 그리스도 예수 안에서 하나이니라"(갈 3:28)라고 말했듯이 말이다. 따라서 누가가 소개하는 예수의 나사렛 회당 설교는 유대인과 이방인 모두가 구원을 받아서 하나가 될 것을 예시하는 프로그램적 메시지로 읽고, 그런 관점에서 '누가복음과 사도행전 전체의 요약'으로 이해하는 것이 더 옳다고 생각된다.

---

27 "Jewish-Gentile reconciliation, the cleansing of the gentiles which makes it possible for Jews and gentiles to live and eat together in the new age." *Ibid.*, 183.

4장 | 예수의 모친 마리아

신약성서에서 예수의 모친이 **마리아**란 이름으로 언급된 곳은 오직 공관복음과 사도행전에서뿐이다.[1] 요한복음의 경우 예수의 '모친'이 두 곳(2:1-12; 19:25-28)에서 등장하고 있기는 하지만, 두 곳 모두에서 그녀의 이름은 전혀 언급되지 않은 채 '예수의 모친' 혹은 '그의 모친'으로만 언급되고 있을 뿐이다. 따라서 만약 우리가 요한복음만을 읽었다면 예수의 모친 이름이 마리아란 사실조차도 전혀 알 수 없게 되었을 것이다. 공관 복음서 중 최초의 복음서로 알려진 마가복음에서 예수의 모친이 마리아란 이름으로 언급된 경우는 오직 한 번뿐이고(6:3), 다른 이야기 가운데서는 예수의 어머니라는 표현만 나올 뿐이다.[2] 마태복음의 경우는 세 이야기들 가운데서(1:16, 18-20; 2:11; 13:53) 예수의 모친이 마리아란 이름으로 오직 다섯 번만 사용되었을 뿐이고, 다른 이야기(12:46-50) 가운데서는 역시 예수의 모

---

1 네 복음서와 사도행전을 제외한 나머지 22개의 신약성서 문서들에서는 마리아와 예수의 모친에 대한 언급이 전혀 나오지 않는다. 예외가 있다면 "하나님이 그의 아들을 보내사 여자에게서 나게 하셨다"(갈 4:4)고 했을 때의 여자와 요한계시록 12:1-7에서 언급된 여자가 예수의 모친 마리아를 암시하는 것으로 해석될 수 있을 뿐이다.
2 "his mother"(막 3:31); "your mother"(막 3:32); "my mother"(막 3:33).

친이라고만 언급되고 있다. 반면에 누가복음의 경우에는 다섯 이야 기들(1:27, 30, 34, 38; 1:39, 41, 46, 56; 2:5, 16, 19; 2:34; 행 1:14) 가운데서 예수의 모친이 마리아란 이름으로 모두 열세 번 그리고 예수의 어머니란 말로 더 언급된 데 이어서(눅 2:41-51; 8:19-21; 11:27-28), 사도행전 1:14에서 다시 '예수의 어머니 마리아'를 언급 하고 있다. 따라서 신약성서에서는 누가복음이 예수의 모친 마리아 에 대해 가장 많은 관심을 보이고 있는 편이고, 이 때문에 피츠마이 어(J.A. Fitzmyer)는 "마리아에 대한 누가의 묘사가 교회의 마리아 숭배 전승에 가장 큰 영향을 주었다"고 말하기도 했다.[3]

신약성서 저자들의 주요 관심사가 예수에 대해 증거하며 전하는 일이기 때문에 예수의 모친인 마리아에 대해 크게 관심을 기울이지 않고 있는 것이 오히려 당연해 보일 수도 있다. 그런데 기독교 역사 가운데서는 AD 431년에 마리아에게 봉헌된 에베소의 한 성당에서 소집된 에베소 공의회 이후 마리아를 공경하는 분명한 입장이 처음 으로 드러나기 시작한 것으로 알려져 있다. 이런 경향 속에서 마리아 에 대한 호칭도 '하나님의 어머니'(Θεοτόκος, Μήτηρ Θεοῦ), '천상의 모 후'(Regina Caeli)로 바뀌어 사용되기 시작했다.[4] 이런 호칭에서도 엿볼 수 있듯이 일부 기독교 전통은 마리아를 아주 높이 공경하는 방향으로 발전하기도 했다. 물론 마리아에 대한 공경이 하나님과 예 수에 대한 믿음과는 분명히 구분되고 있기는 했다. 그래서 정교회 신

---

3 "the Lucan portrait of Mary has most influenced the church's mariological tradition." Cf. Joseph A. Fitzmyer, *Luke the Theologian: Aspects of His Teaching*(New York: Paulist Press, 1989), 57.

4 동방 정교회에서는 마리아에게 세 가지 호칭을 헌정하였는데, 하나는 '하나님의 어머니'라 는 뜻의 테오토코스(Θεοτόκος)이며, 두 번째는 553년 제2차 콘스탄티노폴리스 공의회에 서 선포된 '영원한 동정녀'(άειπαρθένος), 세 번째는 '지극히 거룩하신 분'(Παναγία)이다.

학자 세르게이 불가코프도 다음과 같이 말한 바 있다.

"우리는 마리아께 영광을 드리기는 하지만, 하느님께 바치는 경배를
드리지는 않는다."

가톨릭교회 역시 마리아를 공경할 뿐, 숭배하지는 않는다고 선을
그어놓고 있기는 하다.5

기독교 전통의 한편에서 마리아에 대한 이런 인식과 공경이 마리
아 숭배(Mariolatry)로까지 발전해 온 것을 보면서, 다시 성경으로
돌아가 예수의 모친 마리아에 대한 성경의 증언이 어떠한지에 대해
보다 분명한 이해를 찾아보는 일이 필요하고 중요하다는 생각을 하
지 않을 수 없다. 그래서 여기서는 특히 정경 네 권의 복음서가 증언
해주는 마리아에 대한 기록들과 함께 정경 복음서들에서 볼 수 없는
마리아에 관한 특별한 이야기들을 많이 전해 주는 외경 야고보의 유
아기 복음서6를 통해서 예수의 모친인 마리아에 대해 보다 올바른
이해를 추구해보고자 한다.

---

5 가톨릭교회에서는 특별히 마리아에게 드리는 공경을 하느님에게 드리는 '흠숭지례'보다
  는 낮지만, 다른 성인들에게 드리는 '공경지례'보다는 좀 더 높은 '상경지례'라고 표현하고
  있다. 흠숭지례와 상경지례, 공경지례의 구분은 787년 제2차 니케아 공의회 때까지
  거슬러 올라간다.
6 야고보의 유아기 복음서가 비록 외경에 속하는 것이기는 하지만, 정경과 외경의 구분이
  확정된 4세기 말까지는 초대교회 안에서 정경과 외경들 모두가 신앙의 지침으로 똑같이
  읽혀졌다는 점에서 그리고 모두가 다 정확한 역사 기록을 목적으로 기록된 문서들이
  아니라 신앙적인 간증을 목적으로 기록된 문서들이란 점에서 예수의 모친 마리아에
  대한 이해를 위해서는 똑같은 가치를 갖는 자료라고 생각된다.

1. 마가복음에서 만나는 마리아

복음서들 중 가장 먼저 기록된 것으로 알려져 있는 마가복음은 예수의 모친인 마리아의 중요성에 대해서 별로 인식하고 있지도 않고 특별히 강조하고 있지도 않은 것으로 보인다. 다음과 같은 사실들에서 그런 점을 엿볼 수 있다. 첫째는 마태복음이나 누가복음과 달리 마가복음은 마리아가 중요한 역할을 하는 예수의 잉태와 탄생에 대한 이야기에 대해 전혀 아무런 관심도 보이지 않고 있는 것으로 생각된다. 마가의 관심은 오히려 오로지 **하나님의 아들 예수 그리스도**(1:1)에만 집중하는 것으로 보인다. 그래서 예수의 모친이 중요한 역할을 하고 있는 예수의 탄생 이야기에 대해 아무런 언급도 하지 않고 있다. 더구나 예수의 모친인 마리아의 이름이 마가복음에서는 오직 한 번만 사용되고 있을 뿐이다(6:3). 그러나 이 경우에도 마리아에 관한 관심 때문이 아니라 예수에 대한 관심 때문에 언급되고 있을 뿐이고,[7] 그 이외에는 제3자가 예수의 모친을 가리켜 "그의 어머니"(3:31), "당신의 어머니"(3:32)라고 말한 것만이 기록되어 있을 뿐이다.

둘째로 마가복음이 마리아의 중요성을 심각하게 생각하지 않는 경향(no profound Marian significance)[8]을 보인다는 사실은 역설적으로 마가가 예수를 '요셉의 아들'이 아니라 '마리아의 아들'로 부르고 있는 점에서 엿볼 수 있다. 마태복음 13:55에서는 예수의 고향 사람들이 예수를 두고 "이 사람은 목수의 아들이 아니냐?"라고 그리

---

7 예수의 고향 사람들이 예수를 두고 "이 사람은 목수로 마리아의 아들이 아니냐?"고 물으면서 예수의 모친으로서의 마리아가 언급되고 있을 뿐이다.
8 R.E. Brown, *Mary in the New Testament*, 64.

고 누가복음 4:22과 요한복음 6:42에서도 "예수가 요셉의 아들이 아니냐?"고 물은 것으로 되어 있는데, 마가복음 6:3에서는 "이 사람이 목수로, 마리아의 아들이 아니냐?"라고 물었던 것으로 기록되어 있다.9 마가만이 다른 복음서들과 달리 '요셉의 아들'이라고 언급하지 않고 '마리아의 아들'이라고 말한 이유는 무엇일까? 요셉보다 마리아를 더 중요시했기 때문은 분명히 아닌 것으로 보인다. 물론 예수의 아비인 요셉이 일찍 죽었기 때문에 예수가 마리아의 아들로 더 잘 알려졌기 때문일 수도 있지만, 우리는 여기서 그 당시 "어느 사람을 가리켜 그의 어머니의 아들이라고 말하는 것은 사생아라는 암시"10 라는 지적에 더 관심을 기울일 필요가 있다. 만약 이것이 사실이라면 이것 역시 마가가 마리아를 그렇게 중요하게 생각하고 있지 않았다는 반증일 수도 있어 보인다.

셋째로 마가는 "예수의 친족들이 예수가 정신 나갔다는 소문을 듣고 예수를 붙들러 나섰다"(막 3:21)고 말한 이후에 "예수의 어머니와 형제들이 밖에 와 서서"(3:31) 예수를 만나고자 했던 이야기를 전해 준다. 그런데 이 이야기에서 예수를 둘러싸고 있던 무리들이 "보십시오, 당신의 어머니와 형제들과 누이들이 밖에서 당신을 찾고 있습니다"라고 전해 주었을 때 예수는 "내 어머니와 형제들이 누구냐?"고 물으면서 도리어 "자기를 둘러앉은 사람들을 둘러보시면서… 보

---

9 예수는 '목수'(막 6:3)인가, '목수의 아들'(마 13:55)인가에 대한 논의를 위해서는 김득중, 『복음서 연구-정경과 외경』(도서출판 동연, 2019), 154-159를 참조할 수 있다.

10 R.E. Brown, *Mary in the New Testament*(New York: Paulist Press, 1978), 63-64. 그리고 Brown은 각주에서 Stauffer가 "어떤 사람을 그의 모친의 이름으로 부를 때는 그 사람이 사생아"라는 유대교의 법적 원칙을 지적한 바 있다고 말하고 있다(cf. E. Stauffer, "Jeschu ben Mirjam: Kontroversgeschichtliche Anmerkungen zu Mk 6:3," in *Neotestamentica et semitica: Studies in Honour of Matthew Black*, ed. E.E. Ellis and M. Wilcox; Edinburgh: Clark, 1969, 119-128).

라, 여기 내 어머니와 형제들이 있다. 누구든지 하나님의 뜻을 행하는 자가 곧 내 형제요 자매요 어머니다"라고 대답한 것으로 전하고 있다. 이 기록을 보면 마가는 예수가 핏줄로 연결된 어머니와 형제자매보다 오히려 믿음으로 연결된 어머니와 형제자매를 더 중요시하고 있는 것으로 보인다.[11] 이것 역시 예수의 육신의 모친인 마리아에 대해 마가가 그렇게 중요한 의미를 부여하고 있지 않다는 사실에 대한 또 다른 증거라고 생각할 수 있다.

더구나 마가복음이 기록되기 이전에 나온 기독교 문서들인 바울의 서신들에서도 예수가 "여자에게서 태어났다"(갈 4:4)는 언급만 나올 뿐이지 예수의 모친이나 마리아에 대한 관심은 전혀 없었던 것으로 보인다. 기독교 역사의 초기에는 아마도 오로지 '그리스도'와 '하나님의 아들'로 믿는 예수만이 주요 관심의 대상이었기 때문일 것이다. 그런데 예수에 대한 신앙이 성숙하면서 점차 예수의 출생 혹은 그의 출현에 대한 관심이 생겨나기 시작했고, 예수의 모친 마리아에 대한 관심도 함께 발전하게 된 것으로 보인다. 이런 점은 마리아에 대한 언급이 후대에 기록된 문서들에서 더 많이 나타나고 있는 사실에서도 어느 정도 확인되는 것으로 생각된다.

마가가 그의 복음서를 기록할 때는 예수의 모친에 대해 명확한 인식 자체도 없었던 것으로 보이는 징후가 그의 복음서에서 드러나기도 한다. 예를 들어 마가가 예수의 십자가 처형 장면에 대해 언급하면서 마가복음 15:40에서 다른 두 여인과 함께 "야고보와 요세의

---

11 마가가 이처럼 제자 관계(disciple relationship)를 중시하면서 혈육 관계(blood relationship)를 거부하는 것은 "마가복음 저자의 근본적인 반 유대적 명제(the fundamentally Anti-Jewish thesis)"와 밀접히 연관되어 있는 것으로 보인다. Cf. S.G.F. Brandon, *Jesus and the Zealots*(NY: Charles Scribner's Sons, 1967, 275-280.

어머니 마리아"가 멀리서 지켜보고 있었다고 기록하였다. 이와 함께 마가는 15:47에서 예수가 아리마대 요셉의 무덤에 매장되는 것을 지켜본 목격자로 막달라 마리아와 함께 '요세의 어머니 마리아'를 그리고 16:1에서는 예수의 빈 무덤을 방문한 세 여인들 중 한 사람으로 '요세의 어머니 마리아'를 언급하였다. 그런데 야고보와 요세(15:40)는 6:3에서 예수의 형제들로 언급된 네 사람(야고보와 요세와 유다와 시몬)[12] 중 처음 두 사람의 이름과 일치한다. 그래서 같은 인물일 가능성이 크다. 만약 15:40에서 언급된 '야고보와 요세'가 6:3에서 언급된 야고보와 요세와 같은 인물이라면 그리고 15:47에서 언급된 요세와 16:1에서 언급된 야고보가 6:3에서 언급된 요세 및 야고보와 같은 인물이라면, 15:40에서 언급된 '야고보와 요세의 어머니'는 예수의 모친 마리아임에 틀림없어 보인다. 그렇다면 마가는 '예수의 어머니 마리아'란 표현 대신에 '야고보와 요세의 어머니', '요세의 어머니', '야고보의 어머니'란 표현도 사용하고 있다는 말이기도 하다. 이것은 마가가 아직 예수의 모친 마리아에 대해 아직 잘 알고 있지도 못했고 또 진지하게 중요한 관심을 기울이고 있지도 않고 있다는 증거일 수도 있어 보인다.

---

12 오래전부터 여기에 언급된 예수의 이 형제들을 두고 이들이 같은 어머니의 몸에서 태어난 친형제들인지 아니면 다른 배에서 태어난 이복형제들인지에 대한 논란이 있었다. 친형제들이란 주장에 따르면 그 네 명의 형제들은 마리아가 예수를 해산한 이후에 요셉과의 사이에서 태어난 형제들이라는 입장이고, 이복형제들이란 주장에 따르면 요셉이 마리아와 정혼하기 전에 이미 전처와의 사이에서 낳은 아들들이라는 해석이다. 후자의 경우는 분명한 외경의 증거를 근거로 갖고 있기도 하다. 외경 복음서인 야고보의 유아기 복음서 8:8에 보면 요셉이 성전에서 대제사장에 의해 동정녀 마리아의 보호자로 선택되었을 당시 요셉은 그것을 거절하면서 "나는 이미 아들들이 있는 (늙은) 몸"이라고 말했던 것으로 전해지고 있기 때문이다.

2. 마태복음에서 만나는 마리아

　마가복음에 뒤이어 일세기 말경에 기록된 마태복음에서 우리는
예수의 모친 마리아가 중요하게 생각하기 시작한 단서를 만나게 된
다. 마태복음이 마리아를 중요한 인물로 생각하고 있다는 점은 다음
과 같은 사실들에서 찾아볼 수 있다. 첫째로 마태는 그의 복음서 서
두에서 예수의 족보와 탄생 이야기를 소개하고 있는데, 특히 다윗의
자손인 예수의 족보에서 예수의 조상들의 이름들을 거명하는 가운
데 특별히 마리아의 이름을 올렸다는 점이다(1:16).[13] 이 점에 주목
해야 하는 이유는 그 당시 유대 사회에서는 족보에 여인의 이름을
올리지 않은 것이 일반적인 관례였기 때문이다.[14] 따라서 마태가 예
수의 족보 가운데 마리아의 이름을 올렸다는 것은 분명히 의외의 일
이며, 놀라운 일이 아닐 수 없다. 마태는 이렇게 예수의 다윗 혈통을
강조하는 예수의 족보 가운데 마리아의 이름을 넣음으로써 예수의
모친인 마리아란 인물의 중요성을 부각시키려고 했던 것으로 보인다.

　둘째는 마태가 예수의 족보를 소개하면서 처음부터 계속 "누가
누구를 낳고"라는 동사를 40번이나 능동태로 사용한 것과는 달리 마
태복음 1:16에서는 앞에서처럼 "요셉이 예수를 낳았다"라고 말하지
않고 도리어 "마리아에게서 그리스도라 칭하는 예수가 나시니라"고,
그것도 이 경우에만 "ἐγεννήθη"란 수동태를 사용하고 기록한 점에

---

13 예수의 족보에 마리아의 이름을 올린 사람은 마태로 알려져 있다.
　"The inclusion of the women belongs to the stage of Matthew's editing or
　writing rather than to a pre-Matthean level." Cf. R.E. Brown, *The Birth of the
　Messiah*(New York: Doubleday & Company, 1979). 74
14 "it was unusual in first-century Judaism to list a woman's name in a genealogy."
　Cf. R.E. Brown(ed.), *Mary in the New Testament*, 78.

주목해야 한다. 마태는 "마리아에게서 예수가 나시니라"(1:16)고 말함으로써 그리고 예수의 나심과 관련해서만 수동태[15]를 사용함으로써 예수의 잉태와 탄생과 관련하여 아비인 요셉을 배제한 채 하나님의 행동을 암시하고 있는 것으로 보인다. 즉, 하나님께서 성령을 통해 역사하셔서 예수는 "마리아로부터" 태어난 것이다. 그리고 족보에서 마태는 요셉의 참여와 역할은 제외시킨 채 "마리아에게서 나시니라"라고 말함으로써 결과적으로 마리아의 역할을 더 돋보이게 만들고 있다.

물론 마태가 이처럼 예수를 아비인 요셉과 연관시키지 않고, 어미인 마리아와 연관시켜 "마리아에게서 예수가 나셨다"고 말하고 있는 것이 예수의 동정녀 탄생을 증거하려는, 즉 예수의 잉태 및 탄생과 관련하여 아비인 요셉의 개입과 역할이 없었다는 것을 증거하려는 의도 때문으로 생각되기는 한다. 그러나 예수가 다윗의 자손임을 밝히고 있는 예수의 족보에서 "다윗의 자손인 요셉이 예수를 낳았다"라고 말하지 않고, "마리아에게서 나셨다"라고 말하고 있다는 사실 자체는 아비인 요셉보다는 마리아의 중요성을 더 드러내려고 하는 마태의 의도를 드러내는 것이라고 생각하는 것이 옳을 것으로 보인다.

셋째로 마태는 마가복음에서 예수의 모친 마리아가 부정적으로 소개된 것처럼 보이는 이야기들을 그의 복음서에서 삭제해버렸는데, 이것도 마태가 마가보다는 예수의 모친 마리아에 대해서 보다 긍정적인 관점을 가졌기 때문인 것으로 해석될 수 있다. 예를 들어 마가가 6:4에서 "선지자가 자기 고향과 자기 친척과 자기 집 외에서는

---

15 이 수동태를 가리켜 학자들은 "divine passive"라고 부른다.

존경을 받지 못함이 없느니라"고 한 말씀과 3:21에서 "예수의 친족들이 예수가 미쳤다고 생각하여 그를 붙들러 나왔다"고 말한 것들을 마태는 그의 복음서에서 모두 삭제하여 버렸다. 예수의 모친 마리아에 대해 긍정적인 관점을 갖고 있는 마태로서는 성령을 통해 예수를 잉태하고 해산한 어머니가 마가복음 3:21에서처럼 예수를 미쳤다고 생각하거나 6:4에서 암시된 것처럼 그를 존경하지 않았다는 인상을 그대로 내버려 둘 수 없었을 것으로 보인다.

넷째로 마태복음에서 예수의 모친 마리아의 중요성이 가장 강조되는 부분은 무엇보다도 예수의 탄생 이야기에서이다. 비록 마태복음의 예수 탄생 이야기가 누가복음에 나오는 이야기에 비해서 보다 요셉 중심적이라고 말하기는 하지만,[16] 마태복음의 예수의 탄생 이야기에서 마리아는 "자기 백성을 그들의 죄에서 구원하실"(마 1:21) 예수를 "성령으로 잉태한"(1:18, 20) 동정녀임이 강조되고 있다. 즉, 마태는 요셉과 마리아가 "약혼하고 동거하기 전에"(1:18), "동침하지 아니한"(1:25) 상태에서 예수를 낳았다(1:25)고 전한다. 마태가 그의 복음서에서 마리아가 하나님의 아들 예수를 성령으로 잉태하여 해산했다는 이른바 **동정녀 탄생론**을 내세움으로써 예수의 모친 마리아는 드디어 초대교회 안에서 성모로서의 중요한 위치를 확보하게 된 셈이다.

---

16 "it is Joseph who is given the center stage of the drama. In this, Matthew's birth story is a sharp contrast to Luke's." Cf. R.E. Brown(ed.), *Mary in the New Testament*, 86.

3. 누가복음에서 만나는 마리아

예수의 모친 마리아가 누가복음의 서두에서 비록 그녀와 정혼한 남편 요셉과 관련해서 등장하고 있기는 하지만, 예수의 탄생 이야기와 관련해서 요셉이 아닌 마리아가 이야기의 초점이 되고 있고 또한 주역이 되고 있다는 사실에 주목할 필요가 있다. 이 점은 특히 마태복음에 나오는 예수의 탄생 이야기에서는 거꾸로 마리아가 아닌 요셉이 주인공 역할을 담당하고 있는 점과 대조를 이룬다. 예를 들자면 마태복음에서는 천사가 요셉에게 나타나서 예수의 탄생을 예고하고 있다: "요셉아, 두려워하지 말라… 아들을 낳거든 이름을 예수라 하라"(마 1:20-21). 그러나 누가복음에 보면 거의 똑같은 천사의 탄생 고지가 요셉에게가 아니라 예수의 모친 마리아에게 주어지고 있다: "두려워하지 말라. 마리아야… 아들을 낳을 터인데 그 이름을 예수라 하라"(눅 1:30-31). 구약성경에서 천사들이 나타나는 경우가 많이 언급되고 있기는 하지만, 하나님의 메시지를 천하는 천사가 여인에게 나타난 경우는 오직 두 번 곧 하갈(창 16:7-16)과 삼손의 모친(삿 13:1-25)에게 뿐이라는 점을 고려한다면 누가복음에서 천사가 요셉에게가 아니라 모친인 마리아에게 나타나 예수 탄생의 메시지를 주었다는 점은 주목할 일이 아닐 수 없다. 누가가 예수의 모친 마리아의 중요성과 그의 중요한 역할을 강조하려는 하는 의도를 엿볼 수 있는 대목이다.

이와 관련해서 마태의 탄생 이야기(1:18-25)에서는 요셉과 마리아에 대한 언급 횟수가 5대 3으로 요셉에 대한 언급이 좀 더 많은 데 비해서, 누가의 탄생 이야기(1:26-2:7)에서는 오히려 9대 2로 마리아에 대한 언급이 단연 많은 사실에도 누가가 마태복음 저자의 경우와 달리 요셉이 아닌 마리아를 예수 탄생 이야기의 실제적인 주인공으로 부각시키려고 하는 의도를 엿볼 수 있다. 이런 의도는 들에서 양을 치던 목자들이 다윗의 동네에 구주 예수가 나셨다는 천사의 메시지를 듣고 달려가 "마리아와 요셉과 구유에 누인 아기를 찾아 만났다"(눅 2:16)고 말하면서 제일 먼저 마리아의 이름을 강조하는 사실에서 그리고 정결 예식을 위해 팔 일 만에 성전에 올라가 시므온을 만났을 때 시므온이 요셉을 향해서가 아니라 마리아를 향해서 "보시오, 이 아기는 이스라엘 중의 많은 사람을 넘어지게도 하고 일어나게도 하며 또 사람들의 반대를 받는 표징으로 세워진 분입니다"(눅 1:34)라고 말하고 있는 사실에서도 또다시 드러나고 있다.

또한 예수가 열두 살 되어 부모와 함께 예루살렘을 순례했을 때 예수의 부모는 예수를 길에서 잃었다가 성전에서 찾은 후 예수에게 "아이야, 어찌하여 우리에게 이렇게 하였느냐? 보라 네 아버지와 내가 근심하여 너를 찾았노라"(눅 2:48)라고 말할 때도 요셉이 아니라 모친 마리아가 주도적으로 말하고 있다. 요셉은 마리아에 의해 가려진 채, 그 모습을 찾아보기 어려울 정도이다. 이렇게 누가는 예수의 탄생 설화와 유아기 설화에서 요셉 대신에 예수의 모친 마리아를 중심적이고 주도적인 인물로 내세우고 있다. 누가의 이런 기록은 가부장적인 문화가 깊이 배여 있던 당시의 유대 사회 속에서는 좀 의외의 일이 아닐 수 없다. 그렇기 때문에 마리아의 중요성을 부각시키려는 누가의 의도가 더 돋보인다고 말할 수 있을 것이다.

그리고 천사는 마리아를 가리켜 "은혜를 받은 자"라고, "하나님이 너와 함께 하시도다"(눅 1:28)라고 말했다고 전함으로써 그리고 "성령이 네게 임했다"고, "지극히 높으신 이의 능력이 너를 덮으실 것이라"(눅 1:35)고 말했다고 전함으로써 누가는 마리아가 하나님이 얼마나 중요시하는 존재인가를 부각시켜 주고 있다. 그리고 예수의 탄생을 알려준 가브리엘 천사의 말씀에 대해 비록 마리아가 "내가 사내를 알지 못하니 어찌 이 일이 있으리이까?"라고 의문을 나타내기는 했지만, 곧이어 "주의 계집종이오니 말씀대로 내게 이루어지이다"(눅 1:38)라고 고백함으로써 순종과 믿음의 모습을 보여주고 있다. 어거스틴은 이를 두고 마리아가 자신의 태에 그리스도를 잉태하기 전에 이미 믿음에 충만하여 그리스도를 자신의 마음속에 잉태했다고 말하기도 하였다.[17] 이것은 세례 요한의 탄생 고지(告知)에서 스가랴가 천사를 향해 "내가 이것을 어떻게 알리요. 내가 늙고 아내도 나이 많으니이다"(눅 1:18)라고 의심을 하여 벙어리가 된 것과 대조를 이루고 있다(눅 1:20). 이처럼 누가는 마리아를 하나님의 "은혜를 받은 자"로, 하나님의 계시를 직접 받을 수 있는 자로, 하나님의 천사와 직접 마주 서서 대화를 나눌 수 있는 자로 묘사함으로써 예수의 모친 마리아를 아주 중요한 신앙적인 인물로 부각시키고 있다.

누가의 이런 관심은 마리아에 대해 부정적인 생각을 가지게 만들 수도 있는 기존의 자료를 긍정적 방향으로 수정하고 있는 점에서도 드러나고 있다. 예를 들어 누가복음 8:19-21에 의하면 예수의 모친과 형제들이 예수를 만나러 왔지만, 무리 때문에 예수를 만날 수 없었던 것으로 알려져 있다. 그래서 사람들이 예수에게 "당신의 어머니와 형제들이 밖에 서서 당신을 만나고 싶어 합니다"라고 전했다. 그때 예수께서는 "하나님의 말씀을 듣고 행하는 이 사람들이 내 어머니

---

17 Augustine, *Sermon*, 215:4.

요 내 형제다"라고 대답하셨다. 비록 이 이야기의 자료가 마가복음 3:31-35에 기초하고 있기는 하지만, 누가의 본문에서는 상당한 편집적인 변화를 겪은 것으로 나타나고 있다. 가장 중요한 변화는 마가복음에서 예수의 모친과 형제들이 예수가 미쳤다는 혹은 정신이 나갔다는 소문을 듣고 예수를 붙들러 왔다는 그래서 예수에 대해 부정적인 이해를 갖고 있는 것을 언급하고 있는 서론 부분(막 3:21)을 누가가 완전히 삭제해 버린 점이다. 이런 편집적인 손질의 변화로 인해서 누가복음에서는 예수의 모친과 그의 형제들이 예수에 대해 잘못된 인식을 갖고 있지 않았던 것으로 드러나고 있다.

그리고 또한 마가복음에서는 예수가 밖에 모친과 형제들이 왔다는 말을 듣고, "누가 내 어머니와 내 형제들이냐?"고 반문하면서 "자기를 둘러앉은 사람들을 둘러보시면서 보라 여기 내 어머니와 형제들이 있다. 누구든지 하나님의 뜻을 행하는 자가 곧 내 형제요 자매요 어머니다"(막 3:33-34)라고 말씀하심으로써 밖에 있는 예수의 모친과 형제들을 자기 곁에 둘러앉은 추종자들로부터 구별하고, 대조시키고 있다. 마가복음에서는 이렇게 혈육의 관계가 믿음의 관계보다 더 중요하지 않다는 의미가 드러나면서, 혈육 관계에 있는 예수의 모친과 형제들에 대해서도 마치 부정적인 태도를 보여주고 있는 것처럼 보인다. 그러나 누가의 본문은 예수의 모친과 형제들에 대해 그렇게 가혹하지 않다. 즉, 누가의 본문에 나오는 예수의 답변에 보면 예수의 모친과 형제들이 그의 제자들과 구별되거나 대조되지 않은 채 오히려 그들이 제자들의 그룹에 포함될 가능성을 보여주고 있다. 누가의 본문에 나오는 예수의 답변은 다음과 같이 되어 있다: "나의 어머니와 나의 형제들은 하나님의 말씀을 듣고 행하는 이 사람들이다"(눅 8:21). 즉, 누가의 본문에서는 예수의 모친과 예수의 형제들이 하나님의 말씀을 듣고 행하는 자들이란 의미로 해석될 수도 있다는 말이다.

누가는 이미 예수의 탄생 이야기 가운데서 마리아가 하나님의 말씀을 듣고 그대로 행한 사람으로 묘사한 바 있다. 물론 마리아가 누가복음에서 예수의 제자로 언급된 적이 없고 또 요한복음과 달리 예수께서 나중에 십자가에 처형될 때 다른 제자들과 더불어 현장에 나타나고 있지도 않다. 그러나 사도행전 1:14에 보면 마리아는 예수의 형제들과 더불어 예수께서 승천한 직후에 예수의 다른 제자들, 특히 열한 제자들과 함께 다락방에 모여 다 함께 기도에 전념하고 있었던 것으로 전해지고 있다. 따라서 누가복음에서는 예수의 모친이 다른 제자들과 마찬가지로, 아니 제자들과 똑같이 초대교회의 시작을 알리는 예루살렘 다락방 첫 기도 모임에 참석한 인물로 묘사되고 있는 셈이다.

이런 모든 점들 때문에 신약성서 가운데서는 누가복음이 가장 예수의 모친 마리아를 높이며 긍정적인 관점을 보여주고 있다고 말할 수 있다. 그래서 누가복음 자체가 어느 정도 예수의 모친 마리아에 대한 찬가라고 말할 수도 있을 것이다.

4. 요한복음에서 만나는 마리아

요한복음에서는 마리아란 이름이 구체적으로 한 번도 사용된 적이 없고, 그냥 "예수의 모친"으로만 몇 번 언급되고 있을 뿐이다. 그래서 요한복음에서 예수의 모친 마리아는 전혀 중요한 인물로 부각되고 있지 않는 것으로 생각되기도 한다. 그러나 요한복음이 비록 마리아라는 예수 모친의 이름을 한 번도 사용하지는 않았지만, 예수의 모친이 중요한 역할을 하는 이야기로 시작해서 복음서의 마지막에서도 다시 예수의 십자가 죽음 이후에 예수의 모친이 중요한 역할을 맡을 것임을 시사하는 이야기로 끝나고 있다는 점에서 요한복음은 예수의 모친을 상당히 중요시하고 있다고 볼 수 있다.[18]

바로 이런 점에서 볼 때 요한복음에서 예수의 공생애 초기 갈릴리 가나 혼인 잔치에 등장하는 예수의 모친 이야기(요 2:1-12)와 공생애 마지막에 다시 십자가 처형장에서 등장하는 예수의 모친 이야기(요 19:25-27)는 요한복음에서의 마리아를 이해하는 데 아주 중요한 본문이라고 말하지 않을 수 없다. 요한복음 전체에서 예수의 모친 마리아는 두 번 등장하고 있는데, 두 경우 모두 매우 중요한 위치에서 나타나고 있다는 점이 아주 중요하다. 한번은 예수 공생애 활동의 서두에서, 다른 한 번은 그의 공생애 마지막 클라이맥스에서 등장하고 있기 때문이다. 물론 두 이야기가 너무 암시적인 내용으로 구성되어 있기에 분명한 해석을 하기는 쉽지 않아 보이기도 한다. 그러나 요한복음의 저자가 첫 번째 사건을 기록할 때 그가 이미 나중 사건을 분명히 염두에 두고 있었을 것이라고 생각하는 것은 그리 어려운 일이 아니다. 두 이야기(2:1-5; 19:26-27)가 모두 예수를 **이스라엘의 왕**으로 선포한 후에 소개되고 있으며(1:49; 19:19-22), 예수의 **때가 오는** 것과 관련되어 있다(전자에서는 아직 그때가 오지 않았고, 후자에서는 그때가 이르렀다). 그리고 두 이야기 모두에서 예수의 모친이 "여자여"

---

18 R. E. Brown은 이렇게 말한다: "예수의 모친이 나타나는 두 장면이 전략적으로 하나는 예수의 공생애 시작 부분에 그리고 다른 하나는 끝부분에 배치되었다. 그래서 독자들의 관심이 그 두 이야기가 갖고 있는 상징적인 의미에 집중되게 되어 있다." Cf. *Mary in the New Testament*(New York: Paulist Press, 1978), 190.

란 말로 호칭되고 있으며(2:4; 19:26), 두 이야기에서 모두 제자의 존재가 중요시되고 있다. 즉, 첫 번째 표적으로 인해 **제자들**이 예수를 믿었고, 십자가 밑에서는 **사랑하는 제자**가 예수를 대신해서 마리아의 아들로 지명되고 있다.[19]

요한복음의 첫 번째 기적에서는 예수의 다른 남자 제자들이 혼인 잔치에 초청을 받아 그곳에 있으면서도 아무런 역할도 하지 못하고, 물을 포도주로 바꾼 기적이 있고 나서야 "제자들이 그를 믿었습니다"(2:11)란 말을 했다고 나온다. 요한복음 저자는 이 의미 있는 예수의 공생애 활동 첫 번째 표적에서 예수의 모친을 등장시켜 예수 기적의 중요한 역할을 하게 만든다. 물론 이 이야기의 중심과 강조점이 기적을 행하신 예수에게 있는 것은 사실이다. 그래서 다른 모든 것은 다 배경에 머물러 있다. 혼인 잔치와 관련된 이야기이면서도 신랑과 신부에 대한 언급이 전혀 없는 이유가 바로 이 때문이다. 그러나 이 기적에서 예수 이외에 오직 예수의 모친만이 중요하게 언급되고 있고 또한 중요한 역할을 하는 것으로 기록되어 있다. 예수와 그의 제자들이 혼인 잔치에 초청을 받았다는 언급(2절)이 있기 전에 갈릴리 가나의 혼인 잔치가 있었고, 예수의 모친이 이미 그곳에 계셨다는 언급(1절)이 먼저 나오고 있는 데서도 예수의 모친에 대한 관심이 처음부터 중요하게 드러나고 있음을 알 수가 있다. 뿐만 아니라 이야기의 내용 가운데서도 혼인 잔치 도중에 포도주가 떨어진 사실을 알아차리고 그것을 예수에게 알려준 사람이 예수의 모친이고(2:3), 일꾼들에게 예수께서 명하시는 대로 하라고 지시했던 사람도 바로 예수의 모친이었다(2:5). 여기서 우리는 예수의 모친이 하고 있는 주도적인 사역(使

---

19 Paul S. Minear, *John: The Martyr's Gospel*, 145.

役)의 모습을 보게 된다. 혼인 잔치에서 포도주가 떨어진 사실에 관심을 갖는 모습이라든가, 예수가 시키는 대로 하라고 지시하는 모습 등은 분명히 이런 본문을 산출한 요한 공동체 안에서 여성 사역자의 위치와 역할이 상당했었음을 반영하는 것으로 볼 수도 있다. 예수의 사역에 적극적으로 동참하고 있는 예수 모친의 모습을 통해서 그리고 모친을 어머니로서보다 오히려 **여자**로 부르는 일을 통해서 복음서 기자는 요한 공동체 안에서 크게 기여하고 있는 여성들의 존재를 뚜렷이 부각시키고 있는 것으로 보인다.

그런데 요한복음의 마지막 클라이맥스인 예수의 십자가 처형 장면에서 예수의 모친 마리아가 다시 등장하고 있다. 마가복음 14:50에 의하면 예수가 체포되었을 때 그의 제자들은 모두 도망쳤다. 그래서 예수가 십자가에 처형당할 때 그의 곁에는 아무도 없었고, 다만 갈릴리에 계실 때부터 따르며 시중들던 세 여인들만이 멀리서(막 15:40) 지켜보고 있었을 뿐이었다. 그런데 요한복음에서는 예수의 모친이 **사랑하는 제자**와 더불어 십자가 곁에서(요 19:25) 예수의 마지막 순간을 함께 했다. 더구나 예수는 십자가의 최후 발언을 통해 사랑하는 제자를 향해 "보라 네 어머니다"(요 19:27)라고 말함으로써 예수의 모친 마리아를 예수를 대신하여 아들 노릇을 하게 될 사랑하는 제자의 **성모**(the holy mother)라고 확정지어 주었다. 만약 요한복음에서 **사랑하는 제자**가 모든 믿는 자들을 위한 상징적인 존재를 뜻하는 것이라면[20] 이 사랑하는 제자를 맡아서 아들로 키워야 할 책

---

20 브라운(R.E. Brown)은 예수의 모친과 사랑하는 제자가 요한복음에서는 절대로 그들의 이름으로 불린 적이 없다는 점에서 그 상징성을 더 중요시하고 있다. Cf. "Roles of the Women in the Fourth Gospel"(in: *The Community of the Beloved Disciple*, New York: Paulist Press, 1979), 196-197.

임이 예수에 의해서 예수의 모친에게로 돌려지고 있는 것은 아주 중요한 의미를 갖는다. 사랑하는 제자는 예수의 모친을 어머니처럼 받들어야 하며, 예수의 모친은 사랑하는 제자를 자신의 아들처럼 돌보아야 한다. 사랑하는 제자를 아들로 받아들여야 한다는 예수의 마지막 이 말씀은 예수의 모친 마리아가 요한 공동체의 영적인 어머니가 되어야 한다는, 즉 요한 공동체의 새로운 영적 지도자가 되어야 한다는 말씀으로 이해될 수도 있을 것이다. 열두 제자들이 예수를 배반, 부인하고 다 도망친 가운데서 예수가 모친 마리아를 영적인 어머니로 확정해 주었다는 점은 후대 교회에서 예수의 모친 마리아의 역할이 어떠해야 할 것인지를 말해 주는 것으로 해석될 수도 있다.

이처럼 요한복음 저자가 그의 복음서에서 예수의 모친을 구조적으로 중요한 위치에서 등장시켜 중요한 역할을 하는 것으로 소개하는 이유는 아마도 요한의 공동체 안에서 여성들이 이미 중요한 역할을 하고 있었기 때문이고, 그 때문에 요한복음이 다른 복음서들과 달리 예수의 모친을 여성을 대표하는 상징적인 인물로서 중요하게 부각시키고 있는 것으로 생각된다. 마리아란 이름을 전혀 사용하지 않은 이유도 바로 그 때문인 것으로 보인다.

5. 야고보의 유아기 복음서에서 만나는 마리아

정경 복음서들에서 마리아는 요셉과 정혼한 후에 예수를 잉태하고 해산하는 때부터 등장한다. 따라서 우리가 알고 있는 마리아는 성년 이후의 마리아일 뿐이다. 그러나 우리는 다행히도 외경인 야고보의 유아기 복음서[21]를 통해서 마리아의 부모가 누구이며, 그가 어떻게 자라났으며, 그가 어떻게 요셉과 정혼하는 관계에 이르게 되었는지 등 정경 복음서를 통해서는 알 수 없었던 많은 내용에 대해서 알게 된다.

물론 야고보의 유아기 복음서에는 정경 복음서들에 기록된 마리아에 관한 내용과 일부 공통되는 것들도 있다. 이것은 분명히 이 복음서가 마태복음이나 누가복음보다 후대에 그 복음서들을 자료로 해서 기록되었기 때문일 것으로 보인다. 그러나 오직 이 복음서에서만 볼 수 있는 이야기들도 많이 있다. 첫째는 마리아의 부모가 누구인지에 대한 이야기, 그들이 마리아를 잉태하여 해산하게 된 이야기 그리고 요셉을 만나기 이전 마리아의 유아기 이야기 등이 그러하다. 이 복음서에 따르면 마리아는 부유하고 의로운 그러나 아이가 없던 요아킴과 안나 부부의 간절한 기도에 대한 응답으로 태어났다(1:10-11).

그 후 마리아가 세 살이 되었을 때 요아킴과 안나는 마리아를 하나님께 바치기로 서약했던 것을 지키기 위해 마리아를 성전으로 보냈다. 그래서 마리아는 세상의 불결하거나 더러운 것으로부터 지켜지는 가운데(6:4) 그곳에서 비둘기처럼 하늘 천사들의 손으로부터 음식을 받아먹으며 살았다(8:2). 마리아는 이처럼 아주 어려서부터 성전에서 순결을 지켜온 동정녀였다.

마리아가 열두 살이 되었을 때 대제사장은 마리아가 피 흘림으로

---

21 다른 외경 유아기 복음서, 가령 도마의 유아기 복음서와는 달리 야고보의 유아기 복음서는 예수의 유아기에 대한 이야기들 이외에 마리아의 부모와 출생, 그녀의 유아기 그리고 마리아가 요셉을 만난 이후 예수를 잉태하고 해산하는 이야기 등 비교적 마리아에 관한 많은 이야기들을 전해 주고 있다. 이런 점에서 마리아에 대한 중요한 자료 가운데 하나라고 말할 수도 있다.

4장 | 예수의 모친 마리아 | 341

성전을 오염시키는 일을 피하기 위해서 제비를 뽑아 요셉을 마리아의 보호자로 선택하였다. 그리고 그로 하여금 마리아를 성전으로부터 데려가 보호하게 하였다. 그래서 요셉은 마리아의 남편보다는 오히려 **보호자**로 부각되어 있다(9:11; 14:8). 처음에 요셉은 "나는 이미 아들들이 있는 몸이고, 나는 늙은이입니다"(9:8)라고 말하면서 거절했다.22 그러나 하나님께서 하시는 일을 거절할 수 없다는 대제사장의 말을 듣고 요셉은 두려워하는 마음과 순종하는 마음으로 마리아를 데리고 와서 돌보며 보호하였다. 마리아를 여호와의 성전으로부터 데리고 왔지만, 요셉은 마리아를 집에 남겨두고 곧바로 내가 집을 짓는 일을 위해 떠난다고 말하면서 집을 나섰다(9:12).23

그런데 요셉이 집을 떠난 이후에 하늘의 천사가 마리아 앞에 나타나 "두려워하지 말라, 마리아야, 너는 만군의 여호와 앞에 은혜를 입었노라. 너는 그분의 말씀에 의하여 잉태할 것이다"(11:5)라고 말한다. 마리아가 놀라 "만약 내가 실제로 살아계신 하나님 여호와에 의해 잉태한다면, 나도 여인들이 일반적으로 하는 식대로 해산할 것입니까?"라고 물었다. 그러나 천사는 "아니다. 마리아야, 하나님의 능력이 너를 감쌌기 때문이다. 그러므로 태어날 아이는 지극히 높으신 이의 아들, 거룩한 자로 불릴 것이다. 그리고 너는 그의 이름을 예수라고 부르게 될 것이다. 그 이름은 '그가 그의 백성을 그들의 죄로부터 구원하실 것이다'란 뜻이니라"(11:7-8)고 말해 준다.24

---

22 일부 위경에서는 요셉과 마리아가 혼인할 당시 요셉의 나이는 30세였고, 마리아는 12~14세가량이었다는 기록이 있지만 확실하지 않다.

23 요셉의 이 말에서 우리는 요셉이 '집을 짓는 목수'였다는 점과 마리아를 집에 데려다 놓고는 일을 하러 떠났다는 말 가운데 요셉이 마리아와 동침하지 않았다는 점을 알게 된다.

24 여기에 기록된 천사의 예수 탄생 고지는 마태복음 1:21의 영향을 받은 것으로 생각된다.

마리아가 열여섯 살이 되던 날(12:9), 요셉은 집을 짓던 일을 마치고 집으로 돌아와 마리아가 잉태한 것을 알게 되었다. 그는 충격을 받고 "내가 그녀를 여호와 하나님의 성전으로부터 동정녀로 받았는데, 그녀를 보호하지 못했으니 내가 그녀를 위해 무슨 기도를 할 수 있단 말인가? … 누가 이 동정녀를 나로부터 유혹해서 그녀를 범했단 말인가?"라고 말하면서 땅에 엎드려 울었다. 그리고 마리아를 불러 "하나님께서 당신에게 특별한 관심을 갖고 있는데, 당신이 어떻게 이럴 수 있습니까? 당신이 여호와 당신의 하나님을 잊었단 말입니까? 지성소에서 자라면서 하늘 천사들로부터 양육을 받은 당신이 어찌하여 이런 수치스런 일을 했단 말입니까?"라고 외쳤다. 마리아는 "나는 죄가 없습니다. 나는 어느 남자와도 함께 자지 않았습니다"라고 말한다(13:1-8). 요셉은 더 이상 마리아와 이야기하지 않고 그녀의 죄를 감추기 위해서라도 조용히 이혼할 생각을 한다. 그러나 여호와의 천사가 꿈에 나타나 요셉에게 말한다.

> "이 여자를 두려워 말라. 그녀의 뱃속에 있는 아이는 성령께서 하신 일이다. 그녀가 아들을 낳으리니 네가 그의 이름을 예수라 하라. 그 이름의 뜻은 '그가 그의 백성을 그들의 죄에서 구원할 것이다'이다."

요셉이 잠에서 깨어나 이런 은혜를 베푸신 하나님을 찬양했고, 계속 마리아를 지키기 시작했다(14장). 예수의 잉태와 탄생이 요셉과의 관계를 통해서가 아니라 성령의 역사를 통해서란 의미가 강조되고 있는 부분이라고 말할 수 있다.

그 후에 아우구스투스 황제에 의해 유대 땅 베들레헴에 있는 모든 사람들을 인구 조사에 등록해야 한다는 명령이 떨어졌을 때 요셉은 "내가 내 아들들은 등록하겠지만, 이 여자에 대해서는 어떻게 해야 할까? 이 여자를 어떻게 등록해야 하나? 내 아내로? 그렇게 하는 것은 좀 부끄럽다. 내 딸로? 그러나 이스라엘 백성들이 그녀가 내 딸이 아니라는 걸 알고 있다"(17:1-3)며 고민하기도 했다. 요셉이 마리아를 나귀에 태우자 "그의 아들이 나귀를 이끌었고, 사무엘이 뒤를 따라왔다"(17:9).[25] 그즈음에 마리아가 "아이가 태어나려고 해요."(17:10)하고 말하자 요셉은 해산할 곳을 찾다가 동굴을 발견하고 그 안으로 마리아를 데려갔다(18:1).[26] "갑자기 구름이 동굴로부터 걷히고 강렬한 빛이 동굴 안에서 나타났다… 잠시 후에 그 빛이 물러가고 어린 아이가 눈에 보였다. 그 아이가 그의 어미인 마리아의 젖을 빨고 있었다"(19:15-16).

그 후에 점성술사들이 "새로 태어난 유대인들의 왕이 어디 계신가?"라고 물으면서 찾아왔다. 동방에서 보았던 별이 그들을 인도하여 그들이 **동굴**에 이르렀고, 그들은 아이와 마리아를 보고는 '황금과 유향과 몰약'을 꺼내 예물로 바쳤다(21:11). 헤롯이 "두 살과 그 이하 어린아이들을 모두 죽이라는 명령"을 내렸지만, 마리아는 "자기 아이를 데려다가 강보에 싸서 가축들의 구유에 누여"(22:2-4) 아이를 구한 것으로 기록되어 있다.[27]

야고보의 유아기 복음서에서 예수의 모친 마리아와 관련하여 강

---

25 막 6:3에 언급된 예수의 형제들 명단에 사무엘이란 이름은 없다.
26 마태복음에서는 아기 예수가 "집에서"(2:1), 누가복음에서는 사관에 있을 곳이 없어 (마굿간) "구유에서"(2:7) 태어난 것으로 기록되어 있는 것과 달리, 이 복음서는 "동굴에서" 태어난 것으로 전해주고 있다.
27 마태복음의 기록과 달리 '애굽으로의 피난 이야기'는 전혀 없다.

조되고 있는 점은 다음의 세 가지라고 생각된다. 첫째는 마리아가 믿음이 좋은 가문의 출신이란 점이다. 이 점은 마리아의 아비 요아킴이 여호와께 제물을 드릴 때 항상 두 배씩, 즉 하나는 자신을 위해서 그리고 다른 하나는 모든 사람을 위해 바치는 사람이고, 마리아의 어미인 안나도 자녀를 얻기 위해 열심히 기도하는 믿음이 좋은 여인이었다는 사실에서 드러나고 있다 (1:2-3, 9; 4:1) 그래서 하나님과의 약속에 따라 마리아를 세 살이 되었을 때 성전에 봉헌하였고, 마리아는 어려서부터 성전에서 세상의 모든 불결로부터 보호를 받으며 성결하게 자라났다는 것이다. 이런 언급들은 다른 복음서들에서는 찾아볼 수 없는 이 복음서만의 특별한 기록이기도 하다(7:1-3, 5, 9).

둘째는 마리아가 **동정녀**임을 강조하고 있는 점이다. 이런 점은 다음과 같은 사실을 통해 드러나고 있다. 요셉이 남편이 아니라 **보호자**로 강조되고 있는 점(9:11), 요셉이 대제사장의 말에 따라 마리아를 집으로 데려왔지만 요셉은 곧바로 집 짓는 일을 위해 집을 떠났고, 여섯 달이 지나 집으로 돌아오고 나서야 비로소 마리아가 임신한 사실을 발견했다는 점(9:12-13:1) 그리고 충격을 받아 "누가 이 동정녀를 나로부터 유혹해내서 그녀를 범했단 말인가?"(13:4)라고 말하면서 조용히 그녀와 이혼하려고 했던 점(14:4), 마리아가 대제사장 앞에서 "살아계신 하나님 여호와를 두고 맹세하노니 나는 당신 앞에 무죄합니다. 나를 믿어주십시오. 나는 여느 남자와도 잔 적이 없습니다"(15:13)라고 울며 맹세한 점 등을 통해 마리아가 동정녀임을 강조하고 있다. 이 특징은 정경 복음서들에서도 나타나고 있기는 하다.

셋째는 마리아가 하나님의 특별한 은총을 입은 여인이란 강조이다. 이 점은 마리아가 잉태되었을 때 "지극히 높으신 하나님이시여,

이 아이를 굽어보시고 이 아이에게 더 이상의 복이 없는 최고의 복으로 축복하여 주시옵소서"라고 대제사장이 축복한 사실(6:9), 마리아가 세 살이 되어 성전에 봉헌되었을 때 "여호와께서 네 안에서 이스라엘 백성들에 대한 그의 구원을 마지막 날에 드러내셨도다"라고 제사장이 축복한 사실(7:8), 마리아가 예수를 잉태했을 때 "마리아야, 하나님의 능력이 너를 감쌌기 때문에 태어날 아이는 지극히 높으신 이의 아들, 거룩한 자로 불릴 것이다. 그리고 너는 그의 이름을 예수라고 부르게 될 것이다. 그 이름은 '그가 그의 백성을 그들의 죄에서 구원하실 것이다'라는 천사의 말(11:7-8), 동굴에서 마리아의 해산을 도운 히브리 산파가 "오늘 내 눈이 이스라엘의 구원이 임하는 기적을 보았으니 나는 진실로 특별한 은혜를 입은 사람입니다"라고 한 말(19:14) 등에서 잘 엿볼 수 있다. 이런 점들로 미루어 볼 때 야고보의 유아기 복음서는 분명히 예수의 모친 마리아를 돋보이게 부각시키려는 관심 속에서 기록된 것으로 생각된다. 유아기 복음서란 이름으로 기록되었으면서도 다른 유아기 복음서들처럼 예수의 유아기 이야기에 치중하지 않고, 예수의 모친 마리아의 출생과 유아기 이야기를 상당 부분 소개한 사실에서도 그런 점을 볼 수 있다.

이런 사실들을 근거로 판단할 때 초기 기독교 문서들 가운데서 예수의 모친 마리아에 대한 기록을 전해 주면서 그녀의 중요성에 대한 관심을 드러내기 시작한 대표적인 문서는 누가복음 그리고 야고보의 유아기 복음서라고 생각된다. 그리고 바로 이런 문서들 때문에 기독교 역사 속에서 마리아를 중요시하며 공경하는 경향이 싹트기 시작했다. 드디어 431년에 이르러 에베소의 한 성당에서 소집된 에베소 공의회에서 마리아를 공경하는 분명한 입장이 드러나면서 마리아에 대한 호칭이 '하나님의 어머니'(Θεοτόκος, Μήτηρ Θεοῦ), '천상의 모후'(Regina Caeli)로 바뀌어 사용되기 시작했던 것으로 생각된다. 그러나 이미 다른 초기 기독교의 주류 문서들을 통해 살펴본 바와 같이 초대교회 안에서 마리아가 특별히 주요한 인물로 관심이 대상이 되거나 신앙과 관련해서 특별히 강조의 대상이 되지는 않았던 것으로 보인다. 그리고 바로 이것이 예수의 모친 마리아에 대한 초기 기독교의 일반적인 인식을 반영하는 것이라고 보는 것이 옳다고 생각한다.

5장 | 니고데모, 그는 누구인가?

　　니고데모는 복음서 전승 가운데서도 오직 요한복음에서만 등장하는 인물이고, 그것도 예수와 관련해서 단지 세 번만 언급되고 있는 인물이다. 첫 번째로 그의 이름이 언급된 곳은 요한복음 3:1-21 곧 니고데모가 밤에 예수를 찾아와 '거듭남'에 대해서 예수와 더불어 대화를 나누는 장면에서이다. 예수의 공생애 활동 초기인 것으로 보인다. 두 번째로 니고데모가 언급되고 있는 곳은 요한복음 7:45-53, 즉 예수를 체포하는 문제를 두고 바리새인들 간에 논쟁이 벌어졌을 때 니고데모가 다른 바리새파 사람들과는 달리 예수를 변호하는 장면에서이다. 그리고 마지막 세 번째로 니고데모가 등장하는 곳은 아리마대 요셉이 빌라도의 허락을 받고 예수의 시신을 자신의 새 무덤에 매장할 때 니고데모가 "몰약과 침향 섞은 것을 백 리트라쯤 갖고 왔다"고 전해 주는 요한복음 19:38-42의 본문 곧 예수의 십자가 죽음 직후에 있었던 매장 이야기 가운데서이다.

　　요한복음에 의하면 니고데모는 바리새파 사람이면서 "유대인들의 지도자"(ἄρχων τῶν Ἰουδαίων)[1]였다(3:1). 유대교 안에서 상당히 중

---

1 헬라어 ἄρχων τῶν Ἰουδαίων(요 3:1)을 개역에서는 '유대인들의 관원'(요 3:1)이라고 번역했

요한 인물이었다는 말이다. 그러나 요한복음에 나오는 니고데모에 관한 몇몇 진술들을 보면 그가 유대교 안에서만 아니라 초대교회 안에서도, 특히 요한의 신앙 공동체 안에서 아주 중요한 인물이었던 것으로 보인다. 그는 밤중에도 예수를 찾아와 예수의 말씀을 들었던 인물이고(3:1-10), 다른 바리새인들과 달리 예수에 대해 호의적이며 변호적인 입장을 보여준 인물이었다(7:45-52). 더구나 예수가 마지막 매장당할 때 "몰약과 침향을 섞은 것을 백 리트라쯤" 들고 와서 예수의 매장에 실질적인 도움을 주었던 인물인 점(19:38-42)을 감안한다면 니고데모는 초대교회 안에서, 특히 요한 공동체와 관련하여 아주 중요한 인물이었을 것임이 틀림없어 보인다. 그럼에도 불구하고 니고데모에 대해서는 달리 더 알려진 것이 없기 때문에 많은 사람들에게는 중요한 인물로 생각되지 않은 것으로 보인다. 니고데모는 과연 어떤 인물이었을까?

1. 요한복음 세 본문에 나오는 니고데모의 정체

우선 요한복음이 니고데모에 대해 전해 주는 세 본문 이야기들을 통해 그가 어떤 인물인지부터 살펴보기로 하자. 첫 번째 본문(3:1-10)에 보면 니고데모는 **밤중에** 예수를 찾아온 인물이었다. 앞에서도 잠깐 지적한 바와 같이 그는 **바리새인**이었고, '유대인의 지도자' 혹은

는데, 개역개정에서는 '유대인의 지도자'라고 번역했다. 그런데 개역개정에서는 똑같은 헬라어 단어 ἄρχων을 같은 요한복음 안에서 '당국자'(7:26, 48), '관리'(12:42), '임금'(12:31; 14:30; 16:11) 등으로 다양하게 번역하여 그 진짜 의미가 무엇인지 분명하지 않다. 표준새번역에서는 '유대 의회원'이라고 번역하여 그가 산헤드린 공회원임을 뜻하고 있기도 하다.

'산헤드린 공회원'이었으며, 예수 자신도 그를 '이스라엘의 선생'(3:10)이라고 인정한 바 있다. 그런데 이 니고데모가 예수를 가리켜 "랍비"라고 호칭한 점과 "하나님께로부터 오신 선생"으로 알고 있다고 고백한 점(3:2) 그리고 무엇보다도 니고데모가 예수의 말씀을 더 듣고 배우고 싶어서 예수를 찾아왔다는 점 등으로 볼 때, 분명히 니고데모는 예수에 대해 당시 다른 유대 종교 지도자들과는 달리 아주 호의적인 태도를 갖고 있었던 인물이라고 볼 수 있다. 그가 예수에게 "사람이 늙으면 어떻게 날 수 있사옵니까?"라고 그리고 다시 "어찌 그러한 일이 있을 수 있나이까?"라고 '거듭남'에 대해서 반복하여 질문하고 있는 점, 그러면서도 두 사람의 대화 대부분이 주로 예수의 말씀으로 구성되어 있는 점에서도 그런 면을 잘 엿볼 수 있다. 양식 비평적으로 말한다면 니고데모와 예수 간의 대화는 분명 '논쟁 설화' 형식은 아니고, 오히려 '사제지간의 대화' 형식이라고 보아야 할 것이다. 본문 가운데 등장하는 인물도 오직 예수와 니고데모 두 사람뿐이다. 니고데모가 예수를 가리켜 "랍비"라고 부른 점[2]과 "하나님께로부터 오신 선생"으로 알고 있다고 고백한 점으로 미루어 판단한다면, 그는 예수 앞에서 자기 스스로 '제자'라고 생각했던 인물일 수도 있다. 이 점은 그가 두 번째로 등장하고 있는 본문 가운데서 더 잘 드러나고 있는 것으로 생각된다.

두 번째 본문 이야기가 소개되기 직전, 요한복음 저자는 사람들이 예수를 두고 "이 사람이 참으로 선지자"라고 또는 "그리스도"라고

---

2 요한복음 1:49에서는 예수를 가리켜 "하나님의 아들이시오, 이스라엘의 왕이십니다"라고 고백한 나다나엘이 예수를 가리켜 "랍비여"라고 부르고 있고, 요한복음 1:38에서는 예수를 따라온 요한의 두 제자가 예수를 가리켜 "랍비여"라고 부르고 있다. 마태복음 26:26에서는 열두 제자 가운데 한 사람인 가룟 유다가 예수를 "랍비여"라고 불렀다.

말하는가 하면(요 7:40-41), 반대로 "그리스도가 어찌 갈릴리에서 나오겠느냐?"라고 말하는 사람들도 있어서 "예수로 말미암아 무리 중에서 쟁론"(7:43)이 있었다고 전한다. 그리고 그런 와중에 대제사장들과 바리새인들은 사람들을 보내 예수를 붙잡아오게 했다. 바리새인들이 "당국자들이나 바리새인 중에 그를(=예수를) 믿는 자가 있느냐? 율법을 알지 못하는 이 무리는 저주를 받은 자로다"(7:48-49)라고 말하면서 예수를 체포하는 행동을 정당화할 때, 오히려 "그들(=바리새인들) 중에 한 사람"이었던 니고데모가 나서서 "우리의 율법으로는 먼저 그의 말을 들어보거나 또 그가 하는 일을 알아보지도 않고 사람을 처단할 수는 없지 않소?"(7:51)라고 이의를 제기하며, 예수를 체포하려는 그들의 행동을 가리켜 불법적이라고 지적하고 있다. 이 말을 듣고 그들은 니고데모를 향해 "너도 갈릴리에서 왔느냐? 찾아보라. 갈릴리에서는 선지자가 나지 못하느니라"고 말하면서 니고데모를 비판했다.

우리는 이 두 번째 이야기에서도 니고데모가 다른 바리새인들과는 달리 예수에 대해 아주 호의적이며 긍정적인 태도를 보이고 있는 것을 보게 된다. 예수가 말한 것과 행한 것을 알아보기도 전에 예수에 대해 심판을 하는 것은 율법의 가르침이 아니라고 지적함으로써 예수를 변호하는 입장을 분명히 드러내고 있기 때문이다. 더구나 다른 바리새인들이 동료 바리새인인 니고데모를 향해 "너도 갈릴리에서 왔느냐?"고 반문하며 공격한 점에 주목할 필요가 있다. "너도 갈릴리에서 왔느냐?"는 이 질문은 곧 니고데모에게 "너도 갈릴리 사람이 아니냐?"라고 물은 질문이고, 여기서 갈릴리 사람이란 말은 갈릴리 나사렛 출신의 예수를 의미하는 것일 수도 있지만, 오히려 그를 믿고 따르는 예수의 제자들을 가리키는 말일 수도 있기 때문이다.[3] 이런 점들로 미루어 볼 때 니고데모가 예수에 대해 호의적으로 변호한 것은 그가 예수를 믿고 따르는 제자였을 가능성을 암시하는 것으로 볼 수도 있다. 이런 점은 니고데모가 등장하는 세 번째 이야기에서도 어느 정도 다시 확인되는 것으로 보인다.

세 번째 본문 이야기(요 19:38-42)에 보면 예수가 십자가에 달려 죽은 직후에 예수의 제자(19:38)일 뿐만 아니라 니고데모와 마찬가지로 산헤드린 공회원이었던(눅 23:50) "선하고 의로운" 사람 아리마대 요셉[4]이 빌라도의 허락을 받아 예수의 시신을 자신의 새 무덤에 장사지내고자 했다. 그때 니고데모가 "몰약과 침향 섞은 것을 백 리트라쯤 갖고 와서"(19:39), "유대 사람들의 장례 풍속대로 향료를 바르고 고운 베로 감아"(19:2) 예수를 새 무덤에 모실 수 있게 하였다. 여인들이 안식 후 첫날 예수께 바르기 위한 향품을 준비하여 무덤을 찾았다는 다른 복음서들의 기록들(막 16:1; 눅 24:1)을 보면 예수의 매장 전에 적절한 장례 절차를 제대로 마치지 못했기 때문에 여인들이 예수가 매장된 지 사흘 후에나 향료를 준비하여 빈 무덤을 찾았던 것으로 보인다. 그러나 그와 달리 요한복음에서는 니고데모가 예수의 매장 이전에 이미 향료를 준비하여 매장 절차를 "유대인의 장례법대로"(19:40) 잘 마친 것으로 되어 있다. 요한복음에서는 이처럼

---

3 베드로가 대제사장의 여종에게 "나는 네가 무슨 말을 하는지 알지 못하겠다"고 예수를 부인했을 때 여종이 베드로에게 물었던 질문도 바로 "너도 갈릴리 사람 예수와 함께 있었도다"(마 26:69)였다.

4 외경 복음서인 베드로 복음서에서는 아리마대 요셉이 "빌라도와 주님의 친구"(the friend of Pilate and the Lord)라고 소개되어 있다(2:1). 아리마대 요셉으로서는 빌라도가 "친구"이기에 예수의 시체를 쉽게 요청했고, 곧바로 허락을 받은 것으로 보인다. 그러나 정경 복음서들의 경우와 달리 베드로 복음서에서는 아리마대 요셉이 빌라도에게 가서 그의 매장을 위해서 주님의 시신을 요구한 때가 예수의 십자가 처형이 있기 전이었다(2:1).

예수가 매장될 때 이미 니고데모가 준비한 향품으로 예수의 시신에 바르는 절차를 끝냈기에 여인들이 사흘 후에 향품을 준비하여 무덤을 찾았다는 언급(막 16:1-2; 눅 24:1)[5]은 나오지도 않는다. 결국 요한복음의 이런 기록은 니고데모가 여인들이 예수의 장례를 위해 미처 하지 못했던 일을 미리 대신해서 했다는 것을 의미하는데, 이것 역시 니고데모가 예수를 믿고 따르던 여인들처럼 예수를 믿고 따르던 제자였을 가능성을 시사해 주는 것으로 해석될 수 있다.

2. 숨어 있는 기독교인들(the crypto-Christians)[6]

마가복음에 의하면 아리마대 요셉은 "존경받는 공회원이요, 하나님의 나라를 기다리는 자"(막 15:3)이다. 누가복음 저자는 아리마대 요셉을 가리켜 "공회 의원으로 선하고 의로운 사람"이라고 소개한다(눅 23:50). 아리마대 요셉이 이처럼 산헤드린 공회의 의원으로 유대교의 고위 관리 가운데 한 사람이며 또한 "선하고 의로운 사람"이며 "하나님의 나라를 기다리는 사람"이었다는 말은 결국 그가 독실한 유대교 신자라는 의미로 읽혀진다.[7] 그런데 마태복음 27:57과 요한복음 19:38에서는 아리마대 요셉을 가리켜 "예수의 제자"라고 분명

---

5 마태복음 28:1에서는 "막달라 마리아와 다른 마리아가 무덤을 보러 갔습니다"라고만 언급되어 있고, 향료에 대한 언급은 나오지 않는다.

6 이 용어는 R.E. Brown이 요한 공동체의 구성원을 언급하는 가운데 사용하고 있는데, 그가 의미한 "the Crypto-Christians"는 "Christians Jews within the Synagogues"을 의미하는 것이었다. Cf. *The Community of the Beloved Disciple*(New York: Paulist Press, 1979), 71.

7 외경 베드로 복음서에 "유대인들이… 요셉이 얼마나 많은 선을 행했는지 알고 있었기에 그에게 그의 시신을 주어 매장하게 하였다"(6:3)는 말이 나오는 것을 보더라도 요셉이 유대인들로부터도 존경과 신임을 받고 있었음을 알 수가 있다.

히 밝히고 있다. 그렇다면 왜 마가복음과 누가복음은 아리마대 요셉이 예수의 제자라는 사실에 대해서는 아무런 말도 하지 않았을까? 마가와 누가는 그가 예수의 제자란 사실을 몰랐을까? 아니면 알았지만 일부러 언급을 하지 않은 것일까? 만약 의도적으로 밝히지 않은 것이라면 그 이유는 무엇일까? 이런 의문의 실마리는 요한복음 저자가 아리마대 요셉을 가리켜 "예수의 제자이나 유대인이 두려워 그것을 숨겼다"(요 19:38)라고 말한 데서 찾아볼 수 있을 것으로 생각된다. 앞 챕터에서 다루었듯 예수를 믿고 따르는 제자들 가운데 유대인들이 두려워서 자신들의 믿음과 기독교인으로서의 정체성을 공개적으로 드러내지 못하고, 오히려 감추었던 사람들이 실제로 있었기 때문이다.

이런 사실은 요한복음에 나오는 또 다른 언급에서도 찾아볼 수 있다. 요한복음 12:42에 보면 "의회원 중에서도 예수를 믿는 사람이 많이 있었으나 바리새파 사람들을 꺼려 고백은 하지 않았습니다"란 증언이 소개되고 있다. 다시 말하자면 유대인들 중에는 그리고 산헤드린 공회원과 같은 고급 관리 중에도(12:42, 개역개정) 예수를 믿는 사람들이 많이 있었지만, 그들은 바리새파 사람들 때문에 공식적으로 자기가 예수를 믿는다는 말을 공개적으로 하지 못한 채 자신의 정체성을 감추고 있었다는 뜻이다.

요한의 신앙 공동체 안에는 예수를 믿고 받아들인 사람들이 많이 있었고, 그들 중 상당수가 숨어 있는 기독교인들 혹은 비밀 제자들이었다. 아리마대 요셉이 "예수의 제자이나 유대인이 두려워 그것을 숨겼다"(요 19:38)는 말에서 아리마대 요셉이 바로 그런 "숨어 있는 기독교인"이었음을 알게 된다. 그리고 비록 요한복음 저자가 니고데모를 가리켜 숨어 있는 기독교인이라고 직접 밝히지는 않았지만, 그가 예수의 장례를 위해 "몰약과 침향 섞은 것을 백 리트라쯤 가져왔다"(요 19:39)고 언급한 점으로 미루어 니고데모도 아리마대 요셉과 마찬가지로 숨어 있는 기독교인이었던 것으로 생각된다. 숨어 있는 기독교인으로서 아리마대 요셉은 예수의 시신 매장을 위해 자신의 새 무덤[8]을 제공했고, 니고데모는 예수 시신의 정상적인 장례를 위해 "몰약과 침향을 섞은" 향료를 제공한 것으로 보인다. 그리고 이렇게 함으로써 이들은 지금까지 숨겨진 상태로부터 커밍아웃하여 뛰쳐나온 최초의 두 사람이 된 셈이고, 요한복음 저자로서는 아마도 회당 안에 여전히 숨어 있는 다른 사람들로 하여금 이들처럼 똑같은 길을 따라가도록 권고하는 그런 교육적 의미를 갖고 있었을 것으로 보인다.

바로 여기에서 우리는 니고데모가 했던 중요한 역할과 그의 정체성을 분명히 볼 수 있다. 다른 공관복음 전승들에 보면 예수가 십자가 위에서 숨을 거둔 뒤에 아리마대 요셉이 빌라도의 허락을 받아 "세마포를 사서 예수를 (십자가에서) 내려다가 그것으로 싸서 바위 속에 판 무덤에 넣었다"(막 15:46; 마 27:59-60; 눅 23:53)고 했다. 이것을 다른 말로 한다면 아리마대 요셉이 예수의 시신을 십자가에서 내려 세마포로 싸서 곧바로 돌무덤에 넣었다는 말이고, 이것은 결국 예수가 유대인의 장례법에 따라 정상적으로 매장되지 못했다는 말이 된다. 그런데 요한복음에 보면 아리마대 요셉이 예수의 시신을 십

---

8 마태복음 27:60에 보면 아리마대 요셉이 예수의 시신을 '자기의 새 무덤'에 모셨다고 했고, 외경인 베드로 복음서 6:4에서는 아리마대 요셉이 "주님을 모셔다가…'요셉의 정원'이라고 불리는 자신의 무덤으로 가져갔다"고 기록되어 있다.

자가에서 내려 매장하기 직전에 니고데모가 "몰약과 침향 섞은 것을 백 리트라쯤 가지고 와서… 유대인의 장례 법대로 그 향품과 함께 세마포로"(요 19:40) 싸서 "아직 사람을 장사한 일이 없는 새 무덤"에 안치한 것으로 기록되어 있다. 결국 니고데모는 이 과정에서 예수의 시신이 "유대인의 장례 법대로" 제대로 매장될 수 있게 만든 아주 중요한 인물인 셈이다. 이 점을 두고 브라운(R.E. Brown)은 니고데모가 "장례 양식을 최소한의 형태로부터 관례적인 형태로 바꾸어 놓았다"(changed the style of burial from minimal to customary)고 말한 바 있다.[9]

헨첸(E. Haenchen)이 니고데모를 가리켜 "그도 역시 예수의 은밀한 제자(a secret disciple of Jesus)로 생각된다"[10]고 말한 것처럼 니고데모를 예수의 은밀한 제자 또는 숨어 있는 기독교인이라고 생각할 때, 우리는 왜 니고데모가 예수께 **밤에** 찾아왔는지(3:2)와 왜 그가 예수를 체포한 대제사장들과 바리새인들 앞에서 당당히 "예수가 공정한 심판을 받을 권리"가 있음을 변호했는지(7:50-52) 그리고 마지막으로 왜 그가 아리마대 요셉이 예수의 시신을 거두어 장례를 지낼 때 다시 향료를 들고 나타나 그 장례를 "유대인의 장례 법대로" 행했는지(19:39-40)를 잘 이해할 수 있게 된다. 요한복음 저자가 니고데모를 가리켜서 "예수께 밤에 찾아왔던 사람"(ὁ ἐλθὼν πρὸς αὐτὸν νυκτός)이라고 부른 것도 결국은 그가 사람들의 눈을 피하기 위해 **밤에 예수를 찾을 수밖에 없었던 은밀한** 제자였음을 가리키는

---

9 R.E. Brown, *The Death of the Messiah: A Commentary on the Passion Narratives in the Four Gospels*(New York: Doubleday, 1994), 1278.
10 E. Haenchen, *A Commentary on the Gospel of John*, trans. by R.W. Funk(Philadelphia: Fortress Press, 1984), 196.

것 이외에 다른 것이 아니었을 것이다. 따라서 우리는 D. Moody Smith가 말했던 것처럼[11] 니고데모가 처음에는 유대 회당 속에 숨어 있었지만, 예수의 마지막 장례 순간에 드디어 기독교인으로 커밍아웃(coming out)한 "숨어 있는 기독교인"이었다고 생각하는 것이 옳을 것으로 보인다.

---

11 "even if Nicodemus has remained within the Jewish community until now(cf. 12:42), he here comes out of the closet, so to speak, in order to serve Jesus." Cf. D. Moody Smith, *The Theology of the Gospel of John*(Cambridge University Press, 1995), 43.

6장 | 막달라 마리아, 그녀는 누구인가?

1. 막달라 마리아란 이름의 여인

신약성서에서는 **마리아**란 이름을 가진 여인이 일곱 명이나 등장하고 있다.[1] 따라서 막달라 마리아란 이름은 다른 마리아들과 구별하여 막달라란 지역 출신의 마리아를 가리키는 명칭에 지나지 않는다. 막달라(Magdala)는 갈릴리 호수의 서쪽에 있는 작은 어촌이다. 막달라 마리아가 "일곱 귀신에 들렸다가"[2] 예수로부터 고침을 받은 여인(8:2)이었다는 말로 보아서 아마도 예수의 갈릴리 사역 초기에 예수를 만나고, 귀신의 지배로부터 해방되는 경험을 통하여 예수의 제자가 된 여인이었던 것으로 생각된다. 실제로 외경인 베드로 복음서에서는 막달라 마리아를 가리켜 분명히 "주님의 제자"(a disciple

---

1 막달라 마리아 이외에 예수의 모친 마리아, 야고보와 요세의 어머니 마리아(막 15:40; 마 27:56; 눅 24:10), 글로바의 아내 마리아(요 19:25), 나사로의 누이 마리아(요 11:1), 요한 마가의 어머니 마리아(행 12:12) 그리고 로마 교회를 위해 "많이 수고한" 마리아(롬 16:6)가 있다.
2 "일곱 귀신"이란 말은 "많은 귀신"(many demons, 눅 8:30)을 가리키는 표현에 지나지 않는 것으로, "귀신에게 강력하게 사로잡혀 있었음"(the severity of the possession)을 의미하는 것 이외에 다른 것이 아니다. Cf. E.Earle Ellis, *The Gospel of Luke*(The New Century Bible Commentary, Wm. B. Eerdmans Publ. Co., Grand Rapids, 1987), 128.

of the Lord)라고 밝히고 있기도 하다(2:1). 이런 점으로 보아 그녀는 아마도 고침을 받은 직후 곧바로 예수를 따라 그의 사역에 동참하여 재산을 바쳐가면서 예수를 지원했던 여인이었다고 생각된다(cf. 눅 8:1-3).

막달라 마리아에 대해서는 과거로부터 교회 안에 두 가지 상반된 견해가 있었다. 하나는 막달라 마리아는 예수의 여성 제자 가운데 가장 특출한 인물이었다는 견해였고, 다른 하나는 막달라 마리아는 예수로부터 큰 죄를 용서받고 회개한 창녀라는 견해였다. 그러나 후자의 견해는 "역사적 근거가 전혀 없는 순전한 픽션"[3]에 지나지 않는다. 막달라 마리아의 이름이 예수로부터 용서함을 받고 구원을 받은 죄 많은 여인에 대한 이야기(눅 7:36-50) 직후에(8:2) 소개된 것 때문에 막달라 마리아를 이 여인과 동일시하는 경향이 생겼고, 이것이 이후에 막달라 마리아가 창녀였다는 생각으로 발전했던 것으로 보인다. "그러나 여기는 물론이고 복음서 다른 어느 곳에서도 막달라 마리아가 누가복음 7장 이야기에서 언급된 죄 많은 여인이라는 암시는 전혀 없으며 또 귀신에 사로잡혔다는 사실 자체가 죄의 상태로 여겨지고 있지도 않았다(demon possession was not construed as a sinful condition)"는 점을 기억할 필요가 있다.[4] 따라서 막달라 마리아를 '창녀'로 보는 생각은 전혀 아무런 근거가 없는 상상이라고 보아야 할 것이다.

---

3 "pure fiction with no historical foundation." Cf. R.W. Funk and The Jesus Seminar, *The Acts of Jesus: What did Jesus really do?*(New York: HarperCollins, 1998), 476.
4 F.W. Danker, *Jesus and the New Age: A Commentary on St. Luke's Gospel*, 173.

2. 복음서에서 만나는 막달라 마리아

19세기 독일의 신학자였던 마틴 켈러(Martin Kähler)는 복음서들을 가리켜 "확대된 서론이 첨부된 수난 설화(the passion narratives with extended introductions)"라고 말한 적이 있다.5 예수의 수난 설화가 복음서의 핵심이란 의미이다. 그런데 복음서 전승의 핵심이라고 말할 수 있는 예수의 수난 이야기 마지막 클라이맥스인 십자가 처형(crucifixion), 매장(burial), 빈 무덤(empty tomb) 이야기 가운데서 **막달라 마리아**란 여인이 사건들의 가장 중요한 목격자로 언급되고 있는 점에 주목할 필요가 있다. 물론 막달라 마리아의 이름과 더불어 다른 여인들의 이름이 목격자의 명단에 나타나고 있긴 하다. 그러나 오직 막달라 마리아의 이름만이 예수의 십자가 처형, 매장, 빈 무덤 이야기에서 일관성 있게 다른 어떤 여인들보다도 가장 앞서서 언급되고 있다.6 이것은 예수가 겟세마네 동산에서 체포될 때 다른 남성 제자들이 다 예수를 버리고 도망하여(막 15:50), 그 이후부터 두 번 다시 예수의 근처에 그 모습을 드러내지 않은 사실과 크게 대조된다. 막달라 마리아는 예수의 갈릴리 공생애 사역에서 그를 통해 병 고침을 받은 이후부터 그의 사역 마지막 순간까지 충실하게 예수를 끝까지 따랐던 것으로 알려져 있다.

---

5 Martin Kaehler, *The So-called Historical Jesus and the Historic-Biblical Christ*(trans. by Carl E. Braaten, Philadelphia: Fortress Press, 1964), 80, 11.

6 요한복음의 십자가 처형 현장에서만(요 19:25) 막달라 마리아가 맨 마지막에 언급되고 있는데, 아마도 "예수의 모친"이 제일 먼저 언급되는 관계로 마지막에서 언급된 것으로 보인다. 그러나 헬라어 문장에서 첫 번째 강조점이 문장 서두이고 두 번째 강조점이 문장 마지막인 점을 고려한다면, 요한복음 19:25의 명단 마지막에서 막달라 마리아가 언급된 것도 의미가 있다고 생각된다.

막달라 마리아는 예수가 십자가에 처형될 때와 매장될 때 그리고 예수가 부활한 빈 무덤에서 목격자로, 그것도 다른 여인들보다 가장 먼저 언급되는 인물로 소개되고 있다. 이 점으로 미루어 볼 때 그녀가 그만큼 초대교회 안에서는 가장 두드러지고 돋보이는, 아주 중요한 인물이었던 것으로 보인다. 아마도 막달라 마리아는 초대교회 안에서 예수의 모친 마리아 다음으로 가장 중요한 여인이라고 생각되었던 것으로 보인다. 이 점은 복음서에서 막달라 마리아에 대한 언급 횟수가 예수의 모친 마리아 다음으로 가장 많이 나오고 있는 점으로도 알 수 있다.7

물론 예수의 마지막 순간들에 대한 목격자의 명단에서 여인들의 이름과 숫자가 복음서마다 다른 것이 사실이다. 가령 막달라 마리아와 함께 목격자로 언급되고 있는 여인들 중 살로메는 마가복음에서만 언급되고 있는 여인이며, "세배대의 아들들의 어머니"는 마태복음에서만 언급되고 있고, "요안나와 야고보의 어머니인 마리아"는 누가복음에서만, "예수의 어머니"는 요한복음에서만 언급되고 있다. 그리고 누가복음만이 이름을 밝힌 여인들 이외에 별도로 "갈릴리에서 따라온 여인들"(눅 23:49, 55) 혹은 "다른 여인들"(눅 24:10)이 더 있었음을 언급하고 있기 때문에 목격자들의 숫자는 이름이 밝혀진 여인들의 숫자보다 훨씬 더 많았다고 보는 것이 옳을 것이다. 그러나 그럼에도 불구하고 막달라 마리아의 이름만은 모든 복음서들에서 일관되게 그리고 공통적으로 다른 어느 여인들에 앞서서 가장 먼저 빠짐없

---

7 예수의 모친 마리아의 이름은 복음서들에서 모두 18번 나온다(막 6:3; 마 1:16, 18, 20; 2:11; 13:55; 눅 1:27, 30, 34, 38, 39, 41, 46, 56; 2:5, 16, 19, 34). 반면에 "막달라 마리아"의 이름은 복음서들에서 모두 14번 나온다(막 15:40, 47; 16:1, 9; 마 27:56, 61; 28:1; 눅 8:2; 24:10; 요 19:25; 20:1, 11, 16, 18).

이 언급되고 있다는 점이 더욱 중요한 의미를 갖는 것으로 생각된다. 복음서들이 밝힌 목격자들의 명단을 살펴보면 다음과 같다.

십자가 처형의 목격자

막 15:40, "**막달라 마리아**와 젊은 야고보와 요세의 어머니 마리아 그리고 살로메"

마 27:61, "**막달라 마리아**와 야고보와 요셉의 어머니 마리아와 세베대의 아들들의 어머니"

눅 23:49, "갈릴리로부터 따라온 여자들"

요 19:25, "예수의 어머니와 이모와 글로바의 아내 마리아와 **막달라 마리아**"

예수 매장의 목격자

막 15:47, "**막달라 마리아**와 요세의 어머니 마리아"

마 27:61, "**막달라 마리아**와 다른 마리아"

눅 23:55, "갈릴리로부터 따라온 여자들"

예수 빈무덤의 목격자

막 16:1, "**막달라 마리아**와 야고보의 어머니 마리아와 살로메"

마 28:1, "**막달라 마리아**와 다른 마리아"

눅 24:10, "**막달라 마리아**와 요안나와 야고보의 어머니인 마리아 그리고 다른 여인들"

요 20:1, 11-18, "**막달라 마리아**"

막달라 마리아의 중요성은 다만 그녀가 십자가 처형, 매장 및 빈 무덤의 목격자들 중에서 빠짐없이 제일 먼저 언급되고 있다는 사실에만 있는 것은 아니다. 요한복음에 의하면 막달라 마리아는 안식 후 첫날 새벽에 예수의 무덤을 찾아가 무덤이 비어 있는 것을 발견한 **최초의 여인**이었다.[8] 그리고 부활하신 예수가 막달라 마리아에게 직접 나타나 마치 "목자가 자기 양의 이름을 각각 불러 인도하여 내듯이"(요 10:4), "마리아야!"라고 그녀의 이름을 직접 불렀다. 요한복음에서는 막달라 마리아가 빈 무덤의 첫 목격자이자 부활하신 예수를 처음 만난 최초의 사람일 뿐만 아니라 예수의 명에 의해서 예수가 부활했다는 소식을 형제들과 제자들(요 20:17-18)에게 전해 준 최초의 인물이었다. 이 때문에 막달라 마리아는 "사도들에게 보내진 사도"(the apostle to the apostles: apostola apostolorum)라고 불리고 있기도 하다.[9] 예수의 열두 제자들은 막달라 마리아를 통해서 예수의 부활 사실을 전해 받은 사람들이었을 뿐이다.

초대교회 안에서는 부활하신 예수가 제일 먼저 자신을 게바(=베드로)에게 보이시고, 그 후에 열두 제자에게 그리고 맨 나중에 만삭되지 못하여 난 자와 같은 바울에게도(고전 15:5) 보이셨다는 전승이 지배적으로 전해지고 있었던 것으로 보인다. 그런데 그런 상황에서 부활하신 예수를 "제일 먼저 만나본 최초의 인물"이 베드로와 열두 제자나 바울과 같은 남성 제자들이 아니라 막달라 마리아였다는 기

---

8 마태복음에서는 "막달라 마리아와 다른 마리아"(마 28:1), 누가복음에서는 "막달라 마리아와 요안나와 야고보의 어머니인 마리아"(눅 24:10)가 빈 무덤을 처음 찾아간 것으로 되어 있으나 요한복음에서는 오직 "막달라 마리아" 혼자였다(요 20:1).

9 R.E. Brown, "Role of Women in the Forth Gospel"(*The Community of the Beloved Disciple*, New York: Paulist Press, 1979, 190). Brown은 또 이것을 가리켜 "여인에게 사도에 준하는 역할을 부여하는 현상"이라고 지적한다. Cf. 같은 책, 189.

록 그리고 베드로와 다른 제자들은 막달라 마리아를 통해서 예수의 부활 소식을 전해 받았다는 복음서들의 증언은 그만큼 막달라 마리아가 초대교회 안에서 다른 어느 제자들보다도 중요한 인물이었다는 점을 보여주는 분명한 증거가 아닐 수 없다.

막달라 마리아가 예수의 십자가 처형, 매장 및 빈 무덤 이야기의 목격자들 가운데서만 중요한 인물로 언급되고 있는 것이 아니다. 물론 막달라 마리아의 이름이 복음서에서는 대부분 예수의 십자가 처형, 매장 및 빈 무덤 이야기 가운데서 나오고 있는 것이 사실이기는 하다. 그러나 누가복음 8:1-3에 보면 막달라 마리아가 예수의 공생애 사역과 관련해서도 다른 열두 사도들과 똑같이 아주 중요한 역할을 했다는 사실을 확인할 수 있다. 예수의 부활 직후에 초대교회에서 가룟 유다를 대신하여 맛디아를 선택할 때 사도의 자격으로 고려되었던 것이 "요한의 세례로부터 우리 가운데서 올려져 가신 날까지 주 예수께서 우리 가운데 출입하실 때에 항상 우리와 함께 다니던 사람 중에서 하나를 세워 우리와 더불어 예수께서 부활하심을 증언할 사람"(행 1:21-22)이라는 점이었다. 이 점을 염두에 둘 때 막달라 마리아도 맛디아 만큼이나 사도의 조건에 잘 부합하는 인물이 아닐 수 없다. 실제로 막달라 마리아는 예수의 공생애 사역 때부터 다른 사도와 동등한 존재로 인식되었고 그래서 다른 사도들과 똑같이 그들과 함께 예수의 사역에 동참했던 것으로 보인다. 누가복음 8:1-3이 바로 그런 사실에 대한 분명한 증거 가운데 하나일 수 있다.

흔히 예수가 그의 열두 제자들을 데리고 전도 활동을 한 것으로 알고 있지만, 우리는 누가복음 8:1-3을 통해서 예수가 유대 나라의 온 도시와 마을을 두루 다니시며 하나님 나라를 선포하며 복음을 전파할 때 예수의 열두 제자들만이 아니라 '여러 명의 여인들'이 함께 참가하여 동행했음을 알 수 있다. 그리고 그 여인들은 "막달라 마리아와 헤롯의 시종 구사의 아내 요안나와 수산나와 그 밖의 여러 다른 여인들"이었음을 알 수 있다. 여기서도 우리는 막달라 마리아의 이름이 다른 여인들보다 가장 먼저 언급되고 있다는 사실과 "막달라 마리아와 요안나와 수산나"처럼 이름이 밝혀진 세 여인들 이외에 이름이 밝혀지지 않은 "여러 다른 여인들"이 더 있었다는 사실을 알게 된다. 이 "여러 다른 여인들"의 숫자가 실제로 몇 명이었는가에 따라서 우리는 예수의 전도 사역에 참여한 여인들의 숫자가 열두 제자들의 숫자에 비해 어느 정도였는지를 가늠해 볼 수 있을 것이다. 그러나 그것은 더 이상 알 수 없는 상태이다.

특히 이 여러 다른 여인들과 함께 먼저 **막달라 마리아, 요안나, 수산나**라고 이름이 밝혀진 세 명의 여인은 마치 예수의 열두 제자 중 핵심 세 제자들(triumvirate 혹은 inner group)에 해당되는 그런 핵심 여성 제자들이었을 것이라고 생각할 수도 있다. 세 여인의 이름이 별도로 명시된 사실은 "이들이 팔레스틴 교회에서 중요한 인물들이었다"[10]는 것을 암시하는 것으로도 볼 수 있기 때문이다. 그리고 만일 여기서 막달라 마리아와 함께 이름이 언급된 요안나와 누가복음 24:10에서 막달라 마리아와 함께 예수의 빈 무덤을 찾았던 요안나가 같은 인물이라면, 이 요안나도 막달라 마리아와 더불어 예수의 공생애 사역 초기부터 예수의 마지막 순간이라고 말할 수 있는 빈 무덤까지 예수를 가까이서 도왔던 중요한 여성 제자였다고 생각하는 것이 옳을 것이다.

---

10 E.E. Ellis, *The Gospel of Luke*, 124.

그런데 여기서도 우리가 또 주목해야 할 점 중 하나는 막달라 마리아의 이름이 다른 어느 여인들보다 항상 앞서서 가장 먼저 언급되고 있다는 사실이고, 다른 하나는 막달라 마리아를 비롯한 이 여인들이 "자기들의 재산으로 예수의 일행을 섬겼다"(눅 8:3)는 사실인데, 역시 여기서도 막달라 마리아가 가장 중요한 중심적인 인물처럼 언급되고 있다. 더구나 "각 성과 마을에 두루 다니며 하나님의 나라를 선포하여 복음을 전하는" 예수의 공생애 사역에 적지 않은 비용이 필요했을 터인데, 이런 비용의 조달에 막달라 마리아를 비롯한 이 여인들의 물질적 헌신과 도움이 있었다는 언급에 주목할 필요가 있다. 예수가 십자가에 처형되고 매장된 다음에도 "안식 후 첫날 새벽에" 값비싼 향품을 준비해서 빈 무덤을 찾았던 사람들 역시 "막달라 마리아와 요안나와 야고보의 어머니 마리아"였다(눅 24:1-10). 막달라 마리아는 요안나와 함께 예수의 공생애 사역 처음부터 끝까지 예수의 곁을 지키면서 가진 것을 모두 바쳐 충성했던 아주 신실하고도 중요한 인물이었음에 틀림없어 보인다.

3. 외경에서 만나는 막달라 마리아

막달라 마리아가 예수의 공생애 사역과 관련해서 아주 중요한 역할을 했다는 사실은 정경 복음서들 이외에도 몇몇 외경들을 통해서 더 확실하게 더 잘 알 수 있게 된다. 오히려 정경보다는 외경 문서들에서 막달라 마리아의 중요성과 수월성이 더 분명히 부각되어 있는 것이 사실이기도 하다. 막달라 마리아를 중심인물로 다루고 있는 대표적인 외경 복음서인 마리아복음서[11] 자체가 바로 그 증거라고 말할 수 있다. 왜냐하면 마리아복음서는 분명히 막달라 마리아를 지도자로 추종하고 있는, 달리 말해서 막달라 마리아가 중요한 지도자로 활동하고 있던 신앙 공동체에서 나중에 그녀를 기리며 그녀의 이름으로 기록한 문서라고 생각되기 때문이다. 마치 마태복음이 열두 사도 가운데 한 사람인 마태를 추앙하는 공동체의 산물이고, 요한복음이 사도 요한의 이름을 기리는 공동체의 산물이고, 야고보서가 주님의 형제인 야고보를 추종하는 공동체의 산물이듯이 말이다.

더구나 우리는 마리아복음서의 내용을 통해서 막달라 마리아가 초대교회 안에서 얼마나 중요한 인물이었는지를 더 잘 확인할 수 있게 된다. 우선 마리아복음서 5장에 보면 다른 제자들이 "우리가 어떻게 세상에 나가… 하늘나라 복음을 전파합니까? 만약 그들이 그분(=주님)을 살려두지 않고 죽였다면, 어떻게 그들이 우리를 살려두겠습니까?"라고 말하면서 두려움에 사로잡혀 주저할 때 (막달라) 마리아가 일어나 "당신들의 마음을 그렇게 우유부단하게 놔두지 마시오. 그의 은혜가 당신들 모두 안에 있을 것이고, 당신들을 지켜주실 것이기 때문입니다"라고 말하면서 그들의 마음을 주님께로 돌리며 용기를 북돋아 주고 있다. 여기서 우리는 복음 전파에 용기를 잃고 있는 다른 제자들을 격려하는 막달라 마리아의 지도자적인 모습을 보게 된다.

마리아복음서 6:1-4에 보면 베드로가 마리아에게 "자매여, 우리

---

11 마리아복음서는 1938년과 1983년에 출판된 두 개의 3세기경 헬라어 사본들과 1955년에 출판된 좀 더 긴 5세기경의 콥트어 번역본을 통해 알려졌는데, 원본 저자가 누구인지 그리고 어디서 기록되었는지는 아직 알려진 바 없다. 다만 1세기 말이나 2세기 초에 애굽이나 수리아에서 기록된 것으로 생각되고 있을 뿐이다.

는 구주께서 다른 여인들보다 당신을 더 사랑하신 것을 알고 있소. 당신이 알고 있지만, 우리가 들어보지 못했던 구세주의 말씀을 우리에게 말해 주시오"라고 부탁하자 마리아가 기억나는 대로 다 말해 주었다는 기록이 나온다. 이 기록을 통해서 우리는 주님이 마리아를 다른 어떤 여인들보다 더 사랑했다는 점과 주님이 베드로 등 다른 제자들이 알지 못하는 말씀들을 마리아에게만 말해 준 것들이 있다는 사실도 알게 된다. 이런 기록은 마리아가 자신만이 듣고 알고 있는 예수의 말씀들을 베드로와 같은 제자들에게 별도로 전해 주는 중개자 역할도 했었음을 알 수 있다. 막달라 마리아가 제자들의 그룹 안에서 얼마나 중요한 인물이었는지를 알 수 있는 단서가 아닐 수 없다.

또 마리아복음서 10장에 보면 막달라 마리아가 주님께서 그녀에게 말씀하신 것을 다른 제자들에게 전해 주었을 때 안드레가 자기는 주님께서 그런 말씀을 했다고 믿지 못하겠다고 말했고, 베드로는 "과연 구세주께서 우리 모두가 듣지 못하게 공개적으로 말씀하지 않고 그 여인에게 은밀히 말씀했던 말인가? 그분은 그녀가 우리들보다 더 훌륭하다는 점을 지적하시고자 했던 것은 아니지 않소?"라고 마리아에 대해 의문을 제기했다. 그러자 레위는 베드로에게 "베드로여, 당신은 늘 화를 내는 경향이 있고… 지금도 당신은 마치 그녀가 당신의 적이나 되는 것처럼 그 여인을 의심하면서 성을 내고 있소. 만일 구주께서 그녀를 훌륭하게 생각하셨다면, 당신이 누구기에 그녀를 무시한다는 말이요?"라고 말한 것으로 기록되어 있다. 우리는 이런 기록을 통해서 막달라 마리아가 자주 다른 제자들에게 주님께서 하신 말씀을 전해 주었다는 사실 그리고 예수의 남성 제자들이 막달라 마리아에 대해 은밀히 시샘하며 상당히 경쟁심을 갖고 있었다는 사실을 알 수 있으며, 그만큼 막달라 마리아가 제자들 가운데서도 그리고 주님에 의해서도 높이 인정을 받은 중요한 위치에 있었음을 확인할 수 있다.

또 다른 외경인 빌립의 복음서에서는 다음과 같은 내용이 나온다.

그들이 그에게 말했다. "왜 당신은 그녀를 우리 모두보다 더 사랑하십니까?"
구주께서 대답하셨다. "내가 너희들을 그녀처럼 사랑하지 않는단 말이냐?"

이 말씀 역시 다른 제자들 눈에는 예수가 자기들보다도 막달라 마리아를 더 사랑하는 것으로 생각되었고 그래서 막달라 마리아가 다른 제자들로부터 시기와 질투의 대상이 되었다는 사실을 반영해주고 있다.

또 다른 외경인 도마복음서에는 다음과 같은 말씀이 소개되어 있다.

시몬 베드로가 그들에게 말했다. 마리아로 하여금 우리 가운데로부터 떠나게 하자. 여인들은 생명에 합당치 않기 때문이다. 예수께서 말씀했다. 보라. 나는 그녀가 너희 남자들처럼 산 영혼이 되게 하기 위하여 그녀를 남자로 만들도록 그녀를 인도할 것이다. 남자가 된 모든 여인이 하늘나라에 들어갈 것이기 때문이다(말씀 114).

여기서도 우리는 막달라 마리아가 열두 제자들에게 경쟁과 견제의 대상이 되고 있음을 그러나 그럼에도 불구하고 예수로부터는 더 강력한 지지와 인정을 받는 중요한 인물이었음을 확인할 수 있다.

제3세기 혹은 제4세기 경의 문서로 추정되는 나그함마디 문서 중

'피스티스 소피아'(*Pistis Sophia*)에 보면 막달라 마리아가 요한과 더불어 예수의 우편과 좌편에 앉아 있는 것으로 묘사되고 있고 또 예수가 열한 명의 제자들과 대화를 나누는 중에 막달라 마리아가 가장 탁월하고 가장 많은 대화를 나누는 인물로 등장하고 있다. 그래서 베드로가 불평하면서 "주님, 우리에게서 기회를 다 가로채 가는 이 여인을 더 이상 참아줄 수가 없습니다. 이 여인은 자기 혼자만 여러 번 말하고 우리는 도무지 말할 기회를 주지 않습니다"(1:36)라고 말한다. 그러자 마리아는 주님께 "주님, 저는 저 베드로가 무섭습니다. 그가 나를 위협하며 우리 종족을 미워하고 있습니다"(2:72)라고 말한다. 그러나 예수께서는 친히 막달라 마리아에게 "너의 마음이 너희 모든 형제들보다도 더 하나님 나라를 향하고 있다"고 인정해 주신다(26:19-20). 이런 기록을 통해서도 우리는 베드로와 막달라 마리아가 서로 갈등하며 대립하는 관계에 있었다는 사실과 함께 막달라 마리아가 베드로에 대등하거나 오히려 그를 압도하는 지도자적 위치에 있었다는 사실을 예수의 말씀을 통해 확인할 수 있게 된다.

4. 맺는말

우리는 정경 복음서를 통해서도 막달라 마리아가 예수의 갈릴리 사역 초기부터 두각을 나타내던 인물이었음과(눅 8:1-3) 예수의 십자가 죽음과 매장과 부활 이야기와 관련해서 더욱 아주 중요한 목격자로 등장하고 있음을 그래서 더욱 확고한 교회 지도자로 인정받고 있음을 확인할 수 있었다. 예수 부활의 목격자가 사도의 자격 가운데 하나였고 또 고린도전서 15:3-8에서 엿볼 수 있듯이 부활의 목격자라는 것은 초대교회 안에서 권위의 서열과도 관계가 있는 것이었다. 예수 부활의 첫 번째 목격자이며 예수의 부활 소식을 사도들에게 전해준 사도였다는 사실 때문에 막달라 마리아는 예수의 죽음 이후에 초대교회 안에서 거의 사도와 같은 지위에 올라서 "초기 기독교 운동의 지도자"(a leader in the early Christian movement)[12]가 된 것이 거의 확실해 보인다.

그런데 외경 문서들을 보면 막달라 마리아는 다른 남성 제자들보다 더 예수로부터 사랑을 받는 제자였을 뿐만 아니라 주님과의 대화 가운데서도 다른 남성 제자들보다 더 탁월한 능력을 보인 것으로 생각된다. 주님께서도 개인적으로 막달라 마리아와 말씀을 나누는 기회가 더 많았고, 그 때문에 막달라 마리아는 다른 남성 제자들보다 더 많은 주님의 말씀을 들었다. 그래서 나중에 그런 말씀들을 다른 제자들에게 전해 주기도 했을 만큼 제자 중 아주 특별한 제자였다. 베드로를 비롯한 다른 남성 제자들의 시기와 질투의 대상이 되기도 했지만, 주님으로부터 확고한 신뢰를 받는 여성 제자이기도 했다. 이런 점들 때문에 초대교회 안에서는 나중에 막달라 마리아를 신앙의 지도자로 추종하는 사람들이 많이 생겼던 것으로 보인다. 이런 사실은 그녀가 죽은 후에 그녀를 기리며 그녀의 이름으로 마리아의 복음서를 기록한 사실에서도 잘 확인될 수 있다.

---

12 R.W. Funk and The Jesus Seminar, *The Acts of Jesus: What did Jesus really do?* 476.

7장 | 선한 사마리아인의 비유 다시 읽기
─ 제사장 계급에 대한 비난과 공격*[13]

1. 들어가는 말

선한 사마리아인의 비유는 오랜 동안 교회 안에서 흔히 어려움에
처한 사람을 도와주어야 한다는 이웃 사랑의 본보기 교훈으로 해석
되어 왔고, 그것이 예수께서 이 비유를 가르치신 본래 의도라고 생각
해 왔다. 그러나 예수의 입으로부터 직접 이 비유를 들었던 그 당시
유대인들의 귀에 과연 오늘 우리들의 경우처럼 이 비유 이야기가 곤
경에 처한 사람에게 사랑을 베풀어 그를 구해 준 사마리아인을 선행
의 모델로 칭찬하는 이야기로만 들렸을까 하는 의문을 가져보게 된
다.[1] 사마리아인들은 그 당시 유대인들로부터 하나님에 대한 믿음을

---

* John R. Donahue, S. J.는 그의 비유 연구서인 *The Gospel in Parable*(Philadelphia:
Fortress Press, 1988, 130)에서 선한 사마리아인의 비유를 가리켜 "a diatribe against
heartless religious leader"라고 불렀다.

1 최근의 비유 연구가들은 "선한 사마리아인의 비유를 이웃을 위한 기독교적 사랑의 아름답고
사랑스런 이야기로 보는 것은 이 비유가 말해진 최초 삶의 자리의 문맥을 보지 못하는 것"이라고
말한 R.H. Stein의 지적이나(*An Introduction to the Parables of Jesus*, Phila- delphia: The
Westminster Press, 1981, 77) "이 비유는 마치 자기가 보이스카웃의 회원이나 된 것처럼
선행을 행한 어떤 사람의 이야기가 아니다. 이 비유는 보호받고 있는 삶을 살아가기 위해

온전히 지키지 못한 사람들로 여겨졌기에 미움과 천대의 대상이 되어 있었다. 이런 상황에서 예수가 이 비유를 통해서 구태여 사마리아인을 이웃 사랑의 모델로 높이 추켜세우려 했을 가능성은 별로 없었을 것으로 보인다. 이웃 사랑의 모델을 제시하기 위해서라면 도리어 제사장과 레위인에 뒤이어 평신도 유대인을 등장시키는 것이 훨씬 더 적합하다는 생각이 들기 때문이다.2

우리는 이 비유를 읽을 때마다 선한 사마리아인이란 이미지에 먼저 사로잡히게 된다. 아마도 비유 명칭 때문일 것이다. 비유 본문 어디에서도 사마리아인을 가리켜 착하다거나 선하다는 일체의 언급이 없는데도 말이다.3 그런데도 이 비유를 읽을 때마다 우리의 관심과 시선이 온통 **사마리아인**에게만 집중되고 있다. 이 비유에는 사마리아인만이 아니라 제사장과 레위인도 등장하고 있는데도 말이다.4 아마도 우리가 이 비유를 읽으면서 지금까지 주로 사마리아인에로만 시선이 집중했던 이유는 어려움에 처한 사람을 도와주는 그의 따뜻한 선행에 우리의 마음에 먼저 꽂혔기 때문일 것이다. 아울러 쓰러진 사람을 불쌍히 여긴 그의 착한 마음과 선행이 이 비유가 가르치려는 교훈의 핵심일 것이라는 선입감도 어느 정도 작용했을 수 있다.

방어벽을 세우는 사람을 겨냥한 고발장이다"라고 말한 H. Hendrickx의 지적(*The Parables of Jesus,* San Francisco: Harper & Row, 1986, 94)에 대체로 다 동의하고 있는 편이다.
2 J. Dominic Crossan, "Parable and Example in the Teaching of Jesus," *NTS* 18 (1971~1972), 294-295.
3 당시 유대인들에게 있어서는 'good'이란 단어와 'Samaritan'이란 단어는 서로 연결되어 사용될 수 없는 상호 모순되는 개념으로 그리고 '이웃'과도 아무런 관련이 없는 것으로 생각되고 있었다는 사실을 염두에 둘 필요가 있다.
4 실제로 이 비유에 등장하는 인물은 모두 여섯 명이다. 세 사람(제사장, 레위인, 사마리아)의 주역 인물들 이외에도 세 사람(강도, 강도의 공격을 받은 사람, 여관 주인)의 조연 인물들이 더 있다.

예수의 비유들 가운데서는 선행만이 아니라 오히려 악행도 교훈의 주요 주제가 되고 있다는 점도 기억할 필요가 있다. 악한 포도원 농부 비유가 바로 그런 경우 가운데 하나일 것이다.5 이와 관련해서 비유 연구가 A.T. Cadoux는 이미 오래전에 예수의 비유들이 예수의 삶의 자리에서는 주로 논쟁의 무기(a weapon of controversy)였으며 그래서 투쟁의 비유(parable of conflict)였다고 설파했다. 이 목소리에 귀를 기울여볼 필요가 있다.6 실제로 예수의 비유들 가운데 상당수가 유대 종교 지도자들과의 논쟁 가운데서 투쟁의 무기로 사용되었던 것이 사실이기 때문이다.

우리가 선한 사마리아인의 비유를 읽을 때 사마리아인에게만 관심을 가질 일이 아니다. 이 비유에는 사마리아인 이외에 다른 인물들 곧 제사장과 레위인도 등장하고 있기 때문이다. 예수의 비유를 올바로 이해하기 위해서는 먼저 그 비유의 중심인물 혹은 핵심 인물이 누구인지를 제대로 파악하는 일이 중요하다. 중심인물을 누구로 보고 읽느냐에 따라 비유 이해와 해석은 얼마든지 달라질 수 있기 때문이다. 예를 들어 예수의 탕자 비유에 등장하는 인물은 모두 세 사람, 즉 아버지와 맏아들과 둘째 아들이다. 그런데 지금까지 우리는 주로 둘째 아들을 중심인물로 보았기 때문에 이 비유를 일반적으로 탕자의 비유라고 불러온 것으로 보인다.7 그러나 비유의 중심인물을 맏아들이라고 생각

---

5 이 비유는 공관복음 모두에 소개되고 있다(막 12:1-12; 마 21:33-46; 눅 20:9-19). 이 비유 이외에도 용서하지 않는 종의 비유(마 18:23-35), 어리석은 부자의 비유(눅 12:13-21), 불의한 청지기 비유(눅 16:1-13); 불의한 재판관의 비유(눅 18:1-8) 등등이 이런 부류에 속한다.
6 Cf. Arthur. T. Cadoux, *The Parables of Jesus: Their Art and Use*(London: James Clarke, 1930), 11-13. Warren S. Kissinger는 "Cadoux was a notable precursor of the significant work of Dodd and Jeremias"라고 높이 평가했다. Cf. *The Parables of Jesus: A History of Interpretation and Bibliography*(The Scarecrow Press, 1979), 113.
7 탕자의 비유(the parable of the prodigal son)란 명칭은 분명히 제16세기 영어 성경들

할 경우 이 비유는 오히려 불평하는 큰아들의 비유가 된다.8 그리고 또 두 아들의, 두 아들 모두를 사랑하고 받아들이는 아버지를 중심인물로 생각할 경우 이 비유는 은혜로우신 아버지의 비유가 될 수 있다.9

만약 우리가 선한 사마리아인의 비유에서 사마리아인이 아닌 제사장이나 레위인을 중심인물이라고 생각하며 비유를 읽는다면, 우리는 이 비유에서 전혀 다른 교훈 혹은 새로운 메시지를 들을 수 있게 될 것이다. 따라서 우리는 이른바 선한 사마리아인의 비유를 지금까지처럼 사마리아인을 중심으로 읽는 대신에 도리어 제사장을 중심으로 읽으면서 이 비유가 주는 교훈이 무엇인지를 다시 생각해 볼 필요가 있다.

예수께서 이 비유를 말씀하실 때 제사장을 먼저 염두에 두었다고 생각할 수 있는 이유는 충분해 보인다. 우선 이 비유에서는 길에서 죽어가는 사람을 보고도 그냥 지나쳐버린 사람으로 제사장과 레위 사람10을 적시하면서, 다른 한편으로는 그들과 대조적으로 죽어가는 그 사람을 구해준 사마리아인을 대비시킨 점에 먼저 주목해야 한다.

의 난외에 붙여진 명칭이고, 라틴어 벌게이트 성경에 붙여진 같은 명칭(De filio prodiigo)을 번역해서 옮겨놓은 것에 지나지 않는다.

8 F.W. Danker는 이 비유의 초점이 큰아들에게 있다고 보아서 이 비유를 "기뻐하지 않는 형의 비유"(the parable of Reluctant Brother)라고 불렀다. Cf. Danker, *Jesus and the New Age: A Commentary on St. Luke's Gospel*(Philadelphia: Fortress Press, 1988), 275.

9 Robert H. Stein은 이 비유를 "the parable of the Gracious Father"(cf. *An Introduction to the Parables of Jesus*, Philadelphia: The Westminster Press, 1981, 115)라고, J. Jeremias는 "the parable of the Father's Love"(*The Parable of Jesus*, London: SCM Press, 1963, 128)라고 부른다.

10 여기서 비록 제사장과 레위인이 구별되어 언급되긴 했지만, 모든 제사장들이 다 레위인들이라는 점에서 그리고 레위인들에게 주어진 책무가 "제단과 휘장 안의 모든 일에 대하여 제사장의 직분을 지켜 섬기라"(민 18:7)는 것이라는 점에서 제사장과 레위인은 여기서 제사장 계급을 말하는 중복된 표현으로 보는 것이 옳을 것이다. Herman Hendrickx는 "the twosome"(priest and Levite)이 신명기 19:15 곧 "두 증인"에 대한 요구와 연관이 있을 가능성에 대해 언급하고 있기도 하다. Cf. *The Parable of Jesus*(San Francisco: Harper & Row, 1986), 86.

일반적으로는 유대인과 사마리아인을 대비시키는 것이 오히려 훨씬 더 자연스럽고 적절해 보이는데도 말이다. 그런데 예수는 한편으로는 제사장과 레위인을 그리고 다른 한편에는 그들의 대비로써 사마리아인을 내세웠다. 그뿐만 아니라 비유의 결론 부분에서도 예수는 다시 제사장과 레위인 그리고 사마리아인을 두고, "이 세 사람 중에 누가 강도 만난 사람에게 이웃이 되었다고 생각하느냐?"(눅 10:36)고 물음으로써 길에서 죽어가는 사람을 도와준 사마리아인과 그 사람을 그냥 피해서 지나친 제사장과 레위인을 서로 대비시켰다. 더구나 사마리아인과 대비되는 인물로 제사장 계급에 속하는 두 사람 곧 제사장과 레위인을 함께 언급하면서 말이다. 대제사장과 레위인에 대한 부정적이고 비판적인 관점이 엿보이는 부분이라고 생각하지 않을 수 없다. 이 때문에 이 비유가 본래 제사장 계급에 대한 비난과 공격을 목적으로 말씀하신 비유가 아닐까? 하는 생각을 해보게 된다. 이런 생각을 할 수밖에 없는 이유는 예수가 그의 공생애 활동 가운데 끊임없이 제사장 계급에 대한 비난과 공격을 퍼부었고, 끝내는 그 때문에 제사장 계급의 주도 아래 붙잡혀 죽음에 이르게 되었기 때문이다.

2. 제사장 계급에 도전하며 공격했던 예수

복음서에 기록된 예수의 공생애 사역을 주의 깊게 살펴본다면 예수가 그의 사역 처음부터 끝까지 계속 제사장 계급에 대해 도전하며 공격했다는 사실을 어렵지 않게 찾아볼 수 있다. 예수가 그의 공생애 활동 대부분을 병자 치유에 할애했다는 사실에서부터 그런 점을 엿볼 수 있다고 생각한다. 예수가 많은 병자들을 고쳐 주었다는 이야기를 단지 그가 그런 사람들을 불쌍히 여겨서 그들의 질병을 치료해 주어 건강을 회복시켜 준 이야기로만 읽을 일이 아니라고 생각된다. 그 당시 예수께서 고쳐주신 여러 종류의 병자들, 가령 맹인이나 앉은 뱅이, 문둥병자, 귀신들린 사람, 혈루병 여인 같은 사람들은 유대 사회에서 단순히 병자로만 취급되던 사람들이 아니었다. 그들은 자신들이 앓고 있는 질병 때문에 성전 출입은커녕 유대교의 각종 제사에도 참여할 수가 없는 **부정한**(unclean) 사람들이었다. 유대인의 율법에는 "누구든지 너희 자손 중 대대로 육체에 흠이 있는 자는 그 하나님의 음식을 드리려고 가까이 오지 못할 것이니라. 누구든지 흠이 있는 자는 가까이하지 못할지니, 곧 맹인이나 다리 저는 자나 코가 불완전한 자나 지체가 더한 자나" 등등이라고 명확히 규정되어 있기 때문이었다(레 21:17-18).

그런 병자들이 다른 사람들과 똑같이 정상적인 사회생활과 인간관계는 물론이고 하나님과의 올바른 관계를 회복하여 성전 제사에도 다시 참여할 수 있게 되기 위해서는 무엇보다도 먼저 유대교 정결법에 따라 정결 예식을 치르는 일이 중요했다. 그런데 이런 모든 과정에서 이런 모든 일을 독점적으로 주관하는 것은 전적으로 제사장의 몫이었고, 제사장만의 특권이었다. 그런데 예수는 공생애 활동을 시작하면서 처음부터 맹인들과 앉은뱅이 그리고 문둥병자와 혈루병 여인 등등을 고쳐 주었다. 예수의 이런 행동들은 분명히 제사장들의 특권을 침해하는 일이었고 또 어떤 의미에서는 제사장이란 존재와 그 역할 자체를 아예 무시 혹은 무력화시키는 일로 생각될 수도 있었다.

우리는 그 구체적 증거 가운데 하나를 예수가 그의 공생애 활동

초기에 문둥병자를 고쳐 준 이야기에서 아주 분명히 찾아볼 수 있다
(막 1:40-45; 마 8:1-4; 눅 5:12-16).[11] 한 문둥병자가 예수께 나아와
자기를 불쌍히 여겨 고쳐 달라고 간청했을 때 예수는 손을 내밀어
그를 만져주며 고쳐 주었다. 그리고 예수는 그 문둥병자에게 "가서
제사장에게 네 몸을 보이고, 네가 깨끗해진 데 대하여 모세가 명한
예물을 드려 사람들에게 증거를 삼으라"(막 1:44)고 말씀했다. 이 이
야기를 단순히 예수가 문둥병자 한 사람을 고쳐 준 이야기로만 이해
하는 것은 예수의 의도를 제대로 이해하는 것이 아니라고 생각한다.

당시 유대 사회에서 문둥병자는 신체적으로만 병든 사람이 아니
다. 그는 정결법에 의해 '부정한 자'로 낙인이 찍힌 사람이다. 그래서
공동체로부터, 즉 정결한 사람들의 모임으로부터 축출된 채 광야나
동굴 속에서 격리되고 버림받은 생활을 할 수밖에 없는 사람이었다.
당연히 하나님의 성전에는 들어갈 수도 없었고, 따라서 성전에 들어
가 제사드릴 수도 없는 사람이었다. 유대교 율법에 의하면 이런 문둥
병자가 고침을 받아 깨끗해지는 유일한 길은 제사장에게 나아가 제
물을 바치며 정결례를 치르는 것이었는데, 이런 제의를 집행할 수 있
는 특권은 오로지 제사장의 몫이었다. 그런데 예수가 자기를 찾아 나
온 문둥병자를 고쳐주었을 뿐만 아니라 거기서 더 나아가 문둥병자
에게 제사장을 찾아가 "깨끗해진, 고침을 받은 네 몸을 보여주라"고
말했다. 이 말 자체가 제사장의 권위에 대한 도전이자 성전에 대한
도전이라고 생각된다. 예수는 정결례와 상관없이 문둥병자를 깨끗
하게 고쳐 주었을 뿐만 아니라 아무런 제물이나 대가도 받지 않은

---

11 마가복음에서는 이 이야기가 예수의 공생애 활동 중 네 번째 기적으로 소개되고 있지만, 마태복음
에서는 이 기적이 마치 예수 공생애 활동의 첫 번째 기적처럼 제일 먼저 소개되고 있다.

채 그를 제의적으로 **깨끗하게** 하여 성전에 들어갈 수 있는 자격을 갖춘 사람으로 회복시켜 주었기 때문이다.

유대교 안에서 문둥병자를 고쳐줄 수 있는 사람 그리고 문둥병자에게 "깨끗하다"고 공개적으로, 공식적으로 선포해 줄 수 있는 사람이 성전 제사장 이외에 누가 있는가? 그런데 예수는 문둥병자로부터 율법이 규정한 정결례를 행하지도 않은 채, 아무런 제물이나 대가도 받지 않은 채 문둥병자를 고쳐 주고, 깨끗하다고 선포해 주었다. 그래서 그 문둥병자는 이제 다른 유대인들과 똑같이 당당하게 다시 하나님과 사람들 앞에 설 수 있는 몸이 되었다. 제사장들의 입장으로 볼 때는 이것이야말로 자기들의 고유한 특권을 예수가 빼앗아 행사한 셈이다. 이런 점에서 볼 때 예수가 문둥병자를 깨끗하게 고친 후에 구태여 그를 "제사장에게" 보내면서 "가서 제사장에게 네 몸을 보이고, 네가 깨끗해진 데 대하여 모세가 명한 예물을 드려 사람들에게 증거를 삼으라"(막 1:44)고 말한 것은 결국 제사장에 대한 비판과 공격을 넘어 그들에 대한 일종의 조롱과 비아냥을 한 것이라는 생각이 들게도 한다.

제사장 계급에 대한 예수의 이런 비판적이며 공격적인 태도는 예수가 예루살렘 성전 안에서 매매되는 제물용 짐승들과 그것들을 사고파는 장사꾼들 성전세를 위해 성전에서만 통용되는 화폐로 돈을 바꿔 주는 환전상들까지 모두 성전에서 몰아내는 등 성전을 공격하여 제반 기능을 마비시킨 일에서도 찾아볼 수 있다(막 11:15-18; 마 21:12-15; 눅 19:45-48; 요 2:13-22).[12] 성전에서 돈을 바꾸어 주는

---

12 흔히 이런 본문들의 이야기를 가리켜 성전 청소 이야기 혹은 성전 숙정 이야기라고 말하지만, 마가복음의 경우 이 이야기를 저주받은 무화과나무 이야기와 샌드위치식으로 편집함으로써 성전 저주 사건으로 그래서 "성전이 가지고 있는 상업적이며 종교적인 기능의 폐쇄"(the shutting down of the business and religious function of the

환전상들은 절기마다 해외로부터 예루살렘 성전을 찾아오는 디아스포라 유대인들이 성전세를 낼 때 성전에서만 통용되는 화폐로 환전해주는 일을 했는데, 환전할 때마다 고율의 수수료를 챙겼다. 그리고 성전에서 제사드릴 때 사용하는 모든 제물은 흠과 티가 없어야 한다는 율법의 규정 때문에 많은 유대인은 제사장들로부터 인정을 받은 제물들을 살 수밖에 없었는데, 제사장들로부터 인정을 받아 합격품으로 팔고 있는 소나 양이나 비둘기 같은 제물들의 값은 턱없이 비쌌다. 어떤 문헌 기록에 의하면 제사장들의 묵인과 결탁 아래 성전 안에서 팔리고 있는 제물용 짐승들의 값이 성전 밖 예루살렘 성내에서 팔리고 있는 거의 똑같은 짐승들의 가격보다 무려 10배나 더 비쌌다. 거룩한 성전을 이용해서 그리고 하나님께 드리는 제사 제도를 빙자해서 개인적인 이익을 챙기는 사람들이 많이 있었으며 그런 사람들이 대부분 제사장들이거나 그들과 연계된 사람들이었다는 점에서 문제가 심각했다. 오죽했으면 예수께서 "만민이 기도하는 집을 강도의 굴혈로 만들었다"고 개탄했을까? 종교란 이름으로 제사장들이 예배드리는 사람을 등쳐먹는 강도질을 하고 있다는 말이 아닌가?

제사장 계급에 대한 예수의 이와 같은 공격은 악한 포도원 일꾼 비유(막 12:1-12; 마 21:33-46; 눅 20:9-19)에서도 그대로 다시 드러나고 있다. 이 비유 역시 투쟁의 비유이자 논쟁의 무기였다는 사실은 예수가 이 비유를 예루살렘에 들어가 성전 뜰에서 "대제사장들과 율

Temple) 사건으로 불리고 있다(Cf. W.H. Kelber, *Mark's Story of Jesus*, Philadelphia: Fortress Press, 1979, 62). 다른 한편으로 요한복음에서는 예수가 성전을 공격하면서 "이 성전을 헐물라. 그러면 내가 사흘 만에 다시 세우겠다"(요 2:19)고, 이어서 "그 성전은 자기 몸을 두고 하신 말씀이었습니다"(요 2:21)라고 말함으로써 유대교의 예루살렘 성전이 보다 나은 성전인 예수에 의해 대치(replacement)될 것임을 증거하는 등 성전에 대한 부정적이며 공격적인 관점을 보이고 있다.

법 학자들과 장로들"(막 11:27)을 상대로 말씀하셨고 또 이 비유를 들었던 성전 지도자들인 제사장 계급이 곧바로 "이 비유가 자기들을 두고 하신 말씀인 줄 알고 예수를 잡으려 했다"(막 12:12)는 점에서도 잘 드러나고 있다. 비유 내용은 어떤 주인이 포도원을 일꾼들에게 맡기고 멀리 갔다가 소출을 거두어들일 때가 되자 종들을 보내어 열매를 얻으려고 했으나, 포도원 일꾼들이 주인이 보낸 종들과 나중에 주인이 보낸 아들까지 죽여버렸다. 그러자 주인이 친히 포도원을 찾아와 열매를 바치지 아니한 '악한 일꾼들'을 다 죽여버리고 포도원을 빼앗아 열매를 바칠 다른 사람에게 맡긴다는 이야기이다.

이 비유에 나오는 이른바 '악한 포도원 일꾼들'은 누구를 가리키는 것일까? 하나님의 포도원인 이스라엘을 맡아 일하고 있는 종교 지도자들을 뜻함이 틀림없다. 이 비유를 들었던 성전 지도자들이 예수를 잡으려고 했던 사실이 잘 드러내 주고 있으며 또한 이 비유가 성전을 책임지고 있는 제사장 계급에 대한 비판과 공격이었다는 점을 잘 보여주고 있는 셈이다. 예수가 예루살렘에 입성한 직후에 곧바로 성전에 들어가 먼저 제사장과 관련된 제반 업무들에 대해서 일격을 가한 후에 바로 이어서 다시 예루살렘 성전에 들어가 대제사장들과 서기관들과 장로들을 대상으로(막 11:27; 눅 20:1; cf. 마 21:23) 악한 포도원 일꾼(막 12:9) 비유 이야기를 말씀하신 데에는 특별한 의도가 있었던 것으로 보인다. 예수는 성전에 대한 자신의 저주와 심판의 행동이 곧바로 성전의 책임자들인 제사장 계급과 연관되어 있다는 점을 분명히 밝히려고 했던 것으로 생각된다. 결과적으로 악한 포도원 일꾼들이 주인이 보낸 종들을 여러 번 죽인 후에 포도원 상속자가 받을 유업을 빼앗아 차지하기 위해 주인의 아들까지 죽여버린 일은 결국 성전을 '강도들의 소굴'로 만든 성전의 지도자들이 실제로 '강도들'이었음을 확인시켜 주고 있기 때문이다.

이런 여러 가지 점들로 미루어 볼 때 예수께서 말씀하신 선한 사마리아인의 비유도 제사장 계급에 대한 비판과 공격의 일환이었다고 생각하는 것이 결코 이상한 일은 아니라고 생각된다. 예수가 이 비유를 말씀하신 때가 "예루살렘을 향하여 올라가기로 굳게 결심하시고"(눅 9:51)[13] 길을 떠나 올라가던 도중이었다는 점에도 주목할 필요가 있을 것이다. 예수가 제자들과 함께 떠난 여행의 마지막 궁극적인 목적지가 예루살렘 성전이었기 때문이다.[14] 이런 점에서 사마리아인의 비유를 예루살렘 성전과 제사장 계급에 대한 비판과 공격의 관점으로 다시 새롭게 읽어볼 필요가 있다.

3. 자비를 베푼 사마리아인과 자비를 베풀지 않은 제사장

이 비유에서 가장 눈에 띄는 점은 무엇보다도 길에서 죽어가는 사람에게 자비를 베푼 사마리아인과 그와 달리 아무런 자비도 베풀지 않은 제사장 계급의 사람들이 서로 대조되고 있는 점이다. 사마리아인이 아주 긍정적으로 소개되고 있는 반면에 제사장과 레위인은 아주 부정적으로 소개되고 있기 때문이다. 그 당시 유대인들은 사마리아인들이

---

13 헬라어 원문은 "그의 얼굴을 예루살렘으로 향했다(καὶ αὐτὸς τὸ πρόσωπον ἐστήρισεν τοῦ πορεύεσθαι εἰς Ἰερουσαλήμ)"이며, 이 문구는 에스겔 21:2에서 "얼굴을 예루살렘으로 향하며 성소를 향하여"란 문구를 반영하는 것으로 생각되는데, 에스겔서에서도 이 문구는 에스겔의 심판의 메시지와 관련되어 사용되었다.
14 공관복음서들은 모두 예수가 예루살렘에 입성하신 직후 곧바로 성전에 들어가셨다고 전한다(막 11:11; 마 21:11-12; 눅 19:45).

이방인들과 피를 섞은 부정하고 불결한 사람들이라고 생각하여 그들을 몹시 미워하며 배척하고 있었다. 따라서 사마리아인들이 예루살렘 성전에서 자기들과 함께 예배나 제사드리는 일은 전혀 허락되지 않았다. 그래서 나중에 사마리아인들은 자기들의 지역인 그리심산에 예루살렘 성전을 모형으로 자기들 나름의 성전을 따로 세워서 하나님을 섬기게 되었는데, 이 때문에 사마리아 사람들은 더욱 미움과 경멸의 대상이 되기도 했다. 예루살렘 성전만이 유일한 하나님의 성소라고 규정한 하나님의 율법을 그들이 무시했다고 보았기 때문이다.

그러나 제사장들이 사마리아인들을 더 증오하고 멸시하는 데에는 여타 유대인들과는 다른 이유가 있기도 했다. 물론 자신들의 예루살렘 성전 이외에 다른 곳에 별도의 성전을 세워 놓고, 거기서 제사드리는 일이 율법에서 금지된 일이라는 점도 중요한 이유이기는 했다. 그러나 그것보다는 오히려 자기들의 허락과 도움이 없이 다른 곳에서 예배하며 제사드리는 일이 제사장들만이 독점하고 있는 특권과 역할을 침해하며 무시하는 일이라고 생각했던 점이 더 컸을 것이다. 그래서 제사장들이 다른 일반 유대인들보다도 사마리아 사람들을 미워하는 정도가 다른 일반 유대인들보다 더 컸다고 알려져 있다.[15]

그런데 이 비유에서는 길에서 강도를 만나 죽어가는 사람을 놓고 제사장과 레위인이 보여준 부정적인 처신과 사마리아인이 보여준 긍정적인 처신이 아주 대조적으로 잘 드러나고 있다. 사마리아인이 길에서 강도를 만나 죽어가고 있는 사람을 보았을 때 그를 살리기

---

15 "Of all Jews the Jerusalem priesthood was especially bitter toward the Samaritans because their 'heresy' involved a question of priestly succession." E.E. Ellis, *The Gospel of Luke*(The New Century Bible Commentary, Grand Rapids: Eerdmans, 1981), 161.

위해 한 일에 대해서는 세 구절(눅 10:33-35)에 걸쳐 비교적 상세하고 구체적으로 설명되어 있다.

> 측은한 마음이 들어 가까이 가서 그 상처에 감람유와 포도주를 붓고 싸맨 후에 자기 짐승에 태워 여관으로 데리고 가서 돌보아 주었고, 다음 날 두 데나리온을 꺼내 여관 주인에게 주며 "이 사람을 돌보아 주시오. 비용이 더 들면 내가 돌아오는 길에 갚겠소" 하였다.

그러나 이와 달리 제사장과 레위인이 죽어가고 있는 사람을 보고 취했던 행동에 대해서는 마치 노래의 후렴처럼 각각 거의 똑같은 표현으로 그러나 아주 냉정하고 아주 비정하게 한 구절씩 "그를 보고 피하여 지나갔다"(καὶ ἰδὼν αὐτὸν ἀντιπαρῆλθεν, 눅 10:31, 32)라고만 언급되어 있을 뿐이다.[16] 제사장의 행동을 묘사하기 위해 사용된 그리스어 동사는 두 개의 전치사와 하나의 동사로 되어 있다. 그것을 축어적으로 보자면 그는 시선을 돌려(over) 못 본 체하면서(against) 곁을 지나치는(passes beside) 것이다.[17] 쓰러진 사람을 불쌍히 여기고 구해 준 사마리아인에 비한다면, 제사장과 레위인의 행동은 너무나도 무정하고 비정한 처신이라고 말하지 않을 수 없다.

모세의 율법에 비록 부모라고 하더라도 제사장은 "어떤 시체에든지 가까이하지 말라"(레 21:11)는 엄격한 규정이 있는 것이 사실이다. 그러나 이 비유에서 강도를 만나 쓰러진 사람은 시체가 아니었다. "거반 죽은" 사람 곧 "반쯤 죽은" 사람이라고만 언급되고 있을 뿐이다(눅

---

16 "ὁμοίως"(눅 10:32)란 부사가 제사장의 행동과 레위인의 행동이 "똑같았다"는 점을 잘 드러내 주고 있다.

17 버나드 브랜든 스캇 지음/김기석 옮김, 『예수의 비유 새로 듣기』(한국기독교연구소, 2006), 103.

10:30). "반쯤 죽은" 사람이란 표현은 분명히 그가 아직 시체는 아니고, 아직 죽지 않은 상태라는 것을 의미한다. 이렇게 "반쯤 죽었다"는 표현이 그 사람에게 죽음이 임박했음을 의미하는 것이라면, 제사장의 의무는 명백하다. 그는 그 사람을 도우러 가야만 했다.[18] 그런데 제사장과 레위인은 "그를 보고 피하여 지나갔다"(눅 10:31, 32). 무자비하고 비정하게도 그들은 할 일을 하지 않고 그냥 내버려 두었다.

그러나 사마리아인은 달랐다. 그가 길에서 강도를 만나 "거반 죽은" 사람을 꼭 살려야 할 이유도, 필요도 없었다. 예루살렘에서 여리고로 내려가는 길을 여행하다가 강도를 만난 사람이라면 분명히 유대인이었을 것이고, 그렇다면 그는 사마리아인들의 눈에 자기들을 무시하며 미워하던 원수 같은 사람이었을 것이다. 여행 중 그곳을 지나가던 사마리아인으로서는 강도가 출몰하는 위험 지역을 속히 벗어나는 일이 자신의 안전을 위해 더 시급하고 중요했을 것이다. 자칫 쓰러져 있는 사람을 반쯤 죽게 만든 범인으로 오인받을 수도 있는 상황이었다. 그럼에도 불구하고 사마리아인은 무엇보다도 "그를 보고 불쌍히 여겼다"(눅 10:33). 그래서 그는 그를 살리려고 "기름과 포도주", "두 데나리온" 그리고 "이튿날"(눅 10:35)까지 하루라는 시간과 체류비를 더 희생했다. 사마리아인의 이런 지나친 봉사와 희생에 대한 상세한 언급은 결국 제사장과 레위인의 무자비한 처신을 더욱 민망스럽고 부끄럽게 만드는 역할(foil)을 하고 있는 것으로 보인다.

예수는 이 비유 이야기를 통해서 예루살렘 성전의 권위와 율법을 부정한다고 항상 비난을 받아오던 사마리아 사람이 "네 이웃을 네 몸과 같이 사랑하라"는 하나님의 율법 계명을 잘 실천한 사람인 데에

---

18 버나드 브랜든 스캇, 『예수의 비유 새로 듣기』, 104.

비해서, 도리어 예루살렘 성전을 근거로 부귀와 권위를 누리고 있던 성전 지도자인 제사장 계급들은 정작 하나님의 계명을 무시한 채 길에서 죽어가고 있는 사람을 보고도 모른 체하며 피해서 지나차는 위선자들이었음을 부각시키고 있다. 그리고 제사장과 레위인 두 사람이 똑같이 그러했다는 것은 곧 "그들 두 사람의 증거(신 19:15)가 공식적인 유대 종교의 무자비한 성격(the unmerciful character of official Jewish religion)을 증명해 주었다"는 사실을 잘 보여주고 있다.[19] 이렇게 이해할 경우 예수께서 말씀하신 선한 사마리아인의 비유는 제사장에 대한 비판과 공격 또는 조롱과 비아냥으로 이해될 수밖에 없어 보인다. 제사장들은 성전을 무대로 그리고 제사를 빌미로 자신들의 개인적인 이득을 취하며 부귀만을 누릴 뿐 실제로 하나님의 계명을 지키는 일에는 전혀 아무런 관심도 없는 사람이며, 그런 점에서 예수의 이 비유는 제사장과 레위인들은 그들 자신이 그토록 미워하며 경멸하는 사마리아인보다도 못한 사람이라는 점을 꼬집어 비판하는 이야기로 읽힐 수밖에 없다.

4. 맺는말

흔히 비유의 명칭이 비유 이해의 방향을 결정해 준다. 따라서 비유 이야기에 올바른 비유 명칭을 다시 붙이는 일은 중요하다. 지금까지 교회 안에서 전통적으로 사용해 온 선한 사마리아인의 비유란 명칭은 결코 올바른 명칭 혹은 적절한 명칭이라고 생각하기 어렵다. 이

---

19 E.E. Ellis, *The Gospel of Luke*, 161.

명칭이 본래부터 이 비유에 붙어서 전해 내려온 것도 아니다. 이 비유를 소개하는 복음서 저자가 붙인 것도 아니며, 이 비유에 대한 올바른 이해가 제대로 파악되기 오래전부터 교회가 자의적으로 그리고 필요에 의해 전통적으로 사용해온 명칭일 뿐이다. 우리는 그냥 그 명칭을 무비판적으로 사용하면서 부지불식간에 이 비유가 사마리아인의 선한 행동을 가르치는 비유라고만 생각해 왔다.

그러나 이 비유에서는 앞에서 지적했던 바와 같이 분명히 사마리아인만 등장하는 것이 아니다. 만약 우리가 관점을 달리해서, 즉 예수가 이 비유를 말씀하셨을 때 사마리아인을 중심인물로 생각한 것이 아니라 도리어 제사장을 염두에 두었다고 생각하면서 이 비유를 다시 읽을 경우 우리는 이 비유가 사마리아인의 선한 행동을 말하려는 것이기보다는 오히려 제사장과 레위인이 마땅히 솔선수범했어야 마땅함에도 그냥 "피하여 지나친" 그들의 그런 위선과 비정함을 비판하고, 공격하고 있다고 이해할 수 있게 된다. 따라서 이 비유의 명칭을 그냥 선한 사마리아인의 비유라고 부르기보다는 도리어 제사장을 중심으로 무자비한 제사장의 비유(the parable of the unmerciful priest)라고 바꾸어 불러야 더 옳을 것이라고 생각한다. 예수는 이 비유를 통해서 마땅히 해야 할 일을 하지 않은, 이른바 태만죄 혹은 무관심죄(the sins of omission)를 범한 제사장과 레위인을 비판하고 공격하고 있다고 생각되기 때문이다.[20]

---

20 예수는 다른 비유들, 곧 달란트 비유(마 25:14-30)와 최후 심판 비유(마 25:31-46) 등을 통해서도 "마땅히 해야 할 일을 하지 않은 죄"(the sins of omission)에 대해 비판하며 정죄한 바 있다.

8장 | 선한 사마리아인의 비유 새로 읽기
— 환경 및 기후 위기의 관점에서

예수께서 말씀하셨던 선한 사마리아인의 이야기가 **이웃 사랑**에 관한 비유라는 점은 아주 분명하다. 거기에 대해선 아무런 이론의 여지도 없어 보인다. 예수께서 이 비유를 말씀하시게 된 동기와 목적 자체가 "내 이웃이 누구입니까?"라고 물었던 어느 율법 학자의 질문에 대답을 주기 위한 것이었고 또 이 비유의 마지막 끝부분에서도 예수께서는 "제사장과 레위인과 사마리아인 중에 누가 강도 만난 사람에게 이웃이 되었다고 생각하느냐?"고 묻고 있기 때문이다.

이 선한 사마리아인의 이야기가 이처럼 이웃 사랑에 관한 비유라는 점은 아주 분명하지만, 이 비유와 관련해서 전혀 분명해 보이지 않는 문제가 하나 있다. 그것은 "이웃을 사랑하라"고 말했을 때의 그 이웃이 과연 누구인가? 혹은 무엇인가? 하는 점이다. 평생 "하나님을 사랑하고 이웃을 사랑하라"는 계명을 가르쳐온 율법 학자조차 예수께 도대체 "내 이웃이 누구입니까?"라고 물었던 것을 보면, 이 율법 학자조차도 율법이 요구하는 이웃 사랑의 계명 속 이웃이 구체적으로 누구인지, 무엇을 가리키는지에 대해 분명하게 알지 못했던 것으로 보인다.

우리도 선한 사마리아인의 비유가 이웃 사랑을 가르치는 비유라는 점은 모두 잘 알고 있지만, 문제는 율법 학자가 예수께 물었던 질문 곧 "내 이웃이 누구인가?"란 질문에 대해서는 누구도 그 질문에 대한 정확한 대답을 알고 있지 못한 것으로 생각된다. 우리는 너무나 오랫동안 우리가 사랑해야 할 이웃이 우리 곁이나 우리 주변 가까이에 있는 사람 혹은 이 비유에서 강도를 만나 죽어가고 있는 사람처럼 우리의 인생길에서 우리의 도움을 절실히 필요로 하는 사람이라고만 생각해 왔다. 이것이 문제라면 문제일 수도 있다. 만약 이웃의 의미가 그렇게 단순하고 자명한 것이었다면 율법 학자가 예수에게 "누가 내 이웃입니까?"라고 물어볼 필요도 없었을지 모른다.

따라서 "내 이웃이 누구인지"에 대해 올바로 이해하는 것이 이 비유를 올바로 이해하는 길이기도 하다. 우리는 "내 이웃이 누구입니까?"란 이 질문에 대한 올바른 대답을 찾아보는 가운데, 예수의 선한 사마리아인의 비유가 무엇을 가르치는 비유인지에 대해서도 다시 새롭게 눈을 떠볼 필요가 있다. 이것이 시대를 살아가는 우리들 모두가 영생 곧 참된 삶을 살기 위해서도 아주 중요한 일이라고 생각되기 때문이다.

"내 이웃이 누구입니까?"라고 물었던 율법 학자의 질문은 선한 사마리아인의 비유가 우리에게 주는 교훈이 무엇인지를 올바로 이해할 수 있는 열쇠가 된다는 점에서도 정말이지 아주 중요한 질문이라고 할 수 있다. 그런데 문제는 율법 학자까지도 전혀 분명하지 않아서 예수께 물었을 만큼 중요한 질문에 대해서 우리가 지금까지 너무나도 진지하게 깊이 생각해 보지 않았다는 점일 것이다. 더구나 우리는 이웃이란 말을 지금까지 너무나도 좁은 의미로만 생각하여 우리 주변에서 우리의 도움을 절실히 필요로 하는 불쌍한 사람을 가리키는 것이라고만 이해했을 것으로 보인다. 따라서 우리는 이제 이웃을 이처럼 좁은 의미로만 받아들였던 전통적인 편협한 생각으로부터 벗어나 이웃 개념에 대해 새롭고 올바른 이해를 찾아볼 필요가 있다.

지금까지 우리는 대체로 "네 이웃을 네 몸과 같이 사랑하라"는 계명에 나오는 이웃이 우리 주변에 있는 사람, 즉 인간을 가리키는 것이라고만 생각하는 경향에 사로잡혀 있었다. 그러나 이처럼 이웃이란 개념을 사람에게만, 인간에게만 좁게 국한 시켜 생각하는 것이 과연 옳은가 하는 의문을 제기해볼 필요가 있다. 하나님이 천지 만물을 창조하시고 인간을 창조하셨을 때 인간이 함께 더불어 살아가야 할 이웃으로 과연 인간만을 생각하셨겠는가라는 말이다. 더구나 하나님께선 인간을 창조하시기 전에 먼저 이 세상을, 즉 인간이 살아가야 할 환경이자 삶의 터전이라고 말할 수 있는 이 자연 세계부터 만드셨다. 하나님의 창조 순서에서는 인간보다도 자연 세계가 먼저였다. 그 후에 마지막으로("여섯째 날에") 인간을 창조하셔서 우리 인간들로 하여금 그 자연 세계 속에서 함께 살아가게 하셨다. 처음부터 이 자연 세계는 인간에게 있어서 함께 더불어 살아가야 할 최초의 이웃이었던 셈이다. 따라서 우리는 "하나님을 사랑하고, 네 이웃을 사랑하라"고 했을 때 그 이웃이 꼭 인간을 가리킨다는 생각에 벗어나 하나님이 인간보다 먼저 창조하신 이 자연 세계 그리고 인간이 발을 딛고 함께 더불어 살아가게 만든 이 **지구**를 가리키는 것이라는 생각과 함께 선한 사마리아인의 비유를 다시 새롭게 해석해 볼 필요가 있다.

창세기 1장에 보면 하나님은 태초에 혼돈과 공허와 흑암 가운데서 천지를 창조하셨다고 했다. 1:10에서는 "하나님이 뭍을 땅이라 부르시고, 모인 물을 바다라 부르셨다"고 했고, 땅 위 하늘의 궁창에는 새가 날게 하셨으며 바다에는 모든 종류의 물고기들이 그리고 땅 위에서는 각종 생물들이 그 종류대로 살게 하셨다. 그런데 창세기에서 이런 천지창조에 관한 기록을 읽을 때 특별히 눈에 띄는 것은 하나님께서 이 모든 천지 만물을 하나씩 창조하셨을 때마다 마치 노래의 후렴처럼 "하나님이 보시기에 좋았다"는 말씀이 반복적으로 나오고 있다는 점이다. 모두 일곱 번이나 강조되고 있는데(창 1:4, 10, 12, 18, 21, 25, 31), 성경에서 **일곱**이란 숫자가 **완전**을 의미하고 있다는 점을 염두에 둔다면 하나님께서 이 자연 세계를 아주 좋게 그리고 아주 완벽하게 창조하셨다는 것을 의미하는 것이라고 생각할 수 있다. 기독교인들이 찬송에서 "참 아름다워라 주님의 세계는"이라고 노래하는 이유도 그 때문일 것이다. 이처럼 하나님께서는 이 모든 천지 만물을 아름답고 완벽하게 창조하셨다. 그래서 처음 창조된 인간인 아담과 하와가 살게 된 에덴동산은 글자 그대로 '파라다이스'였던 것으로 알려져 있다. 하나님은 자신의 형상으로 지음을 받은 인간을 이런 곳에서 살게 하셨고, 인간에게 복을 주시며 "생육하고 번성하여 땅에 충만하라"(창 1:28)라고 말씀하셨다.

그러나 하나님이 창조했던 그 아름다운 자연 세계의 모습이 지금에 와서는 너무나도 달라진 것이 사실이 아닌가? 예를 들어 소련의 체르노빌 원전 사고와 일본 후쿠시마 원전 사고로 인한 방사능 피폭 때문에 우리 삶의 터전인 지구의 일부분이 이제는 더 이상 사람이 들어가 살 수 없는 죽음의 땅으로 변해버렸다. 최근에는 지구 여러 곳에서 일어나고 있는 산불 때문에 규모와 횟수가 두 배나 늘어난 태풍과 홍수 때문에, 아프리카 동부 지역에서는 농작물을 다 먹어치우는 메뚜기 떼의 출현 때문에, 스페인의 마드리드나 미국의 텍사스 등 따뜻한 지역에 갑자기 몰아친 강추위와 폭설 때문에 인류는 물론 자연 세계 전체가 전대미문의 위기에 직면하여 온통 고통을 당하고 있는 것이 오늘의 현실이 아닌가?

인간의 타락으로 인해서, 아니 타락한 인간들의 끊임없는 탐욕으로 인해서 하나님께서 창조하셨던 그 본래의 아름다운 세계가 이제는 단순한 오염 단계를 넘어 거의 파괴의 단계에까지 이른 것으로 보인다. 인간과 자연이 직면한 이런 모든 위기의 가장 중요한 원인이 무엇일까? 아마도 그 뿌리는 우리 인간이 자연환경을 대하는 태도에서 찾아보아야 할 것으로 생각된다. 우리 주변의 모든 환경을 마치 인간의 소비와 만족을 위해 존재하는 대상처럼 마구잡이로 자연을 정복하며 착취해 온 것이 원인이라면 원인일 것이다. 따라서 우리는 이제 자연환경을 바라보는 우리의 시각과 태도부터 반성하며 교정해야 한다. 자연은 우리가 마구잡이로 착취하며 이용해야 할 대상이 아니라 우리 인간과 함께 더불어 살아가야 할, 우리가 더욱 사랑해야 할 우리의 영원한 이웃이기 때문이다.

물론 지금까지의 자연 파괴와 환경오염 등이 우리의 삶과 관련하여 어느 정도 불가피했다고 말할 수도 있을 것이다. 석탄과 석유와 같은 화석 연료를 발견하고 이용함으로써 인류가 한동안 풍요로운 삶을 살았던 것도 사실이기 때문이다. 그렇지만 석탄과 석유의 채굴 과정에서 나타난 자연 파괴와 이로 인한 생물 다양성의 위협, 비정상적 침식과 이로 인한 환경 변화, 채굴 과정에서 생겨나는 화학 물질로 인한 물과 토양의 오염, 게다가 그렇게 얻어진 화석 연료를 태워 열을 내는 과정에서 배출되는 탄소로 인해서 지구는 더욱 피폐화되며 몸살을 앓게 된 것도 부인할 수 없는 사실일 것이다. 한때 우리는 큰 공장 굴뚝에서 솟구치는 검은 연기를 보면서 산업화와 경제 성장의 증거라고 가슴 뿌듯하게 느낀 적도 있었다. 그러나 지금은 바로 그 검은 연기들이 대기를 오염시키고 지구 온난화를 가속 시키며 수많은 자연 재앙을 일으키는 주범이라고 탄식하면서 가슴 답답해하고 있지 않은가? 우리가 비록 지금은 미세먼지로 인해 오염된 공기를 피하기 위해 마스크를 사용하고 있지만, 언젠가는 마스크 대신에 방독면을 쓰고 살아야 할 때가 오게 될지도 모른다.

한동안 플라스틱과 비닐의 개발을 통해서 우리의 생활이 훨씬 편리해졌고, 이 모든 것이 과학의 발전 때문이라고 그리고 산업화와 경제 성장의 결과라고 생각하며 흡족해하던 때도 있었다. 그러나 오늘날 플라스틱과 비닐이 자연을 파괴하는 주범이 되고 있지 않은가? 썩지 않고 쌓이는 플라스틱과 비닐 때문에 온 세계가 골머리를 앓고 있지 않은가? 언젠가 매스컴에서 보도된 사실이지만, 파도에 휩쓸려 해안으로 밀려온 큰 고래의 사체를 해부해 보았더니 그 위장에서 수많은 플라스틱 페트병들과 비닐 덩어리들이 쏟아져 나온 것을 보고 많은 사람들이 놀랄 수밖에 없었다. 그 죽은 고래는 어쩌면 엄청난 플라스틱과 비닐 쓰레기 더미에 뒤덮여 숨도 제대로 쉬지 못하고 죽어가는 지구의 모습을 보여주고 있는 예표일 수도 있을 것이다.

2003년에 태어난 스웨덴의 환경운동가 그레타 툰베리(Greta Thunberg). 노르웨이 의회로부터 노벨평화상 후보로 강력히 추천받았던 그녀는 2018년 12월 폴란드 카토비체에서 열린 '유엔 기후 변화 협약 당사국 총회' 단상에 올라서 세계 정치 지도자들을 향해 외쳤다. "당신들은 아이들을 그 무엇보다도 사랑한다고 말하지만, 당신들은 아이들의 눈앞에 있는 미래를 빼앗아 가고 있다"고, 아이들이 살아가야 할 자연 세계 파괴를 방치할 뿐만 아니라 조장하고 있는 "당신들의 침묵이 죄악"이라고. 이 외침은 바로 오늘에 사는 우리 모두를 향한 경고이자 고발이라고 생각하지 않을 수 없을 것이다.

이와 같은 환경오염과 자연 파괴 현상은 우리 시대에 와서 비로소 드러나고 있는 일이 아니라 아주 오랜 역사를 갖고 있는 것으로 보인다. 사도 바울이 로마서 8:22에서 "피조물이… 탄식하며… 고통을 겪고 있다"고 말했을 때, 바울은 오늘날 우리가 처했던 것과 비슷한 자연 세계의 위기 상황 앞에 직면해 있었던 것으로 생각된다. 새번역 성경에서는 그 구절을 "모든 피조물이 신음하고 있다"고 번역하였다. 오늘날에 와서 급격한 기후 변화와 극심한 환경오염 때문에 "모든 피조물들의 신음과 고통"이 인간의 신음 및 고통 소리와 함께 더 커졌을 뿐이다. 버려진 쓰레기들로 온 세상이 뒤덮여가고 있다. 특히 썩지도 않는 플라스틱 쓰레기들 때문에 땅과 바다가 오염되었다. 인간과 마찬가지로 지구 자체도 이젠 숨을 제대로 쉬지 못하여 신음하고 고통을 당하고 있는 것이 사실 아닌가?

지금 지구가, 우리의 가장 가까운 이웃인 자연 세계가 이처럼 신음하여 고통을 당하며 죽어가고 있다. 예수가 말씀했던 선한 사마리아인의 이야기에서 강도를 만나 길에서 죽어가고 있는 사람처럼 말이다. 선한 사마리아인의 이야기가 길에서 강도를 만나 "죽어가고 있는 사람"을 살린 이야기에 관한 비유라면, 이 비유는 오늘날 기후 변화와 환경오염으로 인해 죽어가고 있는 우리의 이웃 지구를 살려야 한다는 것을 가르치는 비유로 읽어도 될 것으로, 아니 그렇게 읽어야 마땅하다. 우리의 가까운 이웃인 지구와 자연 세계를 사랑하는 마음으로 그 지구를 다시 살려내는 일이 바로 우리가 깨끗하고 건강한 자연 세계 속에서 영원히 잘 살 수 있는 길이 될 수 있다고 생각되기 때문이다. 환경오염으로 인해 지구가 몸살을 앓으며 죽어가고 있는 오늘의 상황에서는 예수가 가르치신 이웃 사랑에 관한 이 비유를 당연히 우리의 영원한 이웃인 "지구를 사랑하라"고 가르치는 비유로 읽어야 마땅할 것으로 보인다.

선한 사마리아인의 이야기는 누가 무어라 해도 **비유**이다. 따라서 비유라는 점을 염두에 두고, 이 비유가 오늘 우리가 직면하고 있는 환경 문제 해결을 위해 어떤 비유적 교훈을 주고 있는지를 생각해 볼 필요가 있다. 앞에서 언급한 바와 같이 예루살렘에서 여리고로 내려가는 길에서 강도를 만나 죽어가고 있는 '사람'을 기후 변화, 환경오염 등 온갖 위기를 만나 죽어가고 있는 '지구'에 비유하고 있는 것이라고 생각하면서 말이다. 과거에 초대교회의 교부들은 일반적으로 비유를 알레고리적으로 해석하여 강도를 만나 "옷을 벗긴 채 상처를 입고 거의 죽어가는 사람"을 하늘에서 쫓겨난 이후에 이 세상에 내려와 살다가 마귀와 사탄을 만나 온갖 상처를 입고 죽어가는 '인간'을 비유하는 것으로 해석하였다.

그러나 오늘날 우리의 상황에서는 길에서 강도를 만나 옷을 벗긴 채 죽어가고 있는 사람을 환경오염 등으로 황폐화된 채 거의 죽어가고 있는 지금의 자연환경, 즉 하나님이 인간의 영원한 이웃으로 창조하신 이 지구를 비유하는 것이라고 생각하는 것이 더 적절하다는 생각이 든다. 그렇게 읽을 경우 이 비유에서 죽어가고 있는 사람을 보고서도 그냥 피하여 지나쳐버린, 그래서 비유를 읽는 사람들로부터 비난의 손가락질을 당하고 있는 제사장과 레위인은 당연히 오늘날 막대한 온실가스와 오염 물질의 배출 때문에 지구가 엄청난 고통을 당하고 있음에도 불구하고 오로지 더 많은 이윤 추구를 위해 더 많은 생산에만 전념하고 있는 세계의 대기업들을 가리키는 것일 수 있다. 또는 그런 위기의 심각성이 지금 나와는 직접 관련이 없다고 생각하며 머리를 다른 곳으로 돌려 버리고 있는 수많은 '우리 자신들'을 가리키는 것이라고 볼 수도 있다.

그런데 이 비유의 중심에는 길에서 죽어가고 있는 사람을 보고 불쌍히 여겨 가까이 다가가서 기름과 포도주를 그 상처에 붓고 싸매준 사람이 있었다. 그는 사마리아 사람이라고 했다. 사마리아인은 그 당시 유대 사회에서 완전히 소외된 변두리 인간에 지나지 않았다. 그럼에도 그는 죽어가고 있는 사람을 **불쌍히 여겨** 도와주려고 했고, 살리려 했다. 이 세상의 주류 인간들이 저질러놓은 일 그리고 주류 인간들이 모른 척하는 일을 오히려 비주류에 속하는 사람이 챙기고 있다는 의미일 것이다. 더구나 이 사마리아인이 죽어가는 사람을 살리기 위해 **기름과 포도주**를 그 사람의 상처에 부었다는 점에 주목해야한다. 기름과 포도주는 그 당시 사람들이 여행을 떠나기 위해서 꼭 준비해야 하는 일종의 비상식량이며 비상 의료품이었다 그런데 그는 자신을 위해 준비했던 그래서 자신의 여행길에 아주 중요한 여행 필수품이었던 것들을 먼저 죽어가는 사람을 살리기 위해 포기하고 희생했다. 우리에게 있어서 아주 필요하고 중요한 무엇인가를 포기하고 희생하는 일 없이 죽어가고 있는 지구를 살릴 수 있는 길이 없다는 말 아니겠는가?

그뿐만 아니라 이 사마리아인은 상처를 보살펴 주는 일차적이고 임기응변적인 조치만으로 끝낸 것이 아니다. 보다 온전한 치료를 위해 계속 후속적인 조치까지 취했다. 죽어가는 사람을 "여관으로 데리고 가서 돌보아 주었다"(눅 10:34). 그리고 다음 날(눅 10:35) 떠났다는 말로 보아 그는 죽어가는 사람을 위해 하룻밤이란 **시간**까지 더 투자하며 돌본 셈이다. 이 사마리아인이 죽어가는 사람과 함께 하룻저녁의 시간을 여관에서 더 보내고 다음 날 떠났던 것처럼 우리도 죽어가는 지구를 살리는 일을 위해서는 우리가 계획한 본래의 삶의 일정과 방법을 바꾸면서라도 더 많은 시간을 투자해야만 한다는 메시지로 읽어야만 할 것이다.

더구나 이 사마리아인은 다음날 떠나면서 **두 데나리온**을 꺼내어 여관 주인에게 주면서 "이 사람을 돌보아 주시오. 비용이 더 들면 내가 돌아오는 길에 갚겠소"(눅 10:35)라고 말했다. 이 말로 미루어 보건대 그 두 데나리온은 그가 그 당시에 갖고 있었던 돈의 전부였음에 틀림이 없어 보인다. 결국 그는 죽어가는 사람을 살리기 위해 자기가 갖고 있던 돈 전부를 모두 내놓은 것이다. 마찬가지로 우리도 온실가스 배출을 제로로 만들기 위해, 바다 위에 떠다니는 플라스틱을 수집하여 사용 가능한 자원으로 만들기 위해, 땅 위에 산더미처럼 쌓인 쓰레기더미를 처리하기 위해, 미세먼지 저감 장치를 확대 설치하기 위해, 죽어가는 지구를 살리기 위해서는 더 많은 비용, 아니 어쩌면 모든 비용을 다 지불해야만 한다는 말 아니겠는가?

예수는 이 비유를 말씀하시면서 마지막으로 "너도 가서 이같이 행하라"라는 말로 결론을 맺었다. 죽어가는 사람을 살리기 위해 자신의 모든 것, 자신의 일정과 시간까지 포기했던 사마리아인처럼 우리도 무언가 구체적으로 희생하고 포기하는 일을 해야 할 것이다. 시간을 더 바쳐야 하고 돈과 비용을 다 지불해야 할 것이다. 우리의 계획과 삶의 방법도 바꾸어야 할 것이다. 예수께서 "너도 가서 이같이 행하라"라고 말씀하신 것은 이제 우리에게는 구체적인 '행동'만이 중요하고 필요하다는 의미일 것이다. 선한 사마리아인의 비유에서 "행하라"라는 말이 두 번(눅 10:28, 37) 반복되고 있는 점에 주목할 필요가 있다. 이제 필요한 것은 더 이상의 주장이나 구호가 아니라 구체적인 행동이라는 의미일 것이다.

이산화탄소를 줄이는 구체적인 행동, 환경오염을 줄이는 구체적인 행동 등 지구를 살려내는 일을 위해 무엇인가를 실천하는 일부터 해야 한다는 말이다. 음식 쓰레기와 플라스틱 그리고 비닐 사용을 줄이는 일 등 아주 작은 일부터 실천하여 우리의 이웃인 지구의 고통을 덜어주고 자연환경을 다시 살려내는 행동에 나서라는 메시지이다. 자신의 모든 것을 희생해가며 죽어가는 사람을 살렸던 사마리아인처럼 말이다. 이제 모두 지구를 살려내는 선한 사마리아인이 되라는 메시지이다. 그래야 이 지구와 함께 영원히 건강하고 복된 삶을 누릴 수 있을 것이기 때문이다.

9장 | 배반자 가룟 유다 이야기

가룟 유다는 예수의 제자 중 아주 중요한 제자 가운데 하나였던 것으로 보인다. 그가 열두 제자 중에서 '돈궤'를 맡아 공동 자금을 관리했다는 사실(요 12:6) 그리고 요한복음의 마지막 식사 장면에서 유다의 위치가 예수의 손이 미칠만한 가까운 거리에 앉았었다는 기록[1] 등으로 보아 그런 생각은 크게 잘못된 것이 아니라고 생각된다. 그러나 동시에 가룟 유다는 신약성서에 나오는 예수의 제자들 중 가장 부정적인 인물 중의 하나이다. 무엇보다도 예수의 수난 이야기와 관련해서 그가 '예수를 판 자' 곧 '배반자'로 아주 중요한 역할을 한 인물이기 때문이다(막 3:19; 마 10:4; 마 27:3; 눅 6:16). 그가 복음서 연구에서 간혹 논란의 중심에 서는 것은 결코 이상한 일이 아니다. 유다와 관련해서 논란이 된 질문들은 대체로 가룟 유다는 도대체 어떤 인물인가? 또 예수의 제자인 그가 예수를 배반한 이유는 무엇인가? 그리고 더 나아가서는 가룟 유다가 정말로 실재했던 역사적 인물인

---

1 유대인들의 식탁에서 앉는 자리가 서열을 반영하고 있다는 점을 고려할 때, 요 13:26의 본문, 곧 "내가 이 떡을 적셔 주는 사람이 그다. 그리고 그 떡 조각을 적셔서 시몬의 아들 가룟 사람 유다에게 주셨습니다"란 말 자체가 예수와 유다 간의 가까운 거리를 잘 암시해주고 있다.

가? 아니면 예수의 십자가 죽음을 설명하기 위해 필요했던 가상적인 인물인가? 하는 것들이었다. 여하간 가롯 유다가 복음의 핵심이라고 말할 수 있는 예수의 십자가 죽음과 관련하여 중요한 역할을 하는 인물이기에 우리에게 있어서 그에 관한 복음서 이야기들은 쉽게 지나칠 수 없는 주제라고 말할 수 있다.

1. 가롯 유다(Iscarioth Judas)란 이름의 의미

유다의 이름에 함께 붙어 나오는 **가롯**이란 말의 의미와 유래에 대해서는 다음과 같은 견해들이 제시된 바 있다.

① 가장 일반적인 설명은 Iscariot을 Kerioth이란 지명으로 이해하는 것이다. 이 경우 유다는 가롯 곧 '케리옷' 출신의 사람이란 의미가 된다. 케리옷은 구약 여호수아 15:25과 예레미아 48:24에서 '그리욧'으로 언급되고 있는 한 유대 성읍을 가리키는 것으로 여겨지고 있다. 베자 사본(the Codex Bezae)에서 "apo Karyotou"란 형태의 문구가 나오고 있는 것으로 보아 이런 생각은 아주 오래된 것으로 보인다. 이런 해석을 따를 경우 유다는 예수의 열두 제자 중 유일하게 남부 유다 출신이며 따라서 처음부터 북부 출신들인 갈릴리 제자들과의 갈등 관계에 있었고, 이것이 유다로 하여금 쉽게 예루살렘 지도자들과 접촉하여 예수를 배반하게 되었을 가능성을 생각하게 해 준다.

② 또 다른 설명은 가롯(Iscariot)이 단검(dagger)을 뜻하는 헬라어 sikarion, 라틴어 sica에서 나온 것으로 이해하는 것이다. 이런

해석을 따를 경우 유다는 단검을 품고 다니며 저항 운동을 벌이던 열심당원 중의 하나라는 결론이 나온다. 누가가 누가복음 6:15와 사도행전 1:13에서 예수의 열두 제자들 가운데 **열심당원 시몬**이 있었다고 말한 것으로 보아서, 이 시몬 이외에 유다도 열심당원이었을 것이란 추측이 가능해진다. 그리고 이런 해석을 근거로 유다가 예수를 배반한 원인 가운데 예수가 정치적인 봉기를 스스로 포기하고 십자가의 고난을 자처하는 데에 대한 실망이 있었을 것이라고 이해할 수 있다.

③ 또 다른 설명은 Iscariot의 어근을 "넘겨주다"란 뜻을 가진 히브리어 sgr/skr(=LXX paradidonai)에서 찾는 것이다. 어떤 학자는 이사야 19:4에서 "내가 애굽인들을 넘겨줄 것이다(sikkarti)"란 본문을 근거로 제시하고 있다. 그러니까 가룟이란 말은 유다가 예수를 배반하고 그를 대제사장들에게 넘겨준 사람이란 말에서 유래되었다는 설명이다. 그래서 Morin은 마가복음 3:19의 "또 가룟 유다니 이는 예수를 판자더라"라고 말하고 있는데, "가룟 유다, 곧 예수를 판 사람"이란 뜻이라고 주장하고 있다.[2] 그렇다면 다음으로 우리는 유다가 예수를 배반하고 예수를 유대 종교 지도자들에게 팔아넘긴 이유가 무엇인지에 대해 복음서 본문들은 어떻게 설명하고 있는지 알아볼 필요가 있다.

2. 가룟 유다가 예수를 배반한 이유

이 주제와 관련해서도 다음과 같이 여러 가지 해석이 제시된 바 있다.

---

2 Cf. Bertil Gaertner, *Iscariot*(Facet Book, Philadelphia: Fortress Press, 1971), 5-7.

(1) 유다는 돈에 눈이 먼 인물이었다!

이런 해석은 다음과 같은 성경 본문의 증거에 근거하고 있다. 첫째로 마태복음 26:14-16에 보면 다음과 같은 말이 기록되어 있다.

"가룟 사람 유다가 대제사장들에게 가서 내가 예수를 당신들에게 넘겨주면, 내게 무엇을 주겠소? 하고 말하니 그들이 은 서른 개를 세어 유다에게 주었습니다. 그때부터 유다는 예수를 넘겨줄 기회를 엿보고 있었습니다."

결국 유다는 배반의 대가를 노린 배반자란 해석이다. 둘째로 이런 해석은 요한복음 12:4-6을 근거로 제기된 것이기도 하다.

"마리아가 매우 값진 순 나드 향유 한 리트라를 가지고 와서 예수의 발에 붓고 자기 머리털로 그의 발을 닦았습니다. 그러자 온 집 안에 향유 냄새가 가득 찼습니다. 제자 중의 하나이며 장차 예수를 잡아줄 가룟 사람 유다가 말했습니다. 왜 이 향유를 삼백 데나리온에 팔아 가난한 사람들에게 주지 않았는가? 그가 이렇게 말한 것은 가난한 사람을 생각해서가 아니라 그가 도둑이어서 돈 자루를 맡아 가지고 있으면서 거기 넣은 것을 잘 훔쳐내고 있었기 때문이었습니다."

가룟 유다가 본래 돈에 관심이 많았던 그래서 자주 돈 자루에서 돈을 도용하기도 했던 인물이라서 끝내 돈을 받고 예수를 팔아버리게 되었다는 해석이 제기되는 것이다.

(2) 유다는 사탄에게 사로잡혔던 악마였다!

가롯 유다가 예수를 배반한 이유를 유다 개인의 인물됨에서 찾는 것이 아니라 그가 사탄에게 사로잡혀 사탄의 역할을 한 것뿐이라고 시각도 있다. 이런 해석은 다음과 같은 성경 본문의 증거 때문에 가능하다고 생각된다.

> "사탄이 가롯 사람 유다에게 들어갔습니다. 그는 열두 제자 중의 하나 였습니다"(눅 22:3).
> "악마는 이미 예수를 넘겨줄 생각을 시몬의 아들 가롯 사람 유다의 마음속에 심어두었습니다"(요 13:2 = "그가 떡 조각을 받자 사탄이 그에게 들어갔습니다"[요 13:27], "내가 너희 열둘을 택하지 않았느 냐? 그러나 너희 가운데 하나는 악마이다"[요 6:70]).

가롯 유다의 배반 행위를 가롯 유다 자신에게 돌리기보다는 오히 려 사탄 혹은 악마에게 돌림으로써 예수의 제자인 가롯 유다를 어느 정도 긍정적으로 변호하려는 의도로 볼 수도 있다.

(3) 유다는 예수가 하나님 나라를 이 땅에 빨리 수립하지 않는 것을 참지 못했다!

가롯 유다는 열심당원이었기에 하나님의 나라가 속히 이루어지기 를 원했고, 예수가 속히 그 일을 이룰 것으로 기대했으나 예수가 주저 하는 것처럼 보이자 그를 로마 당국에 넘겨주는 일을 통해서 예수로

하여금 어쩔 수 없이 정치적 봉기에 나서게 만들고자 했다는 해석이다. 이것을 뒷받침해주는 성경 구절이 마태복음 27:3-4이라고 생각된다. 예수가 유죄 판결을 받고 처형되는 것을 보고는 유다가 뉘우쳤다고 했는데, 이것은 사후에 자기의 생각이 틀렸다고 생각했기 때문이라는 것이다. 이와는 달리 열심당원으로서 가룟 유다가 예수에 대해 가졌던 믿음과 기대를 접었고 그래서 이 거짓 예언자의 활동을 중지시키는 것이 오히려 자기의 종교적 임무라고 생각했었다는 해석도 있다.

(4) 유다의 배반 행위는 구약성서를 성취하는 것뿐이다!

예수의 사역과 함께 유다의 배반 행동도 전적으로 구약성서의 성취로 보는 해석이다. 마가복음 14:21에 보면 예수께서 가룟 유다의 배반에 대해 예언하면서 "인자는 자기에 관하여 성서에 기록된 대로 자기 길을 갈 것이 확실하다"는 말이 나온다. 그리고 14:49에서도 가룟 유다의 배반으로 예수가 겟세마네 동산에서 체포될 때 "성경 말씀이 이루어져야 할 것이다"란 말씀이 나온다. 요한복음 13:18에서도 가룟 유다의 배반에 대해 예고하면서 "내 떡을 먹는 자가 내게 발꿈치를 들었다고 한 성경 말씀이 이루어질 것이다"란 예수의 말씀이 나온다. 이 경우 유다의 배반 행동은 실제의 역사적 사건이기보다는 오히려 예수가 배반당하고 십자가에 죽은 사건 자체를 구약성경의 성취로 해석하기 위한 문학적 구성이란 생각을 가능하게 해 준다. 이런 견해의 배경에는 가룟 유다가 구약성서를 성취하기 위한 도구에 지나지 않았다는 해석과 유다의 배반 행위 자체에 긍정적인 의미를 부여하려는 하는 관점이 있는 것으로 생각된다.

3. 가룟 유다는 역사적 인물인가?

일반적으로 가룟 유다는 예수의 열두 제자 중의 한 사람으로서 예수의 공생애 마지막 순간에 예수를 배반한 역사적인 인물로 생각되어 왔다. 물론 복음서 연구가들 중에서도 그를 실제의 역사적 인물로 보는 사람들도 있다. 그러나 가룟 유다란 인물 자체를 문학적 혹은 신학적 목적을 위한 일종의 가상 인물(fiction)로 보는 시각도 있다.3 최근에 로버트 펑크(Robert W. Funk)와 예수 세미나 그룹(the Jesus Seminar)은 "가룟 유다의 배반에 관한 마가복음의 이야기들이 역사(history)라기보다는 픽션(fiction)"이라고 확신하고 있다. 이렇게 생각하는 이유는 대체로 어떤 것들일까?

첫째로 '유다'란 말 자체가 어원적으로 '유대인'과 관련이 되어 있다. 그래서 예수를 배반하여 팔아넘긴 사람에 대해 반감을 가진 사람들은 그를 대표적인 유대인, 전형적인 유대인으로 간주하고 있다. 유대인 자체에 대해 반감을 가진 사람들(그중에 기독교인들)도 그래서 어거스틴도 베드로가 교회를 대표하듯이 유다는 유대인을 대표한다고 주장하기도 했다.4

둘째로 유다가 예수의 제자 중에 가장 잘 알려진 제자 가운데 하나로 생각되고 있음에도 초대교회 안에서 복음서들이 기록되기 이전에는 가룟 유다란 이름 자체에 대한 언급을 거의 찾아볼 수가 없다. AD 50~60년경에 기록된 최초의 기독교 문서라고 말할 수 있는

---

3 가령 Bishop John Shelby Spong은 배반자 유다가 Mark's invention이라고 주장하는데, John Dominic Crossan은 비록 마가가 소개하고 있는 가룟 유다의 배반 이야기가 fiction이기는 하지만, 유다는 실제의 역사적 인물이라고 보고 있다.
4 Enarratio in Ps 108, 18, 20; CC 40, 1593, 1596; Sermon 152, 10; PL 38. 824.

바울의 서신들을 보더라도 바울 자신이 예수가 당국자들의 손에 넘겨진 사실에 대해서는 잘 알고 있었지만(고전 11:23), 예수를 당국자들의 손에 넘겨준 사람에 대해서, 즉 배반자 유다와 그 이름에 대해서는 전혀 언급한 적이 없다. 기독교인의 손에 의해 기록된 문헌 가운데서 가룟 유다의 이름이 맨 처음으로 언급된 곳은 AD 70년경에 기록된 것으로 알려진 마가복음의 열두 제자 명단이다(막 3:19). 마가복음 저자는 열두 제자의 명단을 소개하는 가운데서 가룟 유다를 가리켜 "예수를 판 자"라고만 언급했는데, 그것이 초대교회 안에서 찾아볼 수 있는 가룟 유다에 대한 최초의 언급이다. 그리고 마가복음에서 예수가 제자들과의 마지막 유월절 식사 중에 "너희 가운데 한 사람 곧 나와 함께 먹고 있는 사람이 나를 배반할 것이다"(14:18)이라고 말씀하시기는 했지만, 그때도 가룟 유다의 이름에 대한 언급은 전혀 없었다. 겟세마네 동산에서 예수가 체포될 때 두 번째로 "열두 제자 중의 하나인 유다"라고 대제사장들과 서기관들과 장로들이 보낸 무리와 함께 언급되어 있기는 하지만(14:43), 그 언급을 마지막으로 유다의 이름이 다시는 마가복음에서 거론된 바가 없다.

셋째로 마가복음에서 베드로와 안드레, 야고보와 요한 그리고 마태와 같은 제자들이 실제로 예수로부터 부름을 받아 제자가 되었다는 이야기는 전해지고 있으나5 가룟 유다가 제자로 선택되어 부름을 받았다는 이야기는 마가복음은 물론이고 다른 복음서 전승 어느 곳에서도 찾아볼 수 없다. 마가복음의 열두 제자 명단 가운데 가룟 유다가 등장하고 있고 그 마가복음을 문서 자료로 사용했던 마태복음과 누가복음의 열두 제자들 명단에서 마가가 소개한 그대로 가룟 유

---

5 마가복음 1:16-20; 2:13-14.

다의 이름이 그대로 반복되고 있는 것은 사실이지만, 다른 어느 곳에서도 가룟 유다가 예수의 제자로 부름을 받았다는 이야기는 찾아볼 수가 없다. 요한복음에서 예수가 유월절 전날 제자들과 마지막 식사를 나눌 때 가룟 유다가 그 자리에 함께 있었다고, 그때 예수가 "너희 가운데 하나가 나를 넘겨줄 것이다"(요 13:21)라고 말했고, 제자들이 그게 누구냐고 묻자 예수는 "내가 이 떡을 적셔 주는 사람이 그 사람이다"라고 말하며 그 떡 조각을 가룟 유다에게 주셨다(요 13:26)고 나온다. 그러나 요한복음에서는 열두 제자들의 명단 자체가 소개된 적도 없다(예외적으로 6:66, 70, 71에서 세 번 "열두 제자들"에 대한 언급이 나옴에도 불구하고). 그래서 요한복음만 가지고 말한다면 가룟 유다가 예수의 열두 제자 중 한 사람이었다고 생각할 수도 없다.[6]

넷째로 가룟 유다가 복음서들에서 모두 22번 언급되고 있다. 마가복음에서 3번,[7] 마태복음에서 5번,[8] 누가복음과 사도행전에서 6번,[9] 요한복음에서 8번[10]이 전부이다. 우리가 좀 더 주목해야 할 점은 후대에 기록된 문서일수록 가룟 유다에 대한 언급이 더 많이 나타나고 있다는 점이다. 시간이 흐르면서 가룟 유다에 관심이 더 생겼다는 의미로 해석할 수 있다. 앞에서 지적했듯이 복음서 이전의 문서인 바울 서신들에서는 가룟 유다에 대한 언급이 전혀 없었다. 후대에 이르면서, 특히 초대교회가 유대교의 종교적 박해와 로마의 정치적 박

---

6 요한복음에서는 예수의 마지막 만찬에 참석한 사람들은 열두 제자들만이 아니었다. 요한복음에서는 "예수의 제자들 중 한 사람, 곧 예수께서 사랑하시는 제자"(요 13:23)도 참석했었다. 그래서 예수의 마지막 만찬과 관련하여 "열두 제자들"이란 말은 사용된 적도 없고, 다만 "제자들"이란 말만 사용되었다(요 13:5, 22, 23).

7 마가복음 3:19; 14:19, 43.

8 마태복음 10:4; 26:14, 25, 47; 27:3.

9 누가복음 6:16; 22:3, 47, 48; 사도행전 1:16, 25.

10 요한복음 6:71; 12:4; 13:2, 26, 39; 18:2, 3, 5.

해 가운데서 믿음을 배반하는 사람들이 생겨나는 가운데, 과거 예수의 체포와 죽음과 관련하여 예수를 넘긴 **배반자**에 대한 관심이 더 생겨났기 때문으로 보인다. 그러나 이 관심도 역사적인 관심이라기보다는 오히려 신앙 교육적인 관심이라고 보아야 할 것이다.

그러나 가룟 유다가 실제로 존재하지 않았던 가공의 인물이란 견해 자체는 받아들이기 어렵다. 우선 제자가 예수를 배반했다는 이런 부끄러운 이야기가 그의 제자들에 의해 만들어졌을 가능성을 생각하기 어렵기 때문이다. 더구나 가룟 유다는 예수의 수난 이야기와 관련해서만, 특히 그의 배반과 죽음 이야기와 관련해서만 등장하고 있는 것이 아니다. 가룟 유다와 관련된 또 다른 전승 이야기, 가령 나사로의 자매인 마리아가 예수의 발에 값비싼 향유를 발랐을 때 "왜 이 향유를 삼백 데나리온에 팔아 가난한 사람들에게 주지 않았는가?"(요 12:5)라고 말했다는 등 그에 관한 별도의 전승이 전해지고 있다. 그리고 그가 죽었을 때 사도들이 그의 자리를 메꾸기 위해서 맛디아를 선택했다는 이야기(행 1:15-26)도 가룟 유다가 가공의 인물이었다고 생각하기 어렵게 만든다. 가룟 유다의 이야기를 픽션(fiction)이라고 생각하는 사람들도 대개는 가룟 유다란 인물 자체를 픽션으로 보는 것이 아니라 그와 관련된 '배반과 죽음의 이야기'를 픽션으로 보고 있는 것으로 생각된다. 따라서 가룟 유다는 실제로 존재했던 예수의 제자였으나 그가 예수를 배반한 이야기는 예수의 십자가 죽음을 신학적으로 해석하는 과정에서 구약 예언의 성취라고 이해시키기 위해서 또는 예수처럼 비슷한 박해 상황에 처해 있던 독자들에게 배반의 위험에 대한 적절한 신앙적인 교훈을 주기 위해 구약의 유사한 이야기들을 배경으로 의도적으로 구성된 이야기였다고 보는 것이 합리적인 견해일 것이다.

4. 가룟 유다 배반 이야기의 구약적 배경

유다의 배반 이야기가 구약에 나오는 다른 배반 이야기를 근거로 발전된 이야기란 주장 가운데는 창세기에서 요셉이 열한 형제들에 의해 배반당한 이야기(37-50장)도 있다. 이 이야기가 초기 기독교인들에게 그리고 특히 마가복음 저자에게 영향을 주어 가룟 유다의 배반 이야기 형태로 발전했을 가능성이 크다고 본 것이다. 요셉의 다른 형제들이 모두 요셉을 구덩이에 묻어 죽이려고 했을 때 오히려 이스마엘 사람들에게 '은 이십'을 받고 팔자고 말했던 형제가 바로 유다이기도 했다(창 37:25-28). 그런데 이것이 마태복음에 와서는 가룟 유다가 예수를 넘겨주고 받은 돈이 '은 삼십'(마 26:15; 27:3)으로 바뀌었다.[11] 주제나 어휘의 유사성을 부인하기 어려워 보인다.

그러나 예수가 가룟 유다에 의해 배반당한 이야기는 구약에서 다윗이 아히도벨에게 배반당한 이야기를 토대로 발전한 이야기란 주장이 더 설득력 있게 제기되었다.[12] 다윗의 생애 말년에 압살롬이 다윗을 반역했을 때 다윗은 그의 모사들 가운데 한 사람이었던 아히도벨에게도 배반당했다. 여기서 다윗과 아히도벨의 관계가 바로 예수

---

11 이것은 유다란 이름의 히브리어 자음(Yhwdh)이 갖고 있는 숫자적 가치가 30이기 때문이라고 생각된다.

12 Robert W. Funk and The Jesus Seminar, *The Acts of Jesus: What Did Jesus Really Do?*(HarperSanFrancisco, A Polebridge Press Book, 1998), 150-151. 여기서는 예수의 수난 이야기들, 특히 예수가 가룟 유다에게 배반당한 이야기가 구약성경에서 다윗이 아히도벨에게 배반당한 이야기의 영향으로 구성되었다고 보고 있다.

와 가룟 유다의 관계와 아주 유사하다는 것이다.

압살롬이 예루살렘을 공격하려는 것이 분명해 보이자 다윗은 그의 일행과 더불어 기드론 시내를 건너 감람산으로 도망했다(삼하 15:13-18, 23, 30). 예수도 다윗처럼 배반당했던 그날 밤에 똑같이 기드론 시내를 건너 감람산 겟세마네 동산으로 들어갔다. 다윗이 감람산에서 하나님을 예배하는 곳까지 올라갔을 때 그의 눈앞에 다가온 비극 때문에 그의 머리를 가리고 맨발로 울었다고 했다(삼하 15:30). 다윗의 측근이자 친구인 후새가 다윗을 맞으러 왔을 때 후새가 옷을 찢고 흙을 머리에 덮어썼다고 했는데, 이것은 기도와 회개의 징표였다. 예수 또한 눈앞에 다가온 비극 때문에 고민과 근심에 싸여 "내 마음이 괴로와 죽을 지경이다"라고 말했고(막 14:33-34), 감람산에서 땅에 엎드려 기도하였다(막 14:35).

다윗이 예루살렘을 빠져나갈 때 외국인인 가드 사람 잇대가 그를 따르고자 했다. 그때 다윗은 잇대에게 예루살렘으로 돌아가라고 말했지만, 잇대는 거절하면서 다윗을 버리지 않을 것이라고 맹세했다(삼하 15:19-21). 이와 아주 비슷하게 예수와 그의 제자들이 마지막 식사를 마치고 찬미를 부르며 감람산으로 갈 때 베드로도 자기는 결코 예수를 버리지 않겠다고 맹세했다(막 14:27-31).

다윗이 그 당시 상급 제사장들인 아비아달과 사독의 면전에서 자기가 여호와 앞에서 은혜를 입지 못하게 될지도 모른다고 그리고 자기는 하나님께서 기뻐하지 않으신다면 하나님께서 선히 여기시는 대로 행하시는 것을 그대로 받아들일 준비가 되어 있다고 고백한다(15:24-26). 그런데 이것이 바로 유다의 배반이 있기 직전에 예수가 감람산에서 기도하신 내용 곧 "내 원대로 마옵시고, 아버지의 원대로 하옵소서"의 요지이기도 하다(막 14:36).

다윗의 배신자인 아히도벨은 압살롬에게 다윗이 곤하여 힘이 빠졌을 때 기습하면 그와 함께 있는 백성들이 모두 놀라 도망칠 것이니, 자기는 밤에 다윗의 뒤를 추적하겠다고 말했다. 아히도벨은 압살롬에게 이런 제안을 하면서 "내가 다윗 왕만 쳐 죽이고 모든 백성이 당신께 돌아오게 하리니… 그리하면 모든 백성이 평안하리이다"라고 말했다(삼하 17:1-3). 예수께서 감람산에서 기도를 마치셨을 때 가룟 유다는 대제사장들과 율법 학자들과 장로들이 보낸 무리들과 함께 검과 몽둥이를 들고 나타났다(막 14:43). 요한복음에서는 대제사장인 가야바가 "한 사람이 백성을 위하여 죽어서 민족 전체가 망하지 않는 것이 더 유익하다"고 말했다(요 11:49-52).

압살롬은 오히려 다윗의 오랜 친구인 후새의 조언을 더 좋게 생각하여 아히도벨의 그 계략을 받아들이지 않았다. 체면을 잃은 아히도벨은 집으로 돌아와 스스로 목을 매어 죽었다(삼하 17:5-19, 23). 마태가 가룟 유다의 자살 이야기 곧 유다가 스스로 목을 매어 죽은 이야기를 확대 발전시킨 데는(마 27:3-10) 분명히 아히도벨의 이야기가 영향을 주었던 것으로 보인다. 마태복음에 의하면 유다는 자신의 행동을 후회하고 은돈 삼십을 성소에 내어던지고 물러가 목매달아 죽었다. 가룟 유다의 최후에 대한 마태복음의 이런 기록은 스가랴서 말씀에 의해 야기된 것으로 보인다.

"그들이 곧 은 삼십 개를 달아서 내 품삯을 삼은지라. 여호와께서 내게 이르시되 그들이 나를 헤아린 바 그 삯을 토기장이에게 던지라 하시기로 내가 곧 그 은 삼십 개를 여호와의 전에서 토기장이에게 던졌도다"(슥 11:12-13).

돈의 액수와 행동 모두가 다 스가랴서에 의해 암시된 것이었다. 당시 제사장들은 '피 묻은 돈'은 삼십을 성전 금고에 그대로 넣어두는 것이 적절치 않다고 결정하여, 그 돈으로 외국인들을 위한 묘지로 사용할 토기장이의 밭을 샀다. 결과적으로 그 밭은 '피의 밭'으로 알려졌는데(마 27:8), 아마도 피 묻는 돈으로 샀다는 이유 때문일 것이다. 마태복음의 이런 기록은 예레미야가 은 십칠 세겔을 주고 하나멜의 땅을 산 일(렘 32:6-15)과 그가 토기장이의 집을 찾아간 일(렘 18:1-3)의 영향을 받아 구성된 것으로 보인다. 그리고 마태는 예레미야서에 나오는 또 다른 이야기(렘 19:1-6), 즉 피 묻은 밭이 위치한 '힌놈의 아들의 골짜기'가 다시 죽임의 골짜기라고 불리게 된 이야기의 영향도 받은 것으로 생각된다. 그런데 힌놈의 아들의 골짜기는 예루살렘 옛 도시의 북쪽에서 동쪽으로 기드론 골짜기와 만난다. 그리고 신약성서에서는 이 골짜기가 게헨나로 알려지고 있으며 또한 지옥을 가리키는 것으로 알려져 있다. 이처럼 복음서에 기록된 예수의 수난 이야기들은 대부분 구약성서 본문을 토대로 구성된 것이며, 예수가 그의 제자 가룟 유다에게 배신당한 이야기도 결국은 어느 정도 구약에서 다윗이 그의 신하 아히도벨에게 배신당한 이야기의 영향을 받아 구성된 것으로 생각된다.

만일 이처럼 가룟 유다의 배반 이야기가 구약에 나오는 이야기를 근거로 그리고 구약을 성취하는 이야기로 구성된 것이라면 자연히 가룟 유다는 실제의 역사적 인물이 아니라 교훈적인 목적을 위해서 필요했던 가상적인 혹은 상징적인 인물이란 주장[13]이 더 설득력을 가질 수밖에 없다. 이렇게 가룟 유다가 실제의 역사적 인물이 아닐 경우 그리고 비록 실제의 역사적 인물이라고 하더라도, 복음서에서의 유다의 존재와 역할은 그의 역사성에 있는 것이 아니라 도리어 박해의 와중에서 예수를 배반할 가능성이 있는 사람들을 염두에 둔 경고적 교훈이라는 주장이 설득력 있어 보이기도 한다. 이 점은 마태복음 26:21-25에서 예수가 제자들을 향해 "너희 중의 한 사람이 나를 배반할 것이다"라고 말씀했을 때 제자들이 저마다 돌아가면서 "주님, 저입니까?"라고 물었고, 마지막에 다시금 유다가 "선생님, 저입니까?"라고 물었다는 기록에서도 엿보인다.

그렇다면 구체적으로 복음서 기자들이 가룟 유다의 배반 이야기를 통해 독자들에게 주려고 했던 복음서 기자들의 교훈적 의도와 목적은 어떤 것이었을까?

5. 마가가 전하는 가룟 유다의 배반 이야기

마가복음 저자는 과거에 예수를 배반한 제자가 있었다는 사실을 전해 주기 위해서 가룟 유다의 이야기를 언급하고 있는 것이 아니다. 마가가 가룟 유다의 배신 이야기를 그의 복음서에 기록한 이유는 오히려 다른 데서 찾아야 할 것으로 생각된다. 마가가 그의 복음서를 기록하던 때는 로마의 박해가 극심하던 시기였다. 그런 박해 상황에서 마가의 교회 안에서는 자신의 목숨을 보존하기 위해 로마 당국에

---

13 예를 들어 J.M. Robertson, W.B. Smith, G. Volkmar 그리고 최근의 Robert W. Funk and the Jesus Seminar 등등.

빌붙어서 동료 교인들을 밀고하고, 십자가에 처형당하게 하는 배반자와 밀고자들이 더러 생겨나고 있었다. 마가복음 저자는 독자들이 그런 사실을 염두에 두고 미리 유사한 위기 상황에 잘 대처할 수 있게끔 경고적·교육적 목적에서 가룟 유다의 이야기를 일종의 예화처럼 이용하고 있는 것으로 보아야 할 듯하다.

마가복음에서 가룟 유다의 배반 이야기에 이어서 베드로가 예수를 세 번씩이나 모른다고 부인한 이야기가 나오는 것도 유다의 배반 이야기와 마찬가지다. 당시 로마 군인들의 체포와 추궁 가운데 예수를 모른다고 부인함으로써 생명을 보존하려던 교인들이 있었고, 바로 그런 사람들을 향해 예수를 부인하고 배교하는 일에 대한 경고적 메시지를 주기 위한 것으로 생각되고 있다. 배반자를 의미하는 "넘겨주다"(paradidomi)란 동사가 7번 반복적으로 사용되고 있는 점에서도 그런 의도를 엿볼 수 있다.

예수를 부인한 베드로의 이야기도 마찬가지이다. 예수를 부인한 베드로의 이야기와 예수를 배반한 가룟 유다의 이야기의 연관성과 연속성은 마태복음에서 더욱 분명히 잘 드러나고 있다. 마태복음 26:75에 보면 베드로가 닭이 우는 소리를 듣고 자기가 예수를 세 번이나 모른다고 부인했던 일 때문에 "밖에 나가 몹시 울었습니다"라고 했다. 그 뒤에 27:3-5를 보면 가룟 유다가 예수가 유죄 판결을 받은 것을 보고 "뉘우쳐"(27:3) "은을 성소에 내던지고 물러가 스스로 목매달아 죽었다"(27:5)는 이야기가 이어서 나온다. 마태가 이처럼 유다의 죽음 이야기를 베드로가 예수를 부인한 이야기와 바로 연관시켜 소개한 이유는 무엇일까? 무엇보다도 예수를 부인한 베드로와 예수를 배반한 유다의 유사성 때문이었을 것으로 보인다.[14] 두 사람은 모두 예수로부터 각각 자기를 부인할 것이라는 또는 배반할 것이라는 예언을 들었던 제자들이며(26:21, 34) 두 사람 모두 예수의 예언이 성취되는 이야기에서 중심인물로 등장하고 있다(26:69-75; 27:3-10). 그리고 두 사람 모두 자신의 행동을 뉘우쳤다. 이런 유사성들이 마태로 하여금 이 두 제자의 이야기를 서로 밀접히 연관시켜 소개했을 것으로 보인다.

6. 요한이 전하는 가룟 유다의 배반 이야기

요한복음에서는 예수를 배반한 가룟 유다의 이야기(요 13장)가 예수의 발을 씻어 준 마리아의 이야기(요 12장)에 바로 이어서 나란히 소개되고 있는 점에 주목할 필요가 있다. 이것은 예수와의 관계에서, 즉 예수의 제자됨과 관련해서 가룟 유다를 부정적 모델로 그리고 마리아를 긍정적 모델로 대조하여 소개하려는 의도적 편집의 결과로 생각된다. 요한은 12:1-3에서 예수가 베다니의 나사로 집을 방문했을 때 마리아가 아주 값진 향유를 가지고 와서 예수의 발에 붓고 자기 머리칼로 그의 발을 닦아 주었다는 이야기를 언급했다. 그리고 이어지는 13장에서 예수가 자기의 때가 온 것을 알고 유월절 전날 제자들과 더불어 식사를 하는 가운데서 "너희 가운데 하나가 나를 넘겨줄 것이다"(13:21)라고 유다의 배반을 예고했음을 언급한다.

요한복음에서 예수의 발을 씻어 준 마리아의 이야기가 문맥상 예수를 배반할 유다의 이야기와 밀접히 연결되어 있는 점에 주목할 필

---

14 Davies and Allison, *Matthew III*, 571.

요가 있다. 요한은 12장에서 마리아가 향유로 예수의 발을 씻어 주는 신실한 봉사의 행위를 언급했고(12:2-3), 바로 이어서 13장에서는 가룟 유다의 배반 행위를 거듭 언급하였다(13:26-30). 마리아의 봉사 행위가 가룟 유다의 배반 행위와 대조적으로 비교되고 있는 것이다. 예수의 발을 향유로 씻어주는 마리아의 행위에 이의를 제기하는 인물이 다름 아닌 가룟 유다라는 점에서도 마리아와 유다의 대조가 의도적인 것이라는 생각을 할 수밖에 없다.[15]

요한은 본문 가운데서 가룟 유다를 가리켜 "장차 예수를 잡아 줄"(12:4) 사람이라고 밝히고 있다. 대조적으로 예수는 마리아에 대해 "그 여인이 하는 대로 가만두어라. 그는 나의 장사 날을 위하여 그렇게 한 것이다"(12:7)라고 말함으로써 마리아의 행위를 인정하며 높이 평가하고 있다. 결과적으로 요한복음 저자는 예수를 위해 참된 봉사를 하는 마리아를 "예수를 잡아 넘길" 유다보다 더 참되고 진실된 제자로 부각시키고 있는 것으로 보인다. 예수를 배반하여 죽게 만든 유다와 예수의 죽음을 위해 미리 향유로 예수의 발을 씻어 준 마리아의 대조는 요한복음 저자에게 있어 제자직에 관한 교훈으로서 독자들에게의 중요한 메시지였을 것으로 생각된다.

---

15 다른 평행 본문들과는 달리 오직 요한의 본문만이 마리아의 행동에 대해 불만을 표시한 사람이 가룟 유다라고 분명히 밝히고 있다(마가복음에선 "어떤 사람"이었고, 마태복음에선 "제자들"이었다고만 언급되어 있다).

7. 마태와 누가가 전하는 가룟 유다의 죽음 이야기

마태와 누가는 마가나 요한과 달리 가룟 유다의 죽음에 관한 이야기를 소개함으로써 배반자의 마지막 비참한 최후에 대한 경고적인 메시지를 전해 주고 있다. 마태와 누가 이외에 초대교회 교부인 Papias도 유다의 처참한 최후에 대해 전해 주고 있는데,[16] 세 사람의 기록 간에 다음과 같은 몇 가지 공통적인 요소들이 있는 것을 볼 수 있다.[17]

첫째는 유다가 받았던 돈으로 예루살렘 근처의 땅을 샀다고 하는 점, 둘째는 그 땅이 '피 밭'으로 알려져 있다는 점, 셋째는 유다의 죽음이 성경의 말씀을 성취하고 있다는 점, 마지막으로 넷째는 유다의 죽음이 아주 처참했다고 하는 점이다. 어쩌면 이것이 유다에 관하여 전해지던 역사적 전승의 기본 요소였을지 모른다.

그러나 마태, 누가, 파피아스 세 사람이 전해 주는 가룟 유다의 죽음 이야기는 다음과 같이 서로 상당히 다르다.

(1) 마 27:3-5에 의하면 유다는 목매달아 자살한 것으로 전해지고 있다

"그때 반역자 유다는 예수께서 유죄 판결을 받으신 것을 보고 뉘우쳐

---

16 AD 150년 훨씬 이전에 기록된 책인 Logion kyriakon exegeseis의 네 번째 책에서 Papias는 유다의 죽음에 대해 기록하고 있다. 비록 그 책이 더 이상 현존하고 있지는 않지만, 관련된 본문이 Apollinaris of Laodicea(4세기)에 의해 인용되고 있다. 그 인용은 나중에 다시 성서에 대한 교부들의 본문 수집록들 가운데 보존되어 있다. 그런데 Papias가 전해 주는 유다의 죽음에 대한 이야기는 'longer form'과 'shorter form', 두 가지 형태로 전해지고 있는데, 이 두 본문 형태도 아주 다르다.

17 R.E. Brown, *The Death of the Messiah*, 559.

그 은 서른 개를 대제사장들과 장로들에게 돌려주며 내가 죄 없는 분의 피를 팔았으니 나는 죄를 지었소 하고 말했습니다. 그러나 그들은 그것이 우리에게 무슨 상관이 있소? 그대가 스스로 처리하오 하고 말했습니다. 유다는 그 은을 성소에 내던지고 물러가 목매달아 죽었습니다."

(2) 행 1:18-19에 의하면 유다는 "거꾸로 넘어져 배가 터져" 죽은 것으로 전해지고 있다

"그는(유다는) 우리들 중의 하나로 이 직무의 한 부분을 맡았었습니다. 이 사람이 불의의 삯으로 밭을 샀으나 거꾸로 넘어져 배가 터지고 창자가 쏟아졌던 것입니다."

(3) 파피아스(Papias)의 '긴 본문 형태'

"유다는 이 세상에서 그의 생애를 불신앙의 극악한 표본으로 살았다. 그는 마차가 쉽게 지날 수 있는 곳을 지나갈 수 없게 되었다. 사실상 너무 큰 그의 머리 하나라도 그렇게 할 수 없었다. 그의 눈꺼풀도 너무나 튀어나왔기 때문에 사람들의 말로는 그가 더 이상 빛을 볼 수 없게 되었다고 한다. 또한 그 눈꺼풀이 외부 표면 밑을 덮을 경우에는 안경 장사의 도구를 가지고도 그의 눈을 검사할 수 없었다. 그의 음경은 비대했고 부끄러울 정도로 보기가 역겨웠다. 그의 몸 전체로부터 그 부분까지 고름과 벌레들이 엉켜있었다… 사람들의 말에 의하면 그토록 많은 고문과 형벌들이 있은 후에 그의 생애는 그 자신의

토지에서 종말에 이르게 되었다. 그리고 이 토지는 냄새 때문에 오늘날에 이르기까지 사람이 살지 않는 황무지가 되었다. 실제로 오늘에 이르기까지 어느 누구도 자기 손으로 코를 막지 않고는 그곳을 지나갈 수 없다. 그의 몸에서 흘러나오는 것이 너무 많고 땅 위로 너무 넓게 퍼져 있었다."[18]

마태와 누가 그리고 파피아스가 전해 주는 가룟 유다의 죽음에 대한 이야기가 이처럼 서로 각각 너무나도 다르기 때문에 이런 기록들이 어떤 역사적 사실에 근거한 것이라고 생각하기가 어렵다. 오히려 그런 이야기들은 배신자의 마지막 죽음이 얼마나 비참한 것인지를 보여주는 교훈적인 경고의 메시지로써 소개되고 있는 것이라고 보는 편이 더 옳을 것이다. 가룟 유다의 죽음에 대한 이런 세 형태의 이야기들의 공통점이 그의 죽음의 비참함을 강조하고 집중하기 때문이다.

8. 맺는말

복음서에 기록된 이야기들을 제대로 이해하고자 한다면 다음의 두 가지 점을 먼저 기억할 필요가 있다. 첫째로 복음서 기자들은 전해져 내려온 전승들을 그대로 보존한 사람들(the collectors of the

---

18 '짧은 본문 형태'는 다음과 같이 되어 있다. "유다는 이 세상에서 그의 생애를 불신앙의 극악한 표본으로 살았다. 그는 그의 육체가 너무나도 부어올라서 마차가 쉽게 지나갈 수 있는 곳을 지나갈 수 없게 되었다. 마차에 짓눌려서 그의 내장이 쏟아져 나왔다."

traditions)이 아니다. 그들은 자신들의 기록 목적에 맞게 필요할 때마다 입수한 전승 자료들을 수시로 수정하거나 변경한 사람들(the correctors of the traditions)이기도 하다. 그리고 거기서 더 나아가 그들은 상황의 요구에 따라 새로운 전승들을 만들어 내기도 했던 사람(the creators of the traditions)들이기도 하다. 둘째로 복음서에 나오는 기적 이야기들을 연구했던 헬드(H. J. Held)는 "기적들은 그 자체가 중요한 것이 아니라 그것들이 포함하고 있는 메시지 때문에 중요하다"[19]고 말한 적이 있다. 이것은 복음서에 나오는 다른 이야기들의 경우에도 마찬가지이다. 복음서에 기록된 이야기들은 그 이야기들 자체가 중요해서 소개되고 있는 것이 아니라 그 이야기들이 내포하고 있는 메시지 혹은 교훈이 중요하기 때문에 소개되고 있다.

복음서 저자들이 가룟 유다의 배반 이야기와 그의 죽음 이야기를 소개한 것은 그런 이야기들이 실제의 역사적 사실인가 아니면 픽션인가 하는 문제를 막론하고, 그런 이야기 자체에 관심이 있어서가 아니다. 다만 그런 이야기들을 통해서 독자들에게 줄 수 있는 메시지가 더 중요했기 때문이다. 복음서들이 기록되던 당시는 믿는 자들이 로마의 정치적인 박해 혹은 유대 당국의 종교적 박해 때문에 많은 고통을 당하던 때이며, 그들 가운데서는 배신의 유혹에 빠지거나 실제로 배신하여 반역한 사람들도 많이 있었다. 그런 사실을 증거해 주는 성경 본문들이 실제로 적지 않다. 마태가 말한 "길 잃은 양"[20]의 비유

---

19 "it is plain that the miracles are not important for their own sake but by reason of the message they contain." Cf. H. J. Held, "Matthew as Interpreter of the Miracle Stories," In: G. Bornkamm, G. Barth, H. J. Held, *Tradition and Interpretation in Matthew*(Philadelphia: The Westminster Press, 1963), 210.
20 누가가 "잃은 양"을 말할 때(눅 15:4, 6) 사용했던 헬라어 동사(ἀπόλλυμι)는 영어의 lost란 의미의 동사인데, 마태가 "길 잃은(πλανάω) 양"이라고 말할 때는 go astray(잘

(마 18:12-14)도 믿음의 길에서 떨어져 나가버린 사람에 대한 비유였으며, 요한복음에서 "그때부터 그의 제자 중에서 많은 사람이 떠나가고 다시 그와 함께 다니지 아니하더라"(요 6:66)란 언급이 나오는 것도 믿음의 길을 도중에 포기하는 사람들에 대한 언급이었다.

요한일서에 보면 **적그리스도**(anti-Christ)에 대해서 "그들이 우리에게서 나갔으나 우리에게 속하지 아니하였나니 만일 우리에게 속하였더라면 우리와 함께 거하였으려니와 그들이 나간 것은 다 우리에게 속하지 아니함을 나타내려 함이니라"(요일 2:18-19)고 언급하고 있다. 여기서 말한 '적그리스도'는 믿음의 공동체를 버리고 떠났을 뿐만 아니라 오히려 교회에 위협이 되는 그런 반역자 혹은 배신자들을 가리키고 있다. 그리고 디모데후서에 보면 후메내오와 빌레도는 악성 종양처럼 "믿음을 무너뜨리는"(딤후 2:16-18) 사람으로 그리고 얀네와 얌브레는 "마음이 부패한 자요, 믿음에 관하여는 버림받은 자들"(딤후 3:8)로 지칭되고 있는데, 이들이 그들의 신앙 공동체에서는 마치 가룟 유다와 같은 배신자들인 셈이다. 바로 이런 배교자 혹은 배반자들 때문에 히브리서 기자가 독자들에게 "한 번 빛을 받고 하늘의 은사를 맛보고 성령에 참여한 바 되고 하나님의 선한 말씀과 내세의 능력을 맛보고도 타락한 자들은 다시 새롭게 하여 회개하게 할 수 없나니 이는 그들이 하나님의 아들을 다시 십자가에 못 박아 드러내 놓고 욕되게 함이라"(히 6:4-6)고 말함으로써 그런 배신과 배교의 유혹을 받고 있는 사람들을 염두에 두고 경고하고 있

못된 길로 가다)라는 다른 의미의 동사를 사용했다. 그런데 이 동사는 초기 기독교 문헌들에서 흔히 기독교인들이 타락하여 믿음의 길에서 떨어져 나가는 것에 대해 사용된 동사이다.

는 것으로 생각된다.

　복음서 기자들이 전하는 가룟 유다의 배반과 죽음 이야기도 이런 관점에서 이해해야 할 것이다. 복음서 기자들이 예수의 제자들의 명예에 흠이 되는, 그래서 결국 교회에도 별로 도움이 되지 못할 가룟 유다의 배반 이야기를 구태여 기록한 의도는 그런 이야기의 사실성 혹은 역사성과 상관없이 복음서를 읽는 독자들 가운데서 혹시 생겨날 수도 있는 배신과 반역의 가능성을 경계하는 데에 있었을 것이다. 즉, 예수와 그의 처음 제자들이 처했던 것과 같은 유사한 박해 상황에서 가룟 유다처럼 그렇게 예수를 배반하는 일이 생겨날 가능성을 염두에 두고, 가룟 유다처럼 그렇게 예수를 배반하여 그처럼 비참하고 참혹한 죽음을 맞는 일은 없어야 한다는 경고의 교훈이라는 것이다.

10장 | 예수를 꾸짖은 베드로

— 막 8:32b에 대한 올바른 번역과 이해

1. 들어가는 말

성경 말씀에 대한 올바른 이해를 가로막는 장애물들이 한둘이 아
니다. 첫째는 우리가 읽는 성경의 본문 자체가 '원본'에 근거한 번역
이 아니라 사본들을 토대로 확립된 본문에 근거한 번역이란 점 때문
에 생기는 문제이다. 신약성경 27권의 원본들은 지금 하나도 존재하지
않으며, 오직 원본을 베꼈던 여러 사본만이 전해질 뿐이다. 더구나
전해진 수많은 사본들의 비교를 통해 원본이 원본 그대로 정확히 전
달되지도 못한 경우도 적지 않다는 사실을 알 수 있다. 사본을 필사
하는 사람들이 원본을 베끼는 필사 과정에서 자주 무의식적으로, 때
로는 의도적으로 원문과 다르게 필사한 경우들[1]도 많이 있다. 이렇
게 와전된 사본 본문들은 원본의 의미를 정확히 이해하는 데 가끔

---

1 고의적으로 원본과 다르게 필사한 경우들도 대부분은 원본이 문법적으로 잘못되어 있어서
　바로 잡아놓기 위해서이고, 때로는 교회 예전에 적합하도록 조정하기 위한 경우들이라서
　대부분 선의에서 나온 것으로 추정된다. 그러나 때로는 자기가 속한 신앙 공동체의 독특한
　신학을 주장하거나 합리화하기 위해 원본을 수정한 경우들도 있었던 것으로 알려져 있다.

걸림돌이 될 수밖에 없다.

둘째로 이보다 더 중요한 장애물이 있다. 헬라어로 기록된 여러 사본들을 토대로 성서학자들이 본문 비평(the textual criticism)과 같은 여러 가지 방법을 이용하여 원본에 아주 가까운 본문을 찾아놓을 수 있게 된 것은 그나마 다행스런 일이다. 그러나 문제는 가장 권위 있는 고대 헬라어 사본들의 경우 대부분이 모두 대문자로 기록되어 있다는 점이다.[2] 이런 대문자 사본들의 중요한 특징은 본문에 띄어쓰기가 전혀 되어 있지 않을 뿐만 아니라 쉼표 및 마침표 또는 의문부호나 감탄부호 같은 것들이 전혀 표기되어 있지 않다는 점이다. 따라서 그런 문장을 읽고 필사할 때 문장이 어디서 끝나는지 혹은 이 문장이 의문문인지 감탄문인지 구별하기가 쉽지 않다. 그때마다 사본 필사자들은 자신들의 자의적인 판단에 따라 문장을 기록할 수밖에 없었다. 이런 경우 헬라어 문장이 가끔 저자의 의도와 다르게 전해지는 경우가 생겨날 수밖에 없고, 실제로 그런 경우들이 많이 발견되고 있는 것이 사실이다.

셋째로 이런 경우들에 못지않은 혹은 더 중요한 장애물이 있다. 헬라어 성경 원문을 우리말로 번역하는 과정에서 번역자들이 원문을 저자의 본래 의미대로 정확히 번역하지 못해 생기는 문제이다. 물

---

2 가장 오래된 권위 있는 대문자 사본은 『시내 사본』(codex Sinaicus)으로 알려지고 있는데, 이 사본은 1859년에 시내 산의 기슭에 위치하고 있는 성 캐더린(St. Catherine) 수도원에서 독일의 성서학자인 Tischendort에 의해 처음 발견되었으며, 현재 영국 박물관에 보관 중이다. 이 사본의 기록 연대는 4세기 중엽으로 추산되고 있다. 이 이외에도 대문자 사본으로 유명한 것으로는 『알렉산드리아 사본』, 『바티칸 사본』, 『베자 사본』 등이 있다. 처음에는 모든 성경들이 대문자로 기록되었는데, 제9세기경부터 성경을 소문자로, 즉 초서체로 기록한 사본들이 출현하게 되었고, 이런 사본들에서는 띄어쓰기나 쉼표 혹은 마침표 등이 제대로 표기되어 있다.

론 가끔 원문에 기록된 헬라어 단어들 가운데는 그 단어에 해당하는 적절한 우리말 단어가 없어서 어쩔 수 없이 가장 가까운 다른 단어로 번역할 수밖에 없는 경우들이 있기도 하다. 그런 경우 원문의 의미를 정확히 전달할 수 없게 된다. 그러나 그런 경우보다 더 심각한 문제는 번역자가 자신의 능력의 한계로 인해 번역하는 본문의 의미를 제대로 파악하지 못한 채 자신의 자의적인 판단과 해석에 따라 번역함으로써 원문에 담긴 저자의 의도를 올바로 반영하지 못하여 결과적으로 본문을 왜곡하는 경우들이다. 일점일획이라도 틀림이 없어야 하는 성경 말씀에 이런 문제가 생긴다는 것은 정말로 문제가 아닐 수 없다. 바로 이런 경우의 실례들 가운데 하나를 우리는 마가복음 8:32b의 번역에서도 찾아볼 수 있다고 생각한다.

2. 우리말 번역 성경들은 막 8:32b를 어떻게 번역했나?

마가복음 8:32b에 대한 올바른 번역이 어떠해야 하는가에 대해 논의하기 전에 먼저 헬라어 성경 원문은 어떻게 기록되어 있고 또 우리말로 번역된 성경들에서는 이 구절이 어떻게 번역되어 있는지부터 살펴보기로 하자.

마가복음 8:32b의 헬라어 원문 성경 본문은 다음과 같이 되어 있다.

"καὶ προσλαβόμενος ὁ Πέτρος αὐτὸν ἤρξατο ἐπιτιμᾶν αὐτῷ"
"그리고 베드로는 그를 붙잡고 그를 꾸짖기 시작했다"(사역).

우리말 번역 성경들은 마가복음 8:32b를 다음과 같이 번역했다.

개역한글: "베드로가 예수를 붙들고 간하매."

개역개정: "베드로가 예수를 붙들고 항변하매."

공동번역: "베드로가 예수를 그래서는 안 된다고 펄쩍 뛰었다."

새번역: "베드로가 예수를 바짝 잡아당기고 그에게 항의하였다."

표준새번역: "베드로가 예수를 꼭 붙들고 예수께 항의하였다."

헬라어 원문에 사용된 똑같은 헬라어 동사 "ἐπιτιμᾶν"[3] 하나를 두고 이처럼 다양하게 번역해놓은 것을 보고 있자니 우리말 성경 번역자들이 이 구절에서 이 동사의 번역을 놓고 상당히 고민한 것 같다는 생각이 든다. 그렇다면 대부분의 영어 번역본들의 경우에는 어떻게 번역하였는지를 비교해보자.

KJV: "And Peter took him, and began to <u>rebuke</u> him."

NKJV: "Then Peter took Him aside and began to <u>rebuke</u> Him."

NASB: "And Peter took Him aside and began to <u>rebuke</u> Him."

NIV: "and Peter took him aside and began to <u>rebuke</u> him."

ESV: "And Peter took him aside and began to <u>rebuke</u> him."

RSV: "And Peter took him, and began to <u>rebuke</u> him."

---

3 마가복음에서는 이 단어가 모두 8번 사용되었다(3:12; 4:39; 8:30, 32, 33; 9:25; 10:13, 48). 이 중 두 번은 예수가 제자들(3:12; 8:30)에 대해, 두 번은 예수가 사람의 생명을 위협하는 사탄의 세력과도 같은 바다의 폭풍(4:39)과 더러운 귀신(9:25) 그리고 베드로에 대해(8:33) 사용했다. 그 외에는 베드로가 예수에 대해(8:32) 그리고 제자들이 어린아이들을 예수께 데려오는 사람들에 대해(10:13) 사용하였다.

CSV: "Peter took him aside and began to <u>rebuke</u> him."

NET: "So Peter took him aside and began to <u>rebuke</u> him."

우리말 번역 성경들과 영어 번역 성경들을 비교해볼 때 한눈에 들어오는 커다란 차이는 영어 번역 성경들의 경우 마가복음 8:32b에 나오는 헬라어 동사 "ἐπιτιμᾶν"을 대부분 거의 예외 없이 일관되게 "rebuke"(꾸짖다)라고 번역했지만,[4] 우리말 번역 성경들은 같은 헬라어 동사를 각기 여러 가지 다른 형태로 다양하게 번역해 놓았다는 점이다. 또 다른 차이 하나를 더 지적한다면 놀랍게도 우리말 번역 성경 중 어느 하나도 대부분의 영어 번역본들처럼 원문의 의미 그대로 "꾸짖다"라고 번역한 것이 하나도 없다는 점이다. 정말로 유감스런 일이 아닐 수 없다. 이런 차이는 어떻게 설명해야 할까? 영어 성경 번역자들이 헬라어 동사의 의미에 충실하게 그대로 정확하게 번역한 반면에 우리말 성경 번역자들은 원문 동사를 있는 그대로 정확히 번역하려고 하지 않은 채 오히려 원문 동사의 의미에 관해 고민하며 자기들 나름대로 '해석'하여 번역한 것이 문제라면 문제일 것이다.

아마도 우리말 성경 번역자들은 "베드로가 예수를 꾸짖었다"는 말을 원문 그대로 번역하는 것이 마음에 좀 걸렸을지 모른다. 제자인 베드로가 어떻게 감히 주님을, 자기가 방금 "메시아"라고 고백한(막 8:29) 예수를 꾸짖을 수 있냐는 생각 때문이었을 것이다. 한마디로

---

4 위에 표기된 영어 번역본들 이외에 NKJV, ASV, HNV, NEB, DBY, YLT, NASB 등의 번역본들도 모두 다 "rebuke"라고 번역했다. NLT가 예외적으로 "ἐπιτιμᾶν"을 "reprimand" 란 말로 번역했지만 이 동사도 "꾸짖다" 혹은 "질책하다"란 의미를 갖고 있으며, 32절과 33절에서 똑같은 단어로 번역하였기 때문에 32절과 33절에서 모두 "rebuke"라고 번역한 다른 영어 번역본들과 별로 다르지 않다고 볼 수 있다. 반면에 우리말 번역 성경들에서는 똑같은 동사가 32절과 33절에서 달리 번역되어 있다는 점에서 잘못이라고 생각된다.

번역자 자신의 자의적인 생각과 해석이 개입되기 시작한 것이 문제라고 생각된다. 이것이 우리말 성경 번역자들의 생각과 고민이었다는 점은 그들이 바로 다음절(8:33)에서 "예수가 베드로를 꾸짖었다"는 말을 번역할 때는 별다른 고민 없이 똑같은 헬라어 동사를 원문 그대로 번역한 사실에서도 드러나고 있다. 예수가 베드로를 꾸짖은 것은 문제가 될 수 없지만, 베드로가 예수를 꾸짖은 것은 마음에 걸렸다는 말이다. 그러나 성경을 번역하는 데 있어서 같은 문맥 안에서 똑같은 동사를 그렇게 달리 번역하는 근거가 도대체 무엇이란 말인가?

무엇보다도 우리말 성경 번역자들의 이런 오역과 왜곡은 이 본문을 기록한 마가복음 저자의 본래 의도를 제대로 파악하지 못했기 때문이란 점이 더 큰 문제일 수도 있다. 여기서 우리는 한 단어(a word)의 정확한 의미는 그 단어가 사용된 문장(sentence) 가운데서, 한 문장의 정확한 의미는 그 문장이 사용된 문맥(context)과 단락(paragraph) 가운데서, 한 단락의 정확한 의미는 그 단락이 포함된 장(章, chapter) 가운데서, 한 장의 정확한 의미는 그 장이 포함된 책 전체 안에서 파악될 수 있다는 점을 기억해야 한다. 아래에서 밝혀지겠지만 마가복음 저자의 의도는 분명히 "베드로가 예수를 꾸짖었다"고 말함으로써 **예수를 꾸짖은 베드로**의 부정적 이미지를 보여주려 했다고 생각되기 때문이다. 그리고 이것은 나중에 **예수를 부인한 베드로**(막 14:66-71)의 부정적 이미지 등과 함께 마가복음 전체에서 나타나는 베드로에 대한 마가복음 저자의 부정적 관점과 밀접히 연관되어 드러나고 있는 것으로 생각된다.

우리말 성경 번역자들은 마가복음 저자가 사용한 헬라어 단어를 그대로 정확히 번역하지 않았다는 비난을 피할 길이 없어 보인다. 마가복음 저자는 예수와 베드로 간의 대화에서 똑같은 문맥의 똑같은 헬라어 동사 "ἐπιτιμᾶν"을 한 번은 베드로가 예수를 "꾸짖었다"(8:32)고, 다른 한 번은 바로 이어서 예수가 다시 베드로를 "꾸짖었다"(8:33)고 분명하게 반복해서 기록하였다. 즉, "베드로가 예수를 꾸짖었기" 때문에 "예수가 (그런) 베드로를 꾸짖었다"고 말하고 있는 것처럼 말이다. 따라서 두 곳 모두에서 똑같이 "꾸짖었다"라고 번역한다고 해서 문제가 될 것이 전혀 없어 보이며, 마땅히 두 곳 모두에서 똑같이 원문 그대로 "꾸짖었다"라고 번역해야만 했을 것이다. 그런데 우리말 성경 번역자들은 앞에서 지적했듯 거의 예외 없이 33절에선 예수와 관련해서 "꾸짖었다"고 번역하면서도, 32절에서는 베드로와 관련해서 "꾸짖었다"고 번역하지 않고 "간했다", "항의했다" 혹은 "그래서는 안 된다고 펄쩍 뛰었다"고 에둘러 번역했다.

아마도 우리말 성경 번역자들은 마가복음을 기록한 저자의 의도를 제대로 파악하지 못한 채 "예수를 꾸짖은 베드로"의 예의 없어 보이는 그런 부정적인 모습을 그대로 독자들에게 보여주고 싶지 않았던 것으로 보인다. 그래서 "간했다"(개역한글), "항의했다"(새번역과 표준새번역), "항변했다"(개역개정), 심지어는 "그래서는 안 된다고 펄쩍 뛰었다"(공동번역)라고 번역하였을 것이다. 그렇게 번역함으로써 독자들에게 베드로가 감히 "예수를 꾸짖은" 그런 버릇없는 무례한 사람이나 몰상식한 제자는 아니라는 인상을 주려 한 것으로 생각된다. 그렇게 번역한 것이 예수의 열두 제자 중 대표자이며 수제자인 베드로의 체면을 세워 주고, 그를 좀 더 긍정적인 모습으로 소개하는 효과를 거둘 수 있었을지도 모른다. 그러나 그것이 마가복음 저자의 의도를 제대로 파악하여 번역한 것은 아니기에 결과적으로 그런 번역들은 결국 원문의 의미를 왜곡시켜 마가복음 저자의 의도를 올바로 이해하지 못하게 만드는 잘못을 범했다는 비난을 면하기 어려워 보인다.

3. 마가복음 저자가 "베드로가 예수를 꾸짖었다"고 기록한 이유는 무엇일까?

우리는 무엇보다도 먼저 마가복음이 70년경에, 즉 유대 나라가 로마 제국에 의해 멸망하고 동시에 초기 기독교가 이방 지역으로 옮겨가면서 차츰 이방 기독교로 발전해가던 시기에 기록된 복음서란 점을 기억할 필요가 있다. 유대 기독교(the Jewish Christianity)가 힘을 잃어가고, 반면에 이방 기독교(the Gentile Christianity)가 점차 득세하기 시작하던 때였다. 따라서 유대 기독교의 대표적인 지도자였던 베드로보다는 오히려 이방인의 사도인 바울의 영향력이 커질 수밖에 없는 상황이었다. 바로 여기서 우리는 먼저 마가복음이 이방 기독교의 산물, 즉 이방인의 복음서(the Gentile Gospel)라는 점에 주목해야 한다. 브랜든(S.G.E. Brandon)이 지적했던 바와 같이 마가복음은 "유대 나라의 멸망에 대한 일부 이방 기독교인들의 반작용의 산물"(a product of the reaction of some body of Gentile Christians)[5] 이었다. 따라서 마가복음의 기록 동기에는 예수가 유대인이라는 인

---

5 S.G.F. Brandon, *The Fall of Jerusalem and the Christian Church*(London: SPCK, 1981), 186.

종적 배경이나 유대 나라라는 지리적 연관성으로부터 완전히 분리된 분임을 밝히는 것도 있었는데,6 이것은 바로 바울이 했던 일이기도 했다. 당연히 마가복음의 저자로서는 발전해가는 기독교의 장래 운명과 관련하여 베드로보다는 오히려 바울에게 더 많은 기대를 해야 하는 상황에 처해 있었고, 베드로보다는 바울을 더 중요한 사도로 부각시킬 수밖에 없었다. 바로 이런 이유에서 마가복음을 가리켜 "바울의 명성을 회복시키는 첫 번째 징조"(the first sign of a rehabilitation of the reputation of Paul)7 또는 "유대 기독교에 대한 바울이 주도하는 이방 기독교의 승리를 보여주는 과정의 초기 (문학적) 단계"8라는 평가가 나오는 것이다.

그렇기에 마가복음 저자가 예루살렘 교회의 초기 지도자들이었던 열두 제자들, 특히 초기 유대 기독교의 대표적 지도자로 생각되는 베드로에 대해 부정적으로 묘사할 것이라는 점은 불가피한 일이었을 것이다.9 그래서 마가복음에는 "예루살렘 교회 지도자들에 대한

---

6 그래서 브랜든(S.G.F. Brandon)은 마가복음이 "a distinct anti-Jewish bias"를 가진 복음서라고 말하기도 한다. Cf. *Jesus and the Zealots*(New York: Charles Scribner's Sons, 1967), 172.

7 *Ibid.*, 201. 다른 한편으로 Telford는 바울과 마가의 유사성을 설명하는 가운데서 R. H. Fuller가 "마가는… 바울의 십자가 케리그마를 '예수의 생애' 형태로 다시 강력하게 주장하고 있다"고 그리고 Volkmar가 "마가복음은 an allegorical presentation of Pauline teaching in the form of a narrative"라고 말한 것을 지적하고 있다. Cf. *The Theology of The Gospel of Mark*(Cambridge University Press, 1999), 168-169.

8 Cf. W.R. Telford, *The Theology of the Gospel of Mark*, 163: "an early (literary) step in the process which eventually saw the triumph of a Paulinist Gentile Christianity over a Jewish Christianity."

9 마가복음에서 베드로를 포함하여 예수의 열두 제자들이 아주 부정적으로 묘사되어 있으며 그래서 마가복음을 '열두 제자들에 대한 공격'이라고 주장하는 대표적인 학자는 Theodore J. Weeden이다. 그는 마가복음에서 예수의 열두 제자들의 이미지가 처음에는 예수에 대한 Misconception, 다음에는 Misunderstanding, 나중에는 Rejection으로 3단계로 악화되고 있다고 지적한다. Cf. *Mark: Traditions in Conflict*, Philadelphia:

반감의 분명한 조짐들(clearer signs of an antipathy towards the leaders of the Jerusalem Church)이 있다"는 지적도 나오고 있는데,[10] 베드로가 그 대표적인 인물일 수밖에 없다. 한 마디로 마가복음 저자는 그의 복음서 기록을 통해서 베드로의 부정적인 이미지를 강하게 드러냄으로써 베드로에 대한 반감을 공공연히 밝히고 있다는 말이다.

베드로에 대한 마가의 이런 부정적 관점과 평가가 실제로 마가복음의 다음과 같은 본문들에서 아주 잘 드러나고 있는 것으로 생각된다.

첫째, 베드로의 가이사랴 빌립보 신앙고백 이야기에서이다. 최초의 복음서인 마가복음에서는 베드로가 가이사랴 빌립보에서 예수를 향해 "당신은 그리스도(=메시아)입니다"(8:29)라고만 고백한 것으로 소개되고 있다. 베드로가 예수를 '이스라엘의 메시아' 혹은 '유대적 메시아'로, 즉 유대인의 관점에서 정치적인 의미가 담긴 메시아로 고백한 것이라고 생각된다. 그러나 이런 관점에서의 신앙고백은 주님의 진짜 정체와 역할, 즉 예수 죽음이 갖는 구원론적인 의미에 대한 이해가 완전히 결여된 고백으로 보인다. 그래서 예수에 대한 베드로의 인식과 고백은 무언가 좀 부족하고 용납할 수 없는 신앙고백이라는 생각이 들지 않을 수 없다.

이 점은 다음과 같은 두 가지 사실에서 확인될 수 있다. 우선은 예수를 메시아라고 고백한 베드로의 신앙고백을 들은 직후에 나타난 예수의 반응이다. 예수는 베드로의 신앙고백이 있은 직후에 제자들에게 "자기에 대해 아무에게도 말하지 말라고 꾸짖었다(ἐπιτιμᾶν)"[11]

Fortress Press, 1971.
10 S.G.F. Brandon, *The Fall of Jerusalem and the Christian Church*, 201.
11 마가복음 8:30, 32, 33에서 똑같은 동사 ἐπιτιμᾶν이 반복적으로 사용되었는데, 8:30의

고 말했다(막 8:30). 베드로의 신앙고백이 마태복음에서는 축복과 칭찬을 받을 만한 훌륭한 고백으로 나오지만, 마가복음에서는 도리어 "아무에게도 말하지 말라"고 꾸짖음을 당한 고백이었던 셈이다. 따라서 예수에 대한 이런 인식과 고백은 "아무에게도 말해져서는 안 될" 신앙고백이었다. 베드로가 끝내 예수로부터 "사탄아 물러가라. 너는 하나님의 일을 생각하지 않고 도리어 사람의 일만 생각하는구나"(8:33)라고 "꾸짖음"을 받은 것도 이런 이유 때문이었다.

다음으로는 마가복음에 소개된 베드로의 부족한, 불완전한 신앙고백이 나중에 기록된 마태복음에서 수정되고 보완되고 있다는 점이다. 마태복음 16:16에서 마태는 마가가 소개한 베드로의 신앙고백을 수정 보완하여 "당신은 그리스도시오, 살아계신 하나님의 아들이십니다"라고 소개하고 있다. 그리고 이렇게 보완되고 좀 더 온전해진 베드로의 신앙고백을 들은 예수는 베드로를 향해서 "바요나 시몬아, 네가 복이 있도다"고 축복해 주었고, "너는 베드로라, 내가 이 반석 위에 내 교회를 세우리라"고, 더 나아가 "내가 천국 열쇠를 네게 주리라"고 말씀하신 것(막 16:17-19)으로 기록되어 있다. 결국 마가복음에 나오는 베드로 신앙고백의 부족한 점은 예수를 '하나님의 아들'로까지 고백하지 못함에 있는 것으로 생각된다. 마가복음과는 달리 유대적인 복음서로 알려지고 있는 마태복음에서 베드로가 예수를 "그리스도"(=메시아)로만 아니라 "하나님의 아들"로 고백하고 있는 점에서 볼 때 그리고 마가복음이 복음서의 서두(1:1)에서 "예수가 그리스도이며 하나님의 아들이란 복음의 시작"이라고 기록한 점에서 볼 때,12 예수를 그리스도(=메시아)로만 고백한 마가복음의 베드

경우 개역개정은 "경고했다"라고, 공동번역은 "단단히 당부하셨다"고 번역하였다.

로 신앙고백은 분명히 문제가 있어 보인다. 따라서 마가복음에서 베드로가 예수를 "그리스도"(=메시아)로 고백했던 신앙고백(막 8:29)은 분명히 마태복음의 경우처럼 칭찬을 받고, 축복을 받을 만한 신앙고백이 아니라 도리어 "꾸짖음을 받을 만한" 그래서 더 이상 "아무에게도 말하지 말아야"(막 8:30) 할 신앙고백이란 의미로 읽어야 마땅할 것이다. 그래서 끝내 베드로가 예수로부터 "사탄아 물러가라. 너는 하나님의 일을 생각하지 않고 도리어 사람의 일만 생각하는구나"(8:33)라는 책망을 받은 것 아니겠는가?

체드 마이어(Ched Myers)는 가이사랴 빌립보에서 있었던 베드로와 예수 간의 대화에서 다음과 같은 도표 형식으로 베드로와 예수를 극적으로 대비시키고 있는데, 이것 역시 마가복음 저자가 가이사랴 빌립보에서 있었던 베드로의 신앙고백을 그리고 그런 고백을 한 베드로를 얼마나 부정적으로 보고 있는지를 잘 증거해 주고 있다고 생각된다.[13]

---

12 많은 마가복음 연구가들은 마가복음 1:1이 본래 마가복음의 제목 혹은 명칭이었다고 보고 있다. 그리고 대부분의 번역 성경들이 마가복음 1:1의 경우 "예수 그리스도"를 하나의 고유명사로 이해하여 "하나님의 아들"이란 문구와 동격을 이루고 있는 것으로 보아 "예수 그리스도는 하나님의 아들이라는 복음의 시작"이라고 번역하였다. 그러나 최근 마가복음 연구가들 중에서는 "예수가 그리스도이며 하나님의 아들이란 복음의 시작"(The Beginning of the Gospel of Jesus, Christ, the Son of God)이라고, 즉 "예수"와 "그리스도"를 분리시키고, "그리스도"와 "하나님의 아들"을 동격으로 병치시켜 읽어야 한다는 주장이 이미 제기된 바 있기도 하다. Cf. 이진경, "마가복음 1장 1절에 나타난 두 개의 기독론 칭호 연구"(「신약논단」, 제20권 제2호, 2013), 409-442.

13 Ched Myers, *Binding the Strong Man: A Political Reading of Mark's Story of Jesus*(New York: Orbis Books, 1988), 244. 이 도식에서 Myers는 "ἐπιτιμᾶν"(꾸짖다)는 동사 대신에 "입을 다물게 하다"(silences)란 동사를 사용하였다. 그러나 예수를 메시아로 고백한 베드로를 가리켜 '사탄'으로 규정했다고 봄으로써 베드로에 대한 부정적인 이미지를 가장 강하게 드러내고 있는 것으로 생각된다.

베드로: 예수는 그리스도이다(8:29).

예수는 베드로를 꾸짖었다(8:30).

예수: 인자는 고난을 당해야만 한다(8:31).

베드로는 예수를 꾸짖었다(8:32).

예수는 베드로를 꾸짖었다(8:33).

예수: 베드로는 사탄이다(8:33).

바로 이런 점들 때문에 브랜든(S.G.F. Brandon)은 가이사랴 빌립보에서의 베드로의 신앙고백 이야기가 마가복음에서는 "열두 사도들, 특히 베드로의 권위를 훼손하는 표현으로 이해될 수 있는 최상의 열쇠"[14]이며 그래서 "반 베드로적 논쟁의 분명한 일부"(a definite piece of anti-Petrine polemic)[15]라고 강조하고 있다.

둘째로 변화산 사건에 관한 마가의 기록에서도 베드로는 역시 부정적으로 묘사되고 있다. 베드로는 산 위에서 예수가 모세와 엘리야와 함께 눈부시게 빛나는 모습으로 변화된 것을 보고는 예수를 향해 "랍비여, 우리가 여기 있는 것이 좋사오니, 우리가 초막 셋을 짓되 하나는 주를 위하여, 하나는 모세를 위하여, 하나는 엘리야를 위하여 하사이다"(9:5)라고 말했다. 그런데 마가는 이 말 직후에 "이는… 그(=베드로)가 무슨 말을 할지 알지 못함이라"(9:6)고 부정적인 단서를 첨가함으로써 베드로가 변화산 사건의 의미를 제대로 이해하지 못한 저능아처럼 부정적으로 묘사하였다.[16] 그런데 유대 기독교의 문

---

14 Brandon, *Jesus and the Zealots*, 277("the best clue to understanding this derogatory presentation of the Twelve Apostles, and particularly of Peter").

15 Brandon, *The Fall of Jerusalem and the Christian Church*, 196.

16 Weeden은 마가복음 9:6에 나오는 베드로에 관한 이 언급이 베드로를 '열등생' 혹은

10장 | 예수를 꾸짖은 베드로 | 435

서로 생각되는 마태복음에서는 마가복음(9:6)에 나오는 이 부정적인 언급을 완전히 삭제함으로써 베드로의 권위와 명성이 훼손당하지 않게 하려는 의도를 드러내고 있다. 이 점만 보더라도 마가는 분명히 이 이야기를 가지고 '예수를 오해한 베드로'의 부정적인 모습을 그대로 드러내고 있는 것으로 생각된다.

셋째로 베드로에 대한 부정적인 묘사는 마가가 전하는 겟세마네 동산의 이야기에서도 다시 드러나고 있다. 예수는 겟세마네 동산에 올라 "제자들에게 이르시되 내가 기도할 동안에 너희는 여기 앉아 있으라 하시고, 베드로와 야고보와 요한을 데리고 가사… 내 마음이 심히 고민하여 죽게 되었으니 너희는 여기 머물러 깨어 있으라"(14:32-34)고 당부했다. 그런데 기도하고 돌아온 예수는 "제자들이 자는 것을 보시고"(14:37)서도 오직 베드로의 이름만을 거론하면서 "시몬아, 자고 있느냐? 네가 한동안도 깨어 있을 수 없더냐?"(14:37)라고 말씀하셨다. '제자들'이 모두 잠들어 있었는데도 마가복음에서는 오직 **베드로**("네가")만이 책망의 대상인 것처럼 기록되어 있다. 베드로의 부정적인 이미지를 더 드러내려는 마가의 의도가 엿보이는 대목이라고 말하지 않을 수 없다. 이것은 마태복음의 평행 본문에서 마가복음의 경우와 달리 베드로가 책망과 비난의 대상으로 거론되지 않은 채 그냥 "너희가 나와 함께 한 시 동안도 이렇게 깨어 있을 수 없더냐?"(마 26:40)라고 기록된 것과 대조가 된다. 결국 마가만이 베드로란 이름을 거론함으로써 "예수와 함께 깨어 있지 못했던 베드로"의 부정

'저능아'(dunce)로 폄하하는 것이고, 결국 베드로에 대한 공격의 일종으로 보고 있다. Cf. Th.J. Weeden, *Mark-Traditions in Conflict*(Philadelphia: Fortress Press, 1971), 123.

적인 모습을 부각하는 셈이다.

넷째로 예수가 베드로를 향해서 "오늘 밤 닭이 두 번 울기 전에, 너는 세 번 나를 모른다고 할 것이라"고 미리 말해주었을 때 베드로는 "비록 주님과 함께 죽을지라도 결코 선생님을 모른다고 하지 않겠습니다"(14:31) 라고 장담했다. 그러나 이런 장담과 맹세에도 불구하고 베드로는 대제사장의 계집종 앞에서 세 번씩이나 거듭 "저주하고 맹세하며" 예수를 모른다고 부인했다(14:66-72).[17] 우리는 기독교 문서 역사상 최초로 이 이야기를 복음서 기록을 통해 소개함으로써 **예수를 부인한 베드로**란 부정적인 이미지를 부각시킨 사람이 바로 마가복음 저자라는 사실을 기억할 필요가 있다.

다섯째로 마가복음의 결론 부분에서 다시 그리고 마지막으로 베드로에 대한 마가의 부정적인 입장이 강하게 드러나고 있다. 마가복음의 빈 무덤 이야기에 보면 빈 무덤을 찾았던 여인들은 흰옷을 입은 젊은이(막 16:5)[18]로부터 예수는 부활했으니 "가서 그의 제자들과 베드로에게 이르기를 예수께서 너희보다 먼저 갈릴리로 가시나니… 너희가 거기서 그를 뵈오리라"(막 16:7)고 전하라는 명령을 받았다. 여기서 "제자들"이란 말과 함께 유독 **베드로**의 이름이 언급된 사실에 주목할 필요가 있다. 왜냐하면 여인들이 천사의 명령에도 불구하고 두려워서 "아무에게 아무 말도 하지 못했다"(16:8)는 것은 결국 예수

---

17 G. Klein은 베드로가 예수를 모른다고 부인한 이 이야기가 마가복음에서 반 베드로적인 (anti-Petrine) 의도에서 만들어진 이야기라고 보고 있다("Die Verleugnung des Petrus. Eine traditionsgeschichtliche Untersuchung," *ZThK* 58, 1961, 285-328). 그의 말이 맞는다면 이 이야기는 분명히 베드로의 명성과 권위를 폄하하기 위해 구성된 본문이라고 말할 수 있을 것이다.

18 마태의 평행 본문에서는 "천사"로 기록되었고, 누가의 평행 본문에서 비록 "빛나는 옷을 입은 사람"(눅 24:5)라고 기록되었지만, 누가복음 24:23에서는 그가 천사임을 암시하고 있다.

부활의 소식이 제자들은 물론이고 베드로에게도 전해지지 않았다는 것을 의미하는 것이기 때문이다. 다른 말로 한다면 마가는 그의 복음서 마지막 구절을 통해 베드로가 빈 무덤이나 예수 부활의 목격자가 아닐 뿐만 아니라 예수의 부활 소식을 전해 듣지도 못했다는 사실을 강조하고 있는 것으로 볼 수 있다. 그리고 이것은 베드로의 사도권 자체에 대한 불신의 근거가 될 수 있다.[19] 바로 이런 점들 때문에 "마가복음 16:8b는 제자들에 대한 마가복음 저자의 공격 가운데서 드러나는 최후의 일격"[20]이라고 말하기도 한다. 부활하신 예수의 목격자라는 점 혹은 예수의 부활 소식을 제일 먼저 전해 들었다는 점이 초대교회에서 사도의 자격 및 권위와 관련해서 중요한 의미를 가지고 있었다는 사실을 염두에 둘 때 마가복음에서 베드로는 부활하신 예수를 보지도 못했을 뿐만 아니라, 예수의 부활 소식조차 전해 듣지 못한 인물이라는 점은 베드로의 사도성과 수위성에 큰 타격이 아닐 수 없다. 바로 이런 의미에서 우리는 복음서들 중에서 마가복음이 베드로의 사도적 권위를 근원적으로 부정하는 가장 반 베드로적인 복음서(the most anti-Petrine Gospel)라고 그리고 브랜든(Brandon)의 말을 빌려 "반 베드로적 논쟁"(anti-Petrine polemic)[21]이라고 말하지 않을 수 없다.

마가복음 전체에 걸쳐서 계속 베드로를 부정적으로 소개하고 있는 마가복음 저자의 이런 의도에서 볼 때 마가가 8:32b에서 **예수를 꾸짖은 베드로**를 언급한 것은 그의 전체적인 신학적 관점에 아주 잘

---

19 Th. J. Weeden은 보다 직접적으로 "여인들의 침묵이 제자들로부터 그들의 사도적 신임장을 빼앗아 버렸다"고 말한다. Cf. *Mark-Traditions in Conflict*, 117.
20 Th.J. Weeden, *Mark-Traditions in Conflict*, 117.
21 S.G.F. Brandon, *The Fall of Jerusalem and the Christian Church*, 196.

부합되는 것이라고 보지 않을 수 없다. 이런 마가복음 저자의 의도를 무시한 채 원문을 왜곡하여 베드로가 예수를 "간했다", "항의했다", "항변했다"라고 원문 동사의 의미와 달리 번역한 것은 마가복음 저자의 의도를 왜곡하여 호도하는 것이 분명해 보인다. 따라서 우리는 마땅히 원문에 기록된 그대로 "예수가 베드로를 꾸짖었다"라고 번역하여 읽음으로써 마가복음 8:32b를 기록한 마가복음 저자의 의도를 왜곡하거나 오해하는 일이 없이 올바로 이해할 수 있어야 할 것이다.

11장 | 명절에 죄수를 풀어 주는 관례

1. 명절에 죄수를 풀어 주는 관례의 역사적 신빙성 문제

로마 총독 빌라도가 예수를 심문하고 십자가에 처형하도록 마지막 결정을 하는 과정에서 유대 나라를 다스리던 로마의 총독이 유대인의 명절에 백성들이 풀어 주기를 원하는 죄수 한 사람을 풀어 주는 관례가 있었다는 언급이 마가복음 15:6에 나타나고 있다. 그런데 이런 전례 혹은 관례가 실제로 있었는지는 의문의 여지가 많으며 그래서 많은 논란이 제기된 바 있다. 그런 관례에 대한 의문이 제기되는 가장 중요한 이유 가운데 하나는 그런 관례에 대해 언급한 복음서 전승을 제외하고는 다른 어느 곳에서도 그런 관례에 대해 언급하고 있는 역사적 증거를 찾아볼 수가 없다는 점 때문이다.[1] 특히 친 로마적인 역사가로 잘 알려진 요세푸스가 기록한 『유대전쟁사』나 『유대고대사』 등에서도 전혀 그런 관례에 대한 언급을 찾아볼 수가 없다. 요세푸스는 로마 당국이 여러 시기에 걸쳐 여러 번 유대인들에게 베

---

1 "quite without non-Christian historical corroboration." Cf. S.G.F. Brandon, *The Fall of Jerusalem and the Christian Church*(London: SPCK, 1981), 193.

풀었던 특혜 조치들에 대해 많이 언급한 인물이었다. 그렇기에 만일 로마 당국이 유대인들에게 명절 때마다 그들이 원하는 죄수 한 명을 풀어 주는 그런 특별한 전례를 인정하고 실행했다면, 요세푸스가 그런 사실을 아무런 언급 없이 그냥 지나쳐버리지 않았을 것이라는 지적은 아주 설득력이 있어 보인다.

더구나 명절에 죄수 하나를 풀어 주는 전례에 대해 전해 주는 복음서 전승 간에도 서로 많은 차이를 보이기 때문에 그런 관례에 대한 역사적 사실의 신빙성에 대해 확신하기가 어렵다는 이유도 있다. 우선 마가복음 15:7과 마태복음 27:15에서는 "명절에" 죄수 하나를 풀어 주곤 했다고 했는데, 요한복음에서는 "유월절에"(18:39)라고 말하고 있다. 죄수를 풀어 주는 일이 "모든 명절마다" 있었는지 아니면 "유월절에만" 있었는지도 전혀 분명치 않다. 다음으로 요한복음(18:39)에서만 그런 '관습'이란 단어가 나올 뿐 마가복음(15:6)에서는 ἀπέλυεν이라고 반과거형(imperfect)을 사용하여 놓아주는 일이 과거에 반복되었을 가능성을 보여주고 있을 뿐이다. 그리고 마태복음 (27:15)에서는 εἰώθει라고 '완료형'을 사용하여 "풀어 주곤 했었다"(ac-customed to release)는 의미만을 전해 주고 있다. '전례' 혹은 '관례' 였는지 자체도 분명치가 않다는 말이다.

더 중요한 점은 다른 복음서들과 달리 누가복음의 권위 있는 사본들에서는 명절에 죄수 하나를 풀어 주는 전례에 대한 언급 자체가 전혀 나타나지 않고 있다는 사실이다.[2] 우리말 성경이나 대부분의

---

2 대부분의 성경에서는 23:17이 생략되어 있는데, 명절에 죄수 하나를 풀어 주는 관례에 대한 언급이 본문의 본래 일부가 아니었기 때문이었을 것으로 보인다. 그래서 Metzger는 "이 구절은 분명히 마 27:15와 막 15:6에 근거한 난외 주(gloss)인 것으로 생각된다"고 말하기도 했다. Cf. Bruce M. Metzger, *A Textual Commentary on the Greek New*

영어 번역 성경에서도 누가복음 23:17이 "없음"이라고 되어 있고, 난외 주석 가운데 "다른 고대 사본들에는 17절이 있음: '명절이 되어 빌라도는 죄수 한 사람을 그들에게 놓아주어야 했다'"라는 설명이 첨가되어 있을 뿐이다. 그러나 장과 절의 구분 자체가 복음서 저자에 의해 표기된 것이 아니라 오랜 시간이 지난 후에 다른 사람에 의해 이루어진 것이란 점을 고려할 때 누가복음 저자는 그런 관례 자체에 대한 의구심 때문에 애초에 그런 기록을 본문에 남기지 않았을 것이라는 추론도 가능하다. 실제로 린지(Sharon H. Ringe)는 "그런 관습에 대한 확실할 증거가 복음서 이외에서는 찾아볼 수가 없어서, 누가는 그것을 언급하지 않기로 했을 것"[3]이라고 말한다. 또한 예수 수난 이야기의 중요한 부분들에 대해서만 전해 주고 있는 외경 베드로 복음서에서도 빌라도가 예수를 심문하는 과정 속 그런 관례에 대한 언급은 전혀 찾아볼 수가 없다. 이런 모든 사실들이 이런 관습이 역사적으로 실제로 존재했었다는 사실에 대해 의문을 제기하게 만드는 중요한 요인들이 되는 셈이며 그래서 학자들 중에 그런 관례가 역사적으로 실제로 있었다는 사실을 인정하지 않는 사람들이 많이 있는 것이 사실이다.[4]

그러나 이런 모든 역사적 증거 이외에도 유대 땅을 다스리는 로마의 총독이 그런 유대인의 관례를 그대로 받아들여 유대인들의 명절

Testament(New York: United Bible Society, 1975), 179-180.

3 Sharon H. Ringe, *Luke*(Westminster John Knox Press, 1995), 273: "No corroboration of such a practice is found outside of the Gospels, so Luke may well have chosen not to refer it here."

4 유월절에 죄수를 풀어 주는 관습의 역사성을 인정하는 학자들 가운데 Bammel, Blinzler, Bruce, Chavel, Cole, Flusser, Merritt, Strobel 같은 사람들이 있지만, 그 역사적 실재성을 반대하는 다음과 같은 학자들도 있다: Aus, Beare, H. Cohn, Gordis, Watson, Winter 등등. Cf. R.E. Brown, *The Death of the Messiah*, 814, 51.

에 그들이 원하는 죄수를 풀어 준다는 생각 자체가 받아들이기 어렵다는 실제적인 문제가 남는다. 로마의 통치에 대한 반항 운동이 끊임없이 일어나고 있던 유대 땅에서 그 땅을 지배하고 있는 로마 통치자의 입장에서 본다면 그런 관례는 유대인들을 효과적으로 다스릴 수 없게 만드는 커다란 장애물이 될 수 있기 때문이다. 빌라도가 그런 전례에 따라서 예수를 처형하고 바라바를 풀어 주었다고 하는 것이 사실이라고 가정해보자. 이것은 빌라도가 "반란을 일으키고 사람을 죽이고 옥에 갇혀 있는 폭도들 가운데 한 사람"(막 15:7)인 바라바 곧 로마의 지배에 항거하던 유대 나라의 애국지사이며 열심당원인 바라바를 석방시켜 주었다는 것을 의미하는 것이다. 그건 로마의 총독으로서 그가 할 일이 아닐 뿐만 아니라 해서도 안 될 일이다.

더구나 빌라도는 역사적 자료에 따르면 아주 잔인하고 무정하며 완고한 사람이자 식민지 사람들을 전혀 배려하지 않는 오만한 로마인이었다.5 이 같은 인물평은 필로(Philo)가 그를 가리켜 "천성적으로 융통성이 없고 완고하리만치 냉혹한"(naturally inflexible and stubbornly relentless) 사람이라고 묘사하면서 그가 범한 "부패, 모욕, 약탈, 백성들에 대한 폭행, 오만, 무죄한 희생자들에 대한 반복된 살인 그리고 끊임없이 못살게 구는 포악성"을 고발한 점에서도 잘 엿볼 수 있다.6 빌라도의 이런 인물됨은 "빌라도가 갈릴리 사람들의 피를 흘려 그 피를 그들의 희생제물에 섞었다"는 소식을 사람들이 예수

---

5 "빌라도의 행정은 별로 인도주의적이지도 못했고, 또 지역 주민들의 요구를 잘 배려해주지도 않았던 것으로 유명하였다"(Pilate's administration was not noted for humanitarian measure, nor for accommodating the local populace). Cf. *The Acts of Jesus: What Did Jesus really Do?* ed. by Robert W. Funk and The Jesus Seminar (HarperSanFransisco: A Polebridge Press Book, 1998), 152.

6 Cf. S.G.F. Brandon, *Jesus and the Zealots*(New York: Charles Scribner's Sons, 1967), 68.

에게 전해 주었다는 누가복음 13:1의 기록을 통해서도 확인될 수 있다. 더구나 빌라도가 총독으로 재임하던 기간은 갖가지 메시아 운동 곧 로마에 저항하는 운동이 반복적으로 일어난 시기이기도 하다. 이런 시기에 유대 총독으로 부임한 지 얼마 지나지 않은 빌라도가[7] "민란을 꾸미고 이 민란에 살인하고 포박된 자"(막 15:7)인 바라바를 백성들이 원한다는 이유로 놓아주었다는 것은 도저히 믿기 어려운 일이 아닐 수 없다.

더구나 유대인의 명절에 죄수 한 사람을 특사로 풀어 주는 그런 전례 혹은 관례가 유대인의 관례인지 아니면 로마 총독이 정한 관례인지부터도 분명하지 않다. 그런 관례가 유대인들에게 있었기 때문에 특정한 시기(가령 유월절)에 로마의 총독이 죄수 한 사람을 풀어 주었다는 해석이 제기되기도 했다. 이 관례에 대해 언급하고 있는 요한복음 18:39에 보면 빌라도가 유대인들을 향해 "유월절이면 내가 너희에게 한 사람을 놓아주는 전례가 있다(you have a custom that I release one man at the Passover)"라고 말한 것으로 되어 있다. 그래서 명절에 죄수를 풀어 주는 관례가 로마 당국이 인정하여 실시한 관례가 아니라 유대인들에게 있었던 관례였다는 주장이다. 이런 주장의 배경에는 유월절 자체가 애굽으로부터 풀려난 것을 축하하는 명절이기에 유대교 자체 내에서 유월절마다 죄수 한 사람을 풀어 주는 관례가 있었다는 생각을 해볼 수도 있다. 그러나 브라운(R.E. Brown)은 이런 주장에 대해 유대교 법 정신으로 볼 때 형벌은 하나님이 정하신

---

7 빌라도는 26년에 유대 총독으로 부임하여 약 10년간 일했다. 36년경에 사마리아인으로 알려진 메시아가 그리심산에서 추종자들을 끌어모았을 때 빌라도는 로마군을 즉각 파견하여 그리심산에서 사마리아인 메시아와 그의 일당을 모두 진압했고, 이 일을 마지막으로 빌라도는 로마에 소환되었다.

것이라서, 함부로 면제되어서는 안 되는 것이었으며 그래서 "성경이 유월절 죄수 방면 관례에 대해 아무런 증거도 보여주지 않는 것은 놀라운 일이 아니다"[8]라고 말한다. 그런 관례가 유대교로부터 생겨난 것이라는 생각에 대한 반론인 셈이다. 실제로 우리는 유대교 안에 그런 전례가 있었다는 증거를 어느 곳에서도 찾아볼 수 없는 것이 사실이기도 하다.

그렇다면 다음으로 우리는 명절에 죄수 한 사람을 풀어 주는 관례를 빌라도가 만든 전례, 즉 빌라도가 유대인들을 위해 베푼 시혜적인 관례였다는 가설에 대해 생각해 볼 수 있다. 다시 말해서 이런 관례가 유대를 다스리던 다른 총독들도 모두 따라야 할 로마 당국의 결정이기보다는 빌라도 총독의 개인적인 결정이었다는 생각을 해 볼 수도 있다.[9] 그러나 빌라도가 유대인들을 위해 그런 전례를 만들어 베푼 사람이라고 생각하기도 쉬운 일이 아니다. 왜냐하면 요한복음 18:39의 헬라어 원문에 의하면 빌라도가 "내가 유월절에 한 사람을 너희에게 놓아주는 전례가 너희에게 있다"(ἔστιν δὲ συνήθεια ὑμῖν)고 말했기 때문이다. 이런 모든 사실들은 우리로 하여금 마가복음 15:6에서 언급된 그런 관례가 실제의 역사적 사실이라고 생각하기 어렵게 만든다. 이런 모든 이유들 때문에 브랜든(S.G.F. Brandon)은 "그 이야기는 역사적인 근거에서도 그리고 본질적인 불가능성 때문에도 믿을 수가 없다"고 단언한다.[10]

---

8 R.E. Brown, *The Death of the Messiah*, 818.

9 R. E. Brown은 "Mark (along with Luke 23:17) indicates that this is Pilate's custom"이라고 말하고 있고(Cf. *The Death of the Messiah*, 795), Ched Myers도 "Mark indicates that it was Pilate's practice at the time of the festival to release a prisoner to them"이라고, 즉 "Pilate's practice"로 보고 있다. Cf. *Binding the Strong Man: A Political Reading of Mark's Story of Jesus*(New York: Orbis Books, 1988), 380.

2. 죄수를 풀어 주는 관례를 언급한 마가의 신학적 의도

명절에 죄수를 풀어 주는 관례의 역사적 신빙성 문제에 대한 논의를 별도로 제외한다고 하더라도 우리로서는 이런 관례에 대해 최초로 언급했던 마가복음 자체가 역사적인 사실 보도를 목적으로 기록된 복음서가 아니라, 도리어 신앙적 혹은 신학적인 목적을 가지고 기록된 문서라는 점을 먼저 기억할 필요가 있다. 마가복음 저자에게 있어서 역사적 사실을 전해 주는 일보다 더 중요한 것은 신학적 메시지였기 때문이다. 나중에 다른 복음서 저자들도 마가복음 저자의 이런 의도를 제대로 이해하였기 때문에 그 관례에 대한 마가복음의 언급을 그대로 받아들여 소개한 것으로 생각할 수 있다. 따라서 우리로서는 그 관례의 역사적 사실 여부에 관심을 기울이기보다 오히려 마가복음 저자가 본문 가운데서 그런 관례를 언급한 이유와 의도가 무엇인지를 먼저 알아보아야 할 것이다.

이런 관례에 따라 빌라도에게 죄수 하나를 풀어달라고 요구했다는 것을 전해 주는 마가복음 15:6-8의 본문 자체가 마가에 의한 이차적인 첨가물(a secondary addition)이라고 주장하는 학자들의 지적에도 주목할 필요가 있다. 이런 학자들의 주장에 따르면 예수가 빌라도 앞에서 심문을 받은 이야기를 전해 주는 본래의 전승 가운데는 그 본문이 들어 있지 않았다는 것이고, 그것이 사실이라면 15:6-8은 마가복음 저자가 그의 복음서 기록 목적과 관련하여 의도적으로

---

10 S.G.F. Brandon, *Jesus and the Zealots*(New York: Charles Scribner's Sons, 1967), 262: "the story is incredible both on historical grounds and because of its intrinsic impossibility." 그는 또 다른 곳에서도 이 관례에 대해 "unknown and unlikely custom"(248) 그래서 이 이야기 자체가 "improbable story"(259)라고도 말한다.

구성하여 삽입한 내용이라고 생각할 수 있다.11 이렇게 생각할 수밖에 없는 이유 가운데 하나는 앞에서도 언급했던 바와 같이 똑같은 이야기를 전해 주는 누가복음의 평행 본문에는 유대인의 명절에 죄수 하나를 풀어 주는 관례에 대한 언급이 없다는 점 때문이다.12 누가복음의 권위 있는 사본들의 경우는 아마도 그런 관례가 실제로 없었기 때문에 언급하지 않았던 것으로 생각할 수밖에 없다.

실제로 누가복음에서 죄수를 풀어 주는 관례에 대한 언급이 없는 경우에 더욱 빌라도가 예수를 심문하고 끝내 그를 처형하는 이야기가 오히려 더 자연스럽게 이어지는 것으로 보이기도 한다. 다시 말하자면 빌라도는 예수를 심문했지만 그를 고소한 내용을 입증할만한 것을 전혀 찾지 못했기에(눅 23:14) "죽일 일이 없다"(눅 23:15)고 판단되어 그를 "때려서 놓아주겠다"(눅 23:16)고 말했다. 그러나 "무리들이 일제히 소리 질러 가로되 이 사람을 없이하고 바라바를 우리에게 놓아주소서"(눅 23:18)라고 강청하였기에 "빌라도가 저희의 구하는 대로 하기를 언도한 것"이었다(눅 23:23).

마가복음에서도 죄수를 풀어 주는 관례에 대해 언급하는 15:6-8이 없을 경우에 이야기는 아무런 문제 없이 아주 순조롭게 잘 이어지게 된다. 즉, 빌라도는 예수에게 "네가 유대인의 왕이냐?"(막 15:2)고 물으면서 심문한 이후 무리들에게 "너희는 내가 유대인의 왕을 너희

11 Jesus Seminar 연구가들은 마가가 전해 주는 것처럼 예수가 빌라도 앞에서 심문을 받았던 그런 일 자체가 없었던 것으로 확신하고 있다: "the Fellows were almost as certain that no such trial took place as Mark represents it." Cf. *The Acts of Jesus: What Did Jesus really Do?* ed. by Robert W. Funk and The Jesus Seminar, 152.
12 누가복음의 가장 훌륭한 사본 증거들(P75, Codices Vaticanus, Alexanrinus, Sahidic) 가운데 죄수를 풀어 주는 관례에 대한 언급이 빠져 있다는 점 때문에 R. E. Brown은 오히려 누가복음 23:17이 필사자가 나중에 첨가한 구절로 보고 있다. Cf. *The Death of the Messiah*, 794.

에게 놓아주기를 원하느냐?"(막 15:9)라고 물었지만, 대제사장의 충동을 받은 유대인의 무리는 도리어 바라바를 놓아달라고 했다(막 15:11). 그래서 빌라도는 무리에게 만족을 주고자 바라바는 놓아주고 예수는 채찍질하여 십자가에 못 박히게 넘겨주었다(막 15:15). 이처럼 15:6-8이 없이도 이야기의 진전이 아무런 문제 없이 잘 이어지고 있기 때문에 이 본문이 오히려 마가복음 저자에 의한 '이차적인 첨가'(secondary addition)라고 생각하는 편이 더 옳을 수 있다.

그렇다면 마가복음 저자가 유대인의 명절에 죄수 한 사람을 풀어주는 관례에 대한 이야기를 구태여 첨가하고 언급한 의도는 무엇인가를 물어야 할 것이다. 우선 우리는 마가가 마가복음을 기록하는 가운데, 특히 예수의 수난 이야기 가운데서 예수의 십자가 죽음에 대한 책임이 로마의 총독 빌라도에게 있는 것이 아니라 도리어 유대 종교 지도자들과 그들에 의해 조종된 유대인들에 있다는 점을 일관되게 강조하고 있는 점에 주목할 필요가 있다. 마가는 유대 종교 지도자들이 처음부터 예수를 잡아 죽이려고 했고(막 3:6; 11:18; 12:12) 그래서 예수 자신도 자기가 "장로들과 대제사장들과 율법 학자들에게 배척을 받아 죽임을 당할 것"을 세 차례에 걸쳐 예고한 바 있음을 반복해서 언급한 바 있다(막 8:31; 9:31; 10:32-33). 예수가 예고한 대로 유대 종교 지도자들이 마지막 산헤드린 공의회에서 성전 모독죄와 신성 모독죄로 예수를 죽이기로 공식 결의(마 14:55-64)하여 백성들을 선동하고 빌라도에게 예수를 십자가에 못 박으라고 강청했다는 사실(마 15:14)도 지적하고 있다. 마가에게 있어서 예수의 죽음은 애초부터 유대 종교 지도자들에 의해서 추진된 것이었고 따라서 예수의 죽음의 책임은 그 누구보다도 그들에게 있는 것이었다.

그러나 다른 한편으로 마가복음의 기록에 따르면 빌라도는 처음부터 유대 지도자들이 예수를 시기하여 자기에게 끌고 나온 것임을 알고 있었고(막 15:12), 예수에게 아무런 죄가 없음도 알고 있었던 것으로 기록되어 있다. 이런 점은 빌라도가 "어쩜이뇨? 무슨 악한 일을 하였느냐?"(15:13)고 그들에게 되물은 점에서도 드러나고 있다. 더구나 빌라도가 예수를 가리켜 "유대인의 왕"이란 말을 두 번이나 (15:9, 12) 사용하긴 했지만 "너희가 유대인의 왕이라고 하는"(15:12) 이란 문구를 사용한 것을 보면 빌라도는 그들의 고소 내용을 믿지 않았음이 분명해 보인다. 빌라도가 "대제사장들이 시기로 예수를 넘겨준 줄 알았다"(15:10)는 말과 관련해서 "너희는 내가 유대인의 왕을 너희에게 놓아주기를 원하느냐?"(15:9)고 물었던 것도 그가 예수를 처음부터 놓아주려는 의도를 갖고 있었음을 시사하는 것으로 생각되기도 한다. 그러나 빌라도는 예수를 "십자가에 못 박아야 한다"는 무리들의 강력한 요구 때문에 어쩔 수 없이 "무리에게 만족을 주고자 하여 바라바는 놓아주고 예수는 채찍질하고 십자가에 못 박히게 넘겨주었다"(막 15:15)고 기록되어 있다.

이런 점에서 볼 때 마가가 예수의 십자가 처형과 관련하여 명절에 죄수 하나를 풀어 주는 관례에 대한 언급을 한 것은 결국 빌라도가 예수를 놓아줄 수 있는 어떤 근거와 계기를 마련해 주기 위한 것으로 생각된다. 빌라도가 예수를 심문하고 그를 처형하도록 내어 주는 이야기(막 15:1-15)에서 "풀어 주다"라는 뜻의 헬라어 ἀπολυειν가 네 번이나 집중적으로 반복 사용되고 있는 점(막 15:6, 9, 11, 15)이 그런 생각을 뒷받침해주고 있는 것으로 보인다. 빌라도는 예수를 심문한 후에 그를 풀어 주려고 했고(막 15:9) 또 마침 그런 관례가 있다는 점을 근거로 들어 예수를 풀어 주려고 했음에도 불구하고, 유대 종교 지도자들과 그들의 설득에 조종된 유대인들이 예수가 아닌 바라바를 택했기 때문에 빌라도는 어쩔 수 없이 그들이 원하는 대로 예수를 처형하도록 내어줄 수밖에 없었던 것으로 기록되어 있다.

또 이처럼 마가복음 15:6-8이 첨가되어 죄수를 풀어 주는 관례에 대해 언급함으로써 한편으로는 예수의 무죄를 알고("시기로 예수를 넘겨준 것을 알고"[15:10]) 놓아주려고 했던 빌라도의 모습이 그리고 다른 한편으로는 애초부터 예수를 죽이기 위해 백성들을 선동하고 빌라도를 압박하여 예수를 십자가에 못 박게끔 요구한 유대 종교 지도자들의 모습이 극명하게 대조되고 있다. 동시에 유대 지도자들이 그토록 죽이려고 애썼던 예수와 그들이 백성들을 선동하여 그토록 풀어 달라고 요구했던 바라바의 모습도 극적인 대조를 이루고 있다. 예수는 비폭력을 가르친 평화주의자인데, 바라바는 "반란 가운데 사람들을 죽이고 옥에 갇혀 있는" 열심당 투쟁주의자이다. 그런데도 유대 백성들은 예수 대신에 바라바를 택했다. 바로 이런 점을 부각시켜 예수의 죽음의 책임을 유대 종교 지도자들과 그들에 의해 놀아난 유대 백성들에게 돌리려고 했던 것이 바로 마가가 이 본문을 첨가한 이유였다고 생각된다.

따라서 마가가 실제로 있지도 않고 있을 수도 없어 보이는 이 관례에 대해 언급한 의도는 당연히 마가가 그의 복음서를 기록할 때 그가 갖고 있었던 의도와 목적에서 찾아보아야 할 것이다. 예수의 십자가 처형에 관한 마가복음의 기록은 결코 예수의 심문과 처형에 관한 법정적 기록이 아니다. 마가는 역사적 사실을 있는 그대로 전해 주려고 했던 사람이 아니라 전해진 전승들을 가지고 독자들을 신앙적으로 지도하는 데에 관심을 가진 사람이었다. 한 마디로 마가는 유대 나라가 멸망한 직후 마가복음을 기록하면서 기독교인 독자들, 특히 이방 지역 기독교인들을 향해 예수의 십자가 죽음의 책임이 로마 총독에게 있는 것이 아니라 도리어 유대인의 무리와 그 지도자들에게 있음을 알리려는 분명한 의도를 갖고 있었다. 이른바 반 유대적이며 친 로마적인 변증적 목적이다. 이런 변증이 왜 필요했는지에 대해 좀 더 알아볼 필요가 있다.

1) 로마 기독교인들을 위한 정치적 목적의 변증

브랜든(S.G.F. Brandon)은 마가복음을 가리켜 "로마에 있는 기독교인들을 향한 변증"(apologia ad Christianos Romanos)[13]이라고 말하고 있다. 그에 의하면 마가복음 저자가 마가복음 기록을 통해서 예수의 십자가 죽음의 책임을 로마 총독으로부터 유대 종교 지도자들에게 돌리려고 했던 정치적 변증의 의도는 마가복음이 기록되던 당시의 역사적 상황을 이해할 때 잘 이해될 수 있다. 왜냐하면 마가복음은 유대전쟁이 끝난 직후인 70년경에 기록된 것으로 알려져 있는데, 바로 이때 로마에서는 유대전쟁 초기에 로마군을 지휘하다가 새로운 황제에 등극했던 베스파시아누스가 그의 뒤를 이어 예루살렘과 유대 나라를 멸망시킨 그의 장남 티투스와 더불어 유대전쟁 승리를 축하하는 대대적인 축제를 벌이고 있었기 때문이다. 베스파시아누스는 유대전쟁에서 승리한 것을 축하하는 이런 기회를 이용하여 새로운 왕조와 자신의 위엄을 확립하고자 했다. 요세푸스의 기

---

13 Brandon, *Jesus and the Zealots*, 264.

록에 의하면 베스파시아누스는 로마의 온 시가에 이동식 무대를 설치해 놓고 거기에 유대전쟁의 장면들을 재현시켜 놓았다. 마치 보는 사람들의 눈앞에 전쟁이 실제로 벌어지는 것처럼 말이다.

승리의 행진 가운데는 예루살렘 성전에서 가져온 전리품들 곧 금으로 만든 진설병 테이블, 일곱 뿔이 달린 등잔, 은 나팔, 유대 율법의 사본들이 모두 전시되기도 했다. 그런데 이런 승리의 행진을 바라보고 있는 사람들 중에는 로마에 살고 있던 기독교인들이 있었다. 당시 유대전쟁의 여파로 유대인들에 대한 로마인들의 감정이 아주 좋지 않았던 때였다. 이들은 자신들이 믿고 있는 주님이 유대인 출신이란 사실 그리고 로마 당국에 의해 십자가형에 처형되었다는 사실들은 매우 당혹스럽고 위험한 사실로 받아들이지 않을 수 없었다. 물론 그들이 어느 정도 유대교로부터 이어받은 신앙의 전통을 따르고 있긴 했지만, 자신들의 신앙이 유대교와는 다르다는 점, 특히 유대의 민족주의와 아무런 관련이 없다는 점을 그리고 자신들이 믿는 주님이 비록 유대인으로 태어났으나 다른 유대인들의 일반적인 관심과는 아주 다르다는 점을 주변 사람들에게 알릴 필요가 있었다. 마가복음 저자는 당시 로마에 거주하고 있던 기독교인들이 느끼고 있던 이런 감정을 잘 의식하고 있었고, 그의 복음서 기록을 통해서 그들의 요구에 부응하려고 했던 것으로 생각된다.

그래서 마가에게는 기독교가 비록 유대교의 한 분파처럼 유대 땅에서 생겨났어도 그리고 예수가 비록 로마의 총독으로부터 십자가형에 처형되긴 했어도, 기독교인들은 결코 유대인들의 민족주의 운동과는 아무런 관련이 없는 사람들임을 밝힐 필요가 있었다. 그래서 마가는 무엇보다도 먼저 예수 죽음의 책임이 사실상 로마 총독에게 있는 것이 아니라 오히려 예수를 제거하려고 했던 유대 종교 지도자들의 계속된 노력 때문이었다는 점을 분명히 밝히고자 했다. 그래서 마가복음에 유대 종교 지도자들이 예수를 죽이려고 끊임없이 노력했다는 점과 로마 총독 빌라도는 도리어 예수의 무죄함을 알고 그를 풀어 주려고 했다는 점이 강조되고 있는 것이다.

2) 로마 세계를 향한 선교적 목적의 변증

이런 정치적 변증의 목적 이외에 마가복음 저자는 그 당시 로마 세계를 향한 선교적 변증의 목적도 갖고 있었던 것으로 생각된다. 마가복음이 기록되던 때는 70년경에 로마 당국에 의해서 예루살렘이 함락되고 유대 나라가 끝내 멸망하던 시기였다. 이 시기에 우리가 초대교회 안에서 볼 수 있는 상황 중의 하나는 새로이 시작된 기독교회가 유대교 회당으로부터 분리되어 점차 독립하기 시작했고, 유대교와의 갈등 때문에 유대교로부터의 개종자 숫자가 더 이상 늘어나지는 않았지만, 이방인 개종자의 숫자가 더욱 늘어나고 있었다. 이와 동시에 유대인 출신 기독교인들로 구성된 예루살렘의 유대 기독교(the Jewish Christianity)가 유대 나라의 멸망과 함께 그 힘을 잃어가기 시작했던 반면 도리어 이방인의 사도인 바울이 대표하는 이방 기독교(the Gentile Christianity)가 점점 힘을 얻어가며 융성하기 시작하던 상황이었다. 그래서 마가 공동체의 구성원들도 주변에 있는 이방인들에 대한 선교로 더욱 관심을 돌리기 시작했다.

우리는 그런 증거를 마가복음의 여러 본문들 가운데서 찾아볼 수 있다. 예를 들어 "복음이 먼저 모든 민족에게 전파되어야 한다"(막

13:10)는 예수의 말씀 그리고 "내가 진정으로 말한다. 온 세계 어디서든지 복음이 전파되는 곳마다 이 여인이 한 일도 전해질 것이다"(막 14:9)라는 예수의 말씀이 강조되기 시작했다. 뿐만 아니라 예수가 그의 공생애 첫 기적으로 가버나움에서 귀신들린 사람을 고쳐 준 이야기(막 1:21-28)와 함께 갈릴리 바다 건너편 이방인의 지역인 거라사 지방에 들어가 똑같이 귀신들린 사람을 고쳐 준 이야기(막 5:1-20)를 소개함으로써 예수는 귀신들린 유대인과 함께 귀신들린 이방인도 고쳐주신 분임을 증거하고 있다. 또 5,000명의 유대인들을 배불리 먹인 기적과 함께 4,000명의 이방인들을 먹인 기적 이야기를 소개함으로써 예수는 유대인과 이방인을 똑같이 배불리 먹인 분임을 증거해 주고 있다. 이런 기록들은 마가의 신앙 공동체가 이미 이방 선교와 기독교 세계화에 관심을 돌리기 시작했음을 보여주는 증거들인 셈이다.

그러나 로마 세계에 널리 흩어져 있는 이방인들을 상대로 시작된 마가 공동체의 선교 활동이 순탄한 것만은 아니었다. 거기에는 중요한 장애물이 버티고 있었다. 그것은 바로 초기 기독교가 로마에 항쟁했던 유대 나라에서 생겨난 종교라는 사실과 기독교회에서 '구주' 혹은 '주님'으로 전파하고 있는 예수가 그 당시 지중해 연안을 넓게 지배하고 있던 로마 제국에 의해 정치적으로 유죄 판결을 받고 십자가에 처형된 인물이란 사실 때문이었다. 당시 복음 전도자들이 복음을 들고 들어가는 거의 모든 지역에서 로마 황제의 깃발이 휘날리고 있던 때였다. 그런 지역에서 로마가 정치적으로 유죄 판결을 내려 십자가에 처형한 사람을 구주와 주님으로서 믿고 받아들이라고 전파하기가 쉽지 않았을 뿐만 아니라 그런 말이 쉽게 받아들여질 상황도 결코 아니었다. 기독교의 복음을 받아들이려는 사람들의 입장에서는 그것이 오히려 로마에 대한 일종의 반역 행위로 생각될 수도 있는 일이기에 당연히 복음을 받아들이고 믿는 일에 주저할 수밖에 없었다. 이것은 마가가 그의 복음서를 기록할 당시 복음 선교를 위해 마땅히 넘어서야 할 커다란 장벽이었다. 이 장애물을 제거하기 위해 마가복음 저자로서는 예수가 로마 총독 빌라도에 의해 정치적으로 유죄 판결을 받고 처형된 것이 아니라 유대 종교 지도자들에 의해 종교적으로 죽임을 당한 것임을 분명히 밝힐 필요가 있었다. 예수의 정치적 무죄성을 알리는 일이 로마 세계를 향한 기독교 선교를 위해 그만큼 중요했기 때문이다.

그래서 마가는 빌라도가 예수의 무죄를 알아채고, 그를 풀어 주려고 했다는 점을 밝히면서 아울러 기독교 신앙과 로마 당국의 정책 그리고 기독교와 로마 제국과의 관계가 적대적이지 않고, 오히려 우호적이었다는 점을 다음과 같은 이야기들을 통해서 드러내려고 했던 것으로 보인다. 첫째는 마가가 예수의 열두 제자들의 명단을 소개하면서 그 제자들 가운데 한 사람이 로마에 대한 항쟁에 앞장섰던 **열심당원**(zealot) 시몬(막 3:19)이었다는 사실을[14] 드러내지 않기 위해 그를 가리켜 그냥 "가나안 사람"(Kananaios)이라고만 언급하였다. 이렇게 함으로써 예수가 로마 항쟁을 주도하던 열심당과는 아무런 관계가 없음을 밝히려고 했던 것으로 보인다. 둘째로 마가는 예수가 가이사에게 세금을 내라고 가르쳤다는 말씀(막 12:13-17)을 소개함으로써 예수가 열심당의 이념과는 다른 생각을 갖고 있었음을 밝

---

14 시몬이 열심당원이었다는 사실은 누가복음 6:15와 사도행전 1:13에 소개되고 있는 제자들의 명단을 통해서도 분명히 확인되고 있다.

히고 있다. 셋째로 마가는 예수의 십자가 처형을 지휘하던 로마의 백부장이 예수가 운명하는 순간에 "이 사람은 진실로 하나님의 아들이었도다"(막 15:39)고 고백했음을 소개함으로써 로마의 백부장도 예수에 대한 신앙고백을 했었다는 사실을 전해 주고 있다. 이 백부장은 마가복음에서 마치 나중에 사도행전에서 예수를 믿고 세례를 받았던 또 다른 로마의 백부장 고넬료처럼(행 10-11장) 예수에 대해 신앙고백을 한 첫 개종자로 부각되고 있다.[15] 예수를 십자가에 처형하던 로마의 백부장이 이처럼 예수를 하나님의 아들로 믿게 되었다는 기록은 빌라도가 예수의 정치적 무죄를 알고 그를 풀어 주려고 했다는 이야기와 함께 로마에 살았던 기독교인들과 새로이 예수를 믿고자 했던 이방인들에게 의미 있는 메시지가 되었을 것이다.

마가복음의 이런 모든 기록들을 전체적으로 고려할 때 우리는 마가가 명절에 죄수 하나를 풀어 주는 관례에 대해 기록한 것이 역사적 사실에 대한 기록이라고 생각하기보다는 오히려 정치적·선교적 목적에서 나온 문학적·신학적 구성이라고 보는 편이 더 옳을 것으로 생각된다. 마가복음 자체가 역사적 사실에 대해 전해 주는 기록(historical report)이 아니라 신학적 목적에서 기록된 신학적 간증(theological witness)이기 때문이다.

---

15 브랜든(S.G.F. Brandon)은 로마 백부장이 예수의 십자가 처형 현장에서 "이 사람은 진실로 하나님의 아들이다"(막 15:39)라고 고백한 것과 유대 지도자들이 예수가 신성을 모독했다고 정죄한 것이 대조를 이루면서 예수의 죽음에 대한 유대인의 책임과 로마 당국의 무죄를 강조하는 마가복음의 주제의 클라이맥스에 해당하는 것으로 보고 있다. Cf. *The Fall of Jerusalem and the Christian Church*, 194.

12장 | 예수와 함께 십자가에 달린 두 사람 이야기

    정경 복음서들은 모두 예수가 십자가에 처형될 때 예수를 가운데 두고 다른 "두 사람"도 예수의 오른편과 왼편에 함께 십자가에 못 박혔다고 전해 준다(막 15:27; 마 27:38; 눅 23:33; 요 19:18). 외경 복음서인 베드로 복음서에서도 "그들은 두 범죄자들(criminals)을 끌고 와서 그들 사이에 주님을 십자가에 못 박았다"(4:1)고 기록되어 있다. 정경과 외경 복음서들 모두가 다 예외 없이 예수가 다른 두 사람과 함께 그리고 그 두 사람 사이에서 십자가에 못 박혔다고 전해 주는 점으로 보아 이런 증언은 어느 정도 역사적 사실에 근거한 것이라고 보는 것이 옳을 것이다.

    예수가 다른 두 사람과 함께 처형되었다는 이야기가 모든 복음서 기자들에게 특히 의미가 있었던 것은 "그가 자기 영혼을 버려 사망에 이르게 하며 범죄자 중 하나로 헤아림을 받았음이라"는 이사야 53:12의 예언 때문이었을 것으로 보인다. 실제로 마가복음의 어떤 사본에서 "강도 둘을 예수와 함께 십자가에 못 박으니 하나는 그의 우편에, 하나는 좌편에 있더라"라는 기록 직후에 "이리하여 '그는 범법자의 하나로 여김을 받았다'고 한 성경 말씀이 이루어졌습니다"라는 말이 나온다.[1]

예수 자신도 제자들과 마지막 만찬을 나누는 자리에서 베드로가 예수를 세 번이나 모른다고 부인할 것을 예고한 것에 이어서 "내가 너희에게 말하노니 기록된바 그는 불법의 동류로 여김을 받았다 한 말이 내게 이루어져야 하리니 내게 관한 일이 이루어져 감이니라"(눅 22:37)고 말한 바 있기도 하다. 복음서 기자들은 예수가 다른 두 사람과 함께 십자가에 달린 일을 그가 불법자 혹은 범죄자들 가운데 하나로 여김을 받을 것이란 구약성서 예언의 성취로 이해했다고 생각된다.

그러나 복음서들에서는 이 두 사람이 누구인지 그들의 이름과 정체에 대해서 전혀 아무런 언급도 찾아볼 수가 없다. 그런 것들이 복음서 기자들의 관심의 대상이 될 이유가 전혀 없었던 모양이다. 그런데 다행스럽게도 가장 권위 있는 것으로 알려진 네슬(Nestle)의 『헬라어 신약성경』(*Novum Testamentum Graece*, 25판) 누가복음 23:32의 각주에 그들의 이름이 요아다스와 막가트라스(Joathas et Maggatras)라고 언급되어 있다.[2] 그렇다면 도대체 이 두 사람은 누구인가? 혹은 어떤 사람들인가? 복음서 저자들이 그들의 이야기를 예수의 십자가

---

1 가장 초기의 가장 권위 있는 사본이라고 말할 수 있는 알렉산드리아 사본과 서방 본문 사본들에는 마가복음 15:28이 들어 있지 않다. 그러나 아마도 사본 필사자가 누가복음 22:37로부터 이 구절을 난외주로 첨가했을 것으로 생각된다. Cf. Bruce M. Metzger, *A Textual Commentary on the Greek New Testament*(London: United Bible Society, 1975), 119.

2 Bruce M. Metzger도 그의 저서인 *A Textual Commentary on the Greek New Testament* (London: United Bible Societies, 1975), 180의 누가복음 23:32 주석 가운데서 두 사람의 이름을 똑같이 "Joathas et Maggatras"라고 지적하고 있다. 그러나 마태복음 27:38을 기록한 고대 라틴어 사본에서는 그 두 사람의 이름이 각각 조아담(Zoatham)과 캄마 Camma)라고 또 외경 빌라도 행전 9:4에서는 각각 디스마스(Dysmas)와 게스타스 (Gestas)라고 그 이름이 다르게 전해지고 있기도 하다. 또 외경인 아랍어 유아기 복음서 (Arabic Gospel of the Infancy)에서는 그 두 사람의 이름이 각각 디투스(Titus)와 두마쿠스(Dumachus)로 소개되어 있다. Cf. R.E. Brown, *The Death of the Messiah: A Commentary on the Passion Narratives in the Four Gospels*(New York: Doubleday, 1994), 969.

처형 이야기와 함께 소개하면서도 구체적인 내용에 있어 서로 큰 차이를 보이는 이유는 무엇일까?

1. 두 사람의 정체

복음서 저자들 모두가 예수가 다른 두 사람과 함께 십자가에 못 박혔다는 것을 전해 주고 있다는 점에서는 일치하고 있지만, 이 두 사람의 정체에 대한 언급에서부터 서로 많은 차이점을 보여주고 있다. 가령 마가복음과 마태복음에서는 이 두 사람을 가리켜 "강도(λῃστής)들"이라고 말한다(막 15:27; 마 27:38). 그러나 누가복음에서는 이 두 사람을 가리켜 "행악자"(κακοῦργος)라고 말한다(23:33). 한편 요한복음 19:18에서는 공관 복음서들과는 달리 그냥 중립적인 표현으로 "다른 두 사람"(ἄλλους δύο)이라고만 언급하고 있을 뿐이다.

마가와 마태는 예수와 함께 십자가에 못 박힌 두 사람의 정체와 관련하여 "강도"(λῃστής)란 단어3를 사용했다. 이 단어는 실제로 로마가 지배하던 때에 유대 여러 지방에서 나타났던 bandits 곧 산적들을 가리키는 말이기도 했다.4 그러나 우리는 로마인들과 로마의 편에 서서 『유대전쟁사』(the Jewish War)를 기록했던 유대인 역사가 요세푸스5가 "강도들"(λῃστής)이란 단어를 로마로부터의 독립을 외

---

3 마가와 마태는 평행 구절들에서 이 단어를 이 "두 사람"에 대해 반복적으로 사용하고 있다(막 11:17; 14:48; 15:27; 마 21:13; 26:55; 27:38, 44).
4 누가복음 10:30, 36과 요한복음 10:1, 8에서 '강도'(λῃστής)란 단어가 이런 의미로 사용되었다.
5 브랜든(S.G.F. Brandon)은 요세푸스를 가리켜 "황제의 아들인 Titus의 유대인 문제에 관한 고문과 연락 장교(a kind of adviser on Jewish affairs and liaison officer to

치며 로마에 투쟁했던 민족주의적 혁명가들 곧 '열심당원들'(=젤롯당
원들)을 지칭할 때 사용했다는 사실에 주목해야 한다.

따라서 마가가 사용한 강도(λῃστής)란 말이 마가복음을 기록할
당시 로마에 대항하여 투쟁하던 '열심당원들'(Zealots)을 가리키는
단어였다고 볼 수도 있다. 실제로 유대 당국자들이 겟세마네에서 예
수를 체포할 때 그들은 예수를 무장한 위험인물을 대하듯이[6] "강도
(λῃστής)처럼"(막 14:58) 다루었고 또 예수를 처형할 때는 실제로 다
른 두 강도(λῃστής)와 함께 십자가에 못 박았다(막 15:27). 십자가 처
형이 주로 로마 당국이 정치범들을 대상으로 시행했던 사형 방식이
란 점, 예수가 "백성을 미혹하고 가이사에게 세 바치는 것을 금하며
자칭 왕 그리스도"(눅 23:2)라고 했다는 정치적 이유로 고발되었다
는 점, 십자가에 달린 예수의 머리맡에 '유대인의 왕'이란 죄패가 달
려 있었다는 점 등을 고려할 때 예수가 다른 두 '강도들'과 마찬가지
로 로마의 지배에 저항하며 유대 나라의 독립을 위해 투쟁하던 '열심
당원'(zealot)이었다고 보는 것이 그리 잘못된 생각은 아닐 것 같다.
제자들이 과거에 그토록 차지하기 위해 서로 다투었던 **영광의 자리**
(막 10:37) 곧 예수의 오른편과 왼편을 제자들 대신 두 사람의 강도(λ
ῃστής)가 자리한 채 예수가 마시는 죽음의 '잔'을 함께 마시게 된 것
(막 10:39-40)은 정말로 아이러니가 아닐 수 없다.[7]

누가복음 저자는 마가 그리고 마태와 다르게 예수와 함께 십자가

Titus, the emperor's son)"로 활동한 인물이라고 지적한다. Cf. *Jesus and the Zealots*, 35.
6 복음서의 기록을 보더라도 예수가 체포될 당시 제자 가운데 한 사람인 베드로가 차고
　있던 검을 빼서 체포하러 온 대제사장의 종 말고의 귀를 떨어뜨리는 '무력 충돌'이 있었음
　을 알 수 있다(막 14:47; 마 26:51-52; 요 18:10).
7 Cf. Ched Myers, *Binding the Strong Man: A Political Reading of Mark's Story of
　Jesus*(New York: Orbis Books, 1988), 387.

에 못 박힌 두 사람을 가리켜 "행악자"라고 바꾸어 표현하였다. 행악자(κακοῦργος)라는 이 헬라어8는 흔히 영어로 "wrongdoer" 혹은 "malefactor"로 번역되고 있다. 누가가 이 용어를 택한 이유는 아마도 열심당원들(zealots)이 주도했던 유대전쟁 이후 독자들을 위해 "강도들"이란 말이 갖고 있는 정치적 의미를 "비정치화시키기" 위함이었을 것으로 보인다.9 예수의 십자가 처형을 진두지휘했던 로마 백부장의 마지막 고백문이 마가와 마태("참으로 이 사람은 하나님의 아들이었다")와 다르게 누가복음에서는 "이 사람은 진실로 의인이었다"(눅 23:47)고 되어 있다. 아마도 누가는 세 사람이 함께 십자가에 달리기는 했지만, 예수를 "의인"으로 그리고 두 사람을 "행악자"로 밝힘으로써 예수를 다른 두 사람과 구별하려고 했던 것이라고 생각할 수도 있다.

누가의 이런 의도는 미국 표준번역판(RSV)의 누가복음 23:32 번역에서도 엿볼 수 있다. 다른 복음서들에서는 예수께서 처형장에 도착한 이후에 두 행악자와 함께 십자가에 달렸다고 언급하고 있을 뿐이지만, 오직 누가복음에서만은 예수가 처형장에 도착하기(눅 23:33) 이전부터 이미 예수와 함께 사형장으로 끌려가고 있는 두 행악자에 대한 언급이 나오고 있다(눅 22:32). 그런데 "다른 두 행악자가 예수와 함께 끌려갔다"란 헬라어 문장 자체가 좀 명확하지가 않아서 예수

---

8 이 헬라어는 신약성서에서 거의 누가만이 사용한 단어이다(눅 23:32, 33, 39). 예외적으로 디모데후서 2:9에서 한 번 더 사용되었을 뿐이다.

9 R.E. Brown은 누가가 사용한 "wrongdoers"란 단어를 가리켜 "누가가 λῃστής란 말이 갖고 있는 정치적인 의미를 피하려고 선택한 용어"라고 말한다. Cf. *The Death of the Messiah*, 969. Frank J. Matera도 누가가 행악자(κακοῦργος)란 단어를 택한 것은 "예수가 정치적인 반역자라는 인식을 피하기 위해서"라고 말한다. Cf. *Passion Narratives and Gospel Theologies: Interpreting the Synoptics Through Their Passion Stories*(New York: Paulist Press, 1986), 183.

도 행악자들 중 한 사람인 것처럼 읽힐 수도 있었다. 『시내산 사본』과 『바디칸 사본』 등에서는 이 구절이 실제로 문자적으로는 다음과 같이 되어 있다.

"다른 행악자들 두 사람이 예수와 함께(others wrongdoers two with him) 사형을 받으러 끌려갔다."

"다른 행악자들 두 사람이 예수와 함께"란 이 표현이 의미상으로는 예수도 다른 두 사람과 함께 행악자를 뜻하는 것처럼 읽힐 수 있다는 말이다. 그래서 나중에 한 기독교인 서기관이 마치 미국 표준번역판이 그랬던 것처럼 그런 의미로 읽지 않게끔 헬라어의 어순을 좀 바꾸어 "행악자들인 다른 두 사람도 그와 함께 사형을 받게끔 끌려갔다"(Two others also, who were criminals, were led away to be put to death with him)라고 수정하였다. 이런 수정의 의미는 분명히 두 사람은 행악자들이지만 예수는 그렇지 않다는 점을 밝히기 위한 것으로 생각된다.[10] 누가는 이미 23:22에서 빌라도가 예수께서 행한 '악한 일'을 전혀 찾지 못했다고 언급한 바 있지 않은가?

공관복음의 기록과 달리 요한복음이 예수를 가운데 두고 그 좌우편 십자가에 달렸던 두 사람을 가리켜 그냥 "다른 두 사람"(요 19:18)이라고만 언급하고 있는 것은 정말로 특이한 편이다. 따라서 만일 우리가 요한복음만 읽는다면 우리는 그 두 사람이 '강도'들인지 아니면 '행악자'들인지 전혀 알 수가 없는 셈이다. 요한복음 본문(19:18)에는 "다른 두 사람"이 강도나 행악자였다는 언급이나 암시가 전혀 없

---

10 Frank J. Matera, *Passion Narratives and Gospel Theologies*, 183.

기 때문이다. 요한이 예수는 아무런 죄 없이 십자가에 달렸다고 여러 번 강조한 점(요 18:39; 19:4, 6)에서 미루어 볼 때 예수와 함께 십자가에 달린 다른 두 사람 역시 아무런 죄가 없이 로마의 압제 밑에서 십자가에 못 박힌 사람이었을 가능성을 암시하는 것이라고 볼 수도 있다.

2. 두 사람의 예수에 대한 관계

이 "두 사람"이 예수에 함께 십자가에 못 박혔다는 언급 이외에 이 두 사람이 예수에 대해 어떤 태도를 보였는지, 즉 십자가 위에서 예수와 어떤 관계에 있었는지에 대한 복음서들의 증언과 기록에 대해 주목할 필요가 있다. 이 두 사람이 십자가 위에서 예수에 대해 했던 말들 그리고 또 예수가 이들 중 한 사람에게 했던 말들이 기록되어 있지만, 이 점과 관련해서도 복음서 간에 서로 기록이 일치하지 않고 있다. 우리는 먼저 무엇이 그리고 왜 그렇게 다른지를 살펴볼 필요가 있다. 이런 차이점들이 복음서 기자들이 이 이야기를 소개하는 의도가 무엇인지를 알아볼 수 있는 중요한 열쇠가 될 수 있기 때문이다.

앞에서 잠깐 언급했듯이 오직 요한복음에서만은 예수가 골고다에 이르러 십자가에 못 박힐 때 "다른 두 사람도 그와 함께 좌우편에 못 박혔다"(요 19:18)는 언급만 나올 뿐, 이 두 사람에 대한 언급은 더 이상 전혀 찾아볼 수가 없다. 가령 마가복음이나 마태복음의 경우처럼 그들이 예수를 욕하거나 조롱했다거나 또는 누가복음에서처럼 그 둘이 서로 대화를 나누었다거나 예수와 대화를 나누었다는 이야기도 전혀 나오지 않는다. 그러니까 예수와 함께 십자가에 달린 두 사람에 대한 기록에 관해서는 요한복음의 기록이 가장 간단하고 단순한 편이며 따라서 아주 중립적이기도 하다. 이런 점에서 요한의 기록이 예수와 함께 십자가에 달린 두 사람에 관한 전승의 최초 형태에 가까웠을 것이라고 생각되기도 한다. 다른 복음서들에서는 분명히 신학적 해석 혹은 교육적 목적에 따라 이야기의 내용이 점차 확대되는 경향이 나타나고 있다.[11]

1) 마가복음의 기록 내용과 그 의도

우리는 마가복음에서 "두 사람"에 관한 이야기가 요한복음의 내용과 달리 신학적으로 확대 발전되기 시작한 것을 볼 수 있다. 가장 중요한 차이와 변화는 마가복음에서 예수와 함께 십자가에 달린 "두 강도"의 이야기가 십자가에 달린 예수에 대한 여러 부류 사람들의 모욕과 희롱의 문맥 가운데서 소개되면서 두 강도가 모두 예수를 모욕했다고 기록한 사실이다. 결과적으로 이 두 사람은 "예수와 함께 십자가에 못 박힌 자들"이었을 뿐만 아니라 "예수를 모욕하고 조롱한 강도들"로 확대, 발전되어 있다.

> 예수는 제삼시가 되어 강도 두 사람과 함께 십자가에 못 박혔다(막 15:25-27).

---

11 요한복음에서 "두 사람"이 예수와 함께 십자가에 못 박혔다는 이야기가 마가복음과 마태복음에서는 그 "두 강도"로 또 그 둘이 모두 예수를 조롱하고 비방하였다는 이야기로 그리고 다시 누가복음에서는 "두 사람" 중 한 행악자는 예수를 비방했지만 다른 행악자는 도리어 그 행악자를 반박하며 예수를 옹호하고 예수와 대화를 나눈 이야기로 확대, 발전한 것으로 보인다.

"지나가는 자들이 머리를 흔들며 예수를 모욕하여 이르되 아하 성전을 헐고 사흘에 짓는다는 자여, 네가 너를 구원하여 십자가에서 내려오라"(막 15:29-30).

"대제사장들도 서기관들과 함께 희롱하며 그가 남은 구원하였으되 자기는 구원할 수 없도다… 지금 십자가에서 내려와 우리로 보고 믿게 하라"(막 15:31-32).

"함께 십자가에 못 박힌 자들도 예수를 욕하더라"(막 15:32c).[12]

마가가 이처럼 예수와 함께 십자가에 못 박힌 두 사람의 이야기를 "지나가는 자들"과 "대제사장과 서기관들"과 함께 "예수를 모욕하고 조롱한 두 사람 강도" 이야기로 발전시킨 이유는 무엇일까? 마가복음에 보면 예수는 그의 제자인 가룟 유다로부터 배신당했고, 베드로도 예수를 거듭 모른다고 부인하면서 배신했다. 마가복음에서는 "제자들이 다 예수를 버리고 도망했다"(막 14:50). 마가복음의 예수는 그의 백성들과 그들의 지도자들만이 아니라 그의 제자들로부터도 철저히 **버림받은 돌**(the rejected stone)이다. 그래서 마가는 "악한 포도원 농부 비유"(막 12:1-12)를 소개하면서 포도원 농부들로부터 죽임을 당해 포도원 밖으로 내버림을 당했던 포도원 주인의 사랑하

---

12 "지나가는 자들"과 "대제사장과 서기관들"이 예수를 조롱하고 비방한 내용은 구체적으로 언급되고 있지만, "함께 십자가에 못 박힌 자들"의 욕설 내용은 전혀 소개되고 있지 않다. 그리고 "지나가는 자들"이 "모욕했다"는 헬라어 동사는 "βλασφημέω" 곧 신성모독(blasphemy)에 해당하는 단어이다. "대제사장과 서기관들"이 "희롱했다"는 헬라어 동사는 "ἐμπαίζω" 곧 "조롱하다"(mock)는 단어이고, "함께 십자가에 못 박힌 자들"이 "욕했다"는 헬라어 동사는 "ὀνειδίζω" 곧 "모욕했다"(insult)는 의미의 단어이다.

는 아들(막 12:6. cf. 1:11; 9:7)을 "건축자들이 버린 돌"(막 12:10)에 비유하기도 했다. 마가가 소개한 예수의 십자가 최후 발언이 "엘리 엘리 라마 사박다니" 곧 "나의 하나님, 나의 하나님, 어찌하여 나를 버리셨습니까?"(막 15:34)라는 것은 마가복음의 이런 신학적 관심을 잘 드러내 주는 말이 아닐 수 없다. 바로 이런 관점에서 마가는 예수가 십자가에 달렸을 때에도 "지나가는 자들"과 "대제사장들과 서기관들"과 "함께 십자가에 못 박힌 자들"인 "두 사람"들로부터도 모욕과 희롱을 당하면서 철저히 버림을 받았다는 점을 보여주려고 했을 것으로 보인다. 요한복음에 나오는 두 사람에 대한 평범한 언급과 비교해 볼 때 우리는 마가복음의 기록에서 상당한 신학적 변화와 발전이 있음을 볼 수 있게 된다.

2) 마태복음의 기록 내용과 그 의도

마태복음의 경우 마가복음의 기록 내용과 거의 비슷하다. 우선 "두 강도"가 모두 예수를 비방하고 모욕했다는 점 그리고 그 이야기가 다른 부류의 사람들이 예수를 모욕하고 조롱한 이야기의 문맥 가운데서 소개되고 있는 점이 그러하다. 즉, 마태복음 27:38에서 예수와 함께 두 강도들이 십자가에 못 박혔고, 다음 구절인 27:39에서는 "지나가는 자들"이 그리고 27:41에서는 "대제사장들과 서기관들과 장로들"이 예수를 모욕하며 희롱하였다.[13] 마지막으로 27:44에서는

---

13 오직 마태복음에서만 지나가는 자들이 "네가 만일 하나님의 아들이거든"(마 27:40)이라고, 대제사장과 서기관들은 "나는 하나님의 아들이라"(마 27:43)고 조롱했다고 말하는 등 "하나님의 아들" 기독론이 강조되고 있는 점이 특이하다. Frank J. Matera는 이것이 마태복음 27:54에 나오는 백부장의 고백을 준비하고 있다고 말한다. Cf. *Passion*

"함께 십자가에 못 박힌 강도들도 이와 같이 욕하더라"고 기록되어 있다. 마태복음에서도 마가복음의 경우와 마찬가지로 강도 두 사람 모두가 다 지나가는 사람 그리고 대제사장과 서기관들과 장로들과 똑같이 "예수를 모욕하며 조롱한 자"들이었다. 따라서 마가복음과 마태복음에서 "예수와 함께 십자가에 달린 두 사람의 이야기"는 "십자가에 달려 함께 예수를 조롱하며 모욕했던 두 강도의 이야기"라고도 말할 수 있는 셈이다.

그러나 마태복음을 좀 더 주의 깊게 살펴보면 우리는 마가복음의 본문 이야기와 다른 중요한 차이점을 보게 된다. 마태는 같은 이야기를 소개하면서도 마가와는 달리 예수가 **하나님의 아들**로서 십자가에 달려 죽었다는 점을 더 강조하려고 했던 것으로 보인다.[14] 이런 점은 마태복음에서 예수를 조롱한 사람들의 조롱 내용이 마가의 것과 다르게 소개되고 있는 점에서 드러나고 있다. 마가복음의 경우 지나가는 자들은 예수를 가리켜 "성전을 헐고 사흘에 짓는다는 자여"(막 15:29)라고, 대제사장들과 서기관들은 예수를 가리켜 "이스라엘의 왕 그리스도"(막 15:32)라고 조롱했다. 예수가 성전 모독죄로 그리고 자칭 메시아란 죄목으로 십자가에 달리게 되었다는 점이 드러나고 있는 셈이다. 그러나 마태복음에 보면 지나가는 자들의 조롱에 "네가

Narratives and Gospel Theologies: Interpreting the Synoptics Through Their Passion Stories, 110.

14 R.T. France는 "예수를 하나님의 아들로 제시하는 것이 마태의 기독론적 기획에 핵심이다"라고 말한 바 있다. Cf. Matthew: Evangelist and Teacher(London: The Paternoster Press, 1989), 292. J. D. Kingsbury도 마태복음 기독론의 특징은 예수를 하나님의 아들로 강조하는 점에 있다고 주장한다. Cf. *Matthew: Structure, Christology, Kingdom* (Philadelphia: Fortress Press, 1975). 예수를 "하나님의 아들"로 제시하려는 마태의 의도는 예수가 하나님을 가리켜 "아버지"라고 부른 경우가 마가복음에서는 4번, 누가복음에서는 17번인데 비해 마태복음에서는 44번인 점에서도 잘 드러나고 있는 것으로 보인다.

만일 하나님의 아들이거든"(마 27:40)이란 말이, 이어서 대제사장들과 서기관들의 조롱에서도 "그의 말이 나는 하나님의 아들이라 하였도다"(마 27:43)란 말이 각각 더 첨가되어 있다. 이처럼 마태복음에서만 조롱의 말 가운데 "하나님의 아들"이란 용어가 두 번이나 반복해서 강조되어 있는 점에서도 우리는 하나님의 아들에 대한 마태의 기독론적 관심을 볼 수 있는 셈이다.

마태는 마가복음에 나오는 베드로의 신앙고백("당신은 그리스도이십니다"[막 8:29])을 소개할 때에도 "살아계신 하나님의 아들"이라는 문구를 더 첨가했던 사람이다(마 16:16). 지나가는 자들과 대제사장과 서기관들이 예수를 조롱하고 모욕하는 말에 "네가 하나님의 아들이거든"(마 27:40)이란 말과 "나는 하나님의 아들이라 하였다"(마 27:40)는 말을 각각 더 첨가한 것도 결코 이상한 일이 아니다. 더구나 마태는 바로 이어서 십자가 처형을 진두지휘하던 백부장이 "이 사람은 진실로 하나님의 아들이었도다"(마 27:54)라고 말한 신앙고백을 통해 지나가는 자들과 대제사장과 서기관들이 조롱하며 모욕했던 말이 사실은 진실이었음을 다시 밝히고 있다. 더구나 마가복음에서는 예수가 숨을 거두는 것을 보고 "이 사람은 진실로 하나님의 아들이었도다"라고 고백한 사람이 백부장 한 사람이었지만(막 15:39), 마태에서는 "백부장과 함께 예수를 지키던 자들"(마 27:54)이었다고 기록함으로써 백부장 이외에 다른 군인들까지도 모두 예수를 하나님의 아들로 고백했다는 점을 강조하고 있다. 이 점은 분명히 마태가 자신의 신학적 관심에 따라 마가 본문의 기록을 상당히 확대, 발전시켰음을 보여주는 증거라고 생각된다.

3) 누가복음의 기록 내용과 그 의도

우리는 "예수와 함께 십자가에 달린 두 사람"의 이야기가 누가복음에 와서 문학적으로 그리고 신학적으로 가장 정교하게 확대, 발전된 것을 보게 된다. 물론 누가복음에서도 예수와 함께 십자가에 달린 두 사람의 이야기가 예수에 대한 모욕과 조롱의 이야기 문맥으로 이어지고 있는 점은 마가복음과 마태복음의 경우와 크게 다르지 않다. 누가복음 23:33에 보면 예수가 골고다에 이르러 두 사람의 "행악자"(κακοῦργος)들과 함께 십자가에 못 박혔고, 23:35에서는 백성들이 구경하는 가운데 "관원들"(οἱ ἄρχοντες)[15]이 예수를 비웃으며 "저가 남을 구원하였으니 만일 하나님이 택하신 자, 그리스도면 자신도 구원할지어다"라고 조롱했다. 이어서 23:36-37에서는 군인들도 예수를 희롱하면서 "네가 만일 유대인의 왕이면 네가 너를 구원하라"고 조롱했고, 23:39에서는 "십자가에 달린 행악자 중 하나"도 예수를 "비방하여 이르되 네가 그리스도가 아니냐 너와 우리를 구원하라"고 조롱하였다고 기록되어 있다.

그러나 누가복음의 기록은 분명히 마가, 마태와 여러모로 아주 다르다. 상당히 확대, 발전된 형태이다. 가장 주목해야 할 점은 누가복음에서 십자가에 달린 행악자 두 사람이 모두 예수를 비방하며 조롱하지 않았다고 하는 점이다. 물론 누가복음에서도 행악자들 중 한 사람은 예수를 향해 "네가 그리스도가 아니냐, 너와 우리를 구원하라"(눅 23: 39)고 비방하며 조롱한 것은 사실이다. 그러나 또 다른 행악자 한 사람은 오히려 예수를 조롱한 다른 행악자를 "꾸짖어 이르되

---

15 새번역과 공동번역에서는 "지도자들"이라고 번역되어 있다.

네가 동일한 정죄를 받고서도 하나님을 두려워하지 아니하느냐. 우리는 우리가 행한 일에 상당한 보응을 받은 것이니, 이에 당연하거니와 이 사람이 행한 것은 옳지 않은 것이 없느니라"(눅 23:40-41)고 반박하면서 예수를 옹호하였다.16 그리고는 이어서 예수를 향해 "예수여, 당신의 나라에 임하실 때에 나를 기억하소서"(23:42)라고 요청하여 예수로부터 "내가 진실로 네게 이르노니 오늘 네가 나와 함께 낙원에 있으리라"(23:43)하는 구원의 약속을 듣게 되었다.

예수와 함께 십자가에 못 박힌 두 강도들이 모두 예수를 욕했다는 마가복음의 진술(막 15:32)에서 이처럼 한 사람의 행악자는 예수를 비방했지만, 다른 한 사람의 행악자는 오히려 예수를 비방한 사람을 꾸짖으며 예수를 옹호했다는 내용으로 바꾼 의도는 무엇일까? 아마도 누가는 모든 사람이 다 예수를 배척하고 희롱한 것이 아니라는 점을 분명하게 밝히려 했던 것으로 보인다. 나쁜 열매를 맺는 나쁜 나무가 있고, 좋은 열매를 맺는 좋은 나무가 있고(눅 6:43-45) 또 반석 위에 기초를 놓고 집을 사람이 있는가 하면 기초 없이 땅에 집을 짓는 사람도 있는 법이다(눅 6:46-49). 그래서 "둘이 한 자리에 누워 있지만, 하나는 데려가고 하나는 버려둠을 당할 것이요, 두 여자가 함께 맷돌을 갈고 있으매, 하나는 데려감을 얻고 하나는 버려둠을 당할 것이다"(눅 17:34-35)라는 점을 강조했던 사람이 바로 누가이다. 누가는 마가와 마태와 달리 함께 십자가에 달린 두 사람 중에서도 하나는 예수를 비방해서 버림을 받았지만, 다른 하나는 예수를 옹호

---

16 "두 행악자들"이 하나는 예수의 우편에, 다른 하나는 예수의 좌편에 달려있었는데(눅 23:33), 회개하여 구원받은 행악자는 예수의 "우편에 있던 자"였고, 예수를 비방하던 행악자는 "좌편에 있던 자"였다. Cf. R.E. Brown, *The Death of the Messiah*, 1000.

하며 회개해서 낙원에 이르렀음을 말하고 있는 것으로 보인다. 누가가 예수와 함께 십자가에 달린 "두 행악자"를 "비방한 행악자"와 "회개한 행악자"로 구분한 이유가 여기에 있는 것으로 생각된다.

그런데 한 가지 흥미로운 점은 예수의 수난 이야기만을 중심으로 기록된 베드로 복음서에서도 이와 유사한 이야기가 전해지고 있다는 사실이다. 베드로 복음서 4장에 보면 다음과 같은 이야기가 기록되어 있다.

> "그들은 두 범죄자들(criminals)을 끌고 와서 그들 사이에 주님을 십자가에 못 박았다… 그들이 십자가를 세워 놓고는 그 위에 '이 사람은 이스라엘의 왕이다'라는 명패를 달았다. 그들은 그의 옷을 그의 앞에 쌓아 놓았다. 그리고는 그들 가운데 그것을 나누었으며 그것을 위해 제비를 뽑았다. 그러나 죄수 가운데 하나가 그들을 비난하며 말했다. '우리는 우리가 행한 악행 때문에 고통을 당하지만, 그러나 인류의 구세주가 된 이 사람은 그가 무슨 잘못을 너희에게 행하였단 말이냐?' 그러자 그들은 그에게 화를 내며, 그가 심한 고통을 당하며 죽도록 그의 다리를 꺾지 못하게 했다"(4:1-5).[17]

물론 이 기록이 누가복음의 기록과 분명한 차이를 보여주고 있는 것도 사실이다. 베드로 복음서에서 예수를 옹호하는 발언을 한 사람은 "죄수 가운데 하나"이지만, 그가 예수를 옹호하면서 "우리"라고 말한 점으로 볼 때 누가복음의 경우와는 달리 두 사람이 서로 다르게

---

17 십자가에 달린 사람의 다리를 꺾는 일은 고통 없이 빨리 죽게끔 도와주기 위한 일이었다 (Cf. 요 19:31-33).

구별되고 있지 않다. 그리고 그런 옹호와 비난 발언의 대상도 누가복음에서처럼 "다른 행악자"가 아니라 베드로 복음서에서는 "그들" 곧 예수를 십자가에 처형하면서 예수의 옷을 제비 뽑아 나누고 있던 로마 군인들이었다. 더구나 베드로 복음서에서는 회개한 행악자가 예수에게 "당신의 나라에 임하실 때 나를 기억하소서"라고 말하여 예수로부터 "오늘 네가 나와 함께 낙원에 있으리라"는 말씀을 들었다는 이야기도 나오지 않는다. 베드로 복음서에서는 자신의 악행을 인정하고 예수를 옹호한 사람이 도리어 그런 말을 한 대가로 더 큰 고통을 당하며 죽었을 뿐이다.

누가는 이처럼 마가와 마태 그리고 베드로 복음서와도 다르게 예수와 함께 십자가에 달린 두 사람이 모두 함께 예수를 조롱하고 비방한 것이 아니라 둘 중 한 사람만이 예수를 조롱하는 사람들의 부류에 동참했고, 다른 하나는 오히려 예수를 조롱한 다른 행악자를 반박하면서 예수를 옹호한다. 그리고 거기서 더 나아가 회개함으로써 구원의 반열에 들어섰다는 점을 강조하고 있다. 누가가 이처럼 마가와 마태와 달리 예수와 함께 십자가에 달린 두 사람을 하나는 예수를 비방하며 조롱한 사람으로, 다른 하나는 예수를 옹호하며 회개하여 구원을 받은 사람으로 확대하여 발전시킨 이유는 무엇일까?[18]

첫째로 누가는 모든 사람들이 다 예수를 비방하며 조롱한 것이 아니라는 점과 함께 예수의 마지막 십자가 처형 장면에서 "함께 십자가에 못 박힌 행악자" 중 한 사람의 입을 통해서 예수의 무죄함을 다

---

18 R.E. Brown은 서로 대조되는 두 행악자의 이야기를 "누가의 신학적 창작"(a Lucan theological creation)으로 그리고 그 배경에는 창세기 40장에서 요셉이 옥에 갇혔을 때 함께 갇혀 있었던 두 사람 곧 술 맡은 자와 떡 굽는 자의 운명이 대조적으로 갈렸던 이야기가 있었던 것으로 보고 있다. Cf. *The Death of the Messiah*, 1001.

시 한번 더 옹호하려고 했던 것으로 보인다. 누가는 이미 빌라도의 입을 통해서 예수가 무죄함을 세 번이나 반복적으로 거듭해서 강조한 바 있었다(눅 23:4, 14-15, 22). 그런데 이번에는 함께 십자가에 달린 사람의 입을 통해서 다시금 "우리는 우리가 행한 일에 상당한 보응을 받는 것이니 이에 당연하거니와 이 사람이 행한 것을 옳지 않은 것이 없느니라"(눅 23:41)고 말했다고 전함으로써 예수의 무죄함을 강조하고 있다. 이것은 "관리가 아닌 사람의 입을 통해서, 같은 정죄를 당한 사람의 입을 통해서 예수의 무죄를 확인해 주는 또 다른 선언"이라고 말할 수 있다. 이와 함께 십자가 처형을 진두지휘하던 백부장이 예수가 운명하는 것을 보고 "이 사람은 정녕 의인이었도다"(눅 23:47)라고 고백한 것도 예수에 대한 '일종의 또 다른 무죄 선언'이라고 이해할 수도 있을 것이다.[19]

둘째로 누가는 예수가 십자가 위에서 마지막 숨을 거두는 순간에도 회개하는 행악자를 향해 "내가 진실로 네게 이르노니 오늘 네가 나와 함께 낙원에 있으리라"(눅 23:43)고 약속한 말을 소개함으로써 예수가 그의 사역 마지막 순간까지 **구원자**(savior)이심을 다시 강조하려고 했던 것으로 보인다.[20] 누가복음에 의하면 예수는 구원자로

---

19 F.W. Danker는 백부장이 예수를 가리켜 "이 사람은 정녕 의인(rightous or inno-cent)이었도다"라고 말한 것을 두고 "He is another of a long series of witnesses who on that day pronounced a verdict of 'Not guilty'"라고 말한다. Cf. *Jesus and the New Age: A Commentary on St. Luke's Gospel*(Philadelphia: Fortress Press, 1988), 382. 그리고 C.H. Talbert는 예수를 가리켜 '의인'이라고 고백한 백부장을 두고 "다른 복음서들에서는 백부장이 a Christologist이지만, 누가복음에서는 그가 apologist이다"라고 말한다. Cf. *Reading Luke: A Literary and Theological Commentary on the Third Gospel*(New York: Crossroad, 1982), 225.
20 누가복음에서는 예수를 조롱하는 지도자들의 입에서(23:35), 군인들의 입에서 (23:37), 함께 십자가에 달린 행악자의 입에서(23:39) 똑같이 "구원하라"는 말이 세 번이나 반복되고 있다.

오신 분이며(눅 2:11), 죄 많은 여인을 향해서 "네 믿음이 너를 구원했다"(눅 7:50)고 그리고 버림받은 삶을 살던 혈루병 여인을 향해서도 "여인아, 네 믿음이 너를 구원했다"(눅 8:48)고 말씀하셨던 분이다. 예수가 겟세마네 동산에서 "대제사장들과 성전의 경비대장들과 장로들"이 보낸 사람들에게 체포될 때, 제자 중 하나가 대제사장의 종의 오른편 귀를 검으로 쳐서 떨어뜨렸을 때에도 다른 복음서들의 경우와 달리 예수는 그의 귀를 만져 고쳐 주셨다(눅 22:50). 누가복음의 예수는 죄인을 위해 이 땅에 오신 분이며, 죄인들 가운데서 그들과 함께 지내다가 마지막 순간에 죄인들 한가운데서 십자가에 달려[21] 죽으면서도 마지막 순간에 죄인을 한 사람 더 구원하고 숨을 거둔 분이다. 실제로 예수를 비방한 행악자가 예수를 향해 "너는 그리스도가 아니냐? 너와 우리를 구원하라"고 조롱했었는데, 결국 그가 말한 "우리" 중 한 사람은 분명히 예수로부터 '구원'을 받지 않았는가? 이처럼 누가는 다른 복음서 기자들과는 달리 예수가 다른 두 사람과 함께 십자가에 달린 이야기를 소개하면서 예수에 대한 구원자 기독론적 관심을 강하게 드러내고 있는 셈이다.

3. 맺는말

예수가 십자가에 달리던 날, 골고다에서 있었던 십자가 처형 행

---

21 Danker는 예수의 십자가가 두 행악자들 한가운데 있었다는 것은 어떤 의미에서 "예수가 얼마나 죄인들과 가까이 지냈는지에 대한 결정적인 보증(a climatic endorsement)이라"고 말한다. Cf. *Jesus and the New Age*, 373.

사는 예수 한 사람만을 위한 것이 아니었다. 함께 처형당한 "다른 두 사람"이 더 있었기 때문이다. 그러나 예수를 믿고 따르던 사람들에게 그 두 사람은 별로, 아니 전혀 관심의 대상이 아니었을 것이다. 그래서 예수가 처형된 이후 초대교회 안에서는 맨 처음에 예수가 다른 두 사람과 함께 십자가에 달려 못 박혔다는 이야기가 요한복음이 전해 주는 형태로 전해지기 시작했을 것으로 보인다. 즉, "그들이 거기서 예수를 십자가에 못 박을 새, 다른 두 사람도 그와 함께 좌우 편에 못 박으니…"란 형태였다. 예수가 십자가에 못 박혔다는 사실만이 가장 중요했다. 그래서 "다른 두 사람이 예수의 좌우편에 함께 십자가에 달렸다"는 사실을 지적한 것 이외에는 더 이상 그들에 대해 언급할 필요를 느끼지 못했고 그래서 다시 예수와 관련된 일들만이 계속 언급되었을 뿐이다.

그런데 마가복음의 경우는 좀 달랐다. 마가에게 있어서 예수는 건축자로부터 "버림받은 돌"(막 12:10)과 같은 분, 마지막 순간에도 "나의 하나님, 나의 하나님, 어찌하여 나를 버리시나이까"(막 15:34)라고 말하며 돌아가신 분이다. 마가복음의 예수는 그의 백성들과 그들의 지도자들로부터 그리고 그의 제자들로부터도 철저히 버림받은 존재였다. 예수에 대한 마가의 이런 관점이 그로 하여금 예수는 십자가 위에서도 "지나가는 자들"과 "대제사장들과 서기관들" 그리고 심지어 함께 못 박힌 "두 강도"들로부터도 조롱을 당하며 철저히 버림받았다는 점을 강조하게 만들었던 것으로 생각된다.

반면에 마태는 마가의 이런 기록을 거의 그대로 반복하고 있기는 하지만, 예수가 **하나님의 아들**로 십자가에 달려 죽었다는 점을 마지막까지 강조하려고 했던 것으로 생각된다. 그래서 지나가는 자들과 대제사장과 서기관들이 예수를 하나님의 아들이라고 조롱했다는 점을 그리고 그들이 조롱했던 그 말이 사실은 진실이라는 점을 역설적으로 백부장의 신앙고백(마 27:54)을 통해 확인해 주려고 했던 것으로 보인다.

그러나 누가는 예수가 모든 사람으로부터 다 배척을 받고, 조롱을 받은 것이 아니라는 점을 밝히려 했고 그래서 마가와 마태와는 달리 두 행악자들 중 한 사람은 예수를 비방했지만, 다른 한 사람은 예수를 옹호하여 낙원에 이르는 약속을 받았음을 강조했다. 그리고 마가와 마태보다도 예수의 **무죄함**을, 예수가 **구원자** 되심을 다시 더 강조하고자 했던 것으로 보인다. 그래서 누가는 "회개하는 강도"가 예수를 가리켜 "이 사람이 행한 것은 옳지 않은 것이 없다"(눅 23:40)고 말했다는 것을 통해 "너희가 고발하는 일에 대하여 이 사람에게서 죄를 찾지 못하였다"(눅 23:14, cf. 23:4, 22)고 말했던 빌라도의 무죄 선언들을 다시 뒷받침하고 있다. 뿐만 아니라 거기서 더 나아가 예수는 십자가 위에서 마지막 숨을 거두는 순간에 회개하는 강도를 구원해주심으로써 "너를 구원하라"(눅 23:37)는 조롱에도 불구하고 예수는 자신을 구원하기를 거부한 채 도리어 다른 사람을 낙원으로 이끌어주는 **구원자**라는 점을 부각시키고 있다.

이처럼 "예수와 함께 십자가에 달린 두 사람"의 이야기는 각 복음서 저자들 나름의 관심과 신학적 강조점에 따라 달리 채색되고 확대, 발전되었다. 따라서 우리는 복음서 기자들의 서로 다른 이런 기록들을 통해서 그들이 전승의 단순한 수집가(collectors) 혹은 전달자(transmitters)들이 아니라 자신의 의도와 기록 목적에 따라 수시로 전승을 수정하며 확대, 발전시키기도 했던 저자(authors) 혹은 신학자(theologians)임을 다시 확인할 수 있게 된다. 우리가 복음서의 기록들을 역사적 기록으로만 읽을 것이 아니라 도리어 복음서 저자들의 신학적 메시지로 읽어야 하는 이유가 바로 여기에 있다.

연대표

1세기 초대교회와 관련된 주요 사건들

BC 4년	예수의 탄생
	헤롯 대왕의 사망
AD 6년	유대가 공식적으로 로마의 지배 아래 들어감
	갈릴리 유다스의 반항 운동(행 5:37; 눅 2:1-3)
AD 26년	본디오 빌라도가 유대 총독으로 부임
AD 26~28년	세례 요한의 활동
AD 27~30년	예수의 공생애 활동
AD 30년	예수의 십자가 죽음*
	예루살렘 초대교회의 시작(행 1:12-14)
AD 30~35년	헬라파 유대 기독교의 출현
	스데반의 순교(행 6장)
AD 33년	바울의 회심과 개종(행 9:3-19)
AD 42년	요한의 형제 야고보의 순교와 열두 사도들의 퇴장(행 12장)
AD 48년	예루살렘 사도 회의(행 15장)**
AD 50~60년	바울의 주요 서신들 기록
AD 62년	'주님의 형제' 야고보의 순교
AD 64년	베드로와 바울의 순교
AD 66~70년	유대전쟁
AD 70년	마가복음 기록
AD 90년	마태복음과 누가복음 기록
AD 100년	요한복음 기록

---

* Martin Hengel은 예수의 사망일을 AD 30년 닛산 월 14일(4월 7일) 금요일로 보고 있다. Cf. *Between Jesus and Paul*(London: SCM Press, 1983), 31.

** F. Hahn은 AD 43년(*Mission in the New Testament*. 1963, ET London: SCM, 1965, 91), J. Knox는 AD 51년(*Chapters in a Life of Paul*, New York: Abingdon, 1950, ch. V)으로 보고 있지만, 대다수는 48년 또는 49년으로 추산하고 있다(Cf. James D.G. Dunn, *Jesus, Paul and the Law*(London: SPCK, 1990, 163, 6).